"十四五"普通高等教育核心规划教材
高等院校教育教学改革融合创新型教材
高等院校应用技能型精品规划教材

会计制度设计

李贺 ◎ 主编

DESIGN OF ACCOUNTING SYSTEM

应用·技能·案例·实训

图书在版编目(CIP)数据

会计制度设计:应用·技能·案例·实训 / 李贺主编. -- 上海:上海财经大学出版社, 2025.9. -- ("十四五"普通高等教育核心规划教材) (高等院校教育教学改革融合创新型教材) (高等院校应用技能型精品规划教材). -- ISBN 978-7-5642-4700-3

Ⅰ. F233

中国国家版本馆 CIP 数据核字第 202541Q9N9 号

□ 策划编辑　汝　涛
□ 责任编辑　石兴凤
□ 书籍设计　贺加贝

会计制度设计
——应用·技能·案例·实训
李　贺　主编

上海财经大学出版社出版发行
(上海市中山北一路 369 号　邮编 200083)
网　　址:http://www.sufep.com
电子邮箱:webmaster@sufep.com
全国新华书店经销
上海华业装潢印刷厂有限公司印刷装订
2025 年 9 月第 1 版　2025 年 9 月第 1 次印刷

787mm×1092mm　1/16　18.5 印张　510 千字
印数:0 001—3 000　　定价:52.00 元

前　言

在新时代的浪潮中,会计制度设计领域正面临着前所未有的机遇与挑战。中共二十大报告强调高质量发展,这一理念深入渗透到会计工作的各个层面,对会计制度设计的科学性、前瞻性与合规性提出了更高的要求。本教材的编撰正是在这样的时代背景下应运而生,志在为培育契合新时代需求的会计专业英才提供坚实的知识基石。会计制度作为企业财务运作的规范框架,其设计质量直接关乎企业的经济秩序与可持续发展。本教材在会计专业教育体系里占据着关键地位,肩负着引导学生深入洞察会计制度设计原理、方法与实践应用的重任。通过系统且全面地讲解会计制度设计的流程与要点,助力学生将会计基础理论与实际制度构建紧密相连,为其日后在会计领域的职业发展铺就稳固道路。

教育部大力倡导教育"四个回归",以及高等院校应用技能型教育人才的培育目标与模式,这成为编者编写教材的重要指引。党的二十届二中全会、三中全会从国家发展战略高度,对教育改革与人才培养提出了新的期望与要求,强调要着力提升人才自主培养质量,为推动经济社会高质量发展提供人才支撑。在教材编写过程中,编者紧密贴合我国国情,深度聚焦行业发展动态,在详尽阐释会计制度设计理论与方法的同时巧妙融入思政教育元素,力求培育出不仅专业技能精湛,而且具备强烈的社会责任感与正确的价值观的会计人才。编者时刻关注国际会计领域的前沿发展,在依据我国会计准则相关规定的基础上突破简单的准则解读局限,全方位、深层次地阐述会计制度设计的基本理论与实践策略,积极吸纳当下企业会计的创新成果,达成会计理论与实践的高度融合,着力锤炼学生的问题洞察、分析与解决能力。为此,编者精心集结了一支由"双师双能型"教师以及校企合作单位资深会计师组成的精英编写团队,充分考量高等教育与应用技能型院校的教学特性,以工作过程为导向,秉持"实用为要"的原则,全力打造富媒体·智能化数字教材。

本教材将知识要素、技能要素、素质要素和思政要素巧妙融入各章节内容之中,全力推动课堂教学与企业岗位的无缝衔接,兼顾"就业导向"与生涯导向;紧紧围绕中国"经济发展新常态"下高等教育与应用技能型人才培养目标,遵循"理论奠基,实践跟进,案例支撑,能力达成"的科学准则,全方位展现会计制度设计课程的丰富内涵;始终秉持创新创业教育与素质教育并重的理念,充分彰显新课程体系、新教学内容与新教学方法的优势,以全面提升学生的综合素质为根本出发点,以能力培育为核心,兼顾知识传授、技能训练与素质涵养,力求做到:以课程导入为契机,巧妙抛出问题,自然引入概念,精心营造教学情境,深入透彻解读专业知识。在教材结构编排上,每一章均设置了"知识目标""技能目标""素质目标""思政目标""课程引例""引例反思""学思践悟""悟有所得""学中做""做中学"等特色板块;课后还悉心编排了"应知考核"(包括单项选择题、多项选择题、判断题、简述题)、"应会考核"(涵盖观念应用、技能应用、案例分析)、"本章实训"(包括实训内容、实训情境、实训任务、实训报告)等丰富内容。如此设计可使读者在学习每一章时都能目标清晰、有的放矢,从而显著增强学习成效。

依据高等院校教育教学改革融合创新以及应用技能型人才培养的迫切需求,本教材全力彰显以下特色:

1. 标准体系完备,结构严谨合理。作为专业核心教材,本书在内容上高度重视及时吸纳最新企业会计准则与相关会计法规的全新要求,严格遵循理论与实践并重的编写理念,精心布局;针对高等教育与应用技能型院校会计课程的独特属性,将复杂的会计制度设计知识进行系统梳理与呈现,借助图文并茂的方式,构建清晰、直观的制度设计流程框架图,全力确保理论知识精要且实用,体系规范严谨、科学有序,内容简洁明晰,助力学生为未来会计职业发展筑牢根基。

2. 与时俱进创新,准则衔接紧密。伴随我国经济的高速发展,新兴经济业务不断涌现。与此同时,为实现与国际财务报告准则的持续趋同,会计相关准则持续修订,应用指南也相继出台。这些变革促使我们必须及时对教材进行优化完善,持续吸纳企业会计准则等最新改革成果与学术前沿理念。本教材融入区块链、大数据、人工智能等技术对会计制度设计及相关应用的影响,充分展现最新的行业发展趋势对会计工作的作用,以此确保学生所学知识与实际业务紧密相连,具备高度的时效性与实用性,使学生能够迅速适应不断变化的会计制度设计环境。

3. 突出应用导向,实操技能强化。本教材从高等教育与应用技能型院校的教学规律出发,紧密贴近实际业务场景,详细介绍最新的财务会计发展趋向、改革动向、理论知识以及丰富多样的教学案例;在重视必要理论知识传授的同时,着重突出实际应用能力的锻造;重点引导学生"学中做"和"做中学",以实践操作反哺理论学习,实现学做深度交融,使学生在学习理论知识的同时能够即时将其应用于实际操作中,达成理论与实际应用的无缝对接与一体化发展,切实提升学生的会计制度设计实践能力。

4. 栏目丰富多元,形式鲜活灵动。本教材的栏目设置丰富多样且独具匠心,每章均设有"知识目标""技能目标""素质目标""思政目标""课程引例""引例反思""学思践悟""悟有所得""做中学""学中做""提示""注意""应知考核""应会考核""本章实训"等精彩栏目,同时以二维码形式巧妙添加动漫视频等创新元素,充分彰显新时代互联网富媒体·数字化的鲜明特色。教材中的应知考核和应会考核设计,能够有效帮助学生将所学知识转化为实际行动,达到知行合一、学以致用的理想效果,极大地丰富了教材内容与知识体系,使学习过程更加生动有趣、富有成效。

5. 产教深度融合,书证相互贯通。本教材能够充分满足读者对会计师考试基础知识学习的基本需求,为夯实学生可持续发展的坚实基础,积极鼓励院校学生在获取学历证书的同时,踊跃取得多类职业技能等级证书,切实拓展就业创业能力,有效缓解结构性就业矛盾。本教材与会计资格考试大纲精准衔接,真正做到考证内容与教材知识的无缝对接、书证之间的深度融通以及学历证书与职业技能证书的有机融合,为学生的职业发展开辟广阔道路。同时,通过深度的产教融合,引入企业实际案例与实践经验,使学生在学习过程中更好地了解行业需求与岗位要求,提升就业竞争力。

6. 理实一体教学,素能协同培育。在强化应用技能型教育特色的过程中,本教材尤为注重学生人文素养的全方位培养。编者努力在教材内容上寻求突破创新,在专注专业技能培养的同时,巧妙地将社会主义核心价值观教育全面融入教材内容之中,贯穿课程思政工作的全过程,积极营造全员育人的良好环境,全力提升学生的人文素质。通过精心设计的教学内容与案例,着力培养和提高学生在特定业务情境中敏锐发现问题、深入分析问题以及高效解决问题的综合能力,从而进一步强化学生的职业道德素质,使学生成为德才兼备的高素质会计专业人才。

7. 教学资源充裕,构建多元体系。为使课堂教学实现多元立体化的卓越效果,编者开发了一套完备的教学资源(涵盖教师课件、习题答案、教学大纲、学习指南、习题指导、模拟试卷、教师教案、课程标准等);为助力学生熟练掌握专业技能,配备了以主要的纸质教材为核心主体,以线上学习平台为重要载体,通过线上线下相结合的教学资源整合,打破学习时间与空间的限制,满足不同学生的学习需求,促进学生自主学习与合作学习能力的提升,为会计制度设计课程的教学质量提升提供有力支撑。

本书由李贺主编,会计师事务所注册会计师张世国、肖静对实践业务给予点评和指导,王海涛、李明明、赵昂、王玉春、李洪福等负责本书教学资源包的精心制作。本教材适用于高等教育和应用技能型教育层次的会计学、审计学、金融学、财务管理、资产评估、财政学、税收学等财经类专业方向学生使用,同时也可作为初级会计资格考试的优质辅助教材。此外,本教材还配有姊妹书籍《基础会计》(第三版)、《财务管理学》(第二版)、《高级财务会计》《成本会计学》《审计学》《税务会计》(第二版)、《税法》(第三版)、《财务报表分析》(第二版)、《政府与非营利组织会计》(第二版)、《管理会计》(第二版)、《财经法规与会计职业道德》(第三版)、《财务报表分析》(第二版)等系列教材,共同构建起完整的会计专业教材体系,为学生提供全面、系统的学习资源。

本教材在编写过程中得到了上海财经大学出版社、上海学术·经济学出版中心、会计师事务所和校企合作单位的大力支持与协助,同时也受益于参考文献中各位作者的智慧贡献,在此一并表示诚挚的衷心感谢!由于编写时间较为仓促,加之编者水平有限,本书难免存在一些不足之处,恳请专家、学者以及广大读者不吝批评指正,以便我们在后续的更新、改进与完善工作中能够不断提升教材质量,为会计专业教育事业的发展贡献更大力量。

编 者

2025 年 5 月

目 录

第一章 会计制度设计总论 ··· 001
　第一节 会计制度与会计制度设计 ·· 003
　第二节 会计制度设计的内容 ·· 016
　第三节 会计制度设计的原则 ·· 019
　第四节 会计制度设计的程序 ·· 024
　第五节 会计制度设计的方法 ·· 028
　　应知考核 ··· 033
　　应会考核 ··· 035
　　本章实训 ··· 036

第二章 会计工作组织制度设计 ··· 039
　第一节 会计工作组织制度设计概述 ··· 041
　第二节 会计机构的设置 ··· 042
　第三节 会计人员的配备 ··· 047
　第四节 会计档案管理制度的设计 ·· 056
　第五节 会计工作交接制度的设计 ·· 059
　　应知考核 ··· 061
　　应会考核 ··· 063
　　本章实训 ··· 064

第三章 会计科目的设计 ·· 065

第一节	会计科目设计概述	066
第二节	会计科目编号的设计	070
第三节	总分类科目的设计	080
第四节	明细分类科目的设计	092
	应知考核	096
	应会考核	097
	本章实训	098

第四章　会计凭证的设计 …………………………………………………… 100

第一节	会计凭证设计概述	102
第二节	原始凭证的设计	107
第三节	记账凭证的设计	120
	应知考核	126
	应会考核	127
	本章实训	128

第五章　会计账簿的设计 …………………………………………………… 130

第一节	会计账簿设计概述	131
第二节	各种会计账簿的设计	137
第三节	账簿启用和登记制度的设计	158
	应知考核	161
	应会考核	162
	本章实训	163

第六章　财务报告的设计 …………………………………………………… 165

第一节	财务报告设计概述	166
第二节	对外财务报告的设计	172
第三节	对内财务报告的设计	182
	应知考核	196
	应会考核	197
	本章实训	198

第七章　账务处理程序的设计 ……………………………………………… 201

第一节　账务处理程序设计概述 ·· 202
第二节　各种账务处理程序的设计 ·· 206
第三节　会计信息化账务处理程序的设计 ·· 214
　　应知考核 ·· 220
　　应会考核 ·· 221
　　本章实训 ·· 222

第八章　内部控制制度的设计 ·· 225
第一节　内部控制制度设计概述 ·· 226
第二节　货币资金业务内部控制制度的设计 ·· 238
第三节　采购业务内部控制制度的设计 ·· 242
第四节　销售业务内部控制制度的设计 ·· 245
第五节　对外投资业务内部控制制度的设计 ·· 247
第六节　筹资业务内部控制制度的设计 ·· 249
第七节　会计信息系统内部控制制度的设计 ·· 251
　　应知考核 ·· 253
　　应会考核 ·· 254
　　本章实训 ·· 256

第九章　成本核算制度的设计 ·· 257
第一节　成本核算制度设计概述 ·· 258
第二节　费用要素和成本项目的设计 ·· 268
第三节　辅助生产成本计算的设计 ·· 270
第四节　产品成本计算的设计 ·· 273
　　应知考核 ·· 280
　　应会考核 ·· 281
　　本章实训 ·· 282

参考文献 ·· 284

第一章　会计制度设计总论

- **知识目标**

  理解：会计制度与会计制度设计的概念、演进历程、特点、分类；我国现行会计制度体系的构成。
  熟知：会计制度设计的种类、方式；会计制度设计的依据、任务以及人员应具备的素质。
  掌握：会计制度设计的原则；会计制度设计的程序；会计制度设计的方法。

- **技能目标**

  能够依据会计制度设计的原则、程序与方法，独立完成企业会计制度的初步设计或对现有制度进行全面评估与优化改进，确保设计出的会计制度既符合企业战略目标与经营管理需求，又满足国家法律法规与行业规范要求，具备科学性、合理性、前瞻性与可操作性，有效规范企业会计行为，促进企业健康稳定发展。

- **素质目标**

  培养严谨的逻辑思维与系统分析能力，在会计制度设计过程中，能够从宏观层面把握企业整体运营架构与财务管理目标，从微观层面深入剖析会计工作的各个环节与细节，全面考虑各种因素的相互关系与影响，确保会计制度设计的完整性、连贯性与有效性，提升解决复杂会计问题与应对多变业务环境的综合素质；塑造敏锐的职业洞察力与风险防范意识，提升创新思维与实践能力，强化团队协作与沟通能力。

- **思政目标**

  深刻领悟"不忘初心"的核心要义，将其贯穿于会计制度设计全过程，牢记使命与责任，坚守职业道德，彰显职业担当；树立正确"三观"，秉持公正诚信、廉洁奉公操守，遵守法规准则，维护会计职业形象与公信力，践行核心价值观；做到学思用、知信行合一，融合会计知识与思政理念为行动导向，促进专业技能与道德素养共进；培育严谨作风与工匠精神，提升审美与职业境界，奠定个人职业基础，达成个人与社会价值统一。

● **课程引例**

<h3 style="text-align:center">从 A、B 公司看会计制度设计：制造业竞争背后的财务密码</h3>

在当今竞争激烈且复杂多变的商业环境中，有两家颇具规模的企业——A 公司和 B 公司，它们同处于制造业领域，主要产品均为电子产品。A 公司成立于 20 世纪 90 年代初，在行业内拥有较长的发展历史和一定的市场份额。B 公司则是近十年新崛起的企业，凭借先进的技术和创新的商业模式迅速扩张。在日常运营过程中，A 公司由于成立时间较早，其会计制度在一定程度上延续了过去较为传统的模式。例如，在成本核算方面，仍然采用较为粗略的分摊方法，对于间接成本只是简单地按照产量比例分配到各个产品批次中；在应收账款管理上，缺乏完善的信用评估体系，主要依据客户的订单规模和以往交易记录来确定信用额度，且没有明确的催收流程和时间节点。而 B 公司作为新兴企业，在会计制度设计上充分借鉴了现代企业财务管理理念和先进的行业实践经验。在成本核算时，运用作业成本法，详细分析生产过程中的各项作业活动，精准地将间接成本分配到产品上，从而能够更准确地确定产品成本。对于应收账款，建立了一套科学的信用评分模型，综合考虑客户的财务状况、市场信誉、行业风险等多方面因素来设定信用额度，并借助信息化系统设置了自动提醒和分级催收机制。

随着市场竞争的加剧，行业利润率逐渐下降，成本控制和资金回笼速度成为企业生存与发展的关键因素。A 公司在进行年度财务分析时发现，由于成本核算不够精准，导致部分产品定价不合理、利润空间被压缩，甚至出现了一些产品看似盈利实则亏损的情况。同时，应收账款的逾期率较高，大量资金被占用，企业资金周转困难，严重影响了正常的生产经营活动，错失了一些重要的投资机会和市场拓展机遇。相比之下，B 公司凭借精准的成本核算能够制定出更具竞争力的产品价格，在市场中赢得了更多客户的青睐。高效的应收账款管理使得资金回笼及时。B 公司拥有充足的现金流用于研发投入、设备更新和市场推广，企业规模不断扩大，市场份额持续提升，逐渐在行业中崭露头角，成为 A 公司强有力的竞争对手。

● **引例反思**

从上述 A 公司和 B 公司的案例可以深刻地看出，会计制度设计对于企业的运营和发展具有极为深远的影响。首先，会计制度设计直接关系到企业成本核算的准确性。A 公司采用传统且粗略的成本核算方法，无法准确反映产品真实的成本构成，进而影响了产品定价策略和利润评估。这表明会计制度在成本核算环节若缺乏科学性和精细化设计，企业在市场竞争中就难以准确把握自身的成本优势和劣势，容易陷入价格战的被动局面或因定价失误导致利润流失。而 B 公司的作业成本法为精准成本核算提供了有力保障，使其能够清晰地了解每个产品的真实成本，为合理定价和利润最大化奠定了坚实基础。这启示企业在会计制度设计时必须根据自身的生产特点和业务流程，选择合适的成本核算方法，以确保成本信息的准确性和可靠性。其次，会计制度在应收账款管理方面的设计对企业资金流和财务风险控制起着关键作用。A 公司不完善的信用评估体系和催收机制，使得应收账款质量低下、资金被大量占用、企业面临较大的财务风险和资金周转压力；相反，B 公司科学的信用管理和催收制度有效地保障了资金的及时回笼，提高了资金使用效率，降低了坏账风险。这提醒企业在设计会计制度时要高度重视应收账款管理环节，构建完善的信用评估、授信审批和催收流程，以优化资金结构，增强企业的财务稳健性。最后，会计制度设计的优劣还影响着企业的战略决策和市场竞争力。A 公司由于会计制度的缺陷，在面临市场变化时无法及时、准确地提供财务信息支持战略决策，导致错失发展机遇。而 B 公司先进的会计制度能够为管理层提供及时、精准的财务数据，帮助其敏锐洞察市场趋势，果断做出战略调整和投资决策，从而在市场竞争中占据有利地位,这说明会计制度设计应具备前瞻性和适应性,能够与企业的战略规划相匹配,为企业的长远发展提供有力的财务支撑。

综上所述,企业会计制度设计并非简单的规则制定,而是关乎企业生存与发展的重要战略举措。在当今复杂多变的商业环境中,企业必须高度重视会计制度设计,充分考虑自身的经营特点、战略目标和市场环境等因素,精心打造一套科学合理、高效完善的会计制度,以提升企业的核心竞争力,实现可持续发展。

第一节 会计制度与会计制度设计

一、会计制度

(一)会计制度的概念

动漫视频

会计制度

会计制度(Accounting System)是企业或组织在进行会计核算、会计监督以及财务管理等活动中所遵循的一套规范、准则和程序。它为企业财务运行提供了基本的"宪章",明确了会计工作的具体方法、流程和标准。会计制度的内容全面,包括但不限于会计凭证的填制与审核、账簿的登记与管理、财务报表的编制与披露等关键环节。这些规定确保了企业财务信息的准确性、完整性、及时性和可比性,为企业内部管理层提供了可靠的决策依据,同时也满足了外部利益相关者,如投资者、债权人、监管机构等,对企业财务状况和经营成果的了解需求。

会计制度的概念可以进一步明确为由政府有关部门和企事业单位制定的会计规范,用以约束和指导具体的会计工作。这些规范不仅包括国家层面的会计法律、法规和准则,而且包括企业根据自身特点和需求制定的内部会计制度。会计制度的设计和实施,旨在提高会计信息的质量,确保会计工作的规范性和有效性,同时也是企业内部控制和风险管理的重要组成部分。

综上所述,会计制度是企业财务信息管理和报告的基础,通过一系列规范和程序,确保会计工作的标准化和系统化,为企业的稳健运营和可持续发展提供了坚实的保障。

(二)会计制度的演进

会计制度作为企业会计工作的核心规范架构,其演进历程不仅映射了社会经济的复杂多变,而且标志着会计职业向专业化、规范化稳健迈进。

1. 自发阶段:会计的原始雏形与懵懂起步

在会计的萌芽时期,会计工作与生产活动紧密相连,作为生产职能的附属品,尚未形成独立领域。生产者或经营者亲自承担会计职责,进行基础的记录工作,如清点劳动成果、估算资源耗费。由于缺乏专业理论指导,会计工作规范几乎空白,完全依赖于个人认知与需求,呈现出自发性与不确定性。这种原始状态虽能满足基本内部管理需求,但无法提供精确、全面、可比的财务信息,对外部经济交往和大规模经济决策的支持极为有限。

2. 随意阶段:会计专业化进程中混沌摸索

随着社会生产力的提升和工商企业的涌现,市场竞争加剧,企业开始寻求专业、精细的管理手段。会计工作逐渐从生产职能中剥离,走向专业化。企业所有者或经营者开始招募专门的会计人员,如账房先生,处理复杂的财务事务。然而,这一时期的会计规范依赖于个人经验与主观判断,缺乏统一的行业标准或法规约束,导致企业间财务信息缺乏可比性,限制了会计信息的有效运用,为企业内部管理带来不便与隐患。

3. 准则阶段：资本市场需求推动下的会计规范化觉醒

20世纪初期，科技革命和商品交易的扩张、股份公司的兴起，促使企业所有权与经营权分离。投资者对企业财务状况与经营成果的关注，推动了会计规范化的需求。经济发达国家开始制定企业会计准则，明确会计确认、计量、记录与报告的原则、方法与程序，减少会计处理的随意性，提高财务报表的质量与可比性，增强投资者的信任，促进资本市场发展，为会计职业规范化奠定基础。

4. 法治阶段：宏观经济管理需求催生会计法制化进程

工农业生产的繁荣与市场经济的演进，提升了会计工作的重要性。企业内部管理对会计信息的精细化、准确性、合规性要求提高，《会计法》的制定为会计制度提供法律依据，明确会计工作职责、权限、法律责任，使会计制度成为法律制度体系的重要组成部分。这一阶段的会计制度在法治轨道上运行，规范企业会计行为，提高会计信息质量，降低市场交易风险，支持宏观经济管理，促进市场经济稳定、健康、可持续发展。

5. 科技融合与全球协同：会计制度的现代技术新征程

随着信息技术的不断进步，会计制度正经历着数字化转型，这不仅涉及会计数据的电子化处理，也包括利用大数据分析、云计算等技术来提高会计信息质量和决策支持能力。在全球化的经济背景下，会计制度的国际化协调变得尤为重要。国际会计准则的趋同有助于减少跨国经营的会计障碍，促进全球资本市场的健康发展。新兴技术如人工智能、区块链等正在与会计制度深度融合。人工智能可以自动化会计流程，提高效率和准确性；区块链技术则为会计信息的安全性和透明度提供了新的解决方案。

可见，会计制度的演进历程是一部不断适应社会经济变革需求，逐步走向专业化、规范化与法制化的历史画卷。每个阶段都承载着特定的历史使命与时代特征，共同推动着会计领域不断向前发展，并在现代经济体系中发挥着日益重要的作用。随着经济全球化和信息技术的快速发展，会计制度将继续演进，以适应不断变化的商业环境和管理挑战。

(三)会计制度的特点

1. 目的性

会计制度的设计具有双重目的性。第一，它规范和指导会计工作，以适应企业的经营管理需求，确保会计信息能够支持企业的战略规划和日常运营。第二，它旨在为外部利益相关者提供与决策有用的会计信息，如财务状况、经营成果和现金流量等，以满足投资者、债权人、监管机构等对企业透明度和问责制的要求。

2. 合法性

会计制度的合法性是其有效性的基础。它必须严格遵循国家的会计法律、法规和准则，如《会计法》《企业会计准则》等，确保会计信息合法合规。合法性还要求会计制度在变更时遵循适当的法律程序，以维护会计信息的连续性和一致性。

3. 实践性

会计制度的实践性体现在其对会计实践经验的反映和指导。它将会计理论应用于实际工作中解决会计实践中的问题，并不断吸收新的会计理论和实践成果，以适应会计环境的变化。实践性要求会计制度具有操作性，能够被会计人员理解和执行。

4. 系统性

会计制度的系统性要求其构成一个完整的、协调一致的体系，这包括会计要素的定义、确认、计量、记录和报告等方面的规定，以及内部控制、会计政策选择和会计估计等方面的要求。系统性确保了会计信息的完整性和相互关联性，便于用户全面理解企业的财务状况。

5. 强制性

会计制度的强制性确保了其在特定主体范围内的普遍适用和遵守。这种强制性不仅体现在法律层面,要求企业必须遵守国家统一的会计制度,而且体现在企业内部,要求所有会计活动都必须按照既定的会计制度执行。强制性有助于维护会计信息的规范性和可比性,防止会计信息失真。

6. 发展性

会计制度的发展性体现在其能够适应经济发展和技术进步的需求。随着经济环境的变化和新技术的出现,会计制度需要不断更新和完善,以反映新的会计实践和满足新的信息需求。发展性要求会计制度具有灵活性和前瞻性,能够预见并适应未来的变化。

7. 透明性

会计制度的透明性要求会计信息的披露应当清晰、易懂,便于用户理解和使用。透明性有助于提高会计信息的可信度,增强投资者和其他利益相关者对企业的信心。会计制度应当规定适当的披露要求,确保所有重要信息都能够及时、准确地传达给用户。

(四)会计制度的分类

会计制度作为规范会计工作的一套规范体系,可以根据不同的标准进行分类,以适应不同主体的需求和不同会计活动的特定要求。

1. 会计制度按设计权限可分为国家统一会计制度和单位内部会计制度

国家统一会计制度由国家权力机关或其他授权机构制定,用于指导和约束会计核算实务、规范会计管理行为等,具有广泛的适用性和强制性。国家统一会计制度由国家权力机关或其他授权机构制定,通常是由财政部依据相关法律来制定和发布。财政部作为国务院的职能部门,有权力和职责对全国的会计工作进行规范和管理。国家统一会计制度是保障会计工作规范、有序进行的重要依据。

【提示】国家统一会计制度适用面广,规范的主要对象是会计业务处理的共性问题。

单位内部会计制度则是各会计主体根据国家统一的会计制度,结合自身特点自行或委托中介机构设计的会计制度。

【注意】单位内部会计制度一般仅适合本单位使用,针对性和适用性较强,但适用面较窄。

2. 会计制度按单位性质可分为预算单位会计制度和企业会计制度

预算单位会计制度主要规范各级政府部门、行政单位和各类非营利组织的会计工作,如政府会计准则制度体系等。

【提示】预算单位会计制度反映预算资金的收支过程,一般不涉及成本核算及盈亏计算方面的规定。

企业会计制度则旨在规范营利性单位的会计工作,真实、完整地提供会计信息,满足企业核算成本和计算盈亏的需要,如《企业会计准则》等。

【提示】企业会计制度不仅要反映出企业资金运动的循环周转规律,而且要能满足企业核算成本和计算盈亏的需要。

3. 会计制度按规范内容可分为综合性会计制度、业务性会计制度和会计人员制度

综合性会计制度是规范全国会计工作、内容较为广泛和综合的制度,如《中华人民共和国会计法》(以下简称《会计法》)、《会计基础工作规范》等。

【注意】综合性会计制度具有高度的概括性和普遍的适用性,各单位必须贯彻执行,若违背,则

将受到一定的处罚,甚至可能受到刑事处罚。

业务性会计制度是规范具体交易或事项的政策程序和处理方法的制度,如《企业会计准则》《会计档案管理办法》等。

【提示】业务性会计制度规定了业务的具体处理标准和方法,适用面较窄,但具有较强的技术性和可操作性。

会计人员制度是规范会计工作者行为和会计人才选拔、管理方面的制度。这类制度涉及规范会计人员的职责、权限、奖励、选拔办法和管理体制等内容,如《会计人员管理办法》《总会计师条例》《会计专业技术人员继续教育规定》等。

【注意】会计人员制度的对象是会计行为主体,而不是会计业务,充分体现了一个国家对会计人员管理模式规范性的要求。

二、我国现行的会计制度体系

我国现行的会计制度体系由五个层次构成(如图1—1所示),按照规范的强制力排列。会计法律由全国人民代表大会及其常务委员会制定,如《会计法》和《注册会计师法》。会计行政法规由国务院颁布,如《总会计师条例》《企业财务会计报告条例》。会计部门规章主要指财政部发布的会计准则、会计制度、会计基础工作规范等。地方性会计法规由省市人大或政府制定,在本地区范围内实施。内部会计管理制度则是各单位根据国家统一的会计制度,结合本单位实际情况制定的。

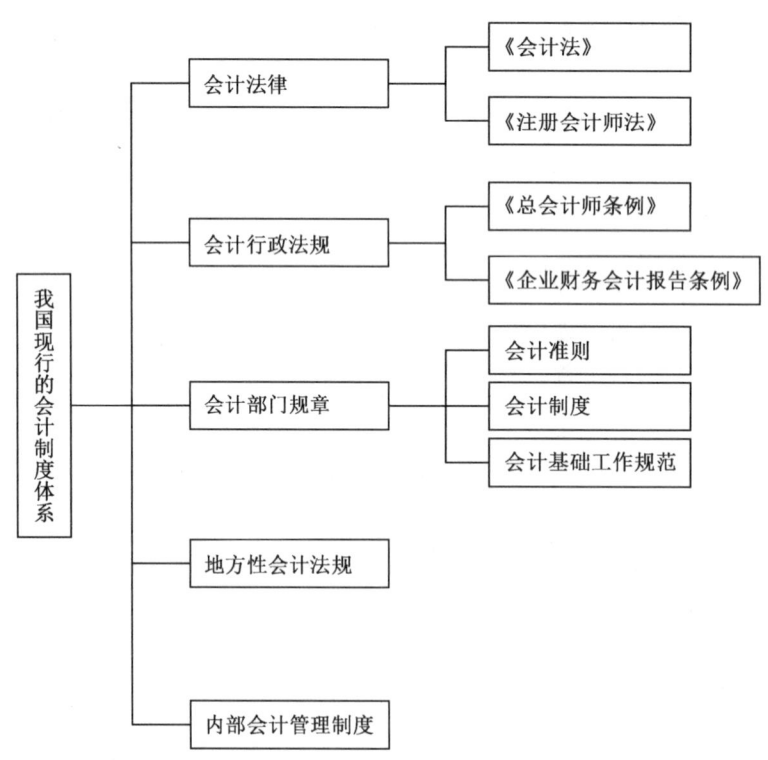

图1—1 我国现行的会计制度体系

(一)会计法律

会计法律是指由全国人民代表大会及其常务委员会经过一定的立法程序制定的有关会计工作的法律。我国目前只有两部会计法律，分别是《中华人民共和国会计法》(简称《会计法》)和《中华人民共和国注册会计师法》(简称《注册会计师法》)。

1.《会计法》

《会计法》是会计法律制度中层次最高的法律规范，是制定其他会计法规的依据，也是指导会计工作的最高准则。它在2017年11月4日由全国人民代表大会常务委员会修正。《会计法》的立法宗旨是规范会计行为，保证会计资料的真实和完整，促进经济管理和财务管理，提高经济效益，维护社会主义市场经济秩序。

2.《注册会计师法》

《注册会计师法》是规范注册会计师及其行业行为规范的最高准则。早在1986年，国务院就颁布了《中华人民共和国注册会计师条例》，但由于当时没有经过全国人民代表大会的审议，只以行政法规的形式发布；直到1993年10月31日，第八届全国人民代表大会常务委员会第四次会议审议通过了《注册会计师法》，并于1994年1月1日起开始施行，才正式成为法律，2014年8月31日第十二届全国人民代表大会常务委员会第十次会议修正。

【提示】《注册会计师法》是我国中介行业的第一部法律。

(二)会计行政法规

会计行政法规是指由国家最高行政管理机关——国务院制定并发布，或者国务院有关部门拟定并经国务院批准发布，调整经济生活中某些方面会计关系的法律规范。会计行政法规是由国务院制定的，其效力低于会计法律、高于会计部门规章和地方性会计法规，其制定依据是《会计法》。

【提示】我国目前已经施行的会计行政法规主要有两部，分别是《总会计师条例》和《企业财务会计报告条例》。

1.《总会计师条例》

《总会计师条例》是由国务院于1990年12月31日以第72号令颁布的，是对《会计法》中相关规定的细化和补充。《总会计师条例》主要规定了单位总会计师的职责、权限、任免奖惩等。该条例规定，国有大、中型企业及国有资产占控股地位或者主导地位的大、中型企业，必须设置总会计师。

2.《企业财务会计报告条例》

《企业财务会计报告条例》是由国务院于2000年6月21日以第287号令颁布的，自2001年1月1日起施行。《企业财务会计报告条例》主要规定了企业财务会计报告的构成、编制和对外提供的要求、法律责任等。该条例是对《会计法》中相关财务会计报告的规定的细化。

(三)会计部门规章

会计部门规章是指国家主管会计工作的行政部门，即财政部以及其他相关部委根据法律和国务院的行政法规、决定、命令，在本部门的权限范围内制定的、调整会计工作中某些方面内容的国家统一的会计准则制度和规范性文件。它主要包括国家统一的会计核算制度、会计监督制度、会计机构和会计人员管理制度及会计工作管理制度等。国务院其他部门根据其职责权限制定的会计方面的规范性文件也属于会计部门规章，但制定的规章必须报财政部审核或者备案。会计部门规章不得与宪法、法律和行政法规相违背，其效力低于宪法、法律和行政法规。会计部门规章如《企业会计准则》《政府会计准则制度》《企业会计制度》《小企业会计准则》《会计基础工作规范》等。

1. 会计准则

(1)企业会计准则。企业会计准则①包括基本准则和具体准则。基本准则规定了会计目标、会计基本假设、会计信息质量要求、会计要素的定义及其确认和计量原则、财务报表的列报等基本问题,是制定具体准则和会计制度的基础。具体准则是在基本准则的基础上对各类经济业务和会计事项的会计处理做出的具体规定,涵盖了存货、固定资产、无形资产、长期股权投资、收入、金融工具、租赁等众多领域。企业会计准则还包括应用指南,对具体准则进行进一步解释和说明,包括会计科目和主要账务处理等内容。

企业会计准则

(2)政府会计准则。政府会计准则②包括基本准则和若干具体准则。基本准则规定了政府会计核算的目标、基础、会计要素、会计信息质量要求等基本内容,确立了政府会计由预算会计和财务会计构成,预算会计实行收付实现制、财务会计实行权责发生制的双轨制核算模式。具体准则针对不同的政府会计业务进行规范,如固定资产、无形资产、投资等方面的会计处理,保障了政府资产负债核算的准确性,有助于提高政府财政透明度和财务管理水平。

2. 会计制度

(1)企业会计制度。企业会计制度是在企业会计准则的基础上进一步细化和规范企业会计核算和财务报告的制度。它适合于那些没有执行企业会计准则的企业,例如一些小型企业。企业会计制度对会计科目的设置、会计分录的编制、财务报表的格式和编制方法等都有详细规定,便于企业进行会计操作。

(2)小企业会计准则。小企业会计准则是专门为符合条件的小企业制定的。考虑到小企业的经营特点和会计核算需求,小企业会计准则简化了会计核算方法,如在资产减值方面,小企业会计准则采用了简化处理,不要求对固定资产、无形资产等计提减值准备。《小企业会计准则》适用于在中华人民共和国境内依法设立的、符合《中小企业划型标准规定》所规定的小型企业标准的企业,但股票或债券在市场上公开交易的小企业、金融机构或其他具有金融性质的小企业以及企业集团内的母公司和子公司除外。

(3)民间非营利组织会计制度。民间非营利组织会计制度(财会〔2024〕25号),2024年12月20日修订,自2026年1月1日起施行。它适用于各类民间非营利组织,如社会团体、基金会、民办非企业单位等。它规范了这些组织的会计核算和财务报告,在收入确认、净资产分类和核算等方面有其独特规定,如将收入分为捐赠收入、会费收入、提供服务收入等,并对不同类型收入的确认条件进行了明确规定。

3. 会计基础工作规范

《会计基础工作规范》自1996年6月17日由财政部财会字〔1996〕19号发布,并于2019年3月14日修改后沿用至今。2024年7月,财政部办公厅关于征求《会计基础工作规范(征求意见稿)》意见的函财办会〔2024〕27号。它在会计工作多方面有着全面且细致的要求,于会计机构和会计人员方面,对机构设置、人员配备、任职条件、回避制度、职业道德及工作交接均有明确规范,如各单位依业务设会计机构或配备人员,特定单位人员任免有规定,负责人及主管人员需具备多方面素养,实行回避,会计人员应遵循职业道德且调动离职需完整交接;在会计核算上,从原始凭证的取得、填制

---

① 我国企业会计准则体系由基本准则、具体准则和应用指南三部分构成。其中,基本准则有1项,具体准则有42项,应用指南是对32项具体准则的进一步阐释及对会计科目和主要账务处理做出的规定。

② 截至2025年1月13日,我国政府会计准则体系已初步建成,由1项基本准则与多项具体准则共同构成。具体准则包含《政府会计准则第1号——存货》《政府会计准则第2号——投资》《政府会计准则第3号——固定资产》《政府会计准则第4号——无形资产》《政府会计准则第5号——公共基础设施》《政府会计准则第6号——政府储备物资》《政府会计准则第7号——会计调整》《政府会计准则第8号——负债》《政府会计准则第9号——财务报表编制和列报》《政府会计准则第10号——政府和社会资本合作项目合同》《政府会计准则第11号——文物资源》。

审核到记账凭证编制、会计账簿设置登记核对以及财务报表编制报送,均有严格流程确保准确、完整、及时;会计监督层面明确了内部监督主体、对象、内容与方法,赋予会计人员相应的监督职权;内部会计管理制度要求单位建立健全包含管理体系、岗位责任、账务处理程序等一系列制度,以此全方位保障会计基础工作规范有序开展,为会计信息质量提供坚实基础,促进单位内部会计管理工作的科学化与规范化进程。

(四)地方性会计法规

地方性会计法规是地方立法机关或地方政府根据国家法律、法规的授权,结合本地区的实际情况制定的,在本地区范围内具有法律效力的会计规范性文件。它是对国家统一会计制度的补充和细化,通常会考虑到当地的经济发展水平、产业特点、会计工作实践等因素,以更好地适应本地区会计工作的特殊需求,保障会计工作在当地能够更加有效地开展,使会计法规更具针对性和可操作性。

(五)内部会计管理制度

内部会计管理制度是由各单位根据国家统一的会计制度,结合本单位实际情况制定的,包括会计人员岗位责任制度、账务处理程序制度、内部牵制制度、稽核制度、原始记录管理制度、定额管理制度、计量验收制度、财产清查制度、财务收支审批制度、成本核算制度等内容。这些制度有助于单位规范内部会计管理工作,保障会计信息质量,防范财务风险等。

我国会计制度体系呈现出显著的多层次性、适应性与规范性特点。(1)多层次性。多层次性体现在涵盖法律、行政法规、部门规章、地方性法规及内部管理制度上,各层次相互交织补充,既确保全面覆盖又能贴合不同主体与层面的会计业务需求,如地方性法规可针对本地特色产业会计处理细化规定,内部管理制度则为企业内部会计流程精准把控。(2)适应性。适应性表现为能与时俱进,伴随经济社会发展而动态调整,企业会计准则随业务创新与金融变革不断更新以契合新型会计处理,政府会计准则与制度也因职能转变及财政改革逐步健全完善。(3)规范性。规范性则贯穿会计工作全过程,从会计凭证填制起,经账簿登记到财务报表编制披露,均有严谨的制度约束,有力推动会计工作标准化运作,提升会计信息质量与可比性,进而促使会计工作在严谨的法制与规范框架下稳健前行,为我国经济社会的持续发展筑牢坚实会计根基并提供关键保障支撑。

三、会计制度设计

会计制度设计(Accounting System Design),就是根据国家有关会计法律法规,采用文字或图表等形式,对会计工作应遵循的原则、应采用的程序和方法、应达到的要求等做出明确的规定,作为会计工作的指导规范。

(一)会计制度设计的种类

按照会计制度设计的范围和内容不同,会计制度设计可以分为全面性会计制度设计、局部性会计制度设计和修订性会计制度设计三类,分别叙述如下:

1. 全面性会计制度设计

全面性会计制度设计是指对会计工作所应遵循的一切规范进行的设计,通过设计,搭建起会计制度的基本框架,并形成一套完整的会计制度体系。全面性会计制度设计的内容包括本章第二节所提及的三大类会计制度,所设计的制度能够提供会计实践当中所有问题的答案,例如,应当设置哪些会计科目才能保证经济业务的系统分类和会计资料的准确可靠;应当采用何种成本计算方法才能真实反映各种产品的实际耗费;应当设计哪些财务报表;财务报表所需要的各种数据资料如何通过会计凭证的记录和账簿的登记得到;应当采用何种会计核算形式才能最大限度地减少会计无效劳动;各种经济业务的会计处理程序和手续如何制定才能满足内部控制制度的要求,并提高会计工作效率和会计信息质量等。

由于全面性会计制度设计的内容复杂、涉及面广、头绪多、难度大、质量要求高,因此,设计时应当从总体设计延伸到具体设计。总体设计是对所要设计的会计制度内容和范围进行的总体规划;具体设计是在总体设计的基础上采用具体的方法和程序来完成总体设计的要求,并采用文字或表格等形式做出详细、具体的规定。总体设计和具体设计是两个紧密联系的环节,总体设计是"纲",具体设计是"目"。不进行总体设计,便无法勾画出会计制度的"蓝图",对设计的全部内容也难以做到心中有数,难免产生顾此失彼或重复劳动的现象;不进行具体设计,便无法将"蓝图"变为现实,形不成具有可操作性的会计制度。

2. 局部性会计制度设计

局部性会计制度设计是指对会计工作的部分规范,特别是对部分经济业务的会计处理程序和方法进行的设计。设计的内容一般是原会计制度中没有,但实际工作中已经出现的经济业务,原因大多由经营规模的扩大、经营范围的拓宽、经营方式的改变和管理要求的提高等引起。例如,企业实行内部结算办法,就需要设计内部结算制度;企业进行股份制改造,就需要设计"股本"方面的会计核算办法;企业信息系统升级改造,就需要设计会计信息化会计制度;等等。

3. 修订性会计制度设计

修订性会计制度设计是指对原有的会计制度予以修改而进行的设计,如材料的实际成本计价改为计划成本计价;固定资产折旧方法由直线法改为加速折旧法;坏账准备的计提由应收账款余额百分比法改为账龄分析法;材料领用的先进先出法改为加权平均法;长期投资收益核算的成本法改为权益法;等等。这些变化都需要对原有会计制度进行相应的修改。通过修订性会计制度设计,更新会计制度的相关内容。

【提示】一般来说,局部性会计制度设计和修订性会计制度设计涉及的工作面较小,设计内容较为单一,主要进行具体设计工作,但设计过程中必须注意与原有会计制度内容的协调配套。

(二)会计制度设计的方式

根据企业会计人员的综合素质、知识结构和会计制度设计的要求不同,会计制度的设计可以采用不同的方式。

1. 自行设计

自行设计是指由本企业会计人员独立进行的会计制度设计,这是设计会计制度最常用的方式。其优点是设计人员了解企业的各方面情况,熟悉企业供、产、销各种经济业务和人、财、物各种资源要素,容易得到企业各职能部门和有关人员的支持与配合,能够节省设计时间和减少设计费用,便于将会计制度落到实地,保证会计制度的适用性。其缺点是设计人员容易受到传统习惯的影响,不利于大胆借鉴和吸收新理念、新知识、新经验、新做法。如果设计人员的综合素质和设计能力达不到要求,则很难保证会计制度的设计质量。

2. 委托设计

委托设计是指设计会计制度的企业委托中介机构或专家为企业设计会计制度。目前,帮助企业设计会计制度已成为国内外会计师事务所等中介机构的一项重要业务。相对来讲,这些机构的人员对国家的法规制度理解较深,知识面较宽,业务水平较高,创新能力较强。因此,委托这些机构帮助企业设计会计制度,有助于通过制度设计促进企业的会计工作,提升企业的会计管理水平。但委托设计的缺点是不易得到企业各方面人员的全力配合,设计人员对企业的熟悉程度相对较低,难免造成某些制度内容与企业实际脱离,从而削弱会计制度的实用性。此外,设计成本相对较高。

3. 联合设计

联合设计是指以企业会计人员为主体，聘请会计制度设计专家做指导，共同设计企业会计制度。这样做有利于充分发挥自行设计和委托设计的优点，克服各自的缺点，相互配合，取长补短，将会计发展的最新动向和相关知识与企业的实际情况充分结合起来，提升企业会计制度的设计质量，保证会计制度的实用性和先进性。

（三）会计制度设计的意义

1. 规范企业会计行为，提升会计信息质量

会计制度依据国家相关会计法律法规，如《会计法》中对会计核算的准确性与完整性的要求，以及《企业会计准则》里各类具体准则对不同经济业务核算原则的规定，详细界定了会计核算的方法、程序及会计报表编制规范。这为会计人员的实务操作提供了精准且统一的指引框架，使其在处理经济业务时能严格依循既定标准，最大限度地降低人为判断差异与操作失误。例如，在存货计价方法的选定上，企业一旦确定采用某种符合会计准则的方法，如先进先出法或加权平均法，便需在各会计期间持续运用，确保存货成本核算的连贯性与可比性，进而保障会计信息如实反映企业的财务状况与经营成果，为投资者、债权人等利益相关者进行投资决策、信贷评估等提供可靠依据，符合会计信息质量特征中的可靠性与可比性要求。

2. 强化企业内部控制，防范化解经营风险

契合内部控制相关规范，合理的会计制度设计将内部控制理念与措施深度融入。以货币资金管理为例，依据内部控制中不相容职务分离原则，在会计制度中明确划分出纳与会计在资金收付、记账等环节的职责权限，构建严格的收支审批流程，从源头上杜绝资金挪用、贪污等舞弊风险，切实保障企业资金的安全性与完整性，同时，在采购、销售、生产等关键业务流程的会计制度设计中全面贯穿内部控制要素，包括授权审批控制、预算控制、财产保护控制等。如，采购业务中规定采购申请、审批、合同签订、验收及付款等环节的规范操作与职责界定，借助会计制度的刚性约束对企业经营活动实施全方位、动态化监控。通过及时识别、评估与应对各类潜在风险，如采购环节的供应商信用风险、生产环节的成本超支风险等，有效降低因内部管理漏洞引发的经营风险，维护企业的稳健运营，遵循内部控制的风险导向理念与全面性原则。

3. 助力优化资源配置，提高企业经济效益

会计制度设计通过精心构建成本核算制度与预算管理制度等核心模块，依据成本核算相关会计准则，准确归集与分配成本，借助预算管理法规要求，合理规划资源分配，为企业管理者提供详尽且精准的成本信息及资源使用效能数据。基于这些信息，管理者得以运用管理会计中的成本—效益分析等方法深入剖析资源利用效率，精准定位资源配置的薄弱环节并及时予以优化调整。例如，通过精准的成本核算揭示各产品或服务的真实盈利水平，企业可据此依据市场需求与战略规划灵活调整产品结构或业务布局，将有限资源优先投向利润丰厚、市场前景广阔的项目，实现资源的高效配置与价值最大化，契合企业追求经济效益最大化的经营目标，同时体现会计在企业管理决策支持中的重要作用。

4. 满足外部监管合规，塑造良好的企业声誉

企业在会计核算与信息披露过程中必须严格遵循国家的一系列法律法规，如《税法》对于纳税申报中会计数据准确性的要求，《证券监管法》对上市公司财务报告披露及时性与完整性的规定等，以及行业特定监管规范。科学、合理的会计制度设计作为企业遵循外部监管要求的基石，确保企业能按时、精准地向税务机关报送合规的纳税申报资料，向证券监管机构及其他利益相关者提供符合规范的财务报告，这不仅使企业有效规避因违规而遭受的巨额罚款、法律制裁等风险，而且在投资者、债权人等外部利益相关者群体中树立起诚信守法、运营规范的良好企业形象，增强其对企业

的信任度与投资信心,为企业在资本市场中赢得良好声誉与广阔发展空间,促进企业可持续发展战略的顺利实施,符合企业在市场经济环境下依法合规经营的基本要求。

总之,会计制度设计不仅是企业会计工作的基础,而且是企业内部管理和外部合规的关键。通过科学、合理的会计制度设计,企业可以提高会计工作的规范性、效率和质量,同时满足内部管理和外部监管的要求,这要求会计工作者不仅要理解会计制度的理论基础,而且需掌握实际操作技能,确保会计制度的有效实施。

(四)会计制度设计的依据

1. 会计法律法规

国家颁布的一系列会计相关法律,如《会计法》,对会计核算、会计监督、会计机构和会计人员等多方面作出了基本规定,是会计制度设计的根本大法。如《会计法》规定了企业必须依法设置会计账簿并保证其真实、完整,这就要求在会计制度设计中明确账簿的种类、格式、登记方法以及审核监督机制等,以确保符合法律要求。《企业会计准则》则针对企业会计核算的具体业务提供了详细的规范和指南,包括各类资产、负债、所有者权益、收入、费用等要素的确认、计量和报告原则。在设计会计制度时,关于会计科目设置、账务处理流程、财务报表编制等内容都要依据会计准则来确定具体的方法和标准,如存货计价方法的选择、收入确认的时点和条件等。

2. 企业自身的经营特点与管理需求

不同行业、不同规模的企业具有独特的经营模式和管理要求。例如,制造业企业涉及复杂的生产流程、成本核算和存货管理,其会计制度设计需要重点关注成本核算制度,包括原材料采购成本核算、生产成本归集与分配方法(如采用品种法、分批法还是分步法)以及在产品和产成品成本的计价等,以准确反映产品成本,为定价和利润分析提供依据。而服务业企业主要以提供劳务为主,其收入确认和成本核算可能更侧重于劳务提供的进度和相关直接成本、间接成本的分配。同时,企业的组织架构和管理模式也影响会计制度设计,大型企业集团可能需要设计多层次的会计核算体系和内部报告制度,以满足总部对下属子公司或分支机构的管控和信息整合需求;小型企业则可能采用相对简单、灵活的会计制度,但也要确保满足基本的会计信息纪录和报告要求。

3. 相关财经法规与政策

除了会计专门法规外,其他财经法规如《税法》对企业的税务处理和会计核算有重要影响。企业所得税法规定了应税收入的范围、扣除项目的标准和税收优惠政策等,在会计制度设计中要考虑如何在遵循会计准则进行会计核算的同时满足税法的纳税申报和税务合规要求,如设置相应的会计科目记录应税收入和可抵扣项目,进行纳税调整的核算流程等。此外,财政政策、金融法规等也对企业会计制度产生间接影响,如金融法规对企业融资活动的规范可能涉及会计报表中负债项目的列报和披露要求,财政政策对特定行业的补贴或扶持可能需要在会计核算中进行专项收入和费用的处理。

(五)会计制度设计的任务

1. 构建会计核算体系

设计科学、合理的会计科目体系,使其能够全面、准确地反映企业的经济业务。根据企业的经营活动和财务状况,确定资产、负债、所有者权益、收入、费用等各类会计科目的名称、编码和核算内容。例如,对于一家高新技术企业,可能需要设置"研发支出"科目来归集和核算其在研究与开发活动中的各项费用支出,并按照研发项目进行明细核算,以便准确反映企业在技术创新方面的投入和成果;同时,要规划会计凭证的填制、传递和审核流程,确保每一笔经济业务都能得到有效记录和验证。会计凭证应具备完整的要素,如日期、凭证编号、摘要、会计科目、金额、附件张数等,并且要规定不同岗位人员在凭证处理过程中的职责和权限,如出纳负责现金和银行存款收付凭证的填制,会计负责审核和记账凭证的编制等;还要设计合适的会计账簿格式和登记方法,包括总账、明细账、日记账等,明确账簿的启用、登记、结账和对账规则,保证账簿记录的准确性和连续性,为财务报表的编制提供可靠的数据基础。

2. 建立内部控制机制

依据内部控制相关规范,如《企业内部控制基本规范》及其配套指引,在会计制度中融入内部控制要求。在货币资金管理方面,建立严格的现金收支管理制度,实行钱账分管,出纳人员负责现金的收付和保管,会计人员负责现金收支业务的核算和监督,同时规定现金库存限额、现金收支的审批权限和程序,定期进行现金盘点和银行对账,确保资金安全。在采购与付款环节,设计采购申请、审批、合同签订、验收、付款等一系列控制流程,明确各环节的职责分离和授权审批要求,如采购部门提出采购申请,经相关领导审批后进行采购,采购合同需经法务部门审核,物资验收由独立的验收部门或人员负责,财务部门根据合同和验收报告审核付款申请并办理付款手续,通过这些控制措施防止采购过程中的舞弊行为和资金浪费。在销售与收款环节,设计销售订单处理、发货、开票、收款等流程,加强对客户信用评估、销售价格审批、应收账款管理等方面的控制,确保销售收入的真实性和完整性,加速资金回笼。此外,在固定资产管理、存货管理等其他业务环节也要建立相应的内部控制制度,通过内部牵制、授权审批、预算控制、财产保护等手段,保障企业资产的安全、完整,提高经营管理效率和效果。

3. 制定财务报告制度

按照会计准则和相关法规要求,确定企业财务报告的种类、格式、内容和编制方法。企业的主要财务报告包括资产负债表、利润表、现金流量表、所有者权益变动表以及附注等。资产负债表应按照资产、负债和所有者权益的分类和顺序列示项目,反映企业在特定日期的财务状况;利润表根据收入、费用和利润的构成要素设计,展示企业一定时期内的经营成果;现金流量表以现金和现金等价物为基础,反映企业在一定时期内的现金流入和流出情况;所有者权益变动表则反映所有者权益各组成部分在一定时期内的增减变动情况;附注应作为财务报表的重要组成部分,对报表中的重要项目进行详细说明和解释,包括会计政策和会计估计的变更、重大或有事项、关联方关系及其交易等;同时,要规定财务报告的编制流程和时间,明确各部门在财务报告编制过程中的职责分工和协作关系,如会计部门负责数据的收集、整理和报表编制,业务部门负责提供相关业务数据和信息,管理层负责审核财务报告并对其真实性和完整性负责;此外,还要考虑财务报告的报送对象和报送方式,根据企业的性质和监管要求,向股东、债权人、税务机关、证券监管机构等不同的利益相关者报送相应的财务报告,并确保报告的及时性和准确性。

4. 规范会计档案管理

依据《会计档案管理办法》,设计会计档案的整理、归档、保管、借阅和销毁制度。会计档案包括会计凭证、会计账簿、财务报告等会计核算专业资料,是企业重要的经济档案和历史资料。在会计制度中,要规定会计档案的装订要求,如凭证的装订顺序、账簿的装订方式等,确保档案整齐有序;明确会计档案的归档时间和归档范围,一般在会计年度终了后将本年度的会计档案进行整理归档;确定会计档案的保管期限,根据档案的重要性和性质,分为永久保管和定期保管,如年度财务报告、会计档案保管清册、会计档案销毁清册等应永久保管,而记账凭证、明细账等一般保存期限为30年;建立会计档案的借阅制度,严格控制借阅人员范围和借阅手续,借阅人员需经相关领导批准,并办理登记手续,借阅期限届满,应及时归还档案;规定会计档案的销毁程序,对于保管期满且符合销毁条件的会计档案,应由档案管理部门会同会计部门提出销毁意见,编制会计档案销毁清册,报经单位负责人批准后,由档案管理部门和会计部门共同派员监销,销毁后应在销毁清册上签名或盖章,并将监销情况报告单位负责人。通过规范会计档案管理,保证会计档案的安全、完整,便于日后查阅和利用。

【学中做 1-1】 从现状到蓝图:服装制造企业会计制度设计依据与策略

选择一家服装制造企业,通过访谈、查阅资料,收集其经营模式(如服装设计、面料采购、生产加工、销售渠道等)、组织架构(各部门职责与协作)、财务现状(近3年财务报表关键指标)、行业法规政策(服装行业质量标准、税收优惠等)及现有会计工作情况(会计科目、凭证账簿使用等)。

精析学中做

请分析:这家服装制造企业会计制度设计的依据;应该如何对其进行会计制度设计。

(六)会计制度设计的人员素质

1. 扎实的会计专业知识

会计制度设计人员必须精通会计原理、财务会计、管理会计、成本会计等专业知识领域;熟悉会计等式、会计科目体系以及各类会计账户的性质和用途,能够准确运用借贷记账法进行账务处理;在财务会计方面,深入理解企业会计准则的各项规定,熟练掌握资产、负债、所有者权益、收入、费用等要素的确认、计量和报告方法,如对于复杂的金融工具会计处理、企业合并会计处理等能够准确把握;掌握管理会计的工具和方法,如本量利分析、预算编制与控制、绩效评价等,以便在会计制度设计中考虑如何为企业内部管理提供有用的会计信息支持;了解成本会计的成本核算方法和成本控制原理,能够根据企业的生产经营特点设计合理的成本核算制度,如在制造业企业中选择合适的成本计算方法(品种法、分批法、分步法等),并设置相应的成本核算流程和会计科目,准确核算产品成本,为企业的成本管理和定价决策提供依据。

2. 熟悉会计相关法律法规

了解并熟悉国家的会计法律法规,如《会计法》《企业会计准则》《会计基础工作规范》等,是会计制度设计人员的必备素质。《会计法》作为会计工作的根本大法,规定了会计工作的基本准则和要求,会计制度设计人员必须依据其规定构建企业的会计制度框架,确保会计制度的合法性。《企业会计准则》对企业会计核算的具体业务提供了详细的规范,设计人员要深入研究并将其具体要求融入会计制度设计的各个环节,如在收入确认、资产减值计提、金融工具计量等方面严格遵循准则规定。《会计基础工作规范》则对会计机构和会计人员、会计核算、会计监督等基础工作作出了具体规定,在会计制度设计中要参照这些规定规范会计凭证、会计账簿、财务报表等的设计和操作流程;此外,还需熟悉其他相关法律法规,如税法、公司法、证券法等,因为这些法律法规与企业会计工作密切相关,会影响会计制度设计的内容和要求。例如,税法对企业的税务处理有严格规定,会计制度设计要考虑如何在遵循会计准则进行会计核算的同时满足税法的纳税申报和税务合规要求,如设置相应的会计科目记录应税收入和可抵扣项目,进行纳税调整的核算流程等;公司法对企业的组织架构、财务报告披露等方面有相关规定,会计制度设计要符合公司法的要求,保障股东和其他利益相关者的知情权;证券法对上市公司的财务信息披露有严格的规范和监管要求,上市公司的会计制度设计更要注重信息披露的准确性、完整性和及时性。

3. 具备内部控制与风险管理知识

会计制度设计人员应掌握内部控制和风险管理的理论与方法,熟悉《企业内部控制基本规范》及其配套指引等相关规范,了解内部控制的五要素,即内部环境、风险评估、控制活动、信息与沟通、内部监督,并能够将其融入会计制度设计中;在设计会计核算流程时,考虑如何通过内部牵制、授权审批等控制活动防范会计差错和舞弊风险,如在货币资金收支业务中实行钱账分管、严格的审批程序等;具备风险评估能力,能够识别企业在会计工作中可能面临的风险,如财务风险、税务风险、审计风险等,并在会计制度设计中制定相应的风险应对措施,如,针对税务风险,在会计制度中设计税务合规审核流程,定期对企业的税务处理进行自查自纠,避免因税务违规而遭受处罚;在信息与沟通方面,设计有效的会计信息传递机制,确保企业内部各部门之间以及企业与外部利益相关者之间能够及时、准确地传递会计信息,如建立财务报告的内部报送制度和对外披露制度;同时,注重内部监督机制的设计,如在会计制度中规定内部审计的职责、权限和审计流程,通过内部审计对会计制度的执行情况进行监督检查,及时发现问题并加以改进,保障会计制度的有效实施和企业会计工作的健康运行。

4. 良好的沟通与协作能力

会计制度设计是一个涉及企业多个部门和人员的系统工程,需要设计人员具备良好的沟通与协作能力。在设计过程中,会计制度设计人员要与企业的高层管理人员进行沟通,了解企业的战略目标、经营理念和管理要求,使会计制度设计能够与企业的整体战略和管理模式相匹配。如,与管理层沟通确定企业的预算管理目标和绩效考核指标,以便在会计制度设计中融入预算控制和绩效评价相关内容。与企业内部各业务部门进行沟通协作,了解业务流程和业务需求,确保会计制度能够适应业务部门的实际工作情况并得到有效执行,如与采购部门沟通采购业务流程,设计合理的采购会计核算制度和内部控制流程;与销售部门沟通销售业务模式,制定准确的收入确认和应收账款管理方法;此外,需要与外部机构如会计师事务所、税务机关等进行沟通交流,了解最新的审计要求和税收政策动态,以便及时调整和完善会计制度。良好的沟通与协作能力有助于协调各方利益,解决会计制度设计过程中出现的矛盾和问题,提高会计制度设计的质量和效率,使会计制度能够得到企业内部各部门和外部相关机构的认可和支持,从而更好地发挥其在企业会计工作和经营管理中的作用。

【学思践悟】　　　　　　　会计制度设计中的道德与价值坚守

在党的二十大和二十届三中全会的指引下,我国经济正迈向高质量发展的新阶段,全面建设社会主义现代化国家的征程加速推进。在此关键时期,经济结构深度调整,市场竞争日益激烈,企业面临着前所未有的机遇与挑战。会计作为企业经济活动的关键环节,其制度设计的科学性与合理性直接关系到企业的兴衰成败,而其中蕴含的道德与价值坚守更是重中之重。

习近平新时代中国特色社会主义思想中的经济思想为会计制度设计提供了根本遵循。正如习近平总书记所强调的,要坚持和完善社会主义基本经济制度,构建高水平社会主义市场经济体制,健全宏观经济治理体系和推动高质量发展体制机制。这要求会计人员在设计会计制度时需充分考虑如何更好地服务于经济的高质量发展,如何通过制度创新与优化,促进企业在创新驱动的发展轨道上稳健前行,为塑造发展新动能新优势贡献力量。

同时,道德建设在社会发展中的重要性也不容忽视。习近平总书记指出,广大青年要把正确的道德认知、自觉的道德养成、积极的道德实践紧密结合起来,自觉树立和践行社会主义核心价值观,带头倡导良好的社会风气,这对会计人员同样具有深刻的指导意义。在会计工作中,道德是基石,是规范行为,是确保信息真实、可靠的内在约束。会计人员应当时刻牢记这一嘱托,不断提高自身的道德修养,将社会主义核心价值观融入会计制度设计的方方面面,让公平、公正、诚信、法治等价值理念在会计工作中落地生根。

【悟有所得】

从企业层面来看,融入道德与价值坚守的会计制度设计是企业可持续发展的坚强保障,一方面,准确、可靠的财务信息是企业管理者科学决策的重要依据。通过完善的会计制度,能够清晰反映企业的财务状况和经营成果,帮助管理者精准把握市场动态,合理配置资源,制定出符合企业实际的发展战略,从而提升经济效益和市场竞争力;另一方面,良好的道德形象和诚信声誉是企业的无形资产。在会计制度设计中坚守道德底线,确保财务信息真实、透明,有助于企业在市场中树立良好的社会形象,增强投资者、客户和社会公众的信任,为企业赢得更广阔的发展空间和长期稳定的合作机会。

从社会层面来看,诚信是市场经济的灵魂,而会计诚信则是市场经济有效运行的基石。党的十八大以来,习近平总书记多次强调诚信对于社会经济发展的重要性。会计人员作为经济信息的提供者和守护者,其专业素质和道德坚守直接关系到市场经济秩序的稳定。真实、准确、完整的会计信息是投资者进行投资决策、债权人评估信用风险、政府监管部门实施宏观调控和市场监管的重要依据。只有会计人员坚守道德与价值,确保会计信息质量,才能引导资源在市场中合理流动和优化配置,促进社会经济的健康、有序发展。

就会计人员而言,坚守道德与价值是会计人员职业发展和实现人生价值的根本所在。在职业生涯中,秉持诚信、公正等职业道德的会计人员,能够赢得同行的尊重和社会的认可,树立良好的职业声誉。这种声誉不仅是个人的宝贵财富,更是职业发展的重要资本,为其在行业内获得更多的晋升机会和职业发展空间创造了有利条件。同时,参与符合道德与价值要求的会计制度设计和实践,能够让会计人员深刻体会到自身工作的重要性和使命感,将个人的职业追求与企业的发展、社会的进步紧密结合起来,实现个人价值、企业价值与社会价值的有机统一,在推动经济社会发展的进程中展现自己的智慧和力量,肩负起时代赋予的历史使命。

第二节 会计制度设计的内容

会计制度设计旨在依据会计工作原理与各要素的逻辑关系,规范会计科目、凭证、账簿、报表格式及核算组织形式、内部控制、成本核算等,构建一套会计程序与方法体系,涵盖会计工作所需规定、标准与要求,其内容与企业规模和经营管理水平紧密相连。

一、会计工作基本条件方面的制度

会计核算作为企业会计核心工作,需完备基础条件方能开展,此部分制度设计为会计工作提供了根基与依据。

(一)会计科目及其使用说明

会计科目及其使用说明是确定企业所需总分类科目与明细科目的详细信息,包括名称、类别、编号、核算内容及使用方法等。例如,制造业企业需设置"原材料""生产成本""库存商品"等科目,明确其核算范围,如"原材料"科目用于核算企业库存的各种材料,包括原料及主要材料、辅助材料、外购半成品等,并规定其借方登记入库材料的实际成本,贷方登记发出材料的实际成本等使用规则。

(二)会计凭证

会计凭证是规范会计工作中各类原始凭证与记账凭证的相关要素。原始凭证格式应依据经济业务类型设计,如销售发票需包含购货单位名称、商品或劳务名称、数量、单价、金额等信息,联次应满足财务、销售、仓库等部门的使用需求,用途明确为记录经济业务发生的最初凭证,传递程序要规定从业务发生部门到财务部门的流转顺序,填制要求保证内容真实、完整、准确,保管方法需确定保管期限、保管地点及查阅审批程序等。记账凭证则需规定格式如通用记账凭证或收款、付款、转账凭证格式,联次一般为单联或多联,用途为依据审核无误的原始凭证进行会计分录编制,传递要及时且有序,填制要遵循借贷记账法规则,保管与原始凭证相协调。

(三)会计账簿

会计账簿是明确各种账簿种类、格式及其勾稽关系,构建严谨的账簿体系与使用保管制度。账簿种类涵盖总账、明细账、日记账等。总账采用订本式账簿,格式通常为三栏式,用于总括反映企业经济业务;明细账格式多样,如三栏式、多栏式、数量金额式等,依据不同科目核算需求设置,如"应收账款"明细账采用三栏式记录往来单位的应收款项增减变动,"生产成本"明细账采用多栏式按成本项目归集生产费用;日记账主要有现金日记账和银行存款日记账,采用订本式三栏式格式记录货币资金收支情况。账簿之间勾稽关系要确保总账对明细账的统驭,明细账对总账的补充说明,日记账与总账、明细账应在货币资金核算上进行对应与核对。

(四)财务报表

财务报表主要是内部财务报表,规定内部财务报表的各项要素,包括种类如成本报表、费用报表、销售报表等,格式要便于数据呈现与分析,内容涵盖相关财务数据及指标,用途为满足企业内部管理决策需求,编制方法需依据会计核算数据按规定程序编制,报送对象为企业内部管理层及相关部门,并使内部报表指标与外送报表有机衔接,形成完整的报表体系。例如,内部成本报表可按产品品种、车间等维度编制,反映成本构成与变动情况,为成本控制与定价决策提供依据。

二、会计组织工作方面的制度

合理规划会计组织工作制度,以充分利用会计工作的基本条件,保障会计工作秩序与效率。

(一)账务处理程序的规定

此规定需依据企业业务特点与管理要求选定账务处理程序,如记账凭证账务处理程序、科目汇总表账务处理程序、汇总记账凭证账务处理程序等,并明确相应的所需会计凭证与账簿。记账凭证账务处理程序下,直接依据记账凭证逐笔登记总账,适用于需详细记录的经济业务较多的小型企业;科目汇总表账务处理程序则先将记账凭证汇总编制科目汇总表,再据以登记总账,能减轻总账登记工作量,适用于业务量较大的企业。

(二)核算工作组织形式的规定

此规定确定企业采用集中核算还是分散核算形式。集中核算形式下,企业的主要会计核算工作集中于会计部门,如大型连锁企业总部统一核算各门店财务数据,便于整体管控与资源调配;分散核算形式下,企业内部单位如分厂、车间等分别进行一定的会计核算,再汇总至会计部门,如大型制造企业各生产车间分别核算成本,厂部会计部门汇总编制财务报表,同时需规定采用某种形式时的具体要求以及集团公司与分、子公司,厂部会计部门与车间核算机构之间的协调关系与数据传递方式。

(三)会计机构内部组织及人员分工的规定

此规定合理规划会计机构内部组织结构,如设置财务经理、总账会计、出纳、成本会计、往来会计等岗位;明确各岗位工作内容,总账会计负责总账登记与财务报表编制,出纳负责现金与银行存款收付及日记账登记等;合理配备人员数量与技术职称,根据业务量确定出纳、会计人员数量,依据岗位重要性与复杂性确定所需职称如初级、中级会计师等;界定各岗位职责权限,如出纳不得兼任稽核、会计档案保管和收入、支出、费用、债权债务账目的登记工作,各岗位之间要建立协调机制,如通过定期会议、工作流程衔接等方式确保会计工作顺畅运行。

(四)会计档案管理和会计工作交接的规定

此规定规范会计档案保管,确定不同档案的保管期限,如会计凭证保管期限为30年,会计账簿保管期限一般为30年,财务报表中年度财务报表永久保管等,明确保管地点应具备防火、防潮、防虫等条件,查阅需经授权审批并登记。会计档案销毁要按规定程序进行,由档案管理部门会同会计部门提出销毁意见,编制销毁清册,报经单位负责人批准后由专人监销并签字盖章记录监销情况。会计工作交接要明确交接程序,移交人员需编制移交清册,详细列示会计凭证、账簿、报表、印章等资料,接替人员要认真核对,交接时需有监交人在场,一般会计人员交接由会计机构负责人监交,会计机构负责人交接由单位负责人监交,以确保会计工作的连续性与会计档案的完整性、安全性。

三、会计管理工作方面的制度

此部分制度旨在强化会计管理功能,提升管理水平,保障会计核算效率与质量,因企业而异且层次较高。

(一)内部控制制度

此制度明确企业经济活动内部控制的多方面要素,目的在于保障企业资产安全完整、财务信息真实可靠、经营活动合规有效。原则遵循全面性、重要性、制衡性、适应性、成本效益原则。程序涵盖风险评估、控制活动设计、信息与沟通机制建立、内部监督实施等环节。方法包括不相容职务分离、授权审批、会计系统控制、财产保护控制、预算控制、运营分析控制、绩效考评控制等。例如,在采购业务中,采购申请、审批、采购执行、验收、付款等环节需由不同部门或人员负责,相互制衡,同时建立采购预算控制与供应商评估制度,规范业务流程并防范舞弊风险。

(二)成本核算和成本管理制度

此制度依据企业经营特性与管理诉求确定成本核算要素。成本计算对象可按产品品种、批次、步骤等确定,如服装厂可按服装款式作为成本计算对象;成本计算期可按月、季、年或生产周期确定,如单件小批生产企业可能按生产周期计算成本;成本项目包括直接材料、直接人工、制造费用等,规定费用归集与分配程序,如制造费用按生产工时、机器工时等分配到各产品成本中,选择合适的成本计算方法如品种法、分批法、分步法、作业成本法等,确保成本核算规范、准确;同时,借鉴先进成本管理经验设计相关制度,如标准成本制度下制定标准成本,通过实际成本与标准成本对比分析差异进行成本控制与管理,作业成本制度下依据作业消耗资源、产品消耗作业理念更精准地分配成本,提升成本管理水平。

(三)会计政策选择与变更方面的有关制度

会计政策应保持相对稳定,但企业经营状况重大变化时需调整。此制度规定会计政策选择依据,如遵循会计准则要求、结合企业行业特点与经营模式等;明确变更条件,如法律法规变化、经济环境改变、企业业务转型等导致原会计政策不再适用。变更程序需经企业管理层审议批准,同时要在财务报表附注中充分披露会计政策变更原因、内容、影响数等信息,以便财务报表使用者理解与分析。

(四)其他有关的制度

其他有关的制度包括会计预测、决策、分析、考核、检查等制度。会计预测制度是依据历史数据与市场信息等预测企业未来财务状况与经营成果,如销售预测、成本预测等,为企业战略规划与预算编制提供参考。会计决策制度是在预测基础上运用决策方法如本量利分析、投资决策方法等制定财务决策,如投资项目选择、产品定价决策等。会计分析制度是通过比率分析、趋势分析等方法对财务报表数据进行分析,揭示企业财务状况与经营成果优劣,为管理改进提供依据。会计考核制度是建立财务指标考核体系,如盈利能力指标、偿债能力指标等考核企业各部门或员工的绩效。会计检查制度是定期或不定期对会计工作进行检查,包括内部审计、专项检查等,确保会计制度执行与会计信息质量。小型企业可根据自身的管理水平与需求确定是否设计这些制度,若管理要求相对简单,则可适当简化或暂不考虑部分制度。

此外,企业在财产清查、会计信息系统升级改造、企业破产清算等特殊情形下均需针对性地设计相应的会计制度。财产清查制度规定清查范围如货币资金、存货、固定资产等,清查时间定期或不定期,清查实地盘点、函证等方法,以及清查结果处理程序如盘盈盘亏的账务处理与原因分析。会计信息系统升级改造制度涉及系统需求分析、选型、实施、数据迁移、人员培训、安全控制等方面。

企业破产清算制度规范破产清算期间会计核算的特殊要求,如资产清算价值计量、债务清偿顺序确认、清算报表编制等,以保障特殊时期会计工作合规有序开展,维护企业及相关利益方权益。

会计制度设计需紧密结合企业实际情况,综合考量各方面因素,合理借鉴成功经验,以构建科学合理、切实可行的会计制度体系,有效服务于企业会计工作与经营管理。

第三节　会计制度设计的原则

设计会计制度是一项极为复杂且严谨的会计工作任务,其设计质量的优劣将对会计工作的运行成效产生直接的决定性影响。鉴于此,企业在开展会计制度设计工作时务必严格遵循一系列科学、合理的原则。

一、合规性原则

(一)符合《会计法》及相关法规的法律规定

我国实行的经济体制是以公有制为基础的社会主义市场经济。企业单位作为社会主义市场经济的基本单元,其组织形式丰富多样,涵盖国有独资企业、国有资产占控股或主导地位的企业、股份有限公司、有限责任公司、外商投资企业以及民营企业等。在市场经济环境中,各类企业均需独立自主、自负盈亏并自我经营,于竞争中谋求发展。为维护社会主义市场经济秩序,营造公平、公正的竞争环境,国家从宏观层面颁布了诸多法律,以约束企业经济行为。《会计法》是其中关键的一部法律。伴随依法治国战略的深入推进以及法制化进程的加速,依法行政与依法管理经济活动已成必然趋势。以往会计管理工作中常用的行政与经济手段,均需纳入法治轨道,借助法律形式明确会计工作的地位、作用、原则、程序以及违法会计行为应承担的法律责任。尤其在社会主义市场经济条件下,会计工作作为维护市场经济正常运转的重要手段,强化会计立法至关重要。唯有如此,方能确保会计工作在处理各类复杂的社会主义市场经济关系时充分发挥其应有作用。因此,企业制定的会计制度必须与国家现行的《会计法》以及其他相关法律法规要求相一致,例如,在会计核算方法的选择、会计信息披露等方面,均需严格遵循法律规定,不得违规操作。

(二)符合国家统一会计制度的规定

国家在进行国民经济宏观调控时不但要求各基层单位提供真实、完整的会计资料,而且期望各单位会计工作在处理各种利益关系的过程中维护国家的方针、政策与法律法规。会计制度不仅是各单位组织会计管理工作、生成相互可比且口径一致会计资料的依据,更是国家财政经济政策在会计工作中的具体体现。作为法治化经济管理手段的关键构成部分,会计制度必须纳入政府部门管理范畴。依据《会计法》的规定,国家实行统一的会计制度,由国务院财政部门依据本法制定并公布。《会计法》进一步解释了国家统一会计制度的内涵,即涵盖会计核算、会计监督、会计机构和会计人员以及会计工作管理等方面的制度、准则与办法等。国家统一会计制度是规范会计行为的重要保障。它既是规范各单位会计行为的标准,为各单位组织会计管理工作、生成可比且一致的会计信息提供依据,也是国家财政经济政策在会计工作中的具体呈现,更是维护社会经济秩序的关键支撑。"国家实行统一的会计制度"这一规定,凸显了其法律地位,有利于强化会计制度的统一性与权威性,保障其有效实施。因此,所有基层单位在设计本单位会计制度时必须严格执行国家颁发的统一会计制度,切实遵守财政部统一制定的各项准则、制度等规定与要求,例如,在收入确认、资产计价、财务报表编制等方面,应依据相关具体会计准则执行,确保会计信息的一致性与可比性。

二、真实性原则

会计资料是管理者、投资者、债权人以及政府部门改善经营管理、评价财务状况、作出投资决策的重要依据,企业会计行为的规范程度直接关乎会计资料质量。伴随我国经济与资金市场的持续发展,会计行为与会计资料质量备受关注。会计兼具理财与管理双重属性。一般而言,每个独立核算单位均设有会计岗位,开展会计核算工作。会计核算的核心目的在于对企业整个再生产过程,涵盖投入资金、物化劳动(财产物资消耗)与活劳动(人工费用发生)消耗、劳动成果产出、销售实现、利润赚取或亏损产生等环节,进行连续、系统且全面的记录、计算与分析。这些用会计语言表述的记录、计算与分析结果,即为会计信息(也称为会计资料)。

会计信息具有重要作用。一方面,对于单个单位而言,会计信息是改善内部经营管理的关键依据。会计信息记录了本单位经济活动发生状况与结果的数据资料,能够精准且全面地反映单位生产经营过程中的薄弱环节、存在的问题以及发展变化趋势。会计人员据此提出改进建议,管理者依此作出改善管理、提升效益的决策。例如,通过成本核算信息,管理者可发现成本控制的关键点,进而优化生产流程或采购策略。另一方面,从整个社会视角来看,会计信息是引导社会资源优化配置与维护社会经济秩序的重要依据。企业财务会计报告提供的会计信息反映了单位财务状况与经营成果。理性投资者往往在充分了解被投资单位财务状况与经营成果的基础上作出投资决策。若投资者经对企业财务会计报告信息分析,判定该企业具备投资价值,便会加大投资力度,为企业注入资金;反之,则会改变投资方向,撤回资金。故而,会计信息对社会资源流动具有导向作用。此外,会计信息还是国家财政、税收与宏观经济调控的重要依据。例如,税务部门依据企业会计信息核算应纳税额,国家宏观经济管理部门依据企业会计数据制定产业政策等。

鉴于一个单位的会计核算及其所提供会计信息涉及投资者、债权人、国家、社会公众等多方面利益,法律对会计核算,尤其是会计信息生成与披露问题作出了明确规定,旨在规范会计核算秩序,保证会计信息真实、完整。因此,企业在设计会计制度时,对于会计核算依据、内容与基本程序的设计务必符合法律制度有关信息生成与披露的规定,以规范会计核算秩序,确保会计信息真实、可靠且完整无缺,例如,在财务报表附注中应充分披露关联交易、或有事项等重要信息,遵循会计准则关于信息披露的完整性要求。

三、针对性原则

企业会计制度是企业对其再生产经济活动进程实施会计管理的章程,这决定了企业会计制度设计务必从实际出发,依据核算单位的具体情况开展设计工作。企业作为国民经济的细胞,其设立形式、组织结构、规模大小、经营范围、经营方式等存在显著差异。国有独资企业与股份有限公司各具特色;民营企业与外商投资企业特点不同;工业、农业、商业、建筑业、交通运输业等行业之间也存在差别,即便同一部门内的不同行业、同一行业中的不同企业,其具体特点也不尽相同。例如,企业规模大小会影响会计核算的精细程度与会计机构设置;生产经营业务性质与范围决定了会计科目设置与成本核算方法的选择;产品种类与工艺技术过程对成本归集与分配方式产生影响;组织机构设置、人员配备以及专业人员业务水平等因素,均会导致会计制度设计差异。因此,设计会计制度时切忌生搬硬套,必须契合客观实际,如此方能确保制度可行且行之有效。例如,一家小型商贸企业与一家大型制造企业的会计制度在存货核算方法、财务报表详略程度等方面必然存在较大区别,应根据各自业务特点设计相应的会计制度。

四、目标一致性原则

企业会计制度作为一种管理方法与工具,在公司管理当局制定目标、影响员工行为过程中发挥着重要作用。目标一致性是指企业最高目标、所属各部门次要目标、基层单位具体目标以及企业员工非正式集体目标、个人目标必须达成一致,形成有机整体。次要目标与其他具体目标原则上应服从企业最高目标,但最高目标也需与次要目标及其他具体目标相互协调。企业在设计会计制度时应遵循目标一致性原则,首先,需明确企业最高目标、次高目标以及各类具体目标的协调统一关系。例如,企业整体战略目标若为拓展市场份额,那么研发部门的目标可能是推出更具竞争力的产品,生产部门的目标则是提高生产效率与产品质量,会计制度应有助于促进各部门目标与企业整体目标的协同实现。其次,要注重企业长期目标与短期目标之间的平衡。例如,长期目标可能是打造品牌形象,提升企业价值;短期目标可能是完成季度销售任务或控制当期成本,会计制度在成本核算、预算管理等方面应兼顾长、短期目标的需求。最后,要认可非正式集体目标和员工个人目标的存在。设计者应深入了解各级部门期望达成的目标,评估各部门、各员工是否为配合最高管理当局实现企业既定最高目标付出足够努力,并权衡各种目标协调配合过程中的利弊得失,以此为基础制定出科学、合理的企业会计制度。例如,员工个人可能期望通过工作获得职业成长与合理薪酬回报,会计制度在绩效考核与薪酬激励方面应予以考虑,以促进员工个人目标与企业目标的融合。

五、成本收益比原则

成本收益比原则的基本要求是:针对任何方案或项目,均需比较其成本与收益,从中筛选出效益最优的方案。对于企业会计制度设计而言,即在当前经济发展水平与经济政策环境下,通过对比制度成本与制度收益,选取制度效益最大化的设计方案。

(1)制度成本,是指设计成本与运行成本的总和。设计成本涵盖设计制度时产生的各类直接或间接费用,如调研费用、咨询费用、制度起草与修订过程中的人力成本等;运行成本包括会计制度具体实施过程中发生的费用,如会计人员培训成本、会计软件购置与维护成本、因遵循制度而增加的业务流程成本等;还涉及企业其他部门、员工为保障制度设计、修订与正常运行所付出的成本,例如,各部门为配合会计制度实施而进行的内部流程调整所耗费的时间与精力成本等。

(2)制度收益,是指制度实施与运行后所产生的收益。制度效益则是制度收益弥补制度成本后的差额。由于市场经济条件下收益与成本遵循收益递减规律,因此设计制度时需格外留意,并非制度越完善、越严密就越好。企业应审慎权衡制度成本及其产生的收益,做出恰当抉择,力求实现会计制度设计的科学化与制度效益的最大化。例如,在设计内部控制制度时,若过度追求控制环节的严密性,则可能导致业务流程烦琐,增加大量人力物力成本,而实际收益可能并未显著提升,此时就需根据成本收益比原则进行优化调整。

成本收益比原则将关注点聚焦于意愿而非单纯需求,即并不认为制度天然不可或缺;相反,其重点关注可能受影响的集体决策。若这些决策未受影响,那么成本最低的方案即为优选;若决策受影响程度各异,那么扣除制度各种成本后预期收益最大的方案则更为可取。该原则提出的核心问题是:相较于其他制度,企业愿意为获取当前制度付出多大代价?具体而言,某种特定的会计管理制度对于A公司可能是划算的,但对于B公司或许并不划算。因此,成本收益比原则对"这种制度是对其他制度的重大改进且为公司所急需"这一普遍结论持审慎怀疑态度。某种制度的抉择本质上取决于各企业的具体情况。同一制度在甲公司可能成效显著,而在乙公司则未必如此,这是因为两家公司的发展背景、业务特点等各不相同。

六、内部控制原则

内部控制制度是核算单位为强化岗位责任、保障企业财产安全、确保会计记录准确可靠,在企业内部组织分工、业务处理、凭证手续与程序等方面制定的一系列相互关联且相互制约的管理制度。

《会计法》对单位内部会计监督制度提出了明确要求,在此基础上,现代企业内部控制体系不断发展完善。依据相关内部控制规范，企业内部控制主要涵盖以下方面：

(1)不相容职务分离控制。经济业务的处理不应由单人负责整个流程，而应经过两个以上职能部门或人员处理，以实现相互协调与制约，防范差错与舞弊。例如，在采购业务中，采购申请、审批、采购执行、验收与付款等环节应由不同部门或人员负责，避免权力集中引发的风险。

(2)授权审批控制。按照国家规定及本单位补充规定的审批权限授权，建立审批制度，审批人对所审批事项承担责任。例如，重大资金支出需经高层管理人员集体审批，明确各层级审批权限与责任，确保经济业务合法合规。

(3)会计系统控制。会计系统控制包括严格的凭证手续和流转程序，确保会计信息的准确性与完整性。例如，会计凭证的填制、审核、传递应遵循规范流程，保证每一笔经济业务都能如实记录在会计账簿中。

(4)财产保护控制。企业应建立检验、验收、领退、盘存等制度和往来结算定期对账制度，以保护企业财产物资安全、完整。例如，定期对存货进行盘点，核实资产实际数量与账面价值是否相符，及时发现并处理财产损失或账实不符情况。

(5)预算控制。企业通过预算编制、执行与监控，对其经营活动进行规划与约束，以提高资源配置效率。例如，各部门根据企业战略目标编制年度预算，财务部门对预算执行情况进行跟踪分析，及时调整偏差，确保企业经营活动按计划进行。

(6)运营分析控制。企业应定期开展运营分析，利用财务与非财务信息评估企业运营状况，发现问题并及时改进。例如，通过分析销售数据、成本数据、市场份额变化等信息，企业管理层可洞察经营管理中的优势与不足，制定针对性策略。

(7)绩效考评控制。企业应建立科学、合理的绩效考评体系，对员工的工作业绩进行评价与激励，以促进员工积极履行职责，提高企业整体绩效。例如，将会计人员工作准确性、及时性等纳入绩效考核指标，激励其提高工作质量。

内部控制制度适用于企业生产、流通、分配各个环节以及货币资金、结算资金、实物资金和各种资金来源的管理。企业应根据自身规模大小、业务繁简程度等实际情况，因地制宜地设计内部控制制度，不可盲目照搬。会计制度设计应将内部控制制度贯穿于会计制度的各个部分，使会计工作在内部控制的有效监督与保障下规范运行，例如，在会计科目设置中体现预算控制要求，在财务报表编制过程中融入运营分析控制要素等。

七、三种核算相结合的原则

企业的生产经营管理过程涉及业务核算、统计核算和会计核算三种核算方式。

(1)业务核算是反映和监督经济业务的方法，其内容包含商品购销合同、班组考勤记录、材料和产品验收记录及出库记录、生产进度表等。业务核算为统计核算和会计核算提供基础资料。以工资核算为例，会计核算需依据业务核算提供的班组考勤记录计算并分配工资费用，统计核算则根据该考勤记录计算工时消耗。

(2)统计核算是研究大量和个别典型经济现象的方法，包括产品产量统计、劳动工资统计、销售额统计等。会计核算与统计核算相互利用资料以实现补充。仍以工资为例，会计核算需依据统计核算提供的工时统计才能精准计算工资耗费，同时，会计计算分配的工资费用又为统计核算中"工资总额"的统计提供数据。

(3)会计核算是以货币为主要计量单位，对企业经营活动进行连续、全面、综合的记录、核算、分析和报告的专门方法。

基于三种核算的上述特点，它们之间相互提供指标，并在一定范围内共同使用核算记录。例如,会计核算为统计核算提供成本、利润、资金等指标,统计核算为会计核算提供产值、职工人数、农业耕地面积、建筑施工工程进度等指标。三种核算还共同利用某些原始记录、原始凭证或账册,如工时记录、产出记录、考勤记录以及某些购销凭证、分配凭证等。

因此,企业在设计会计制度时应将会计核算与统计核算、业务核算有机结合。除满足会计工作自身要求外,企业还应尽可能兼顾统计核算需求以及各职能部门业务核算需要。在核算过程中,三种核算应相互配合,避免对同一业务各自为政,造成重复劳动。对于可共同利用的原始记录、原始凭证和某些账册的格式与程序设计,企业应综合考量各种核算的不同要求,协同设计。例如,设计原始凭证格式时,企业应预留统计核算所需信息栏位,同时满足会计记账与业务部门数据记录需求。

八、简便易行原则

在英语中有"Keep It Simple, Stupid!"(简称 KISS)的表述,意为做事情应追求简单、明了、直截了当,即便看似略显笨拙也无妨。唯有简便易行的会计制度,方能有效发挥其应有作用。健全的会计制度要求核算细致、精确,但过度追求精确往往会耗费过多人力、物力与财力,导致经济上不合算,得不偿失。例如,过度细分成本核算项目,虽可提高成本信息精度,但可能增加大量核算工作量与管理成本。健全的会计制度亦要求手续严密,否则易出现漏洞,引发难以估量的损失。然而,手续过于严密、繁琐,会影响工作效率,不易被各部门(包括会计部门)人员接受。因此,在会计制度设计过程中,企业必须妥善且谨慎地处理精确与成本、严密与繁琐、详尽与简明之间的辩证关系,确保制度既符合会计工作规律与要求,又简便易行,例如,企业在设计会计报表时,在保证信息完整性与准确性的前提下,应简化报表格式与项目,提高报表编制与阅读效率。

九、相对稳定原则

会计制度并非一成不变,需随客观形势发展变化持续改进,故而会计制度设计也非一劳永逸之事。若变更过于频繁,则将违背会计核算的一贯性原则,给会计工作带来不利影响,导致核算混乱与会计信息失真。《会计法》规定各单位采用的会计处理方法前后各期应保持一致,不得随意变更;确有必要变更时,应依国家统一会计制度规定办理变更手续,并在财务会计报告中说明变更原因、情况及影响。在一定时期内,企业所设计的会计制度应维持相对稳定性,不宜频繁变动,通常在一个会计年度内不宜进行大规模变动。例如,企业一旦确定了固定资产折旧方法,若无特殊原因,则应在较长时期内保持一致,以便于不同期间财务数据的比较与分析。同时,企业应密切关注外部环境变化,如法律法规修订、经济业务创新、技术进步等,适时对会计制度进行评估与优化,确保会计制度在保持稳定的基础上与时俱进,适应企业发展与市场环境变化需求。例如,随着新收入准则的实施,企业需及时调整与收入确认的相关会计制度,在遵循准则要求的同时尽量减少对原有会计核算体系的冲击,保持制度的连贯性与稳定性。

十、技术适应性原则

在当今数字化时代,新兴技术如区块链、大数据、人工智能等正以前所未有的速度改变着会计行业的格局,对会计制度设计产生了深远的宏观影响。在当今时代,企业在进行会计制度设计时必须充分认识到新兴技术因素的重要性,将其纳入整体设计框架之中,以适应不断变化的会计环境,保障会计信息质量的可靠性与相关性,提升企业运营效率,增强企业在数字化时代的竞争力与可持续发展能力。

区块链技术以其去中心化、不可篡改和可追溯的特性,为会计数据的真实性和完整性提供了强大保障。在会计制度设计方面,这可能促使企业重新构建数据真实性验证机制,传统上依赖于人工审核和有限内部控制手段的方式将逐渐转变为基于区块链技术的自动化验证流程。例如,交易数据一旦在区块链上记录,其不可篡改的特性使得会计信息的真实性在源头上得到强化,会计制度需相应调整审计线索追溯的规范,使审计工作能够更加高效、精准地追踪交易的全过程,极大地提升会计信息的可信度和审计效率,同时也对会计人员在区块链技术理解与应用方面提出了新的要求。企业在进行会计制度设计时应考虑增加相关人员的技术培训与能力考核内容。

大数据技术能够处理海量、多样且复杂的会计数据,这使得会计制度在数据采集、存储和分析的范围与深度上需要做出重大调整。企业不再局限于传统的结构化数据处理。非结构化数据如电子邮件、社交媒体数据等可能成为会计分析的重要依据。会计制度应规定更广泛的数据采集渠道与标准,设计适应大数据存储需求的架构,例如,采用分布式存储技术以应对数据量的爆发式增长。在数据分析方面,会计制度需引导企业利用大数据分析工具挖掘深层次的财务信息与业务洞察,如通过数据挖掘,发现潜在的成本节约机会或市场趋势,可为企业战略决策提供更有力的支持。这也意味着会计人员的数据分析能力成为关键技能,会计制度在人员资质认定与职责划分上应有所体现。

人工智能技术在会计领域的应用,如自动化会计核算、智能财务报表编制以及决策支持系统等,要求会计制度对人机交互、智能算法应用的规范等方面进行深入考量。在自动化会计核算过程中,会计制度需要明确人工智能系统的操作权限、错误处理机制以及与人工审核的衔接流程,确保会计核算的准确性与合规性。对于智能决策支持系统,会计制度应规定如何将其融入企业现有的决策流程,如何评估智能算法的可靠性与有效性,以及如何防范算法偏见对决策的影响。同时,随着人工智能技术替代部分传统会计工作,会计制度需重新规划会计人员的职业发展路径与岗位职责,注重培养会计人员在人工智能系统管理、数据解读与复杂业务判断等方面的能力,以适应新技术环境下会计工作的转型。

第四节 会计制度设计的程序

会计制度设计的程序是指设计工作的步骤。合理的设计程序,不仅有利于保证设计质量,而且可以提高工作效率,降低设计费用,便于企业各有关部门和人员了解和熟悉会计制度。一般来讲,会计制度设计程序可以分为准备阶段、设计阶段、试行阶段、修正阶段和审定阶段。

一、准备阶段

企业会计制度设计要达到预期的目的,很大程度上取决于设计的准备工作是否做得充分、细致、周全。企业会计制度设计的准备阶段一般应做好如下工作:

(一)确定设计的内容和目的

会计制度的设计类型分为三种,即全面性会计制度设计、局部性会计制度设计和修订性会计制度设计。不同种类的设计具有不同的设计要求,因此,企业必须首先确定设计类型,明确设计目标,以便进一步确定设计范围和具体内容,从而有的放矢地开展准备工作。

(二)制定设计方案和设计规划

制定设计方案,即拟订设计计划,其内容一般包括以下几个方面:

1. 确定设计时间

设计时间要根据设计类型来确定,有一个进度表,例如,全面设计,时间要长一些,否则可短一些。

2.明确设计内容

所谓设计内容,是指设计什么项目。例如,对于全面设计,企业需列出一个设计清单,列明所要设计的项目。局部设计则应列出设计所涉及的具体部分及这些部分所涉及的具体项目。修改设计要列清修改的项目和修改的内容,配备一定的设计人员。

根据设计内容和工作量,企业要配备一定数量的设计人员。企业在选派会计制度的设计工作人员时要配备各方面的人员,包括:具有丰富的实践经验、对本单位情况了如指掌的高级会计师、会计师;来自会计教学和会计研究战线、具有厚实理论功底的会计专家;见多识广、对不同行业和不同企业会计工作现状有充分了解的注册会计师;等等。参加设计的人员数量要根据设计内容来确定。上述人员一般应具备下列条件:

(1)高尚的品德。会计制度设计人员的思想素质要好,要有高尚的道德品质,敢于讲真话,不虚伪,不粉饰。只有这样的人,才能真正面对企业的现实,针对企业会计工作中的薄弱环节,从企业的客观实际情况出发,目的明确地依照政策、法律的规定设计出一个高质量的会计制度。

(2)渊博的知识。企业会计制度的设计人员应当具有渊博的知识,这是设计优秀的会计制度的人才保证。一方面,会计制度的设计人员在会计专业方面要有较高的造诣,不仅需有深厚的会计理论功底,而且需全面掌握和熟悉国家制定的会计法律和法规,对财政部颁发的各项企业会计准则和有关补充规定有深入的研究和领会。另一方面,对相关领域,如企业管理、公司理财、税法等有深刻的研究和了解。

(3)丰富的经验。会计制度设计人员应有丰富的实践经验,在会计工作中取得显著的成绩,熟悉企业会计管理的各个环节,并有一定的设计会计制度的经验,这样才能科学地、正确地设计会计制度,提高会计制度的质量。

(三)调查研究

调查研究是设计会计制度的基础,只有在充分调查研究的基础上,才能设计高质量的会计制度。调查研究的主要内容一般包括以下几个方面:

1.了解企业生产经营的实际情况

这主要包括企业的性质与规模、产品的特点、生产工艺过程与特点、原材料供应情况、市场情况与产品销售情况、生产设备情况、职工人数、筹资方式与资本构成情况、盈利和利润分配情况、机构的设置与人员的配备情况、定额管理情况、历年的生产经营情况和经济效益等。凡与会计制度设计有关的所有生产经营情况,均须详细调查,作为设计会计制度的参考。企业在把生产经营情况摸清以后,应编制组织机构系统图和主要产品生产程序图。

(1)组织机构系统图,包括企业组织的横向结构和纵向结构、各部门的职责权限和人员配备等。

(2)主要产品生产程序图,包括耗用的主要材料、零部件或半成品、生产工艺的主要工序和产品完工的全部生产过程。如果企业所从事的不是产品生产业务,则要勾画出主要经营业务流程图以及这些经营业务所涉及的主要经济业务内容。

2.了解企业现行会计制度的执行情况

这主要调查:材料采购、验收、货款结算的情况;存货的收、发、结存、清查盘存情况;销售的开票、发货、运输与结算情况;生产费用核算与成本计算方法;内部核算情况;以及固定资产、工资、货币资金、往来款项的核算情况等;现行会计制度的基本内容、特点、存在的问题和缺陷;科目、报表(包括内部报表)、凭证、账簿的设置及其格式;原始记录的设置及其实施情况;主要产品的成本核算方法;成本核算组织体系及其有关凭证表单格式;内部控制制度的主要内容及其实施情况;等等。

3.征询意见

征询意见是指征询企业领导、各职能部门特别是会计部门以及主要会计人员对新设计的会计制度的要求和意见。例如,材料按什么成本价格进行日常核算、采用什么产品成本核算方法、是否实行定额成本法、实行定额成本法是否具备条件、对内部控制制度的要求、对内部报表指标的要求等。

4.调查其他相关情况

(1)了解目前统计核算、业务核算的实施情况,存在的主要问题,所用凭证、表单、原始记录的种类及其格式等。

(2)了解组织机构与人员情况,主要了解企业各职能部门与财会部门的机构与人员情况和分工情况、岗位责任情况等。

(3)搜集本企业的有关规章制度,如厂规、技术操作规程等,分析其与企业会计制度设计的关系,了解财务、统计、业务核算的实施情况和存在的问题,作为设计会计制度的参考。

(4)熟悉企业会计准则、具体会计准则、行业会计制度和企业财务通则等国家颁发的有关统一会计制度和有关财经法规等内容,特别要了解和掌握国家最近颁布的有关法律、法规、制度和准则,作为设计会计制度的依据。

(5)收集同行业先进企业的会计制度。在设计会计制度时,企业要注意收集同行业先进企业的各种会计制度,作为设计本企业会计制度的参考。

二、设计阶段

(一)拟定设计大纲

设计大纲是企业会计制度设计的纲领性文件。有言道"纲举目张",一个科学的会计制度设计大纲可以引导企业以最快的速度、最高的质量、最少的投入完成企业的会计制度设计工作。一般来说,会计制度设计大纲应当包括下列内容:

(1)根据国家统一会计制度的要求初步拟定本企业的会计科目。

(2)初步拟定账簿组织系统图。

(3)主要产品成本流程图。

(4)主要业务工作流程图。

(5)原始记录程序图。

(6)关于采购、销售、利润,各种资金及其来源,成本等的核算方法和核算的初步设想。

(7)会计管理工作的总体思路。

(8)会计制度设计的进度计划。

(二)进行设计

1.设计程序

以最合理的程序设计企业会计制度可以少走弯路,提高企业会计制度设计的效率。企业可以按下列先后顺序具体实施会计制度的设计工作:

(1)先设计企业的会计机构和人员配备,以及机构人员之间的控制制约制度。

(2)设计企业所采用的会计核算程序和会计核算体制。

(3)设计收入、成本、费用的核算和控制制度。

(4)设计资金财产的核算和控制制度。

(5)系统设计确定会计科目、原始记录、会计凭证、会计账簿和会计报表(包括内部报表)。

(6)进行全面综合调整,修繁补缺,形成一个完整体系。

(7)写成正式的书面会计制度草案。

2.设计会计制度时应注意的问题

(1)要贯彻国家的方针、政策和法规。

(2)要符合企业会计准则、行业会计制度和其他国家统一企业会计制度的规定,不能与之相抵触。

(3)各项会计制度要具体、全面、准确,满足本企业的需要,但不要脱离企业实际,更不能模棱两可,同时要防止简单化,避免只有原则而没有具体内容。

(4)要适应企业内部控制的要求。设计会计制度要充分体现内部控制的要求,以利于控制,提高管理水平。例如,会计人员的分工,要实行"回避"制度;管钱、管物、管账的人员要注意责权分开,个人不能既管钱(物),又管账,应该钱账分管。《会计法》第三十七条规定:"出纳人员不得兼任稽核、会计档案保管和收入、支出、费用、债权债务账目的登记工作。"这些规定在设计会计制度时必须认真贯彻。

(5)正确处理各部门的关系。企业设计会计制度时要注意处理好会计部门与其他各有关业务部门的关系,互相配合,积极支持,以便共同搞好企业生产经营管理。

(6)正确处理会计制度与其他制度的关系。企业设计会计制度时要注意正确处理会计制度与其他制度的关系,应该从一盘棋出发,互相配合,不能各搞各的。

三、试行阶段

会计制度设计不可能一次设计就很完善。会计制度涉及面广,难免有考虑不周之处,因此,必须经过三次月结、一次季结进行检查验证。

试行阶段中,设计者应深入基层进行现场观察和测定,去发现草案中的缺陷和薄弱环节,并听取群众意见,尤其应特别注意各职能部门和会计人员对制度草案正反两方面的意见。试行中,对某些部分还可根据反应,另行拟定几种不同方案,对比试验,进行优选。

四、修正阶段

经过试行后,企业应将试行情况进行小结,对正反两方面意见进行筛选,肯定正确部分,对缺陷部分进行修改补充,最后修正定稿,作为正式会计制度予以贯彻实施。

五、审定阶段

会计制度设计方案出来以后,企业应组织讨论,首先要组织会计专家讨论,并发动会计人员进行讨论,报送总会计师、总经济师、厂长(经理)、主管部门进行审查。设计人员根据各方面的意见进行修改补充,形成设计的各种会计制度,最后报主管部门备案。会计制度执行后,企业应定期检查其执行情况,以便修订,不断提高会计制度的质量。

【做中学1-1】　　　　基于企业实情的会计制度设计程序全剖析

(1)选择一家模拟企业或实地调研一家真实企业,根据企业实际情况确定会计制度设计类型。若企业之前从未建立过正式会计制度,则进行全面性的会计制度设计;若企业只是对部分会计业务流程或制度条款有修改需求,则开展局部性的会计制度设计;若企业现有会计制度存在较多问题需要全面整改,则实施修订性的会计制度设计。(2)明确设计目标,例如,提高会计信息质量、加强内部控制、满足税务合规要求等。

请结合本节的内容进行会计制度设计的程序分析。

第五节　会计制度设计的方法

会计制度设计的方法是构建科学合理、有效可行的会计制度的关键手段。这些方法相互关联、相互配合,贯穿于会计制度设计的全过程,旨在确保会计制度能够准确反映企业的经济业务活动,满足企业内部管理需求以及外部法规和监管要求,为企业的稳健运营和持续发展提供坚实的制度保障。以下是一些主要的会计制度设计方法:

一、分析研究法

分析研究法是在实地调查获取大量资料的基础上运用各种分析工具和技术对这些资料进行深入剖析、整理和归纳,以揭示企业会计工作的内在规律和存在的问题,并提出相应的改进措施和设计思路的一种方法。

(一)资料整理与分类

1. 按会计要素分类整理

企业将收集到的资料按照资产、负债、所有者权益、收入、费用和利润等会计要素进行分类整理。如,将与企业固定资产相关的资料,如固定资产清单、购置发票、折旧计算表等归为一类,以便对企业固定资产的核算与管理情况进行全面分析;将与企业收入相关的资料,如销售合同、销售发票、收款凭证等归为一类,用于分析企业收入确认的准确性和完整性。通过这种分类整理,企业可以清晰地了解其各会计要素的核算现状和存在的问题,为后续的分析研究提供便利。

2. 按业务流程分类整理

企业按照其主要业务流程,如采购流程、生产流程、销售流程、资金管理流程等对资料进行分类整理。企业在采购流程资料整理中,将采购申请单、采购合同、供应商信息、验收报告、付款凭证等相关资料汇总在一起,分析采购业务各个环节的会计处理和内部控制情况;在销售流程资料整理中,将销售订单、发货单、销售发票、收款记录等资料进行整合,研究销售业务的会计核算和财务风险控制情况。这种分类整理有助于从业务流程的角度发现会计制度设计中需要关注的重点和难点问题,如业务流程中的关键控制点在会计制度中是否得到有效体现,会计信息在业务流程中的传递是否及时、准确等。

(二)分析方法与工具

1. 比较分析

企业将其现行的会计制度、会计政策、会计核算方法等与同行业先进企业或相关会计准则、法规要求进行比较分析。例如,对比本企业与同行业其他企业在成本核算方法上的差异,分析本企业成本核算方法的优劣,若发现同行业其他企业采用作业成本法能够更精准地核算产品成本,而本企业仍采用传统的品种法,可能导致成本信息不准确,影响企业定价决策和盈利能力分析,就需要考虑在会计制度设计中引入作业成本法或对现有成本核算方法进行优化改进;将企业的财务报表项目、财务指标与会计准则规定的标准格式和要求进行比较,检查企业财务报表的合规性和准确性,如企业资产负债表中某些项目的分类和列报是否符合会计准则要求,通过比较分析及时发现问题并予以纠正。

2. 趋势分析

企业对其历史会计数据进行趋势分析,观察企业的主要财务指标,如营业收入、净利润、资产负债率、毛利率等在过去几年的变化趋势。通过绘制趋势图或计算增长率等方式,分析企业的经营业绩和财务状况的发展变化情况,预测未来的发展趋势。例如,如果企业营业收入呈现逐年下降的趋势,而成本费用却不断上升,可能说明企业在市场竞争中面临困境,需要在会计制度设计中加强成本控制和预算管理方面的制度建设,同时考虑调整经营策略或产品结构的会计支持措施;如果企业资产负债率持续上升,则可能存在财务风险。会计制度设计应注重债务管理和财务风险预警机制的建立,确保企业财务安全。

3. 比率分析

企业计算其各项财务比率,如偿债能力比率(流动比率、速动比率、资产负债率等)、盈利能力比率(毛利率、净利率、净资产收益率等)、营运能力比率(应收账款周转率、存货周转率、总资产周转率等),并与同行业平均水平或企业自身历史数据进行对比分析。通过比率分析,全面评估企业的财务健康状况和经营管理效率。例如,若企业应收账款周转率低于同行业平均水平,则可能说明企业的应收账款回收缓慢,存在坏账风险,因此,企业在会计制度设计中应加强应收账款的管理和催收制度,如建立客户信用评估体系、完善应收账款账龄分析和催收流程等;若企业存货周转率过高,则可能导致缺货风险,影响企业销售和客户满意度,需要优化存货管理策略,在会计制度中规定合理的存货储备量和采购计划编制方法等。

二、流程图法

流程图法是采用特定的图形符号和线条,将企业的业务流程、会计核算流程以及内部控制流程以直观、清晰的流程图形式展现出来的一种方法。这种方法能够帮助设计者全面、系统地理解企业业务与会计工作的逻辑关系和操作流程,便于发现流程中的关键环节、潜在风险点以及可能存在的不合理之处,从而为会计制度设计提供有力的支持。

(一)流程图绘制符号与规范

1. 基本图形符号

常用的流程图绘制符号包括矩形框、菱形框、圆形框、箭头线等。矩形框一般表示流程中的一个操作步骤或活动,如"填写采购申请单""审核会计凭证"等;菱形框通常用于表示决策判断环节,如"是否符合审批权限""是否通过质量检验"等;圆形框用于表示流程的开始或结束,如"业务流程开始""财务报表编制完成"等;箭头线则用于连接各个流程步骤,表示流程的流向和顺序。

2. 符号使用规范

在绘制流程图时,设计者应严格遵循符号使用规范,确保流程图的准确性和易读性,对每个符号应说明明确的含义和标注,如在矩形框内简要说明操作步骤的名称或内容,在菱形框内注明判断条件等;同时,要注意流程图的布局合理、美观,流程线条应简洁明了,避免交叉和混乱,例如,在绘制采购业务流程图时,从"采购需求提出"开始,用矩形框表示,然后通过箭头线连接到"采购申请单填写"矩形框,再根据是否需要审批,用菱形框进行判断,如果需要审批,则连接到"审批环节"矩形框,审批通过后连接到"选择供应商"矩形框,以此类推,直至采购完成。圆形框结束整个流程,在每个框内需清晰标注相关内容,使整个采购业务流程一目了然。

(二)业务流程与会计流程整合绘制

1. 采购业务流程与会计核算流程整合

企业在绘制采购业务流程图时不仅要体现采购业务本身的操作流程,如采购申请、审批、供应商选择、合同签订、货物验收、付款等环节,还要将与采购业务相关的会计核算流程融入其中,例如,在"货物验收"环节后,应连接"编制验收报告并传递至会计部门"的矩形框,会计部门收到验收报告后进行"确认存货增加及应付账款"的会计核算操作,用矩形框表示,并在旁边注明会计分录的借贷方科目及金额,如"借:原材料××××,贷:应付账款××××"。通过这种整合绘制,能够清晰地展示采购业务与会计核算之间的紧密联系和数据传递关系,便于发现采购业务流程中可能影响会计信息准确性的环节,如验收报告传递不及时导致存货入账延迟等问题,从而在会计制度设计中针对性地制定改进措施,如规定验收报告的传递时间和方式,加强会计部门与采购部门之间的沟通与协作机制等。

2. 销售业务流程与会计核算流程整合

同样,企业在绘制销售业务流程图时,将销售订单处理、发货、开票、收款等业务环节与相应的会计核算流程相结合。例如,在"发货"环节后,连接"开具销售发票并记录销售收入"的矩形框,注明会计分录"借:应收账款,贷:主营业务收入,应交税费——应交增值税(销项税额)",以及在"收款"环节后,进行"核销应收账款并记录银行存款增加"的会计核算操作,注明会计分录"借:银行存款,贷:应收账款"。通过这种整合绘制,可以直观地反映销售业务对会计信息的影响以及会计核算在销售业务中的监督和控制作用,有助于发现销售业务流程中可能存在的收入确认不及时、应收账款管理不善等问题,进而在会计制度设计中完善销售业务的内部控制制度和会计核算规范,如建立销售合同审核制度、加强应收账款账龄分析和催收制度等。

三、文字说明法

文字说明法是通过详细的文字描述来阐述会计制度的各项内容、规定、操作流程以及内部控制要求等的一种方法。这种方法能够对会计制度进行全面、深入的解释和说明,使相关人员能够准确理解会计制度的内涵和要求,确保会计制度的有效实施。

(一)会计制度总体框架说明

1. 目的与适用范围

会计制度的开篇应用文字明确说明会计制度设计的目的,如"本会计制度旨在规范企业的会计核算行为,提高会计信息质量,加强内部控制,满足企业内部管理需求以及外部法规和监管要求,促进企业的健康、稳定发展";同时,界定会计制度的适用范围,如"本制度适用于本企业及所属各级分支机构的所有会计业务活动",使企业内部各部门和人员清楚和了解该会计制度的适用边界。

2. 会计机构与人员职责

此方法应详细描述企业会计机构的设置情况,如"本企业设立财务部门作为会计机构,负责企业的全面会计工作,财务部门下设总账会计、明细账会计、出纳、成本会计等岗位",并分别阐述各岗位的职责权限,如"总账会计负责总账的登记、财务报表的编制和审核;明细账会计负责明细分类账的登记和相关明细数据的核算;出纳负责现金和银行存款的收付及日记账的登记,不得兼任稽核、会计档案保管和收入、支出、费用、债权债务账目的登记工作;成本会计负责企业成本核算和成本管理工作"等。通过这种文字说明,明确会计机构内部各岗位的分工协作关系,避免职责不清导致会计工作混乱和风险。

(二)会计核算流程与方法说明

1. 会计科目设置说明

此方法应对企业设置的会计科目进行详细说明,包括会计科目的名称、编码、核算内容、使用方法以及特殊情况的处理等。例如,"应收账款"科目用于核算企业因销售商品、提供劳务等经营活动应收取的款项,本科目按照购货单位或接受劳务单位进行明细核算。当企业发生赊销业务时,企业根据销售发票和发货单等凭证,借记"应收账款——[购货单位名称]",贷记"主营业务收入、应交税费——应交增值税(销项税额)";当收到购货单位还款时,借记"银行存款",贷记"应收账款——[购货单位名称]"。对于可能出现的坏账损失,应按照企业既定的坏账准备计提政策,定期计提坏账准备,借记"资产减值损失",贷记"坏账准备";当确认坏账发生时,借记"坏账准备",贷记"应收账款——[购货单位名称]"。通过这种详细的文字说明,使会计人员能够准确掌握会计科目的使用方法,确保会计核算的准确性和一致性。

2. 会计凭证填制与传递说明

此方法应说明企业会计凭证的种类,如原始凭证和记账凭证的格式、内容要求以及填制方法,例如,原始凭证应具备凭证名称、填制日期、填制单位名称或填制人姓名、接受凭证单位名称、经济业务内容、数量、单价、金额等要素,填制应真实、合法、准确、完整;记账凭证应根据审核无误的原始凭证填制,包括日期、凭证编号、摘要、会计科目、金额、所附原始凭证张数等内容,填制应遵循借贷记账法的规则,确保借贷方金额相等;同时,阐述会计凭证在企业内部各部门之间的传递程序和时间要求,如原始凭证应在经济业务发生后及时传递至会计部门,会计部门收到原始凭证后应在规定时间内进行审核并填制记账凭证,记账凭证应按照编号顺序及时传递至相关岗位进行记账和装订保管。通过这种文字说明,规范会计凭证的填制与传递流程,保证会计信息的及时性和可靠性。

(三)内部控制制度说明

1. 内部控制目标与原则

此方法应阐述企业内部控制制度的目标,如"本企业内部控制制度的目标是保障企业资产安全完整、财务信息真实可靠、经营活动合法合规、提高经营效率和效果",同时,说明内部控制制度设计所遵循的原则,如"全面性原则,内部控制应贯穿企业经营活动的全过程,涵盖所有部门和岗位;重要性原则,在全面控制的基础上应突出对重要业务事项和高风险领域的控制;制衡性原则,内部控制应在机构设置、权责分配、业务流程等方面形成相互制约、相互监督的机制;适应性原则,内部控制应与企业的经营规模、业务范围、竞争状况和风险水平等相适应;成本效益原则,内部控制应权衡实施成本与预期效益,以适当的成本实现有效控制"等。通过这种文字说明,使企业内部各部门和人员了解内部控制制度的核心思想和基本原则,增强内部控制意识。

2. 内部控制措施说明

此方法应详细描述企业内部控制的各项措施,如不相容职务分离控制、授权审批控制、会计系统控制、财产保护控制、预算控制、运营分析控制、绩效考评控制等,例如,"在不相容职务分离控制方面,企业严格遵循钱账分管原则,出纳与会计人员不得相互兼任;在授权审批控制方面,建立严格的审批权限体系,对于重大资金支出、重大投资决策等需经董事会或高层管理团队集体审批,一般业务支出则按照既定的审批流程由相应层级的管理人员审批,明确各层级审批权限与责任,确保经济业务合法合规;在会计系统控制方面,制定严格的凭证手续和流转程序,会计凭证的填制、审核、传递应遵循规范流程,保证每一笔经济业务都能如实记录在会计账簿中,财务报表编制应依据会计准则和企业会计制度要求,经过严格的审核流程确保信息准确、完整;在财产保护控制方面,建立检验、验收、领退、盘存等制度和往来结算定期对账制度,定期对存货、固定资产等进行盘点,核实资产实际数量与账面价值是否相符,及时发现并处理财产损失或账实不符情况,对于货币资金,实行严格的收支两条线管理,加强银行账户管理和资金安全监控;在预算控制方面,通过预算编制、执行与监控,对企业经营活动进行规划与约束,各部门根据企业战略目标编制年度预算,财务部门对预算执行情况进行跟踪分析,及时调整偏差,确保企业经营活动按计划进行,同时建立预算考核机制,将预算执行情况与部门和员工绩效挂钩;在运营分析控制方面,定期开展运营分析,利用财务信息与非财务信息评估企业运营状况,如通过分析销售数据、成本数据、市场份额变化等信息,企业管理层可洞察经营管理中的优势与不足,制定具有针对性的策略,运营分析报告应及时反馈给各相关部门并作为决策参考依据;在绩效考评控制方面,建立科学、合理的绩效考评体系,对员工工作业绩进行评价与激励,将会计人员的工作准确性、及时性等纳入绩效考核指标,激励其提高工作质量,同时将各部门绩效与企业整体战略目标挂钩,促进员工积极履行职责,提高企业整体绩效"。通过这种文字说明,使企业内部各部门和人员清楚了解内部控制制度的具体要求和操作规范,便于制度的有效执行和监督。

四、借鉴参考法

借鉴参考法是在会计制度设计过程中研究和学习国内外其他企业或组织先进的会计制度、成功的实践经验以及相关的理论研究成果,结合本企业实际情况进行吸收和应用的一种方法。

(一)同行业企业借鉴

1. 会计核算与财务管理模式

此方法用于分析同行业先进企业的会计核算方法和财务管理模式。例如,对于一家科技型企业,可以研究同行业中在研发费用核算方面表现出色的企业,了解其如何对研发项目进行分类、归集和分摊研发费用,如何建立研发费用预算与控制体系,以及如何在财务报表中准确披露研发相关信息,借鉴其经验,优化本企业的研发费用核算与管理,使会计信息能够更真实地反映企业在技术创新方面的投入和成果,为企业的战略决策提供更有力的支持;同时,关注同行业企业在资金管理、成本控制、利润分配等方面的成功做法,如某些企业通过建立资金集中管理模式,提高资金使用效率,降低资金成本;通过精细化的成本控制体系,降低产品成本,增强市场竞争力;通过合理的利润分配政策,平衡股东利益与企业发展需求;等等。企业应结合其规模、业务特点和发展战略,有选择地借鉴这些模式和方法,完善本企业的财务管理体系。

2. 内部控制与风险管理体系

此方法用于考察同行业企业的内部控制和风险管理体系建设情况,了解其在内部环境营造、风险评估方法、控制活动设计、信息与沟通机制以及内部监督手段等方面的特点和优势。例如,一些大型企业集团建立了完善的风险预警指标体系,能够及时发现和应对市场风险、信用风险、财务风险等各类风险,通过有效的内部控制措施,如严格的合同管理、供应商评估、内部审计监督等,保障企业经营活动的合法合规和资产安全。借鉴这些经验,本企业可以构建适合自身的风险评估模型,完善内部控制制度,加强对关键业务环节和高风险领域的控制,如在采购业务中建立供应商信用评价机制,在销售业务中加强应收账款风险管理,在投资业务中进行充分的可行性研究和风险评估等,以提高企业的风险防范能力和内部控制水平。

(二)会计准则与法规参考

1. 会计准则更新与应用

企业应密切关注国家会计准则的更新和变化,及时将新的会计准则要求融入会计制度设计中。例如,当新收入准则实施时,企业应深入研究准则的核心内容和应用指南,理解其对企业收入确认、计量、列报和披露的新要求。企业应参考其他企业在新收入准则实施过程中的经验教训,结合本企业的业务模式,如是否存在复杂的销售合同安排、是否有多个履约义务等情况,制定符合新准则要求的收入确认政策和会计核算流程;确保企业财务报表能够准确反映企业的收入状况,提高会计信息的可比性和可靠性。同时,对于其他会计准则的修订,如金融工具准则、租赁准则等,企业也应及时跟进,调整本企业相关会计业务的处理方法和会计制度规定,使企业会计制度始终保持与会计准则一致。

2. 法规政策合规性

企业应研究国家相关法规政策,如税法、证券法、公司法等对企业会计制度的影响,在会计制度设计时充分考虑法规政策的合规性要求。例如,税法对企业所得税的计算、纳税申报和税务筹划等方面有严格规定,会计制度应明确如何进行税务会计核算,如何在合法合规的前提下进行税务筹划,如合理确定固定资产折旧方法、存货计价方法等,以降低企业税负。证券法对上市公司的财务信息披露有详细要求,对于拟上市或已上市的企业,会计制度应确保财务报表的编制和披露符合证券法的规定,包括信息的真实性、完整性、准确性和及时性等方面。公司法对企业的财务会计报告、利润分配等也有相关规定,会计制度应据此规范企业的财务行为,保障股东和其他利益相关者的合法权益。通过参考法规政策要求,构建合法合规的会计制度体系,避免企业因会计制度不符合法规要求而面临法律风险。

(三)理论研究成果运用

1.会计理论前沿应用

企业应关注会计理论研究前沿成果,如管理会计理论、环境会计理论、社会责任会计理论等,并结合企业实际情况进行应用。例如,管理会计中的作业成本法、平衡计分卡、本量利分析等工具和方法,可以帮助企业提高成本管理水平、加强绩效评价和进行战略决策支持。在会计制度设计中,企业可以规定如何运用作业成本法进行成本核算和成本控制,如何建立基于平衡计分卡的绩效评价体系,将企业的战略目标分解为财务、客户、内部业务流程、学习与成长等多个维度的指标,并与会计核算和财务管理相结合,使企业能够更全面、准确地评估经营业绩和战略实施效果。对于一些特定行业或有环保要求的企业,可以借鉴环境会计理论,在会计制度中规定如何对环境成本进行核算、如何披露企业的环境信息,以满足社会对企业环境责任的关注和要求。同时,社会责任会计理论可以引导企业在会计制度中考虑对员工福利、社区贡献、公益事业等方面的核算和披露,提升企业的社会形象和可持续发展能力。

2.跨学科理论融合

企业应探索跨学科理论与会计制度设计的融合,如将信息技术理论、组织行为学理论、经济学理论等与会计制度相结合。在信息技术飞速发展的今天,会计信息系统的建设和应用成为会计制度设计的重要内容。企业应借鉴信息技术理论,如数据库管理理论、信息安全理论等,构建安全、高效、集成化的会计信息系统,规范会计数据的采集、存储、处理和传输流程,提高会计工作效率和信息质量。组织行为学理论可以帮助企业优化会计机构设置和人员管理,借鉴会计人员的工作动机、职业发展需求和团队协作等因素,制定合理的岗位设置、绩效考核和激励机制,提高会计人员的工作满意度和忠诚度,促进会计制度的有效实施。经济学理论中的成本效益分析、资源配置理论等可以应用于会计制度设计中的成本控制、预算管理和资源分配决策等方面,使企业能够在会计制度的框架下以最小的成本获取最大的效益,实现资源的优化配置。通过跨学科理论融合,可以为会计制度设计提供更广阔的思路和创新的方法,提升会计制度的科学性和适应性。

在实际的会计制度设计过程中,企业通常会综合运用上述多种方法,根据企业的具体情况和需求,灵活选择和搭配,以确保设计出的会计制度既符合企业实际,又具有科学性、合理性和前瞻性,能够有效规范企业会计行为,提高会计信息质量,加强内部控制,促进企业的健康发展。

▼ 应知考核

一、单项选择题

1.会计制度设计的根本大法是( )。

A.《企业会计准则》 B.《中华人民共和国会计法》
C.《会计基础工作规范》 D.《注册会计师法》

2.以下( )是最常用的会计制度设计方式,且设计人员了解企业各方面情况,但易受传统习惯影响。

A. 自行设计 B. 委托设计 C. 联合设计 D. 混合设计

3. 企业财务会计报告提供的会计信息反映了单位的（　　）。
A. 经营管理情况　　　　　　　　B. 财务状况与经营成果
C. 成本控制情况　　　　　　　　D. 预算执行情况
4. 会计制度设计应遵循的原则中，要求制度在一定时期内保持相对稳定的是（　　）。
A. 真实性原则　　　　　　　　　B. 相对稳定原则
C. 简便易行原则　　　　　　　　D. 目标一致性原则
5. 新收入准则实施时，企业应参考（　　）来制定符合要求的收入确认政策和会计核算流程。
A. 同行业企业经验　　　　　　　B. 会计准则更新与应用
C. 法规政策合规性　　　　　　　D. 理论研究成果运用

二、多项选择题

1. 会计制度设计的种类有（　　）。
A. 全面性会计制度设计　　　　　B. 局部性会计制度设计
C. 修订性会计制度设计　　　　　D. 补充性会计制度设计
2. 会计制度设计的依据包括（　　）。
A. 会计法律法规　　　　　　　　B. 企业自身的经营特点与管理需求
C. 相关财经法规与政策　　　　　D. 同行业企业会计制度
3. 会计制度设计的任务有（　　）。
A. 构建会计核算体系　　　　　　B. 建立内部控制机制
C. 制定财务报告制度　　　　　　D. 规范会计档案管理
4. 会计人员在会计制度设计中应具备的素质包括（　　）。
A. 扎实的会计专业知识　　　　　B. 熟悉会计相关法律法规
C. 具备内部控制与风险管理知识　D. 良好的沟通与协作能力
5. 企业在设计会计制度时需要考虑的因素有（　　）。
A. 企业战略目标　　　　　　　　B. 企业规模与经营方式
C. 企业组织架构　　　　　　　　D. 外部监管要求

三、判断题

1. 会计制度仅需满足企业内部管理需求，无须考虑外部利益相关者。（　　）
2. 国家统一会计制度由国家权力机关或其他授权机构制定，适用于所有企业，且不得变更。（　　）
3. 全面性会计制度设计内容复杂、涉及面广，所以只需要进行具体设计即可。（　　）
4. 内部控制制度是企业内部管理的事情，与会计制度设计无关。（　　）
5. 会计制度一旦设计完成，就应保持永久不变。（　　）

四、简述题

1. 简述会计制度的特点。
2. 简述会计制度设计的意义。
3. 简述会计制度设计的程序。
4. 简述会计制度设计的方法。
5. 简述企业会计制度设计应遵循的原则。

应会考核

■ 观念应用

【背景资料】

企业数字化转型下会计制度设计理念的蜕变与深远意义

随着数字化转型浪潮席卷全球各行业,企业面临着前所未有的机遇与挑战。以某传统制造业企业为例,在过去几十年间,其一直采用传统的会计核算模式,依赖人工记账和纸质凭证,会计信息的处理速度较慢且准确性在一定程度上依赖于会计人员的经验和细心程度。然而,随着市场竞争的加剧,企业意识到需要提高生产效率、优化资源配置以及加强成本控制,以保持竞争力。在这种情况下,企业开始探索引入先进的信息技术和管理理念,对会计制度进行革新。这不仅涉及会计核算手段的升级,如采用会计电算化软件,更重要的是对会计制度背后的理念进行更新,从传统的注重事后核算向事前预测、事中控制和事后分析相结合的全面管理理念转变,例如,在成本管理方面,不再仅仅关注产品的生产成本核算,而是将成本控制贯穿于产品设计、原材料采购、生产制造、销售及售后服务整个生命周期;在财务决策方面,开始利用大数据分析技术对市场趋势、客户需求、竞争对手情况等多方面的数据进行整合分析,为企业的投资决策、产品定价策略等提供更具前瞻性和准确性的依据。

【考核要求】

请基于上述背景资料,深入剖析在企业数字化转型过程中会计制度设计理念应如何转变。阐述这种转变对企业会计工作以及整体经营管理的重要意义,并结合具体案例进行详细说明。要求字数不少于800字,且需运用所学的会计制度设计相关理论知识进行分析。

■ 技能应用

餐饮企业会计制度设计与应用

(1)能够根据给定的企业业务场景,运用所学的会计制度设计方法,设计出一套完整的会计科目体系,包括确定主要会计科目、明细科目及其编码规则,并详细说明各科目所适用的业务范围和核算内容。例如,对于一家从事餐饮服务的企业,设计出涵盖食材采购、餐饮收入、人工成本、设备折旧等主要业务环节的会计科目体系,并明确如"原材料——食材"科目用于核算企业采购的各类用于烹饪菜品的食材成本,借方登记采购入库的金额,贷方登记领用消耗的金额等。

(2)依据设计好的会计科目体系,编制企业常见经济业务的会计分录,并说明每笔分录所依据的会计制度规定和业务逻辑。如上述餐饮企业,当发生采购一批蔬菜并已验收入库,价款为5 000元,以银行存款支付的业务时,编制会计分录:借:原材料——食材 5 000,贷:银行存款 5 000,并解释该分录依据的是实际成本法核算原则,以及企业关于采购业务的会计处理流程规定,即采购物资验收入库时,按实际成本计入相应的原材料科目,同时减少银行存款。

(3)根据企业的内部控制要求,绘制企业资金收支业务流程图,清晰标注出各个环节的关键控制点、涉及的部门或岗位以及相应的审批权限和操作规范。例如,在资金支出业务流程中,明确从部门提出资金使用申请开始,经过部门负责人审核、财务部门审核、高层领导审批(根据支出金额大小确定不同的审批层级)到最终出纳付款的全过程,以及每个环节中对申请内容的合规性检查、资金预算的核对等关键控制点,并注明各部门或岗位的职责分工,如财务部门负责审核支出的合理性、合法性以及是否符合预算安排,出纳负责按照审批通过的金额和方式进行付款操作等。

【技能要求】

请结合上述内容,对餐饮企业进行会计制度设计。

■ 案例分析

【情景与背景】

互联网电商企业会计制度困境剖析与破茧之道

某互联网电商企业在成立初期,由于业务规模较小且处于快速扩张阶段,会计制度相对简单。随着业务的迅猛发展,企业逐渐面临一系列会计管理问题。例如,在收入确认方面,由于平台业务模式复杂,涉及多种销售方式(如直接销售商品、提供平台服务收取佣金等),原有的收入确认标准不够清晰明确,导致不同会计人员对相同业务的处理存在差异,影响了财务报表的准确性和可比性。在成本核算方面,企业对于物流成本、营销成本等的归集和分配方法较为粗放,无法准确反映不同产品或业务线的真实成本,不利于企业进行产品定价和利润分析。此外,在内部控制方面,由于企业发展迅速,人员招聘和组织架构调整频繁,原有的内部控制制度未能及时更新和完善,出现了部分岗位权限设置不合理、审批流程不规范等问题,如某些员工同时拥有采购申请和审批的权限,增加了企业的经营风险。

【分析要求】

请对上述案例进行深入分析,指出该企业在会计制度设计方面存在的主要问题,并结合所学的会计制度设计原则、方法等知识,提出针对性的改进建议。要求分析过程逻辑清晰、条理分明,改进建议具有可操作性和有效性,字数不少于1 000字。

▼ 本章实训

【实训内容】

新兴科技企业会计制度设计与优化

【实训情境】

新兴科技企业专注于软件开发和信息技术服务,成立时间较短,但业务增长迅速。企业目前采用的会计制度是在成立初期参照同行业企业的基本框架搭建而成。随着业务的拓展和市场环境的变化,现有的会计制度逐渐暴露出一些不足之处。例如,在研发费用核算方面,由于企业不断加大研发投入,研发项目众多且复杂,原有的研发费用归集和分摊方法难以准确反映每个项目的实际成本,不利于对研发项目的效益评估和资源配置优化。在财务风险管理方面,企业缺乏完善的风险预警机制和应对策略,对于可能面临的技术更新风险、市场竞争风险等在会计制度中未能得到充分体现,无法为企业管理层提供及时、有效的决策支持。同时,企业在会计信息化建设方面也有待加强,现有的会计软件功能有限,无法满足企业日益增长的业务数据处理需求和精细化管理要求。

【实训任务】

任务一:会计制度现状调研与问题分析

1.深入了解该企业的业务模式、组织架构、财务状况以及现行会计制度的具体内容,包括会计科目设置、会计凭证填制与传递、会计账簿登记、财务报表编制等方面的情况。

2.通过与企业财务人员、业务部门负责人以及高层管理人员进行访谈,收集他们对现行会计制度的看法和意见,以及在实际工作中遇到的问题和困难。

3.运用所学的会计制度设计理论和方法,对企业现行会计制度进行全面分析,找出存在的主要问题及其根源,如是否符合企业战略目标、是否满足内部控制要求、是否适应企业业务发展特点等,并撰写详细的调研报告。

任务二:会计制度设计与优化方案制定

1. 根据任务一的调研结果,结合企业的战略规划、业务发展需求以及相关法律法规和会计准则的要求,为企业设计一套全新的会计制度框架,包括会计核算体系、内部控制机制、财务报告制度等方面的整体规划。

2. 在会计核算体系设计方面,重点优化会计科目设置,尤其是针对研发费用、无形资产等特殊项目,制定科学、合理的核算方法和分摊标准,以准确反映企业的资产状况和经营成果。例如,对于研发费用,可根据研发项目的阶段(如研究阶段、开发阶段)分别设置明细科目进行归集,并采用合适的分摊方法(如按工时比例、直接成本比例等)将其分配到各个受益项目。

3. 在内部控制机制设计方面,完善企业的风险评估体系,识别企业在技术研发、市场拓展、资金管理等方面可能面临的风险,并制定相应的风险应对措施。例如,建立技术更新风险预警指标,如技术替代率、研发投入产出比等,当指标达到一定阈值时,企业应及时启动风险应对预案,调整研发策略或寻求外部合作;同时,优化企业的内部审批流程和岗位权限设置,加强不相容职务分离控制,如将财务审批与业务执行严格分离,确保企业财务活动的合规性和安全性。

4. 在财务报告制度设计方面,根据企业内部管理需求和外部监管要求,确定财务报告的种类、格式、内容和编制方法。除了常规的资产负债表、利润表、现金流量表外,增加一些反映企业核心竞争力和创新能力的内部管理报表,如研发项目进度报表、技术成果转化报表等,并明确财务报告的编制流程、审核机制以及报送对象和时间要求。

任务三:会计制度实施与效果评估

1. 协助企业制订会计制度实施计划,明确实施的步骤、时间节点、责任部门和人员,并对企业相关人员进行会计制度培训,确保他们理解和掌握新制度的要求和操作方法。

2. 在会计制度实施过程中,密切关注实施情况,及时收集和反馈实施过程中出现的问题,并进行必要的调整和优化。例如,定期对企业的会计核算数据进行检查和分析,对比新制度实施前后财务指标的变化情况,评估新制度对企业会计信息质量、成本控制、风险管理等方面的实际效果。

3. 根据实施效果评估结果,撰写会计制度实施总结报告,总结经验教训,为企业今后的会计制度完善和优化提供参考依据;同时,提出进一步改进和完善会计制度的建议和措施,以适应企业不断发展变化的业务需求和市场环境。

《新兴科技企业会计制度设计与优化》实训报告		
实训班级:	实训小组:	实训组成员:
实训时间: 年 月 日	实训地点:	实训成绩:
实训目的:		
实训步骤:		

续表

实训结果：
实训感言：

第二章　会计工作组织制度设计

● **知识目标**

理解:会计工作组织制度的意义及内容;会计工作组织制度的设计原则。
熟知:会计档案管理制度的设计;会计工作交接制度的设计。
掌握:会计机构的设置;会计人员的配备。

● **技能目标**

能够设计科学、合理的会计机构设置方案;熟练运用相关法规与准则,确定会计人员的编制与能力结构要求;准确建立健全会计档案立卷、归档、保管、借阅、销毁等管理制度,并有效执行;规范操作会计工作交接流程,编制完整、准确的移交清册;具备运用会计信息化系统优化会计工作组织与管理的能力以及利用数据分析技术提升会计档案管理和会计工作交接的效率与质量。

● **素质目标**

培养严谨、细致的工作作风,在会计工作组织与管理的各个环节,注重细节,确保会计信息的真实性、准确性与完整性;塑造团队协作精神,促进会计机构内部各岗位之间以及与企业其他部门之间的有效沟通与协作,共同实现企业的财务目标;增强风险防范意识,在会计工作组织制度设计与执行过程中识别并防范可能出现的内部控制风险、会计信息安全风险等,保障企业财务稳健运行。

● **思政目标**

树立法治观念,深刻理解会计法规在会计工作组织中的权威性与严肃性;秉持诚信原则,坚守会计职业道德底线,诚实守信、廉洁自律,以实际行动维护会计行业的良好声誉与社会公信力;培养敬业精神,热爱会计本职工作,勤勉尽责,爱岗敬业,勇于担当会计工作中的责任与挑战;强化社会责任意识,在提供会计信息和参与企业决策过程中兼顾各方利益,促进企业可持续发展与社会和谐稳定。

● **课程引例**

盛达制造企业的会计工作困境

盛达制造企业是一家中等规模的生产型企业，专注于机械零部件的制造与销售。在过去的一段时间里，企业面临着诸多会计工作组织方面的问题，这些问题逐渐对企业的运营和发展产生了不利影响。

企业在成本核算环节出现了严重的混乱，由于其生产的机械零部件种类繁多，且生产工艺复杂，涉及多个车间和工序的协同作业。但会计部门在成本核算方法上未能及时适应企业的生产变化，仍然采用较为粗放的分配方式，导致成本数据严重失真。如，在间接费用的分配上，只是简单地按照产量比例进行分摊，而忽略了不同产品在生产工时、设备使用强度以及工艺复杂程度等方面的巨大差异，这使得一些实际上消耗资源较多、生产难度较大的产品成本被低估，而一些相对简单的产品的成本则被高估。

企业在财务报表编制方面也存在明显的滞后性和准确性问题。会计部门每个月都需要花费大量的时间来收集和整理各个部门的数据，但由于各部门数据提交的格式不统一、时间不一致，且缺乏有效的数据核对机制，导致财务报表经常出现错误和遗漏，这不仅影响了企业管理层对企业财务状况和经营成果的准确判断，而且使得企业在向外部投资者和金融机构提供财务信息时面临信任危机。

另外，盛达制造企业在会计人员的职责划分上也不够清晰。一些会计人员身兼数职，既负责账务处理，又参与到采购合同的审核以及库存管理等工作中，这严重违背了内部控制中的不相容职务分离原则。例如，一位会计人员在负责采购付款账务处理的同时还能够参与供应商的选择和采购价格的谈判，这就为可能出现的舞弊行为提供了便利条件。

● **引例反思**

从盛达制造企业的案例可以看出，会计工作组织制度设计的不完善会给企业带来诸多严重的后果。

首先，在成本核算环节方面，缺乏科学、合理的制度设计会导致企业无法准确掌握产品的真实成本，进而影响产品定价策略的制定。如果成本被低估，企业则可能会在市场竞争中以过低的价格销售产品，虽然短期内可能会增加销量，但长期来看会导致利润流失；反之，如果成本被高估，则可能使产品价格过高而失去市场竞争力。这反映出企业需要根据自身的生产特点和业务流程，设计一套精细且适用的成本核算制度，充分考虑各种成本驱动因素，采用合适的成本核算方法，如作业成本法等，以确保成本数据的准确性。

其次，在财务报表编制方面，凸显了企业在会计信息收集与处理流程上的缺陷。企业应建立统一的数据标准和规范的提交流程，明确各部门在财务数据提供过程中的责任和义务，并加强数据的审核与核对机制，例如，可以引入信息化系统，实现数据的实时采集和自动化处理，减少人工干预带来的错误；同时，要合理安排会计人员的工作岗位和职责，确保财务报表能够及时、准确地反映企业的财务状况和经营成果，为企业管理层的决策提供可靠依据。

最后，在会计人员职责方面，职责划分不清的情况警示企业必须严格遵循内部控制原则进行制度设计。不相容职务分离是内部控制的重要基础，通过将相互关联的会计工作岗位进行分离，如将授权、执行、记录和保管等职务分开，可以有效地降低舞弊风险，保证企业资产的安全和会计信息的真实性。企业应重新梳理会计工作流程，明确各个岗位的职责权限，建立健全内部监督机制，对会计人员的工作进行定期检查和评估，及时发现和纠正存在的问题。

综上所述,会计工作组织制度设计对于企业的正常运营和可持续发展具有至关重要的意义,企业必须高度重视并不断优化完善这一制度体系。

第一节 会计工作组织制度设计概述

一、会计工作组织制度的意义及内容

(一)会计工作组织制度的意义

正确核算和监督会计对象是会计的基本职能。保证会计信息的真实性和完整性,提高会计信息的使用价值是会计工作的基本目标。要想充分发挥会计职能,及时完成会计任务,有效实现会计目标,企业必须建立健全会计工作组织制度,科学、合理地组织和规划会计工作。会计工作组织制度就是根据国家有关法规制度的规定,结合本单位的具体情况,对会计工作进行科学组织而设计的会计制度。

设计会计工作组织制度的意义表现在三个方面:一是建立最优化的会计组织机构和会计运行机制,确保会计工作的高效率、低消耗;二是完善会计工作的支持与保障系统,确保会计工作的科学化、有序化;三是营造严谨、规范的会计工作环境,强化会计人员的责任感和使命感。

(二)会计工作组织制度的内容

会计工作组织制度的任务是运用组织、规划和协调等手段,完善会计组织机构,优化会计人员结构,提高会计工作效率,降低人力、财力、物力的消耗,实现会计工作目标。因此,它包含的内容是多方面的,主要包括:(1)会计机构的设置、会计机构内部的岗位分工以及岗位责任制的建立;(2)会计人员的配备、职责权限界定以及会计人员任免;(3)会计档案的保管、查阅以及销毁规定;(4)会计工作的交接规定;(5)会计核算组织形式和账务处理程序;(6)其他组织制度。

【注意】上述六个方面的制度并不是完全独立的,它们往往交织在一起,共同保障会计工作的有序运行。

二、会计工作组织制度的设计原则

要想充分发挥会计在经济活动中的管理作用,科学、严谨地组织会计工作,有效完成会计工作任务,企业必须按照一定的原则设计会计工作组织制度,一般来讲,应当遵循以下五条原则:

(一)适应性原则

这一原则要求会计机构的规模大小、级别高低必须与企业的经营规模或行政级别相适应;会计人员的数量多少、层次高低必须与企业的业务数量和工作难度相适应;会计档案的管理制度、会计工作的交接制度既要与国家有关规定相吻合,又必须适应本企业的具体要求。

(二)保障性原则

如前所述,会计工作组织制度的基本功能是保证会计工作的有序运行,防止因组织、规划及分工不合理而造成会计工作秩序紊乱、责任不清、效率低下、耗费加大。因此,设计会计工作组织制度,必须遵守保障性原则,使这方面的制度确实能够起到保证会计工作科学有序运行的作用。

(三)精简性原则

这一原则要求会计机构必须精简、高效,以最少的人力、财力、物力耗费为信息需求者提供使用价值最大的会计信息资料,追求会计效益的最大化;要坚决防止机构臃肿、人浮于事和形式主义等现象,在保证会计工作效率和质量的前提下尽量减少无效劳动。

(四)岗位责任制原则

这一原则要求会计机构的内部分工必须明确、具体,将会计工作的全部内容合理划分,并落实到每个小组或每个会计人员头上；做到各小组之间、有关人员之间，既有明确的分工，能有效地防止出现相互推诿、工作扯皮现象，又有默契的配合，能有力地加强内部控制，减少会计差错，防止营私舞弊。只有这样，才能充分调动会计人员的积极性，形成正常的工作秩序，促进工作目标的顺利实现。

（五）协调性原则

这一原则要求会计机构与企业的其他职能管理部门之间必须建立有机的协调关系，包括与供应部门、销售部门、生产部门、人力资源管理部门等的协调配合。坚持协调性原则，既可以保证企业管理总目标的实现，又有助于充分发挥财会管理在企业管理中的核心作用。

第二节　会计机构的设置

一、会计机构的概念

会计机构（Accounting Department）也称为会计业务部门，是指各单位进行会计管理工作，办理具体会计事务的职能机构。

为了保证会计工作高效、有序地进行，充分调动会计人员的积极性，企业必须设置会计机构，配备一定数量的会计人员，并明确规定他们的职责，这都是设计会计制度必须研究的重要问题，但首先要研究的是会计机构设置问题。设置会计机构，既要符合《会计法》的要求，又要与各单位的管理要求和管理组织形式相适应。《中华人民共和国会计法》《会计基础工作规范》等对会计机构设置做出了具体规定。

《会计法》（2024年第三次修正）第三十四条规定：各单位应当根据会计业务的需要，依法采取下列一种方式组织本单位的会计工作：(1)设置会计机构；(2)在有关机构中设置会计岗位并指定会计主管人员；(3)委托经批准设立从事会计代理记账业务的中介机构代理记账；(4)国务院财政部门规定的其他方式。

【提示】国有的和国有资本占控股地位或者主导地位的大、中型企业必须设置总会计师。总会计师的任职资格、任免程序、职责权限由国务院规定。

《会计基础工作规范》（2024年征集意见稿）第九条规定：各单位应当根据会计业务的需要设置会计机构；不具备单独设置会计机构条件的，应当在有关机构中设置会计岗位并配备专职会计人员。设置会计机构的，应当配备会计机构负责人；在有关机构中配备专职会计人员的，应当在专职会计人员中指定会计主管人员。国有的和国有资本占控股地位或者主导地位的大、中型企业必须设置总会计师；事业单位和业务主管部门可以根据实际需要设置总会计师。设置总会计师的单位，不设与总会计师职权重叠的副职。总会计师的设置、职权、任命（聘任）、免职（解聘）应当符合《总会计师条例》和有关法律法规的要求。

《会计基础工作规范》（2024年征集意见稿）第十条规定：没有设置会计机构，且未在有关机构中配备专职会计人员的，可以采取以下方式组织会计工作：(1)委托会计师事务所或经批准从事会计代理记账业务的中介机构代理记账；(2)由主管单位或集团公司统一组织所属单位的会计工作；(3)由财政部门对同级行政事业单位进行会计集中核算；(4)由乡镇人民政府或街道办事处对所辖村级组织进行会计集中核算。

二、设置会计机构的原则

为了科学、合理地组织和开展会计工作，保证本单位会计管理工作的正常进行，各单位原则上应当设置独立的会计机构。

(一)独立设置会计机构应当遵循的原则

1. 会计机构设置要与各单位的规模和管理要求相适应

会计机构是各单位的职能部门之一,与其他职能部门一样,按单位规模大小或级别高低设置为处、科、股、室或者部。在实际工作中,财务管理工作和会计管理工作是在同一部门,都是由会计人员来完成的,因此许多单位将这两项工作合并设置一个机构,称为"财务部(处、科、股、室等)"或"财会部(处、科、股、室等)";也有的单位将计划职能并入财务部门,统称为"计划财务部";也有的单位将资金和财务并入一个部门,称"资金财务部",将会计独立称为"会计部"。

2. 会计机构设置应符合精简、高效的原则

设置会计机构,是为了完成会计任务,加强会计管理,提高经济效益,因此,会计机构的设置也要贯彻精简、高效、节约的原则,反对机构臃肿、人浮于事。会计机构内部要根据实际需要定岗定编,确定合适的会计人员,以提高会计工作效率,保证高质量地完成各项会计工作。

3. 会计机构设置应注意专业分工原则

每一个单位的会计机构内部对会计人员都应根据会计业务的不同进行明确的分工,比如有的负责现金管理,有的负责成本核算,有的负责编制会计报表等。每一项分工都要有明确的职责,以利于充分发挥专业特长,提高工作质量。

4. 会计机构设置应当符合内部控制原则

《会计法》(2024年第三次修正)第三十五条规定:会计机构内部应当建立稽核制度。会计机构的内部控制制度包括内部稽核制度和内部牵制制度。会计稽核是会计机构本身对于会计核算工作进行的一种自我检查或审核工作。通过稽核,对日常会计核算工作中出现的疏忽、错误等及时加以纠正或制止,目的在于防止会计核算工作上出现差错和有关人员的舞弊,提高会计工作质量。会计内部牵制是指凡是涉及款项和财务收付、结算及登记的任何一项工作,都必须由两人或两人以上分工办理,以起到相互制约的作用。因此,每个单位在设置会计机构时都应加强内部控制的要求,各会计人员之间既要做到分工负责,又要相互牵制、相互监督,防止出现差错和舞弊。

【注意】出纳人员不得兼任稽核、会计档案保管和收入、支出、费用、债权债务账目的登记工作。

(二)不独立设置会计机构应当遵循的原则

根据《会计法》的规定,不具备单独设置会计机构条件的单位,应当在有关机构中设置会计人员,并且指定会计主管人员。一个单位的经营规模比较小,会计业务工作量也比较少,或者由于单位组织结构等原因,不设置独立的会计机构,但要在有关机构中设置会计人员并且指定会计主管人员,这是提高工作效率、明确岗位责任的内在要求,目的是强化会计责任制度,防止出现会计工作无人负责的局面。会计人员放在哪个机构,要根据各单位的管理要求和管理组织形式决定,有的放在总务部门,也有的放在办公室等。

三、代理记账

(一)代理记账的概念

代理记账(Accounting Agency)是指代理记账机构接受委托办理会计业务。代理记账机构是指依法取得代理记账资格,从事代理记账业务的机构。未设置会计机构或配备会计人员的单位,应当委托代理记账机构办理会计业务。

除会计师事务所以外的机构从事代理记账业务,应当经县级以上地方人民政府财政部门(简称审批机关)批准,领取由财政部统一规定样式的代理记账许可证书(见图2—1),才能向市场监督管

理部门申请营业执照(见图2—2)。

【提示】 会计师事务所及其分所可以依法从事代理记账业务。

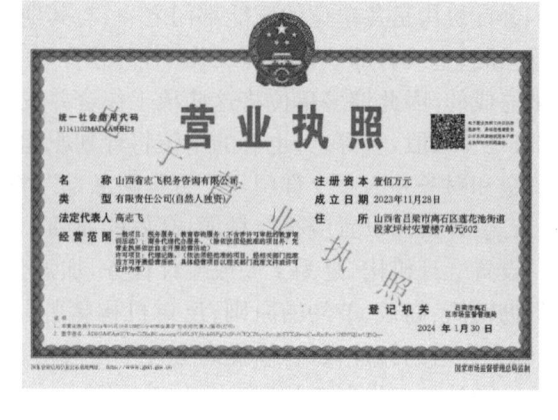

图2-1 代理记账许可证书　　　　　　　图2-2 营业执照

(二)代理记账机构的设立

1.代理记账机构设立的条件

根据《代理记账管理办法》的规定,申请代理记账资格的机构应当同时具备以下条件:(1)为依法设立的企业;(2)专职从业人员不少于3名;(3)主管代理记账业务的负责人具有会计师以上专业技术职务资格或者从事会计工作不少于3年,且为专职从业人员;(4)有健全的代理记账业务内部规范。

【注意】 代理记账机构从业人员应当具有会计类专业基础知识和业务技能,能够独立处理基本的会计业务,并由代理记账机构自主评价认定。

【提示】 专职从业人员是指仅在一个代理记账机构从事代理记账业务的人员。

2.代理记账机构的业务范围

代理记账机构可以接受委托办理下列业务:(1)根据委托人提供的原始凭证和其他相关资料,按照国家统一的会计制度的规定进行会计核算,包括审核原始凭证、填制记账凭证、登记会计账簿、编制财务会计报告等;(2)对外提供财务会计报告;(3)向税务机关提供税务资料;(4)委托人委托的其他会计业务。

3.委托代理记账委托人的义务

委托人委托代理记账机构代理记账,应当在相互协商的基础上订立书面委托合同。委托合同除应具备法律规定的基本条款外,还应当明确下列内容:(1)双方对会计资料的真实性、完整性各自应当承担的责任;(2)会计资料传递程序和签收手续;(3)编制和提供财务会计报告的要求;(4)会计档案的保管要求及相应的责任;(5)终止委托合同应当办理的会计业务交接事宜。

委托人应当履行下列义务:(1)对本单位发生的经济业务事项,应当填制或者取得符合国家统一的会计制度规定的原始凭证;(2)应当配备专人负责日常货币收支和保管;(3)及时向代理记账机构提供真实、完整的原始凭证和其他相关资料;(4)对于代理记账机构退回的,要求按照国家统一规定的会计制度的规定进行更正、补充的原始凭证,应当及时予以更正、补充。

4.代理记账机构及其从业人员的义务

代理记账机构及其从业人员应当履行下列义务:(1)遵守有关法律、法规和国家统一的会计制度的规定,按照委托合同办理代理记账业务;(2)对在执行业务中知悉的商业秘密予以保密;(3)对委托人要求其作出不当的会计处理,提供不实的会计资料,以及其他不符合法律、法规和国家统一规定的会计制度行为的,予以拒绝;(4)对委托人提出的有关会计处理相关问题予以解释。

5. 代理记账的监督检查

代理记账机构为委托人编制的财务会计报告,经代理记账机构负责人和委托人负责人签名并盖章后,按照有关法律、法规和国家统一的会计制度的规定对外提供。代理记账机构应当于每年4月30日之前向审批机关报送下列材料:(1)代理记账机构基本情况表(见表2-1);(2)专职从业人

表2-1　　　　　　　　　　　　代理记账机构基本情况表
年度

代理记账机构(分支机构)基本信息				
代理记账许可证书编号		发证日期		
机构名称		组织形式		
注册号/统一社会信用代码		成立日期		
注册资本/出资总额(万元)		企业类型		
办公地址(与注册地不一致时填写实际办公地址)		邮政编码		
机构负责人姓名		机构负责人身份证号		
股东/合伙人数量		机构人员数量		
联系人姓名		联系电话		
传真号码		电子邮箱		
本年度业务总收入(万元)		其中:代理记账业务收入(万元)		
代理客户数量		分支机构数量		
专职从业人员信息				
代理记账业务负责人姓名	身份证号	会计专业技术资格证书管理号		会计专业技术资格等级
		是否具有3年以上从事会计工作的经历 □是　□否		备注 需附书面承诺书
其他专职从业人员姓名	身份证号	备注		
		需附书面承诺书		
我机构保证本表所填内容全部属实		代理记账机构负责人签名(或签章): 代理记账机构盖章 年　　月　　日		

注:1."组织形式"栏根据以下选择填写:有限责任公司、股份有限公司、分公司、非公司企业法人、企业非法人分支机构、个人独资企业、普通合伙企业、特殊普通合伙企业、有限合伙企业。

2."企业类型"栏根据以下选择填写:内资企业、外商投资企业、港澳商投资企业、台商投资企业。

3.分支机构填写时,代理记账许可证书编号及发证日期填写总部机构的证书信息;表中部分栏目对分支机构不适用的,分支机构可不用填写。

员变动情况。代理记账机构设立分支机构的,分支机构应当于每年4月30日之前向其所在地的审批机关报送上述材料。

县级以上人民政府财政部门对代理记账机构及其从事代理记账业务情况实施监督,随机抽取检查对象、随机选派执法检查人员,并将抽查情况及查处结果依法及时向社会公开。

6.代理记账承担的法律责任

对委托代理记账的企业因违反财税法律、法规受到处罚的,县级以上人民政府财政部门应当将其委托的代理记账机构列入重点检查对象。对其他部门移交的代理记账违法行为线索,县级以上人民政府财政部门应当及时予以查处。

公民、法人或者其他组织发现有违反《代理记账管理办法》规定的代理记账行为,可以依法向县级以上人民政府财政部门进行举报,县级以上人民政府财政部门应当依法进行处理。

代理记账机构采取欺骗、贿赂等不正当手段取得代理记账资格的,由审批机关撤销其资格,并对代理记账机构及其负责人给予警告,记入会计领域违法失信记录,根据有关规定实施联合惩戒,并向社会公告。

代理记账机构在经营期间达不到《代理记账管理办法》规定的资格条件的,审批机关发现后,应当责令其在60日内整改;逾期仍达不到规定条件的,由审批机关撤销其代理记账资格。

代理记账机构有下列情形之一的,审批机关应当办理注销手续,收回代理记账许可证书并予以公告:(1)代理记账机构依法终止的;(2)代理记账资格被依法撤销或撤回的;(3)法律、法规规定的应当注销的其他情形。

代理记账机构违反《代理记账管理办法》第七条、第八条、第九条、第十四条、第十六条规定,由县级以上人民政府财政部门责令其限期改正,拒不改正的,将代理记账机构及其负责人列入重点关注名单,并向社会公示,提醒其履行有关义务;情节严重的,由县级以上人民政府财政部门按照有关法律、法规给予行政处罚,并向社会公示。

代理记账机构及其负责人、主管代理记账业务负责人及其从业人员违反规定出具虚假申请材料或者备案材料的,由县级以上人民政府财政部门给予警告,记入会计领域违法失信记录,根据有关规定实施联合惩戒,并向社会公告。代理记账机构从业人员在办理业务中违反会计法律、法规和国家统一的会计制度的规定,造成委托人会计核算混乱、损害国家和委托人利益的,由县级以上人民政府财政部门依据《中华人民共和国会计法》等有关法律、法规的规定处理。代理记账机构有前述行为的,县级以上人民政府财政部门应当责令其限期改正,并给予警告;有违法所得的,可以处违法所得3倍以下罚款,但最高不得超过3万元;没有违法所得的,可以处1万元以下罚款。

委托人向代理记账机构隐瞒真实情况或者委托人会同代理记账机构共同提供虚假会计资料的,应当承担相应的法律责任。未经批准从事代理记账业务的单位或者个人,由县级以上人民政府财政部门按照《中华人民共和国行政许可法》及有关规定予以查处。县级以上人民政府财政部门及其工作人员在代理记账资格管理过程中滥用职权、玩忽职守、徇私舞弊的,依法给予行政处分;涉嫌犯罪的,移送司法机关处理。

【做中学2-1】　　新成立小公司:代理记账机构选择考量全攻略

假设你是一家新成立的小型创意设计公司的负责人,由于业务规模较小,考虑委托代理记账机构处理会计业务。根据所学代理记账相关知识,制定一份选择代理记账机构的详细标准清单,包括但不限于代理记账机构的资质、人员配备、业务范围、服务口碑等方面的考量因素,并说明每个因素的重要性程度及原因。

精析做中学

第三节 会计人员的配备

一、会计人员的概念

会计人员(Accounting Personnel),是指根据《中华人民共和国会计法》的规定,在国家机关、社会团体、企业、事业单位和其他组织中从事会计核算、实行会计监督等会计工作的人员。《会计基础工作规范》第十六条规定:会计人员应当具备从事会计工作所需要的专业能力,熟悉国家有关法律、法规和国家统一的会计制度,熟悉本单位的生产经营和业务管理情况。《会计法》第三十六条规定:会计人员应当具备从事会计工作所需要的专业能力。担任单位会计机构负责人(会计主管人员)的,应当具备会计师以上专业技术职务资格或者从事会计工作3年以上经历。

二、会计人员的编制

会计人员的编制是指企业从事会计工作所需人员的有效数量。合理确定会计人员的编制,不仅可以防止出现会计机构内部人浮于事、责任不清的现象,而且能避免事多压人、劳逸不均的情况,有效地保证会计机构高效率、低消耗运转,因此,企业在设置会计机构时必须重视这一问题,既要符合精简机构、满负荷工作的要求,又要配备足够数量的会计人员,以保证会计任务的及时完成。

【提示】确定会计人员编制的主要依据是会计的工作量。企业应当采用科学、合理的方法计算出各会计工作岗位的业务数量后,按照会计人员的平均工作定额,确定所需会计人员数量。

在现代会计环境下,随着会计信息化的推进,部分手工重复性工作被自动化流程替代,企业在计算工作量时需要充分考虑这一因素,对传统计算方法进行适当调整,以更精准地确定人员编制。例如,一些基础的数据录入和简单核算工作可由财务软件自动完成,这就减少了对从事此类基础工作会计人员数量的需求,相应地可将人员更多地分配到财务分析、风险管理等需要专业判断和决策支持的岗位。

三、会计人员的能力结构

对于不同岗位的会计人员应当提出不同的业务水平要求,以便建立合理的会计人员能力结构。因此,根据会计工作量确定会计人员数量的同时,企业还应当根据会计工作难度确定会计人员的能力结构,确保各个会计岗位配备人员的技术职称、业务能力与工作要求相吻合,既要防止业务能力过高,造成人才的浪费,又要避免业务能力过低,不能满足工作的需要,力求做到人尽其才、物尽其用、力所能及。一般情况下,会计人员的能力结构应按以下要求确定:

(1)大型企业、集团公司的总会计师应由具有高级会计师任职资格且具备丰富的财务管理经验、战略规划能力以及风险管控能力的人担任;中型企业的总会计师应由高级会计师或经验丰富的会计师担任;小型企业可以不设置总会计师,但必须由精通财会业务且具备一定管理能力的行政领导主管会计核算工作,行使总会计师的职权。并且,在当前复杂多变的商业环境和数字化转型背景下,总会计师还应具备一定的数据分析能力和对新兴技术在财务领域应用的理解能力,以便更好地为企业战略决策提供支持和推动财务创新。

(2)财会机构负责人,如财会处长或财会部门经理,应由具有高级会计师或会计师资格且具备较强组织协调能力、熟悉企业业务流程和财务法规政策的人担任,以便能够独立地组织和领导大中型企业的会计工作,正确处理各种类型的经济业务;小型企业的财会机构负责人或会计主管人员,应由会计师或具有3年以上会计工作经历且具备多方面业务处理能力的助理会计师担任。同时，随着会计信息化程度的不断提高，企业还应掌握财务软件的管理和应用技能，以便能够有效组织和推动本部门的信息化建设工作，确保会计信息系统的安全、稳定运行以及与企业其他管理系统的有效集成。

(3)财会机构内部各核算小组的负责人，应由具有助理会计师任职条件且在相关业务领域有一定专长的人担任，以便保质保量地处理所负责的经济业务，独立完成任务。在会计信息化环境下，各小组负责人还需熟悉相关财务模块的操作流程和数据逻辑，能够指导小组成员利用信息化工具进行高效的会计核算工作。一般会计工作岗位，虽然不需要会计从业资格证书，但是仍要求从业人员具备扎实的会计基础知识、熟练的财务软件操作技能以及良好的职业道德素养，能够按照企业的会计制度和操作规范准确地完成各项会计任务，如数据录入、账务处理、报表编制等基础工作，并能在工作中不断学习和提升自己的专业能力，以适应会计领域的发展变化。

【注意】在实际工作中，总会计师一般不宜设副职，以免权责不相称或权责分不清；大中型企业的财会处长或财会科长（财会部经理）可适当配备1—2名副职，但需明确各自的职责范围，避免工作扯皮和推诿现象；小型企事业单位的财会部门设负责人1人即可，不必再设副职。这样做有利于提高工作效率，确保财务管理工作的顺畅进行。

四、会计工作岗位的设置

会计工作岗位设置，就是在会计机构内部按照会计工作的内容与会计内部控制的要求和提高会计工作效率的原则进行合理的分工，使每项工作都有专人负责、每位会计人员都明确自己的岗位职责。

在会计电算化的环境中，会计工作岗位可以分为基本会计工作岗位和电算化会计工作岗位。基本会计工作岗位是指不考虑会计电算化的因素，一般情况下应设置的会计工作岗位，而电算化会计工作岗位是专门针对电算化环境后应设置的会计工作岗位。

(一)基本会计工作岗位的设置

为了科学地组织会计工作，企业应当建立、健全会计部门内部的岗位责任制，将会计部门的工作分为若干岗位，并且为每个岗位规定相应的职责和要求。以企业为例，独立设置的会计机构一般设置的会计工作岗位及岗位职责要求如下：

(1)总账报表岗位。该岗位负责总账的登记，并与有关的日记账和明细账相核对；进行总账余额的试算平衡，编制资产负债表，并与其他会计报表进行核对；保管会计档案，进行企业财务情况的综合分析，编写财务情况说明书；进行财务预测，制订或参与制订财务计划，参与企业生产经营决策。如今随着数据分析技术在财务领域的深入应用，除了传统的财务分析和报表编制，还应强调对数据挖掘与可视化工具的运用，以便更深入地洞察企业财务状况和经营成果背后的业务驱动因素，为决策提供更具前瞻性和针对性的支持。例如，利用数据可视化工具制作动态财务仪表盘，实时展示关键财务指标的变化趋势和关联关系。

(2)出纳岗位。该岗位负责货币资金的收支、保管，登记现金日记账和银行存款日记账；按规定使用和保管签发支票所用印章；制订或参与制订货币资金计划。

(3)结算岗位。该岗位办理企业与供应、购买等单位之间的往来结算；监督企业贯彻执行国家现金管理制度、结算制度和信贷制度的情况；制定或参与制定信用标准。结算岗位可以进一步分为专门管理与核算应付账款和预付账款的结算岗位、专门管理与核算应收账款和预收账款的结算岗位。

(4)职工薪酬核算岗位。该岗位负责计算职工的各种工资、津贴、奖金、福利费、社会保障各项支出等；办理与职工的工资结算，并进行有关的明细核算，分析工资总额计划的执行情况，控制工资总额支出;参与制订工资总额计划。在由各车间、部门的工资员分散计算和发放工资的组织方式下,企业还应协助其劳动工资部门负责指导和监督各车间、部门的工资计算和发放工作。

(5)固定资产核算岗位。该岗位负责审核固定资产购建、调拨、内部转移、租赁、清理的凭证;进行固定资产的明细核算;参与固定资产清查;编制有关固定资产增减变动的报表;分析固定资产和固定资金的使用效果;参与制订固定资产重置、更新和修理计划;指导和监督固定资产管理部门和使用部门的固定资产核算工作。

(6)材料核算岗位。该岗位负责审核材料采购的发票、账单等结算凭证;进行材料采购收发结存的明细核算;参与库存材料清查;分析采购资金使用情况,采购成本超支、节约情况和储备资金占用情况,控制材料采购成本和材料资金占用;参与制订材料采购资金计划和材料计划成本;指导和监督供应部门、材料仓库和使用材料的车间、部门的材料核算情况。在当前供应链管理数字化程度不断提高的背景下,与供应链系统的集成度会更高,该岗位需要更多关注材料采购在整个供应链中的成本优化和风险管控,不仅仅局限于传统的核算与监督职责。比如,通过与供应商管理系统对接,提前预警材料价格波动风险,协同采购部门制定应对策略,优化采购时机和批量。

(7)成本计算岗位。该岗位负责会同有关部门建立健全各项原始记录、消耗定额和计量检验制度;改进成本管理的基础工作;负责审核各项费用开支;参与自制半成品和产成品的清查;核算产品成本,编制成本报表;分析成本计划执行情况;控制产品成本和生产资金占用;进行成本预测,制订成本计划,配合成本分口分级管理,将成本指标分解、落实到各部门、车间、班组;指导、监督和组织各部门、车间、班组的成本核算和厂内经济核算工作。随着智能制造和精益生产理念的推广,成本管理更注重全过程、多维度成本控制和精准核算。除了传统的成本核算与分析,该岗位应加强对作业成本法、目标成本法等先进成本管理方法的应用,结合生产工艺的数字化改造,深入分析成本动因,从产品设计、生产流程优化等环节挖掘成本降低潜力,例如,通过数字化生产设备采集的实时数据,精确核算各作业环节的成本消耗,为成本控制提供更精准的数据支持。

(8)销售和利润核算岗位。该岗位负责审核产成品收发、销售和营业外收支凭证;参与产成品清查;进行产成品、销售和利润的明细核算;计算应交税金,进行利润分配,编制利润表;分析成品资金的占用情况,销售收入、利润及其分配计划的执行情况;参与市场预测,制订或参与制订销售和利润计划。

(9)资金岗位。该岗位负责资金的筹集、使用、调度;随时了解、掌握资金市场动态,为企业筹集资金以满足生产经营活动的需要;要不断降低资金成本,提高资金使用的经济效益,还应负责编制财务状况变动表或现金流量表。

在上述岗位中,一般来说,总账报表、固定资产、成本核算、资金、销售和利润等岗位应当集中设在财务部门。材料核算、工资核算、结算等岗位可以根据企业核算体制的具体情况或者集中设在财务部门,或者分别设在其他有关部门,如材料核算岗位可以设在供应部门,工资核算岗位可以设在劳动工资部门,结算岗位中的购料结算岗位设在供应部门,而销售结算岗位则设在销售部门。至于出纳岗位则应当统一设在财务部门,以便于对现金流量进行统一控制与调度,对企业的下属部门或者分支机构建立备用金制度。

对于上述各个岗位,企业还要根据内部核算体制的具体情况,建立一套行之有效的连接制度,这种连接制度主要体现在凭证的传递与流转过程之中。

【注意】企业在设计会计制度时要明白无误地勾画出这种凭证的流程图,明确各个岗位应当对此承担的责任,以使会计核算工作能够有条不紊地进行。

(二)电算化会计工作岗位的设置

电算化会计工作岗位包括直接管理、操作、维护计算机及会计软件系统的工作岗位。电算化会计工作岗位和工作职责一般可以作如下设置：

（1）电算主管岗位。该岗位负责协调计算机及会计软件系统的运行工作。企业对电算化主管的知识能力要求比较高，担任电算化主管的人员既要具备扎实深厚的会计理论知识及实务操作技能，又要掌握计算机知识及技能，还要具有相关会计电算化组织管理的经验。电算化主管可由会计主管兼任。采用中小型计算机和计算机网络会计软件的单位，应独立设立此岗位。

（2）数据输入（输出）及处理岗位。该岗位负责输入记账凭证和原始凭证等会计数据，输出记账凭证、会计账簿、会计报表及进行部分会计数据处理工作。担任本岗位的人员不仅要具备会计软件操作知识，达到最起码的会计电算化初级知识的水平，而且要掌握基本的会计基础知识。本岗位的工作人员应当对计算机键盘的操作十分娴熟，能既快速又准确地输入各种数据。为了节省人力资源，企业应鼓励基本会计岗位的会计人员兼任数据输入（输出）及处理工作。

（3）审核记账岗位。该岗位负责对输入计算机的会计数据（记账凭证和原始凭证等）进行审核，操作会计软件，登记机内账，对打印输出的账、报表进行确认。此岗位的知识能力要求高于数据输入（输出）及处理岗位，要求具备一定深度的会计理论知识及实务操作技能，同时掌握计算机知识及操作技能。为了节省人力资源，本岗位可由主管会计兼任。

（4）电算维护岗位。该岗位负责保证计算机硬件、软件的正常运行，管理机内会计数据。该岗位对人员的计算机知识及技能要求比较高。担任本岗位的人员在取得会计电算化初级知识水平的基础上还要经过会计电算化中级知识的培训。此外，他们还要掌握基本的会计基础知识及技能。采用大型、小型计算机和计算机网络会计软件的单位，应独立设立此岗位。

（5）电算审查岗位。该岗位负责从纯粹的计算机技术角度出发监督计算机及会计软件系统的运行，防止相关操作人员利用计算机进行舞弊。担任此岗位的人员应具备扎实深厚的计算机知识及操作技能，应当达到会计电算化中级知识的水平，同时具备较扎实的会计知识及会计实务操作技能。此岗位可由会计稽核人员兼任。采用大型、小型计算机和大型会计软件的单位，可独立设立此岗位。

（6）数据分析岗位。该岗位负责对计算机内的会计数据进行分析。该岗位人员需具备计算机和会计知识，达到会计电算化中级知识培训的水平。采用大型、小型计算机和计算机网络会计软件的单位，可独立设立此岗位，也可以由主管会计兼任。除了对会计数据进行分析，如今企业更强调利用大数据分析技术挖掘非财务数据与财务数据之间的关联关系，构建多维度分析模型，为企业战略决策、风险预测等提供更全面、更深入的信息支持。例如，结合市场数据、客户行为数据等分析销售趋势对财务业绩的影响，提前预测市场变化对企业利润的冲击，并制定相应的策略。

（7）软件开发及维护岗位。如果会计电算化软件由本单位自行开发，则可以单独设置软件开发岗位。本岗位的主要职责是开发会计电算化软件，同时不断根据要求对已经运行的软件进行升级换代；对电算化软件的日常运行进行维护，及时排除电算化软件运行中的故障。如果企业采用的是商业化会计软件，该岗位则可能主要侧重于与软件供应商的沟通协调、系统参数配置和本地化定制等工作，而不是自行开发软件。并且，随着软件即服务（Software-as-a-Service，SaaS）模式的普及，企业对软件底层开发的依赖度逐渐降低，更多关注软件功能的应用优化和数据安全管理。例如，根据企业业务变化及时调整会计软件中的报表格式和取数逻辑，确保财务数据准确无误地反映业务实际情况，同时加强对云端数据存储和传输的安全防护措施，防止数据泄漏风险。

在会计电算化过程中，各单位可根据内部牵制制度的要求和本单位的工作需要，对电算化会计岗位进行合理划分及必要调整。在保证会计数据安全的前提下，基本会计岗位和电算化会计岗位可以交叉设置。岗位设定以后各岗位人员要保持相对稳定。小型企业单位在设立电算化会计岗位时应根据实际需要，在满足内部控制要求的前提下对相关岗位进行适当合并。

（三）会计工作岗位的分工

会计工作岗位可以一人一岗、一人多岗或者一岗多人，但应遵循不相容岗位相分离的原则。出纳人员不得兼任稽核，会计档案保管，收入、支出、费用、债权债务账目的登记和会计软件管理工作。会计软件管理人员不得兼任其他会计工作岗位。

【提示】会计人员的工作岗位应当有计划地进行轮换。

五、会计机构负责人的设置

对于单独设置会计机构的单位，应指定会计机构负责人；对于没有单独设置会计机构，只在其他机构配备会计人员的单位，应该在会计人员中指定会计主管人员。会计机构负责人和会计主管人员都是单位中层管理人员，具体组织管理本单位的会计工作。

（一）会计机构负责人或会计主管人员应具备的条件

会计机构负责人或会计主管人员，是指在一个单位内具体负责会计工作的中层领导人员。会计机构负责人、会计主管人员应当具备下列基本条件：(1)坚持原则，廉洁奉公，遵守职业道德；(2)具备会计师以上专业技术职务资格或者从事会计工作不少于3年以上经历；(3)熟悉国家财经法律、法规、规章和方针、政策，掌握本行业业务管理的有关知识；(4)有较强的组织能力；(5)身体状况能够适应本职工作的要求。

（二）会计人员回避制度

回避制度是指为了保证执法或者执业的公正性，对可能影响其公正性的执法或者执业人员实行职务回避的一种制度。国家机关、国有企业、事业单位任用会计人员应当实行回避制度，单位负责人的直系亲属不得担任本单位的会计机构负责人、会计主管人员；会计机构负责人、会计主管人员的直系亲属不得在本单位会计机构中担任出纳工作。需回避的直系亲属包括夫妻、直系血亲、三代以内旁系血亲以及近姻亲，如图2-3所示。

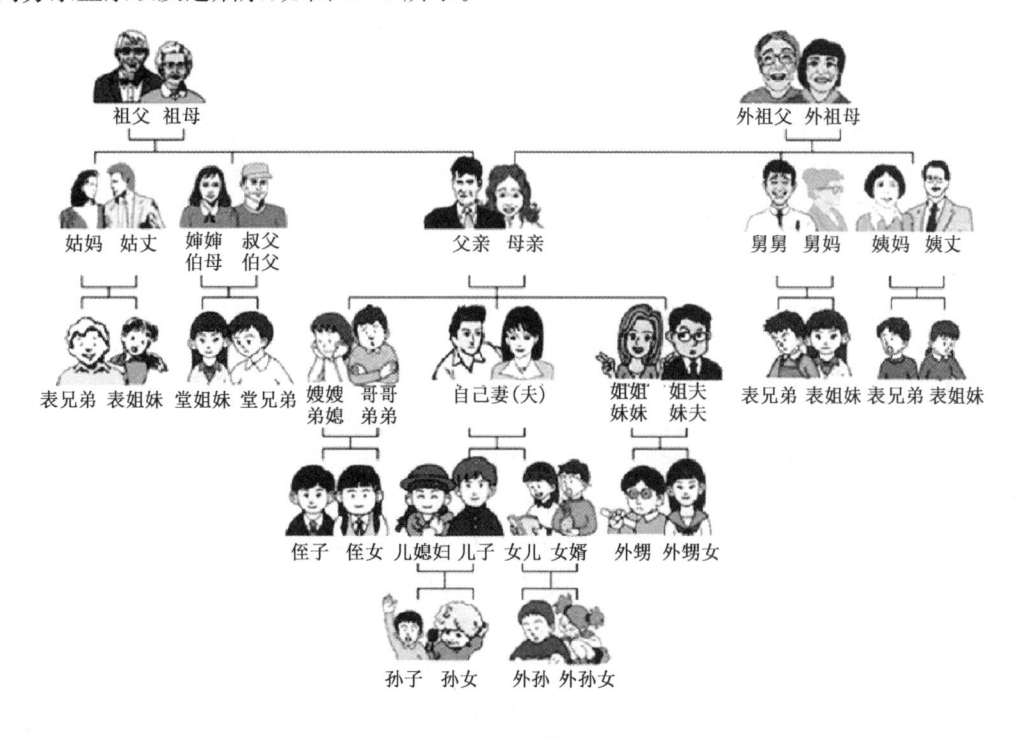

图2-3 直系亲属关系

(三)总会计师的职责和权限

总会计师是单位行政领导成员,协助单位主要行政领导人工作,直接对单位主要行政领导人负责。

凡设置总会计师的单位,在单位行政领导成员中不设与总会计师职权重叠的副职。总会计师负责组织本单位的下列工作:

(1)编制和执行预算、财务收支计划、信贷计划,拟订资金筹措和使用方案,开辟财源,有效地使用资金;

(2)进行成本费用预测、计划、控制、核算、分析和考核,督促本单位有关部门降低消耗、节约费用、提高经济效益;

(3)建立、健全经济核算制度,利用财务会计资料进行经济活动分析;

(4)承办单位主要行政领导人交办的其他工作。

总会计师负责对本单位财会机构的设置和会计人员的配备、会计专业职务的设置和聘任提出方案,组织会计人员的业务培训和考核,支持会计人员依法行使职权。

总会计师协助单位主要行政领导人对企业的生产经营、行政事业单位的业务发展以及基本建设投资等问题作出决策。总会计师参与新产品开发、技术改造、科技研究、商品(劳务)价格和工资奖金等方案的制定,参与重大经济合同和经济协议的研究、审查。总会计师的权限主要包括:

(1)总会计师对违反国家财经法律、法规、方针、政策、制度和有可能在经济上造成损失、浪费的行为,有权制止或者纠正。制止或者纠正无效时,总会计师提请单位主要行政领导人处理。单位主要行政领导人不同意总会计师对前款行为的处理意见的,总会计师应当依照《中华人民共和国会计法》的有关规定执行。

(2)总会计师有权组织本单位各职能部门、直属基层组织的经济核算、财务会计和成本管理方面的工作。

(3)总会计师主管审批财务收支工作。除一般的财务收支可以由总会计师授权的财会机构负责人或者其他指定人员审批外,重大的财务收支,须经总会计师审批或者由总会计师报单位主要行政领导人批准。

(4)预算、财务收支计划、成本和费用计划、信贷计划、财务专题报告、会计决算报表,须经总会计师签署。涉及财务收支的重大业务计划、经济合同、经济协议等,在单位内部须经总会计师会签。

(5)会计人员的任用、晋升、调动、奖惩,应当事先征求总会计师的意见。财会机构负责人或者会计主管人员的人选,应当由总会计师进行业务考核,依照有关规定审批。

六、会计专业职务和会计专业技术资格

(一)会计专业职务

会计专业职务,即会计职称,是区别会计人员业务技能的技术等级。根据《人力资源和社会保障部、财政部关于深化会计人员职称制度改革的指导意见》(人社部发〔2019〕8号),会计人员职称层级分为初级、中级、副高级和正高级。初级职称只设助理级;高级职称分设副高级和正高级,形成初级、中级、高级层次清晰、相互衔接、体系完整的会计人员职称评价体系。初级、中级、副高级和正高级职称名称依次为助理会计师、会计师、高级会计师和正高级会计师。

助理会计师应具备以下条件:(1)基本掌握会计基础知识和业务技能;(2)能正确理解并执行财经政策、会计法律法规和规章制度;(3)能独立处理一个方面或某个重要岗位的会计工作;(4)具备国家教育部门认可的高中毕业(含高中、中专、职高、技校)以上学历。

会计师应具备以下条件:(1)系统掌握会计基础知识和业务技能;(2)掌握并能正确执行财经政

策、会计法律法规和规章制度;(3)具备扎实的专业判断和分析能力,能独立负责其领域的会计工作;(4)具备博士学位;或具备硕士学位,从事会计工作满1年;或具备第二学士学位或研究生班毕业,从事会计工作满2年;或具备大学本科学历或学士学位,从事会计工作满4年;或具备大学专科学历,从事会计工作满5年。

高级会计师应具备以下条件:(1)系统掌握和应用经济与管理理论、财务会计理论与实务;(2)具有较高的政策水平和丰富的会计工作经验,能独立负责某领域或一个单位的财务会计管理工作;(3)工作业绩较为突出,有效提高了会计管理水平或经济效益;(4)有较强的科研能力,取得一定的会计相关理论研究成果,或主持完成会计相关研究课题、调研报告、管理方法或制度创新等;(5)具备博士学位,取得会计师职称后,从事与会计师职责相关工作满2年;或具备硕士学位,或第二学士学位或研究生班毕业,或大学本科学历或学士学位,取得会计师职称后,从事与会计师职责相关工作满5年;或具备大学专科学历,取得会计师职称后,从事与会计师职责相关工作满10年。

正高级会计师应具备以下条件:(1)系统掌握和应用经济与管理理论、财务会计理论与实务,把握工作规律;(2)政策水平高,工作经验丰富,能积极参与一个单位的生产经营决策;(3)工作业绩突出,主持完成会计相关领域重大项目,解决重大的与会计相关的疑难问题或关键性业务问题,提高单位管理效率或经济效益;(5)科研能力强,取得重大的与会计相关的理论研究成果,或其他创造性的与会计相关的研究成果,推动会计行业发展;(6)一般应具有大学本科及以上学历或学士以上学位,取得高级会计师职称后,从事与高级会计师职责相关工作满5年。

总会计师是主管本单位会计工作的行政领导,是单位行政领导成员,协助单位主要行政领导人的工作,直接对单位主要行政领导人负责。凡设置总会计师的单位,在单位行政领导成员中不设与总会计师职权重叠的副职。总会计师组织领导本单位的财务管理、成本管理、预算管理、会计核算和会计监督等方面的工作,参与本单位重要经济问题的分析和决策。《会计法》规定,国有和国有资产占控股地位或者主导地位的大、中型企业必须设置总会计师。《会计基础工作规范》要求,大、中型企业、事业单位、业务主管部门应当根据法律和国家有关规定设置总会计师。总会计师由具有会计师以上专业技术资格的人员担任。《总会计师条例》规定,事业单位和业务主管部门根据需要,经批准可以设置总会计师。其他单位可以根据业务需要,自行决定是否设置总会计师。

(二)会计专业技术资格

会计专业技术资格分为初级资格、中级资格和高级资格三个级别,分别对应助理会计师或会计员、会计师和高级会计师。初级、中级会计资格通过全国统一考试制度取得;高级会计师资格实行考试与评审相结合的制度。

报考初级会计资格考试的人员必须具备教育部认可的高中以上学历。报考中级会计资格考试的人员除具备基本条件外,还必须符合下列条件之一:取得大专学历的,从事会计工作满5年;取得大学本科学历的,从事会计工作满4年;取得双学士学位或研究班毕业的,从事会计工作满2年;取得硕士学位的,从事会计工作满1年;取得博士学位。这里需要注意,对于全日制学历,会计工作年限是从毕业后开始计算;对于非全日制学历,会计工作年限可包括取得学历前后从事会计工作的时间总和。申请参加高级会计师资格考试的人员,须符合下列条件之一:《会计专业职务试行条例》规定的高级会计师专业职务任职资格评审条件(各地具体规定有所不同,需详细查阅当地的报考条件);经省级人事、财政部门批准的申报高级会计师专业职务任职资格评审的破格条件。

初级会计资格考试的科目有初级会计实务和经济法基础。参加初级会计资格考试的人员必须在一个考试年度内通过两个科目的考试,才能取得初级资格。中级会计资格考试的科目有中级会计实务与财务管理和经济法。中级会计资格考试成绩实行单科累计制,单科合格成绩在连续两个考试年度内有效,各科考试合格标准一般为60分(满分为100分)。凡在连续两个考试年度内取得以上三个考试科目合格成绩者,均可取得中级资格。取得初、中级会计资格表明已具备相应级别会计专业职务的任职资格,可以被单位聘任或任命为会计员、助理会计师、会计师。

凡申请参加高级会计师资格评审的人员,须先考试合格后方可参加评审。考试科目有高级会计实务。高级会计师考试实行国家统一考试,考试大纲由财政部制定并公布。参加国家统一考试并达到合格标准的人员,由全国会计专业技术资格考试办公室核发高级会计师资格考试成绩合格证,该证书在全国范围内3年有效。考试合格并符合规定条件的人员可在考试合格成绩有效期内向所在省、自治区、直辖市或中央单位会计专业高级职务评审委员会申请评审,通过后即表示其已具备担任高级会计师的资格,经单位聘任或任命后可担任高级会计师。由于高级会计师评审环节各地要求差异较大,在论文发表、业绩成果等方面均有不同标准,因此考生需提前了解当地的评审细则,以便做好充分准备。

(三)会计专业技术人员继续教育

会计专业技术人员继续教育,是指对会计从业人员持续接受一定形式的,有组织的理论知识、专业技能和职业道德的教育和培训活动,不断提高和保持其专业胜任能力和职业道德水平。我国财政部于2018年7月1日起施行最新的《会计专业技术人员继续教育规定》(财会〔2018〕10号)。

会计专业技术人员继续教育工作应当遵循下列基本原则:以人为本,按需施教;突出重点,提高能力;加强指导,创新机制。

根据《会计专业技术人员继续教育规定》,国家机关、企业、事业单位以及社会团体等组织具有会计专业技术资格的人员,或不具有会计专业技术资格但从事会计工作的人员(简称会计专业技术人员)享有参加继续教育的权利和接受继续教育的义务。用人单位应当保障本单位会计专业技术人员参加继续教育的权利。

具有会计专业技术资格的人员应当自取得会计专业技术资格的次年开始参加继续教育,并在规定时间内取得规定学分。不具有会计专业技术资格但从事会计工作的人员应当自从事会计工作的次年开始参加继续教育,并在规定时间内取得规定学分。继续教育内容包括公需科目和专业科目。公需科目包括专业技术人员应当普遍掌握的法律法规、政策理论、职业道德、技术信息等基本知识。专业科目包括会计专业技术人员从事会计工作应当掌握的财务会计、管理会计、财务管理、内部控制与风险管理、会计信息化。

会计专业技术人员必须掌握会计职业道德、财税金融、会计法律法规等相关知识。会计专业技术人员参加继续教育实行学分制管理。每年参加继续教育取得的学分不少于90学分,其中,专业科目一般不少于总学分的2/3。会计专业技术人员参加继续教育取得的学分,在全国范围内当年度有效,不得结转以后年度。对会计专业技术人员参加继续教育情况实行登记管理。

用人单位应当建立本单位会计专业技术人员继续教育与使用、晋升相衔接的激励机制,参加继续教育情况作为会计专业技术人员考核评价、岗位聘用的重要依据。会计专业技术人员参加继续教育情况,应当作为聘任会计专业技术职务或者申报评定上一级资格的重要条件。

七、会计人员职业道德

(一)会计人员职业道德规范要求

根据《中华人民共和国会计法》《会计基础工作规范》,财政部制定了《会计人员职业道德规范》(财会〔2023〕1号),具体规范要求包括:

(1)坚持诚信,守法奉公。会计人员应牢固树立诚信理念,以诚立身,以信立业,严于律己,心存敬畏;学法知法守法,公私分明,克己奉公,树立良好的职业形象,维护会计行业声誉。

(2)坚持准则,守责敬业。会计人员应严格执行准则制度,保证会计信息真实、完整;勤勉尽责,爱岗敬业,忠于职守,敢于斗争,自觉抵制会计造假行为,维护国家财经纪律和经济秩序。

(3)坚持学习,守正创新。会计人员应始终秉持专业精神,勤于学习,锐意进取,持续提升会计专业能力;不断适应新形势新要求,与时俱进,开拓创新,努力推动会计事业高质量发展。

(二)会计人员职业道德的内容

(1)爱岗敬业。这是会计人员职业道德的基础。会计人员要热爱本职工作,敬重会计职业,具有强烈的责任心和使命感;应安心于会计岗位,认真履行自己的职责,无论是处理日常的账务工作,如记账、算账、报账,还是参与复杂的财务分析、预算编制等任务,都要一丝不苟,全身心投入,努力提高工作效率和工作质量,以严谨、细致的态度对待每一项会计业务,确保会计信息的准确性和及时性。例如,在月末结账期间,会计人员可能需要加班加点核对账目,检查凭证,以保证财务报表能按时准确编制完成,这就体现了对工作的敬业精神。

(2)诚实守信。诚实守信是会计人员的立身之本。会计人员在工作中要做到诚实不欺,如实反映企业的财务状况、经营成果和现金流量,不能为了个人私利或企业的不正当利益而伪造、变造会计凭证、会计账簿,编制虚假的财务会计报告。在提供会计信息时,会计人员必须保证信息真实、可靠,无论是向企业内部管理层汇报,还是向外部投资者、债权人等披露,都要遵循实事求是的原则。例如,会计人员在税务申报时应如实申报应税收入和可扣除项目,不隐瞒、不虚报,维护会计职业的信誉和形象。

(3)廉洁自律。会计人员要清正廉洁,公私分明。在工作中,由于他们会经常接触到企业的资金和财物,面临各种利益诱惑,因此,必须坚守廉洁底线,坚决抵制各种形式的腐败行为,不利用职务之便谋取私利,如不接受供应商的贿赂而违规处理采购账务,不挪用企业资金用于个人消费或投资等;同时,要自觉遵守廉洁自律的各项规定,保持清醒的头脑,做到自律自省,维护会计职业的纯洁性。

(4)客观公正。会计人员在处理会计事务时要秉持客观公正的态度,这意味着他们要以实际发生的经济业务为依据,不受个人情感、偏见或他人不当影响,公正地进行会计核算和监督,在选择会计政策和方法时,要遵循会计准则和制度,不偏袒任何一方利益相关者。例如,在对企业的资产进行计价或对费用进行分摊时,会计人员要依据合理的标准和方法,确保会计信息能够客观地反映企业的经济实质,为企业决策和外部使用者提供公平、公正的信息基础。

(5)坚持准则。会计人员必须严格遵守国家的会计准则、会计制度以及相关法律法规,在面对复杂多变的经济业务和各种压力时,不能随意违背准则要求进行会计处理。无论是在日常核算工作中还是在处理特殊业务事项时,会计人员都要以准则为导向,确保会计工作的规范性和合法性。例如,在新收入准则实施后,企业的会计人员要深入学习并严格按照准则规定确认、计量和报告收入,不能因为习惯做法或企业内部压力而沿用旧的不恰当方法。

(6)提高技能。随着经济环境的不断变化和会计技术的持续发展,会计人员需要不断学习和提升自己的专业技能;要积极参加各类培训、学习新的会计知识、掌握新的会计软件和信息技术应用,以适应会计工作的新要求。例如,随着大数据、人工智能等技术在会计领域的渗透,会计人员需要学习数据分析技能,以便从海量财务数据中提取有价值的信息,为企业决策提供支持;同时要掌握财务机器人的操作原理和应用场景,提高工作效率和质量。

(7)参与管理。会计人员不仅仅是会计信息的记录者和报告者,还应积极参与企业的管理活动,要利用自己的专业知识和技能,为企业的经营管理提供有价值的建议和决策支持。例如,通过财务分析,发现企业成本控制方面的问题,并提出改进措施;参与企业的预算编制和执行,协助各部门合理安排资源,提高企业的经济效益和管理水平。

(8)强化服务。会计人员要有服务意识,为企业内部的各个部门以及外部的利益相关者提供优质的会计服务,在内部,要及时、准确地为管理层提供财务信息,协助各部门解决财务相关问题;在外部,要礼貌、专业地对待投资者、债权人、税务机关等的咨询和检查,树立良好的企业形象和会计职业形象。例如,在面对税务机关的税务检查时,会计人员要积极配合,提供准确、完整的会计资料,耐心解答疑问,展现良好的职业素养和服务态度。

【学中做 2-1】 出纳挪用公款:企业财务管理警钟长鸣——原因、后果与教训

某企业的出纳人员在负责公司日常资金收付和银行账户管理的过程中利用职务之便,私自挪用公司公款。起初,他只是挪用小额资金用于个人消费,如购买高档消费品、支付旅游费用等。由于公司内部财务管理的漏洞,他的行为未被及时发现。逐渐地,他的胆子越来越大,在两年的时间里,他累计挪用公款高达数百万元。他通过伪造银行对账单、涂改账目等手段来掩盖挪用公款的痕迹,使得公司的财务账目在表面上看起来很正常。出纳人员在没有经过正常审批程序的情况下擅自将公司银行账户中的资金转移到自己的私人账户或用于个人消费支出。在处理银行对账业务时,他通过伪造银行对账单上的余额和交易明细,使其与公司的银行存款日记账相匹配,以逃避财务人员和内部审计的检查。在记账过程中,他对挪用公款的相关账务进行涂改或虚构业务来平账,虚构一些费用支出项目,将挪用的公款计入这些虚假的费用科目中。

请分析:出纳人员这一行为产生的原因、造成的后果和吸取的教训。

第四节　会计档案管理制度的设计

一、会计档案的概念

会计档案(Accounting Records)是指企业在进行会计核算等过程中接收或形成的,记录和反映单位经济业务事项的,具有保存价值的文字、图表等各种形式的会计资料,包括通过计算机等电子设备形成、传输和存储的电子会计档案。《会计档案管理办法》第五条规定:"单位应当加强会计档案管理工作,建立和完善会计档案的收集、整理、保管、利用和鉴定销毁等管理制度,采取可靠的安全防护技术和措施,保证会计档案的真实、完整、可用、安全。"

二、会计档案的种类

(1)会计凭证类。会计凭证类包括原始凭证、记账凭证以及其他各种凭证。
(2)会计账簿类。会计账簿类包括总账、明细账、日记账、固定资产卡片及其他辅助性账簿。
(3)财务报告类。财务报告类包括月度、季度、半年度、年度财务会计报告。
(4)其他类。其他类包括银行存款余额调节表、银行对账单、纳税申报表、会计档案移交清册、会计档案保管清册、会计档案销毁清册、会计档案鉴定意见书及其他具有保存价值的会计资料。

三、会计档案立卷与归档制度的设计

(一)纸质会计档案立卷与归档制度设计

按照财政部、国家档案局发布的《会计档案管理办法》的规定,企业形成的各种会计档案都应当由会计机构和会计人员按照归档要求,负责整理立卷,装订成册,编制会计档案保管清册后交有关部门和人员统一管理。具体地讲,纸质会计档案立卷与归档制度的设计需要考虑以下内容:

(1)对取得和填制的各种会计凭证在登记账簿后应按照凭证类别和时间顺序编号整理,定期装

订成册并加具封面,说明起止日期、凭证种类及数量,由会计人员签章后归档。

(2)对一些重要的文件,如经济合同、中外合资企业的协议章程、决议、工程预算等相关会计资料,应单独装订成册并统一编号后予以归档。

(3)对各种会计账簿在年终结平或转记新账后,由会计人员装订成册、统一编号并由有关人员签章后归档。

(4)对各种财务报告,应按月份分类装订成册,加具封面并由有关人员签章后归档。

(二)电子会计档案归档制度设计

根据《会计档案管理办法》的规定,企业可以利用计算机、网络通信等信息技术手段管理会计档案。企业从外部接收的电子会计资料附有符合《中华人民共和国电子签名法》规定的电子签名的,可仅以电子形式归档保存,形成电子会计档案。企业内部形成的属于归档范围的电子会计资料可仅以电子形式保存,形成电子会计档案,但需要同时满足下列条件:

(1)形成的电子会计资料来源真实、有效,通过计算机等电子设备形成和传输;

(2)使用的会计核算系统能够准确、完整、有效接收和读取电子会计资料,能够输出符合国家标准归档格式的会计凭证、会计账簿、财务报表等会计资料,设定了经办、审核、审批等必要的审签程序;

(3)使用的电子档案管理系统能够有效接收、管理、利用电子会计档案,符合电子档案的长期保管要求,并建立了电子会计档案与相关联的其他纸质会计档案的检索关系;

(4)采取有效措施,防止电子会计档案被篡改;

(5)建立电子会计档案备份制度,能够有效防范自然灾害、意外事故和人为破坏的影响;

(6)形成的电子会计资料不属于具有永久保存价值或者其他重要保存价值的会计档案。

四、会计档案保管与销毁制度的设计

(一)会计档案保管制度

按照《会计档案管理办法》的规定,会计档案保管制度的设计,应主要考虑保管人员、保管方式、档案移交、档案借阅和保管期限五个方面的问题。

(1)保管人员。各单位应当设立独立的档案机构,专门负责包括会计档案在内的各种档案的管理。对于规模小、人员少而未设立专门档案机构的单位,可在会计机构内部指定专人保管,但出纳人员不得兼管会计档案。为了保证会计档案的安全、完整,做到"四防"(防火、防盗、防蛀、防腐),档案管理室必须保持通风、干燥,保管人员必须尽职尽责,其他人员必须遵守档案管理方面的制度。

(2)保管方式。各单位的会计档案应由本单位档案机构统一保管,但为了方便会计部门的查阅与核对工作,对于当年形成的会计档案,在会计年度终了后可由会计机构临时保管1年,再移交档案管理机构保管。因工作需要确需推迟移交的会计档案,可经档案管理机构同意后,由会计机构临时保管,但时间最长不超过3年。

(3)档案移交。会计机构在办理会计档案移交时应当编制会计档案移交清册。纸质会计档案移交时应当保持原卷的封装。电子会计档案移交时应当将电子会计档案及其元数据一并移交,其文件格式必须符合国家档案管理的有关规定。特殊格式的电子会计档案应当与其读取平台一并移交。档案管理机构接收电子会计档案时应当对电子会计档案的准确性、完整性、可用性、安全性进行检测,符合要求的才能接收。

(4)档案借阅。各单位保存的会计档案一般不得对外借出,确因工作需要且根据国家有关规定必须借出的,应当严格按照规定,办理相关登记手续。查阅或复制会计档案的人员,严禁对会计档案进行篡改和损害,并在规定时间内归还会计档案。

(5)保管期限。会计档案的保管期限有永久和定期两类。按照《会计档案管理办法》的规定，年度财务报告、会计档案保管清册(见图 2－4)、会计档案销毁清册和会计档案鉴定意见书要求永久性保管；库存现金和银行存款日记账、总账、明细账、日记账、其他辅助性账簿以及会计档案移交清册保管期限为 30 年；月度、季度、半年度财务报告，银行对账单、银行存款余额调节表和纳税申报表保管期限为 10 年；固定资产卡片在固定资产报废清理后保管 5 年。

【注意】一般情况下，会计档案应当由本单位自行保管，但也可以委托具备档案管理条件的机构代为管理。委托中介机构代理记账的单位，应当在签订的书面委托合同中明确会计档案的管理要求及相应责任。

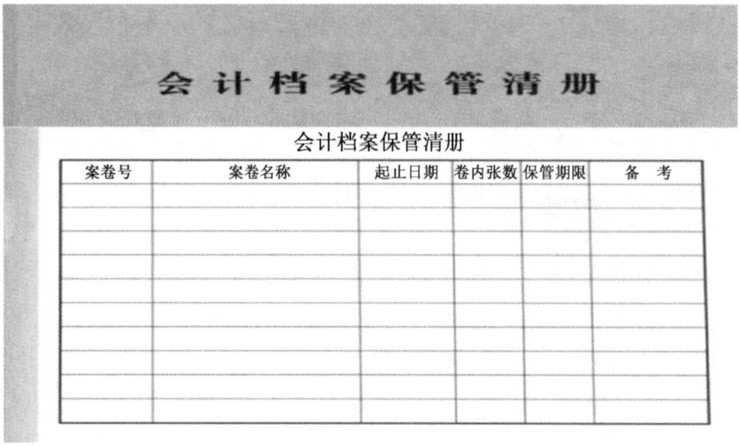

会计档案保管清册

会计档案保管清册

案卷号	案卷名称	起止日期	卷内张数	保管期限	备　考

图 2—4　会计档案保管清册

(二)会计档案销毁制度

单位应当定期对已到保管期限的会计档案进行鉴定，并形成会计档案鉴定意见书。经鉴定，仍需继续保存的会计档案，应当重新划定保管期限；对保管期满、确无保存价值的会计档案，可以销毁。会计档案鉴定工作应当由单位档案管理机构牵头，组织单位会计、审计、纪检监察等机构或人员共同进行。经鉴定可以销毁的会计档案，应当按照以下程序销毁：

(1)由档案管理机构编制“会计档案销毁清册”，列明拟销毁会计档案的名称、卷号、册数、起止年度、档案编号、应保管与已保管期限、销毁时间等内容。

(2)单位负责人、档案管理机构负责人、会计管理机构负责人、档案管理机构经办人、会计管理机构经办人在会计档案销毁清册上签署意见。

(3)档案管理机构负责组织会计档案销毁工作，并与会计机构共同派人员负责监销。监销人在销毁会计档案前应按会计档案销毁清册所列内容清点核对，销毁后应在销毁清册上签名或盖章，并将监销情况上报本单位负责人。会计档案销毁清册见表 2－2。

表 2—2　会计档案销毁清册

档案名称	起止日期	册数	销毁原因	销毁方法	备注

档案机构负责人　　会计主管　　监销人　　保管

【提示】电子会计档案的销毁还应当符合国家有关电子档案的规定，并由单位档案管理机构、会计管理机构和信息系统管理机构共同派员监销。

保管期满但未结清的债权债务会计凭证和涉及其他未了事项的会计凭证不得销毁。纸质会计档案应当单独抽出立卷,电子会计档案单独转存,保管到未了事项完结时为止。单独抽出立卷或转存的会计档案,应当在会计档案鉴定意见书、会计档案销毁清册和会计档案保管清册中列明。

第五节　会计工作交接制度的设计

一、会计工作交接制度设计的范围

会计人员在调动工作或因故长期离职时必须有人接替其工作,会计工作的这种移交和接替过程称为会计工作交接,简称会计交接(Accounting Handover)。为了保证会计工作的连续性,明确交接人员各自承担的责任,防止会计工作因交接而造成混乱和差错,杜绝可能出现的各种不合规行为,各单位必须设计严密、完善的会计工作交接制度。会计工作交接的范围包括:(1)会计人员工作调动或因故离职,应与接管人员办理会计工作交接手续。(2)会计人员临时离职或因病暂时不能工作且需要接替或者代理的,会计机构负责人、会计主管人员或单位领导人必须指定有关人员接替或者代理,并办理交接手续;临时离职或者因病不能工作的会计人员恢复工作后,应当与接替或者代理人员办理交接手续。(3)移交人员因病或特殊原因不能亲自办理移交手续的,经单位负责人批准,可由移交人委托他人代办交接手续,但委托人应当对所移交的会计凭证、会计账簿、会计报表和其他会计资料的真实性和完整性承担法律责任。

【注意】会计人员未与接管人员办清工作交接手续的,不得调动或离职。

二、会计工作交接制度设计的内容

设计会计工作交接制度,应主要对交接前的移交准备、交接程序和内容以及监交等做出具体的规定。

(一)关于移交准备工作的规定

会计人员因故离职时,必须向接替人员办理正式的会计移交手续,在移交手续未办妥前不得离职。移交人员因故不能承办移交手续时,经领导批准,可委托他人代办移交,但移交中的责任仍需由移交人承担。在正式办理移交手续前,移交人必须做好以下方面的准备工作:(1)对已经受理但尚未填制凭证的经济业务事项,应填制相应的记账凭证并登记入账;(2)对尚未登记账簿的会计凭证应登记完毕,并在最后一笔余额后加盖印章;(3)将全部移交资料分类整理,做到账证相符、账账相符、账表相符、账实相符;(4)对未了会计事项应写出书面材料,说明其内容、原因、处理办法及相关责任。

(二)关于交接程序和内容的规定

会计工作的交接,应当按照移交清册逐项进行。接替人员应对移交内容逐项核对后再予以接收,包括:(1)库存现金、有价证券必须根据账簿余额盘点验收,账实不符时,移交人员应按规定时间和要求负责查清;(2)会计凭证、会计账簿、财务报告等各种会计档案必须完整无缺,发现资料短缺时应由移交人员查清原因;(3)银行存款账户余额要与银行对账单核对相符,如有未达账项,应编制银行存款余额调节表调节相符,各种资产、债权债务的账面余额应与实物或对方账户的余额核对相符;(4)移交人所使用的各种图章、印鉴必须齐全并交接清楚。

会计主管人员办理移交手续时,除了移交所经管的会计事项外,还应将全部财会工作、重大财务收支、会计人员状况、下属单位的有关财会情况,与本企业财务往来密切的单位及人员情况等,向接替人员做出详细介绍,以便接替人员尽快熟悉情况,开展工作。

在会计交接过程中,移交人员有责任解答接替人员对有关交接事项提出的疑问,不得以任何理由、任何形式借故拖延移交时间和移交项目。同样,接替人员也不得以任何借口推诿不接替。对双方均不解的会计事项应立据说明,并由移交人签字负责。

办理交接手续后,接替人员原则上应继续使用移交的账簿,不许自行另立新账,以保持会计记录的连续性。如果接替人员认为前任会计的有关会计处理不符合相关会计制度的规定,在征得会计机构负责人或单位负责人同意后,方可另立新账,并按有关规定办理更换账簿手续。

(三)关于监交的规定

会计人员办理交接时必须有监督人员参加,以严格交接手续,分清是非,明确责任,保证交接工作的顺利进行。一般会计人员交接时应由会计主管人员监交;会计主管人员交接时应由单位负责人监交,必要时还可由上级部门派人会同监交。

会计工作交接完毕后,移交人员、接替人员和监交人员都必须在移交清册上签章,并注明单位名称、交接日期、交接人员姓名、职务及其他需要说明的事项和意见。移交清册一般一式三份,交接双方各执一份,存档一份。此外,负责监交的人员在会计交接完毕后,还应将交接情况向单位主管领导汇报。

【学思践悟】　　　　会计工作组织制度:理论深研与实践启思

在当今经济全球化与数字化浪潮汹涌澎湃的时代背景下,会计工作组织制度设计肩负着更为重要的使命与责任。党的方针政策为会计领域的发展指引着前行的方向。会计人员作为企业财务信息的守护者和经济活动的记录者,在会计工作组织制度设计过程中必须深刻领悟并积极践行社会主义核心价值观,将道德与价值坚守深度融入每一个环节与细节之中。

会计工作组织制度设计的首要目标是确保会计信息的真实性、完整性与可靠性,这一目标与诚信这一核心价值观紧密相连。在设计会计机构设置方案时,遵循不相容职务分离原则便是诚信价值的直接体现。例如,严格区分出纳与稽核、会计档案保管、收入支出账目登记等岗位,防止因权力集中而滋生舞弊行为,从源头上保障会计信息的可信度。这就如同构建一座坚固的堡垒,每一道防线都不容有失,各个岗位相互制衡,共同守护会计信息的纯净性。

代理记账业务的兴起是市场经济发展的必然产物,在这一领域,道德与价值坚守同样不可或缺。代理记账机构在接受委托办理会计业务时必须以高度的责任感和诚信意识,严格按照国家统一的会计制度进行会计核算。从审核原始凭证的真实性到编制财务会计报告的准确性,每一个步骤都要经得起检验,这不仅是对委托企业负责,更是对整个市场经济秩序的维护。代理记账机构及其从业人员要坚决抵制委托方提出的不当会计处理要求,不为利益所诱惑,始终坚守职业道德底线,如同在纷繁复杂的商业丛林中坚守正道的行者,不为旁枝末节所干扰。

会计人员的配备与职业道德培养是会计工作组织制度设计中的关键环节。会计人员不仅要具备扎实的专业知识和技能,更要拥有良好的职业道德素养。在确定会计人员编制和能力结构时,除了考虑业务量和工作难度,企业还应注重选拔那些秉持诚信、公正、具有敬业精神的人才。例如,总会计师作为企业财务管理的核心人物,应具备高级会计师任职资格且在财务管理、战略规划、风险管控等多方面都有卓越的表现,更重要的是能在各种复杂的经济利益诱惑面前保持清醒的头脑,坚持正确的价值取向,为企业的财务决策提供客观、公正的建议,引领企业在合法合规的轨道上稳健前行。

会计档案管理和会计工作交接制度也深刻反映着道德与价值内涵。在会计档案保管过程中,无论是纸质档案还是电子档案,都要确保其安全完整、真实可用。档案管理人员要以严谨、负责的态度,做好防火、防盗、防蛀、防腐"四防"工作,防止档案被篡改或损坏,这是对历史数据的尊重与保护,也是对未来使用者负责的体现。在会计工作交接时,移交人员和接替人员都要秉持诚信原则,如实交接各项会计资料和未了事项,监交人员则要公正地监督整个交接过程,确保交接工作的顺利进行,不留下任何隐患,如同传递神圣的使命,每一个环节都庄重而严谨。

【悟有所得】

从企业运营微观角度看,融入道德与价值坚守的会计工作组织制度设计是企业健康发展的内在驱动力。精准、可靠的会计信息能够为企业管理层提供详实的数据支持,助力其制定科学、合理的战略规划,进行有效的成本控制和风险管理。例如,在成本计算岗位上,会计人员依据真实的成本数据进行核算与分析,能够帮助企业发现生产流程中的成本控制点,优化资源配置,提高生产效率,进而增强企业在市场中的竞争力。同时,良好的会计制度形象能够在企业内部营造诚信、公正的工作氛围,激发员工的工作积极性和创造力,促进企业内部的和谐稳定发展;在外部,能够吸引更多的投资者、合作伙伴和客户,为企业的持续发展拓展广阔的空间。

从社会经济宏观层面看,会计工作组织制度设计中的道德与价值坚守是市场经济稳定运行的重要保障。在资本市场中,投资者依据企业公开披露的财务报告进行投资决策,而这些财务报告的质量在很大程度上取决于会计工作组织制度的完善性与道德性。当众多企业都能遵循严格的会计道德规范时,整个市场的信息不对称性将大大降低,资源能够更加合理地流向有价值的企业和项目,推动社会经济的高效配置与健康发展。例如,在企业融资过程中,银行等金融机构会根据企业的财务状况和信用评级来决定是否提供贷款,而准确的会计信息是金融机构评估风险的关键依据。如果会计工作失去道德约束,虚假的财务信息泛滥,则将会导致金融市场的混乱,引发系统性风险,对整个社会经济造成严重的冲击。

对于会计人员个体而言,坚守道德与价值是其职业生涯的灵魂所在。在会计工作组织制度设计与执行过程中,会计人员始终秉持职业道德规范,就能够在行业内树立良好的口碑和声誉,这种声誉不仅是个人职业形象的象征,更是职业发展的重要资本。例如,一位以诚信著称的会计人员在面对企业的不正当会计处理要求时,坚决予以拒绝,并积极推动企业进行整改,虽然他可能在短期内面临压力,但从长远来看,他将赢得同行的尊重、企业管理层的认可以及社会的赞誉,为自己赢得更多晋升机会和职业发展空间。同时,会计人员在坚守道德的过程中能够实现自我价值的升华,从单纯的数字处理者转变为企业价值的创造者和社会经济秩序的维护者,在平凡的岗位上做出不平凡的贡献,真正肩负起时代赋予会计人员的神圣使命,为推动会计行业的发展乃至整个社会经济的进步贡献自己的力量。

应知考核

一、单项选择题

1. 会计工作组织制度设计的首要目标是( )。
   A. 提高会计工作效率　　　　　　B. 保证会计信息质量
   C. 建立最优化的会计组织机构　　D. 营造严谨、规范的工作环境

2. 下列会计岗位中,出纳人员可以兼任的是( )。
   A. 稽核　　　　　　　　　　　　B. 会计档案保管
   C. 收入账目登记　　　　　　　　D. 固定资产明细账登记

3. 会计档案保管期限中,年度财务报告的保管期限为( )。
A. 10年　　　　　B. 20年　　　　　C. 30年　　　　　D. 永久
4. 一般会计人员办理交接手续时应由( )监交。
A. 单位负责人　　　　　　　　B. 上级主管部门人员
C. 会计主管人员　　　　　　　D. 审计人员
5. 会计人员每年参加继续教育取得的学分不少于( )学分。
A. 60　　　　　　　　　　　　B. 70
C. 80　　　　　　　　　　　　D. 90

二、多项选择题

1. 代理记账机构的业务范围包括( )。
A. 会计核算　　　　　　　　　B. 对外提供财务会计报告
C. 向税务机关提供税务资料　　D. 委托人委托的其他会计业务
2. 基本会计工作岗位包括( )。
A. 总账报表岗位　　　　　　　B. 出纳岗位
C. 结算岗位　　　　　　　　　D. 数据分析岗位
3. 会计档案的种类包括( )。
A. 会计凭证类　　　　　　　　B. 会计账簿类
C. 财务报告类　　　　　　　　D. 其他类
4. 会计工作交接的范围包括( )。
A. 会计人员工作调动　　　　　B. 会计人员临时离职
C. 会计人员因病暂时不能工作　D. 会计人员离职后重新入职
5. 会计人员职业道德规范要求包括( )。
A. 坚持诚信,守法奉公　　　　B. 坚持准则,守责敬业
C. 坚持学习,守正创新　　　　D. 廉洁自律,客观公正

三、判断题

1. 所有企业都必须设置总会计师。　　　　　　　　　　　　　　　　　　(　)
2. 代理记账机构只需取得营业执照即可开展业务。　　　　　　　　　　　(　)
3. 会计人员可以随意兼任多个不相容会计岗位。　　　　　　　　　　　　(　)
4. 高级会计师资格实行考试与评审相结合制度,考试合格后还需参加评审。(　)
5. 会计档案销毁时,只需单位负责人签字同意即可。　　　　　　　　　　(　)

四、简述题

1. 简述会计工作组织制度设计的意义。
2. 简述代理记账机构的设立条件和业务范围。
3. 简述会计人员职业道德的内容。
4. 简述会计档案保管制度的主要内容。
5. 简述会计工作交接制度设计的主要内容。

应会考核

■ 观念应用

【背景资料】

数字化与全球化浪潮下会计工作组织制度观念的革新

在当今数字化快速发展的时代,许多企业正在逐步推进会计信息化建设。传统的会计工作模式面临着巨大的变革挑战,例如,手工记账逐渐被财务软件取代,会计数据的存储和处理方式发生了根本性变化。同时,随着经济全球化的深入,企业面临着更加复杂的国际会计准则和法规环境。

【考核要求】

请阐述在这种背景下会计工作组织制度设计应如何更新观念以适应新的变化。

■ 技能应用

会计工作组织技能实战——机构设置与代理记账合同拟定

(1)假设你是一家新成立的中型制造企业的财务顾问,请根据企业的特点和发展需求,设计一套完整的会计机构设置方案,并详细说明各岗位的职责和人员配置要求。

(2)某企业准备委托代理记账机构处理其会计业务,请你协助该企业制定一份与代理记账机构签订的书面委托合同模板,明确双方在会计资料真实性、会计工作流程、档案保管等方面的权利和义务。

【技能要求】

请结合上述内容,进行机构设置与代理记账合同拟定。

■ 案例分析

【情景与背景】

中天公司会计部门负责人离职应对策略及会计组织制度优化

中天公司自2010年成立以来稳健发展,如今已成长为一家拥有500名员工、年营业额达5亿元的中型制造企业。公司的业务版图持续扩张,产品线日益丰富,市场覆盖范围也逐渐扩大。在财务管理领域,公司已初步构建起一套相对完整的会计工作体系,涵盖了财务核算、成本管理、资金运作以及财务报告编制等核心职能。

现服务长达十年的会计部门负责人李明因个人职业规划而决定离职。李明在其任期内对公司财务流程进行了多次优化,建立起一套较为细致的会计制度,使得公司财务运作在过去保持了较高的效率和规范性。他凭借丰富的经验和深入的专业知识,在公司成本控制方面成效显著,例如,通过精准的成本核算与分析,协助生产部门优化工艺流程,降低了原材料损耗,从而有效控制了生产成本。在财务报告方面,他所主导编制的财务报告一直能够准确、及时地反映公司的财务状况和经营成果,为管理层决策提供了坚实的数据支撑。

然而,随着业务的拓展,公司近期成功上线了一套先进的ERP系统,旨在整合企业内部资源,实现业务流程的全面数字化管理。该ERP系统涵盖了采购、生产、销售、库存以及财务等多个模块,其中,财务模块与其他业务模块深度集成,这对会计工作提出了全新的要求与挑战。例如,财务数据的采集将更加自动化、实时化,会计人员需要熟悉ERP系统的数据逻辑与操作流程,以确保财务信息的准确性与及时性。同时,业务流程的变革也使得成本核算的对象与方法需要相应调整,原有的一些手工核算环节将被系统自动化处理所取代。

在此关键节点,李明的离职无疑给公司带来了巨大的冲击与挑战。公司必须迅速且妥善地应对这一局面,在李明离职前找到一位具备卓越的领导能力、深厚的专业素养以及对新技术有较强适应能力的合适人选接替其职位,以确保会计工作的连续性不受影响,会计信息的真实性、完整性得以严格保障,进而维持公司财务运作的稳定与高效,为公司的持续发展奠定坚实的财务基础。

【分析要求】

中天公司应如何应对会计部门负责人的离职,确保会计工作平稳过渡,并进一步优化会计工作组织制度以适应公司业务发展与新技术应用的需求。

本章实训

【实训内容】

会计工作组织制度设计与应用

【实训情境】

学生分组模拟成立不同类型的企业(如小型贸易企业、中型服务企业、大型制造企业),并为各自模拟企业设计会计工作组织制度。

【实训任务】

任务一:根据模拟企业的类型、规模和业务特点,确定会计机构的设置形式(独立设置或在其他机构中设置会计岗位),并绘制会计机构组织架构图。

任务二:设计会计人员的岗位分工和职责说明书,明确各岗位所需的能力结构和任职资格。

任务三:制定会计档案管理制度,包括档案的分类、立卷、归档、保管、借阅和销毁等环节的具体规定。

任务四:编写会计工作交接制度,规范交接的范围、程序、内容以及监交要求。

任务五:各小组展示设计成果,并互相评价和提出改进建议。

\<会计工作组织制度设计与应用\>实训报告		
实训班级:	实训小组:	实训组成员:
实训时间: 年 月 日	实训地点:	实训成绩:
实训目的:		
实训步骤:		
实训结果:		
实训感言:		

第三章　会计科目的设计

- 知识目标

　　理解:会计科目设计的意义、原则和步骤;会计科目编号的作用、原则和方法;会计科目使用说明的编写要点。
　　熟知:各类会计科目编号方法的具体规则;会计科目使用说明的具体内容和编写规范。
　　掌握:总分类科目按经济业务分类设计的具体科目设置;明细分类科目设计的要求和常见方法。

- 技能目标

　　具备独立设计企业会计科目体系的能力,并根据实际业务变化适时调整和优化;熟练掌握会计科目使用说明的编写技能,能够灵活运用不同的会计科目编号方法;具备将会计科目知识应用于实际账务处理的能力,能够准确识别各类经济业务所涉及的会计科目,正确编制会计分录,熟练进行记账、算账、报账等会计核算工作,为企业提供高质量的财务信息服务。

- 素质目标

　　培养严谨、细致的工作态度,在会计科目设计和使用过程中注重细节,严格遵循会计准则和法规;提升逻辑思维能力,通过对会计科目体系的构建、编号方法的运用以及使用说明的编写,能够清晰地梳理会计业务的逻辑关系,有条不紊地进行会计核算,提高工作效率和质量;培养自主学习和持续学习的意识,及时学习新的会计科目设计理念和方法,适应不断变化的会计工作环境和企业发展需求。

- 思政目标

　　树立法治观念,在会计科目设计和会计核算过程中严格遵守国家统一的会计制度和相关法律法规,维护会计行业的职业道德和社会公信力;培养诚实守信的品质,如实反映企业的经济业务和财务状况;增强责任感和使命感,认真履行会计职责,为企业的决策提供准确的财务支持,为国家的宏观经济调控提供可靠的数据依据,积极投身于社会主义经济建设事业。

● 课程引例

传统机械制造企业转型中的会计科目困境剖析

一家传统的机械制造企业,原本主要生产大型工业机械设备,其会计科目体系也是基于这种业务模式构建的。近年来,该企业为了适应市场需求,开始涉足工业自动化设备的研发与生产,并且增加了设备定制化服务业务。在这个转型过程中,原有的会计科目暴露出诸多问题。

(1)在研发支出方面,以前企业的研发活动较少且简单,将研发费用笼统地计入"管理费用"科目。但随着自动化设备研发的深入,研发项目增多且复杂,涉及大量的材料试验、软件编程以及技术人员的专项投入,原有的会计科目设置无法准确地对这些研发成本进行分类归集和核算,难以追踪每个研发项目的实际成本和进度,给企业管理层评估研发项目的效益和控制成本带来了很大困难。

(2)在收入确认方面,对于定制化设备服务业务,由于每个客户的定制要求不同,生产周期和交付方式也各异,按照原有的会计科目和收入确认原则,难以确定合适的收入确认时点和金额。企业之前按照设备完工验收时一次性确认收入,但对于一些生产周期较长的定制项目,这种方法不能准确反映企业在各个阶段的经营成果,也不符合新业务模式下的收入确认准则要求,导致财务报表在不同期间的收入波动较大,利润数据不能真实地体现企业的经营状况。

● 引例反思

(1)研发支出核算的困局。在传统机械制造业务模式下,企业研发活动规模有限且相对单一,将研发费用统一纳入管理费用科目进行核算虽能满足当时基本的财务信息需求,但随着向工业自动化设备研发领域的拓展,这种粗放式的核算方式弊端尽显。如今研发项目的增多与复杂性提升,使得材料试验费用、软件编程成本以及技术人员专项投入等各类研发成本需要更精细的分类归集。原有的会计科目设置无法做到对这些成本按项目进行准确划分,导致难以追踪单个研发项目的实际成本消耗与进展情况,这不仅影响了企业对研发项目效益的精准评估,使管理层难以判断哪些项目具有较高的投资回报率,值得进一步投入资源,哪些项目可能需要调整策略或暂停,而且在成本控制方面也失去了有效的数据依据,无法及时发现成本超支或资源浪费的环节,从而给企业的研发战略实施与资源优化配置带来极大阻碍。

(2)收入确认的难题。对于新增的设备定制化服务业务,原有的会计科目体系及收入确认原则难以适应其业务特性。由于不同客户的定制需求差异大,生产周期长短不一且交付方式多样,传统的在设备完工验收时一次性确认收入的方法已不再适用。这种方式忽略了定制项目在生产过程中各个阶段的价值创造与经济利益流入情况,不能准确反映企业在项目执行期间的经营成果。例如,对于一些生产周期较长的定制设备,在生产前期可能已经投入大量资源并完成了关键部件的制造,但按照旧的收入确认原则,此期间无收入体现,导致财务报表在不同期间收入波动异常剧烈,利润数据无法真实呈现企业实际的经营绩效,这既可能误导企业内部管理层对业务盈利能力的判断,使其在决策制定时出现偏差,如误判业务发展趋势而做出不合理的资源分配决策,又会使外部投资者、债权人等利益相关者难以基于准确的财务信息对企业的价值与风险进行评估,进而影响企业的融资能力与市场形象。

第一节 会计科目设计概述

会计科目(Accounting Subjects)是对会计要素具体内容进行分类的项目。设置会计科目是会计核算的一种专门方法,是设置账户、复式记账所必须遵循的规则和依据。

一、会计科目设计的意义

会计工作的任务是通过对会计对象进行全面、连续、系统、客观和真实的反映,为企业内外部的信息使用者提供决策所需要的会计信息。会计对象,即企业在一定时期所发生的经济业务或经济事项。按其所反映的经济内容不同,会计对象可具体划分为资产、负债、所有者权益、收入、费用和利润六大会计要素,但是,要完成会计工作的任务,仅从这六个方面予以反映是远远不够的,因此,还应遵循一定的原则对会计对象进行更加详细、具体的分类,会计科目就是对会计对象具体内容进行分类核算的项目名称。设计会计科目,实质上就是如何对会计要素的具体内容,或者说经济业务的具体内容做出科学的分类,以确定每类经济业务的名称及相互之间的关系,使之形成完整的会计科目体系。

从会计循环的角度讲,会计科目是会计核算的起点,在企业会计制度中起"支柱"作用。因此,会计科目设计是企业会计制度设计的一个最重要的环节,它不仅是会计凭证、会计账簿、财务报表等设计的前提和基础,而且直接关系到整套会计制度设计的质量,进而影响到会计工作的质量。因此,企业在设计会计科目时既要明确规定每一会计科目反映的经济内容及其所属类别,又要具体确定各个会计科目之间的关系。会计科目分类后,要既能够反映资金运动的全部过程和结果,又能够反映会计科目各个组成部分的特殊情况。

做好会计科目设计对保证企业会计制度设计的质量、完成企业会计工作的任务具有以下几方面的意义:

(一)便于为企业内、外部会计信息使用者提供决策所需要的会计信息

会计科目设计,使经济业务发生后引起的各项会计要素的增减变动情况得到了系统的、分类的反映,有利于准确确定并提供与企业相关的各利害关系集团所需要的会计信息。

(二)为建立科学、完善的会计核算方法体系奠定了基础

会计核算方法作为一个完整的体系,除设置会计科目外,还包括复式记账、填制和审核会计凭证、登记账簿、成本计算、财产清查与编制财务报表,其中,会计科目是有效应用其他各种方法的基础和依据。会计科目设计得科学、合理,就能较好地设计会计凭证、会计账簿与财务报表;如果会计科目设计得不够科学、合理,则可能会导致会计记录不清晰、资产负债状况难以掌握、日常核算工作难以进行,以及编制财务报表时遇到困难,最终影响会计核算工作的顺利进行和会计核算的质量,具体包括以下几点:

(1)会计科目的设计,保证了复式记账法的广泛应用。复式记账法的特点就是对发生的每一笔经济业务,都要在该业务所涉及的两个或两个以上的账户中进行全面反映,以完整地记录经济业务的全貌,揭示经济业务的来龙去脉。会计科目的设置,使得每一笔经济业务所涉及的各方面都有相应的会计科目加以反映,是复式记账法得以应用的必备条件。

(2)会计科目的设计,为顺利编制记账凭证提供了依据。全面、连续、系统地反映经济业务是会计核算的任务和特点。会计科目的设计,使得会计人员在取得并审核原始凭证后可以根据原始凭证所涉及的经济内容,确定所使用的会计科目,按照复式记账法的原理编制会计分录或记账凭证。

(3)会计科目的设计,为开设账户、建立账簿提供了依据。账户是按会计科目在账簿中开设的户头。会计科目与账户之间的关系是:会计科目是账户的名称,而账户是会计科目所反映的经济内容的动态反映。因此,如果没有会计科目,账户和账簿也就无从谈起。会计科目体系的设计是账户体系和账簿体系设置的基础与依据。

(4)会计科目的设计,有利于成本计算的准确性和财产清查工作的顺利进行。成本计算必须在国家规定的成本计算方法下严格按照成本开支范围及成本项目计算所生产产品的生产成本;财产

清查的目的就是要做到财产物资的实存数与账存数相符，它们都必须借助于账簿记录方能进行，而账簿则是根据会计科目设置的。

(5)会计科目的设计，为编制财务报表奠定了基础。财务报表是对信息使用者提供会计信息的书面报告，企业在一定会计期间的经营成果和特定日期的财务状况等会计信息必须通过财务报表这一会计载体予以报告。通过对会计科目的设计，就可以得到财务报表所需要的反映企业财务状况和经营成果的会计信息。事实上，构成财务报表的诸项目的名称均来源于会计科目，并且绝大多数报表项目的名称与会计科目是一致的，报表项目的金额也来源于有关账户的期末余额或当期发生额。

(三)有利于会计工作的合理分工和顺利开展

严密、完善的会计科目体系，为财会部门的内部分工提供了方便，便于企业准确划分核算组，并正确确定各组的工作任务，科学、合理地组织会计工作，规范会计行为，使会计工作有序地进行。

(四)适应新兴技术环境下新业务模式的需求

随着科技的飞速发展，如区块链、人工智能、大数据等新兴技术的广泛应用，企业的业务模式发生了深刻变革，出现了一些前所未有的经济业务形态，这对会计科目设计提出了新的挑战和机遇。以数字资产为例，加密货币、数字版权等数字资产的出现，使得企业资产的构成更加多元化。目前，对于这些数字资产的会计处理尚未形成统一的标准，但从会计信息的完整性和准确性角度出发，确有必要设置专门的会计科目来核算其取得、持有和处置过程。再看与大数据相关的无形资产，如企业积累的数据资源，在当今数据驱动的商业环境下，其价值日益凸显，但如何在会计科目体系中准确体现其价值确认、摊销等问题仍处于探索阶段。

二、会计科目设计的原则

会计科目是对会计核算的具体内容进行分类核算的项目。所谓会计核算的具体内容，也就是企业所发生的经济业务，从资金运动的角度讲，即企业再生产过程中的资金运动，而企业的资金运动是有一定规律的，会计科目的设计自然应有一定的规律可循。从会计核算方法体系角度讲，会计科目是会计核算的基础和前提，是会计核算方法体系的重要组成部分，因此，设计会计科目必须符合会计核算内容本身的特点，遵循会计核算方法本身的规律。此外，由于我国实行的是"统一领导，分级管理"的会计管理体制，财政部对企业会计科目的设置有比较严格的规定，因此，设计会计科目还应与我国现行会计法规特别是企业会计准则相适应。具体来讲，设计会计科目应遵循以下几项原则：

(一)合法性原则

会计科目设计必须符合国家统一的会计制度和相关法律法规的要求，这是因为会计信息的一致性和规范性对于经济秩序的稳定以及企业间的公平竞争至关重要。例如，在我国，企业会计准则规定了资产、负债、所有者权益、收入、费用、利润等会计要素的定义、确认条件和计量方法，会计科目设计要严格遵循这些规定。如对于金融资产的分类核算，企业必须按照准则规定分为交易性金融资产、债权投资、其他债权投资、其他权益工具投资等科目，不能随意自创科目名称或改变科目核算内容来误导信息使用者。

(二)全面性原则

会计科目体系应能够全面、系统地反映企业的全部经济业务。企业的经济活动多种多样，包括采购、生产、销售、投资、筹资等各个环节。会计科目设计要涵盖所有这些业务活动，确保没有遗漏，例如，不仅要有反映企业日常生产经营活动的科目，如"原材料""生产成本""主营业务收入"等，而且要有体现企业对外投资活动的科目，如"长期股权投资""交易性金融资产"等，以及记录筹资活动的科目,如"短期借款""长期借款""实收资本"等,使企业的资金运动全过程都能在会计科目体系中得到体现。

(三)相关性原则

会计科目设计要满足企业内外部信息使用者的需求。对于内部使用者,如企业管理层,会计科目提供的信息要有助于他们进行经营决策、成本控制、绩效评估等,例如,设置详细的成本科目,像"直接材料成本""直接人工成本""制造费用——设备折旧"等,能够帮助管理者分析产品成本结构,制定合理的定价策略;对于外部使用者,如投资者和债权人,会计科目应能提供有关企业财务状况、经营成果和现金流量的信息,以便他们评估企业的偿债能力、盈利能力和发展潜力。比如,"资产负债率""净资产收益率"等财务指标的计算都依赖于合理设计的会计科目所提供的数据。

(四)实用性原则

会计科目设计要符合企业自身的特点和实际经营管理的需要。不同行业、不同规模的企业,其业务特点和管理要求各不相同。例如,制造业企业需要设计较多的成本核算科目,因为其生产过程复杂,成本构成多样;而服务业企业则可能更侧重于服务收入和服务成本相关科目的设计。同时,会计科目应具有可操作性,在实际工作中便于会计人员理解、记录和使用。科目名称要简洁明了,核算内容要明确具体。企业应避免过于复杂或模糊的科目设计,以免增加会计人员的工作难度和出错概率。

(五)稳定性原则

会计科目一经确定,应在一定时期内保持相对稳定,这是因为频繁变动会计科目会给会计工作带来诸多不便。一方面,会计人员需要花费时间和精力去学习和适应新的科目体系,否则可能会导致会计记录的混乱和错误;另一方面,对于企业内外部信息使用者来说,稳定的会计科目有助于他们进行历史数据的对比和分析。例如,如果企业频繁改变收入科目或成本科目,投资者则将难以准确评估企业的经营业绩是否持续增长或成本是否得到有效控制。当然,在企业经营业务发生重大变化或会计准则有新的要求时,会计科目可以进行适当的调整,但这种调整应该是谨慎的、有计划的。

(六)明晰性原则

会计科目设计要使每一个科目所代表的经济内容明确清晰,便于理解和使用。科目名称应准确反映其核算的经济业务内容,避免产生歧义。例如,"应收账款"科目明确是企业因销售商品或提供劳务等经营活动,应向购货单位或接受劳务单位收取的款项;"应付职工薪酬"科目清晰地表示企业根据有关规定应付给职工的各种薪酬。同时,会计科目之间的界限也要分明,避免核算内容交叉和重复,例如,不能将应计入"管理费用"的行政人员工资错误地计入"生产成本"科目,否则会导致成本核算不准确和财务报表数据失真。

三、会计科目设计的步骤

设计会计科目的实质是对企业会计核算内容进行总括分类和具体分类,是在国家财经法规和会计法规指导下对每一会计科目的核算内容、经济用途、使用方法及编号等所做的规定。因此,会计科目设计的步骤为:

(一)明确与会计科目设计直接相关的会计法规制度

在我国现行会计法规体系中,《企业会计准则》《小企业会计准则》等是与会计科目设计直接相关的会计法规。各企业单位在设计会计科目时应根据自身经济业务类别,选择并确定适合本单位使用的会计科目,以确保会计处理的合法性和规范性。

(二)全面了解本单位的经济业务内容

会计科目所反映的内容应与企业现有经济业务和潜在经济业务内容保持一致。因此,在设计会计科目之前,企业必须详细调查情况,全面了解企业的经济业务。只有了解了企业的经济业务,才能设计出与业务一一对应的会计科目,确保会计科目既不过剩也不缺少,从而满足会计核算的需求。

(三)对经济业务进行科学分类,确定会计科目的名称

企业在全面了解经济业务的基础上应按照经济管理和会计核算的要求,对经济业务进行科学、合理的分类。分类的方法有多种,如按资金运动的过程分类,或按经济业务的性质分类,但无论采用哪种分类标准,都应有利于确定会计科目的数量和名称,确保会计科目能够准确反映企业的经济活动。

(四)为会计科目编号,建立会计科目体系

为会计科目编号实际上是为会计科目设计代码,这有助于使用者更好地掌握和运用会计科目。同时,编号体系也有助于登记账簿、查阅账目和建立会计信息系统,因此,设计会计科目时,不仅应确定会计科目的名称,还应为每一会计科目设计代码,以形成完整的会计科目体系。

(五)编写会计科目的使用说明

使用说明应对每一会计科目的核算内容、经济用途、使用方法、主要会计事项的处理方法及特殊事项的会计处理等进行文字性介绍。编写高质量的会计科目使用说明,有助于会计人员正确理解、使用会计科目,从而提高会计核算的准确性和效率。

【注意】会计科目使用说明的编写质量,是会计科目设计乃至整个会计制度设计成功与否的标志。

(六)列示主要会计事项的账务处理办法

为便于会计人员在较短的时间内正确掌握和运用本单位所设置的各会计科目,在上述设计工作完成以后,企业还应对本单位可能发生的各项经济业务编制会计分录。这些会计分录可以作为会计科目使用说明的附录,为会计人员提供如何正确应用会计科目的示范。通过这一步骤,可以进一步确保会计科目的实用性和准确性。

第二节 会计科目编号的设计

一、会计科目编号的作用

会计科目编号就是对全部会计科目按其反映的经济内容及其在会计科目体系中的地位,分别确定一个号码,作为科目的代号。会计科目编号设计的目的在于开展会计核算。

(一)便于记忆和识别会计科目

企业的会计科目数量众多,尤其是大型企业和业务复杂的企业,可能会有几十甚至上百个会计科目。通过对会计科目进行编号,可以将每个科目赋予一个唯一的代码,这种代码通常比科目名称更简洁。例如,"库存现金"科目编号为"1001","银行存款"科目编号为"1002",这些编号简单易记,方便会计人员在日常工作中快速识别和使用会计科目,减少记忆负担,提高工作效率。

(二)便于登记账簿和查阅账目

在手工记账时代,会计人员需要将大量的经济业务记录到账簿中。有了会计科目编号,在登记账簿时可以直接填写科目编号,不仅书写速度更快,而且可以使账簿记录更加规范、整齐,同时,在

查阅账目时,通过科目编号能够快速定位到所需的会计科目及其相关记录。例如,在一本包含众多明细科目的账簿中,通过编号可以迅速找到特定账户,如在应收账款的明细账簿中,通过科目编号可以快速找到某个特定客户的应收账款记录,方便进行账龄分析、对账等操作。

(三)便于会计电算化和会计信息系统的应用

在现代会计工作中,会计电算化已经成为主流。会计科目编号是会计信息系统中对会计科目进行数据处理和存储的重要标识。计算机系统通过科目编号来识别、分类和汇总会计数据,能够更加高效地完成记账、算账、报账等一系列会计核算工作。例如,在财务软件中,当会计人员输入一笔经济业务的会计分录时,系统会根据科目编号自动将数据分配到相应的账户中,并进行后续的计算和处理。同时,科目编号也便于不同企业之间的会计数据交换和共享,因为统一的编号规则使得会计信息在不同的信息系统之间具有更好的兼容性。

(四)体现会计科目之间的逻辑关系

合理的会计科目编号设计可以体现出科目之间的类别关系和层次关系。一般来说,会计科目编号的前几位数字可以代表科目所属的大类,如资产类科目编号通常以"1"开头,负债类科目编号以"2"开头等。这种编号方式可以清晰地反映出会计科目在会计要素分类中的位置,帮助会计人员更好地理解会计科目体系的结构,把握不同科目之间的内在联系。例如,通过观察科目编号,会计人员可以直观地了解到"1403 原材料"属于资产类科目,并且与其他资产类科目(如"1405 库存商品")在资产的流转过程中存在一定的逻辑关系,有助于对企业的资金运动进行系统的分析。

(五)适应企业业务发展和会计科目体系的扩充或调整

随着企业业务的不断发展和变化,会计科目体系可能需要进行扩充或调整。会计科目编号可以为这种变化提供便利。例如,如果企业新开展了一项业务,需要增加新的会计科目,则可以在现有的编号体系中预留的编号区间内进行添加,或者按照一定的编号规则进行扩展,而不会对原有的会计科目编号和会计核算秩序造成太大的混乱。这种灵活性使得会计科目体系能够更好地适应企业的动态发展需求。

【注意】会计科目的代号一经确定,不得随意变更。

二、会计科目编号的原则

(一)系统性原则

会计科目编号应构建一个完整、有序的系统。这意味着编号要能够涵盖企业所有的会计科目,从资产、负债、所有者权益等基本会计要素对应的一级科目,到对这些一级科目进行详细划分的各级明细科目。例如,资产类科目编号应形成一个有机的整体,像以"1"开头的编号系列,其中固定资产、存货等不同资产类别有各自的编号区间,并且明细科目编号也应在所属的一级科目编号体系下合理分布,从而使整个会计科目编号系统能够全面、系统地反映企业的财务信息结构。同时,编号系统内部的各个部分之间应该相互关联、逻辑清晰。例如,在成本核算科目体系中,生产成本的各个明细科目(如直接材料、直接人工、制造费用等)编号应该能够体现它们与生产成本这个一级科目的隶属关系,以及它们之间在成本构成方面的逻辑顺序,这样可以方便会计人员从整体上把握会计科目之间的关系。

(二)唯一性原则

每一个会计科目都必须有一个独一无二的编号,不能出现两个或多个会计科目共用一个编号的情况,这是为了确保会计科目在会计核算过程中的准确性和唯一性。例如,在企业的会计科目表中,"库存现金"科目编号为"1001",那么这个编号就不能再分配给其他任何会计科目。如果违反唯一性原则,在会计信息处理过程中,如记账、编制财务报表等环节,就会导致数据混乱,无法准确区分不同的会计科目及其对应的经济业务内容。

(三)简明性原则

会计科目编号应简洁明了,便于记忆和使用。编号不宜过长或过于复杂,否则会增加会计人员的记忆负担和操作难度。例如,采用简单的数字组合作为编号,像"1001""1002"等,这样的编号形式简单易懂,容易被会计人员接受和使用。同时,简明的编号也有利于提高会计工作效率,特别是在手工记账或快速录入会计数据的过程中,能够减少错误的发生,并且方便会计人员快速识别和记录会计科目。

(四)稳定性原则

会计科目编号一旦确定,应在一定时期内保持相对稳定,因为会计科目编号涉及会计核算的各个环节,包括账簿记录、财务报表编制、会计信息系统的数据处理等。如果频繁地更改会计科目编号,则会给会计工作带来诸多不便。例如,会计人员需要重新学习和适应新的编号体系,以往的会计记录和财务数据可能会因为编号的改变而难以查询和对比,并且可能会导致会计信息系统数据错误或不兼容的情况。当然,在企业业务发生重大变化或会计准则要求必须调整会计科目编号时,可以进行适当的改变,但这种改变应该是经过慎重考虑和规划的。

(五)扩展性原则

会计科目编号体系应具有一定的扩展性,以适应企业未来业务发展和会计科目体系扩充的需要。由于企业的经营活动是不断变化的,可能会出现新的经济业务,因此企业需要增加新的会计科目。例如,随着企业开拓新的市场或进入新的行业领域,可能会涉及新的资产类型、收入来源或成本项目。此时,会计科目编号体系应该能够在不破坏原有编号逻辑和结构的基础上方便添加新的科目编号,比如,可以在现有编号区间内预留一定的编号空位,或者采用一种可以灵活扩展的编号规则,如采用分级编号方式,当需要增加新的明细科目时,可以在相应的一级科目编号下按照一定的规则添加新的明细科目编号。

三、会计科目编号的方法

会计科目的编号方法一般以总账科目的编号方法为代表,明细科目的编号方法借鉴总账科目的编号方法进行。在我国,总账科目的编号方法及属于特殊要求的明细科目的编号由国家统一规定。从理论上讲,会计科目的编号方法很多,有数字顺序编号法、数字分组编号法、十进制编号法、数字定位编号法等。

【提示】我国目前实践中常用的编号方法主要是数字顺序编号法和数字分组编号法。

(一)数字顺序编号法

数字顺序编号法是一种按照会计科目表中科目出现的先后顺序,用自然数依次编号的方法。例如,从"1"开始,依次为"2""3"等,每个号码对应一个会计科目。明细科目编号一般采用数字顺序编号法,通常是在总账科目编号的基础上进行扩展,即在总账科目编号后添加数字序号来区分不同的明细科目。以"应收账款"科目为例,如果"应收账款"总账科目编号是"1122",那么对于不同的客户可以分别设置明细科目,编号可能为"112201""112202"等,以此类推。这种编号方式简单明了,能够很好地与总账科目编号相衔接,便于会计人员对明细科目进行管理和核算。

优点:编号简单明了,会计人员很容易掌握。在会计科目数量相对较少且不太可能频繁变动的情况下,使用这种方法可以快速地为科目编号。同时,它能保证每个科目都有唯一的编号,符合编号的唯一性原则。

缺点：它没有体现会计科目之间的类别关系和层次关系。例如，从编号上无法直观地区分资产类科目和负债类科目，不利于对会计科目体系进行系统性的理解和分析，而且当会计科目体系需要扩充或调整时会打乱原有的编号顺序，需要对后续的编号进行重新梳理，缺乏灵活性和扩展性。

（二）数字分组编号法

数字分组编号法是将会计科目按照一定的类别进行分组，然后为每组分配一个数字区间，在每个区间内再对科目进行编号，例如，资产类科目编号可能从1001至1999，负债类科目编号从2001至2999等。每个区间，又可以根据科目性质进一步细分编号。我国对于总账科目主要采用数字分组编号法。这种方法是将会计科目按照资产类、负债类、共同类、所有者权益类、成本类、损益类等类别进行分组编号。这样的编号方式能够清晰地体现出会计科目所属的类别，方便会计人员在记账、编制财务报表等工作中快速识别科目类别，有助于提高会计工作的效率和准确性。

优点：能够清晰地体现会计科目之间的类别关系。通过编号的开头数字，很容易判断科目所属的大类，如看到"1"开头的编号就知道是资产类科目，有助于会计人员理解科目体系的结构。这种方法也具有一定的扩展性，当需要增加新的科目时，可以在相应的类别区间内进行编号，不会对其他类别科目的编号造成太大影响。

缺点：编号可能会相对复杂一些，尤其是在每个类别区间内科目较多且需要进一步细分时，编号可能会变得冗长。而且，如果分组不合理或者企业业务发生重大变化，则可能需要重新调整分组和编号规则，对会计工作的稳定性会产生一定的干扰。

我国所使用的分组编号方法主要有三位数分组编号法和四位数分组编号法两种。以2001年为界，2001年前分行业会计制度采用的编号方法是三位数分组法，2001起企业会计制度规定使用的分组法是四位数分组法，其具体内容参见表3-1会计科目表。

表3-1　　　　　　　　　　　　　　　会计科目表

序号	编号	会计科目名称	序号	编号	会计科目名称
		一、资产类	65	1901	待处理财产损溢
1	1001	库存现金			二、负债类
2	1002	银行存款	66	2001	短期借款
3	1012	其他货币资金	67	2201	应付票据
4	1101	交易性金融资产	68	2202	应付账款
5	1121	应收票据	69	2203	预收账款
6	1122	应收账款	70	2204	合同负债
7	1123	预付账款	71	2211	应付职工薪酬
8	1131	应收股利	72	2221	应交税费
9	1132	应收利息	73	2231	应付利息
10	1221	其他应收款	74	2232	应付股利
11	1231	坏账准备	75	2241	其他应付款
12	1321	受托代销商品	76	2245	持有待售负债
13	1401	材料采购	77	2314	受托代销商品款
14	1402	在途物资	78	2401	递延收益

续表

序号	编号	会计科目名称	序号	编号	会计科目名称
15	1403	原材料	79	2501	长期借款
16	1404	材料成本差异	80	2502	应付债券
17	1405	库存商品	81	2701	长期应付款
18	1406	发出商品	82	2702	未确认融资费用
19	1407	商品进销差价	83	2703	租赁负债
20	1408	委托加工物资	84	2711	专项应付款
21	1411	周转材料	85	2801	预计负债
22	1421	消耗性生物资产	86	2901	递延所得税负债
23	1471	存货跌价准备			三、共同类
24	1473	合同资产	87	3101	衍生工具
25	1474	合同资产减值准备	88	3201	套期工具
26	1475	合同履约成本	89	3202	被套期项目
27	1476	合同履约成本减值准备			四、所有者权益类
28	1477	合同取得成本	90	4001	实收资本（或股本）
29	1478	合同取得成本减值准备	91	4002	资本公积
30	1481	持有待售资产	92	4003	其他综合收益
31	1482	持有待售资产减值准备	93	4101	盈余公积
32	1485	应收退货成本	94	4102	一般风险准备
33	1501	债权投资	95	4103	本年利润
34	1502	债权投资减值准备	96	4104	利润分配
35	1503	其他债权投资	97	4201	库存股
36	1504	其他权益工具投资	98	4401	其他权益工具
37	1511	长期股权投资			五、成本类
38	1512	长期股权投资减值准备	99	5001	生产成本
39	1521	投资性房地产	100	5101	制造费用
40	1522	投资性房地产累计折旧	101	5201	劳务成本
41	1528	投资性房地产减值准备	102	5301	研发支出
42	1531	长期应收款	103	5401	工程施工
43	1532	未实现融资收益	104	5402	工程结算
44	1601	固定资产	105	5403	机械作业
45	1602	累计折旧			六、损益类
46	1603	固定资产减值准备	106	6001	主营业务收入
47	1604	在建工程	107	6051	其他业务收入

续表

序号	编号	会计科目名称	序号	编号	会计科目名称
48	1605	工程物资	108	6101	公允价值变动损益
49	1606	固定资产清理	109	6111	投资收益
50	1612	未担保余值	110	6113	套期损益
51	1613	未担保余值减值准备	111	6115	资产处置损益
52	1621	生物性生物资产	112	6117	其他收益
53	1622	生物性生物资产累计折旧	113	6301	营业外收入
54	1623	公益性生物资产	114	6401	主营业务成本
55	1631	油气资产	115	6402	其他业务成本
56	1632	累计折耗	116	6403	税金及附加
57	1701	无形资产	117	6601	销售费用
58	1702	累计摊销	118	6602	管理费用
59	1703	无形资产减值准备	119	6603	财务费用
60	1704	使用权资产	120	6701	资产减值损失
61	1711	商誉	121	6702	信用减值损失
62	1712	商誉减值准备	122	6711	营业外支出
63	1801	长期待摊费用	123	6801	所得税费用
64	1811	递延所得税资产	124	6901	以前年度损益调整

四位数字的具体分组如下：

(1)首位数字。首位数字为第一组,表示会计科目的大类,是对全部总账科目按其所反映的经济内容将全部总账科目分为6组,该组只需要一个数字,所选数字从"1"开始,依次为："1"代表资产类；"2"代表负债类；"3"代表共同类；"4"代表所有者权益类；"5"代表成本类；"6"代表损益类。

(2)第二位数字。第二位数字为第二组,表示会计科目的小类,是对某类会计科目按其所反映的经济内容所做的进一步分组,该组同第一组一样也只需一位数字。在六类总账科目中,资产类、负债类、损益类科目各分为十小类,其他三类科目的分类数量都在十小类以下。为保证编号数字不超过四位,并遵从规律性原则,六类总账科目编号中的第二位数字都从"0"开始,依次增加,最大数字为"9",如资产类科目编号中前两位数字"10"表示资产中的货币资金；"11"表示资产中的对外交易性投资及短期债权；"14"表示存货；"15"表示长期投资及长期债权；"16"表示固定资产；"17"表示无形资产；"18"表示递延资产；"19"表示待处理财产损溢。

(3)第三位数字。第三位数字为第三组,表示会计科目在小类基础上进一步的类别划分,可以称其为小小类,该组同前两组一样,也只需一位数字。虽然各类总账科目所划分的小小类数量不同,但它们的数字选用是一样的,即都是从"0"开始,依次升高至最后一小小类,如"100"表示基本货币资金；"110"表示交易性投资；"112"表示经营性应收短期债权；"113"表示投资性债权；等等。

(4)第四位数字。第四位数字代表第四组,表示会计科目在所属小小类中按某一种排列标准进行排序时所处的位置。各小小类科目虽然包含的科目数量不同,但都在10个以下,因此,只需一位数字,从"1"开始,依据科目编号原则进行编排。如"1001"代表"库存现金"科目；"1002"代表"银行存款"科目;"1101"代表"交易性金融资产"科目;"1121"代表"应收票据"科目;"1131"代表"应收股利"科目;"2001"代表"短期借款"科目;"4001"代表"实收资本(或股本)"科目;"5001"代表"生产成本"科目;"6001"代表"主营业务收入"科目;等等。

以上是对总分类科目编号方法的介绍。会计科目的编号除涉及总账科目编号外,还应对明细科目进行编号。我国现行制度除对总分类科目编号方法予以规定外,还对属于特殊要求的明细科目的编号方法予以规定。我国所规定的明细科目的编号方法是数字顺序法,非特殊要求,明细科目的编号方法可依照特殊要求明细科目编号方法执行。由于各总分类科目所属明细科目的数量不同,很可能有些总分类科目包含的明细科目的数量超过10个,因此,编号是从01开始,依次递升,不必预留空号。在采用编号书写会计科目时,总分类科目编号与明细分类科目编号可以像文字书写一样,中间由"—"符号分开,如"2221—01—01"代表"应交税费——应交增值税(进项税额)";也可以连续书写,我国现行会计制度中采用的是后一种方法,如"22210101"代表"应交税费——应交增值税(进项税额)"科目。

【学中做3—1】 新制造企业的会计起步:会计科目编号及账务处理实战

你是一家新成立的小型制造企业的会计人员,公司刚开始建立会计账目体系,需要运用我国现行的会计科目编号方法对各项经济业务涉及的会计科目进行编号和记录,以此来熟悉会计科目的编号规则和应用。

业务场景(1):资产类科目相关业务:(1)公司收到股东投入的现金50 000元,存入银行。(2)从银行借入一笔期限为6个月的借款20 000元,款项已到账。(3)购买生产设备一台,价值30 000元,以银行存款支付。

业务场景(2):负债类科目相关业务:(1)向供应商采购原材料一批,价款15 000元,尚未支付,约定30天内付款。(2)计提本月应支付给员工的工资8 000元。

业务场景(3):成本类科目相关业务:(1)车间领用原材料用于生产产品,原材料成本为10 000元。(2)结算本月车间水电费2 000元,计入生产成本。

业务场景(4):损益类科目相关业务:(1)销售产品一批,取得收入25 000元,款项已存入银行。(2)支付本月办公场地租金3 000元。

请分析:

问题(1):对于收到股东投入现金并存入银行这一业务,涉及的会计科目"库存现金"和"银行存款"的编号分别是多少? 应如何进行账务处理和编号记录?

问题(2):采购原材料尚未支付货款,涉及的会计科目"应付账款"的编号是多少? 账务处理和编号怎么写?

问题(3):车间领用原材料用于生产产品,涉及的成本类科目"生产成本"和"原材料"的编号及账务处理如何?

问题(4):销售产品取得收入这一业务,涉及的损益类科目"主营业务收入"编号及账务处理如何?

(三)十进制编号法

十进制编号法采用十进制数字体系来对会计科目进行编号。它将会计科目分为不同的级次,每一级次用一定位数的数字表示,例如,一级科目用四位数字表示,二级科目在一级科目编号的基础上增加两位数字,三级科目再增加两位数字等,这样可以清晰地体现科目之间的层次关系。

优点:能够很好地体现会计科目之间的层次关系,方便对会计科目进行分级管理和核算。例如,对于一个大型企业的成本核算科目体系,可以通过十进制编号准确地反映出成本项目从一级科目(如生产成本)到二级明细科目(如直接材料、直接人工等)再到三级更详细的科目(如某种原材料的具体型号)的层次结构。同时,它也具有较强的扩展性,当需要增加新的明细科目时,可以按照既定的规则在相应的级次上添加编号。

缺点:编号的规则相对复杂,需要会计人员花费一定的时间来学习和理解。而且,如果企业的业务过于复杂、科目层次过多,编号则可能会变得很长,在实际操作中可能会增加出错的概率,同时也会给会计信息系统的数据处理和存储带来一定的压力。

(四)数字定位编号法

数字定位编号法是一种较为科学和系统的会计科目编号方法。它通过对会计科目按照不同的层次和属性进行数字编码,每个数字都有其特定的定位和含义,以此来确定会计科目的类别、小类、明细类以及在所属类别中的顺序等信息。就像一个坐标系统一样,通过不同位置的数字来精准定位会计科目在整个科目体系中的位置。数字定位编号法的编号结构层次为:

(1)类别划分。会计科目的大类别通常会用前面的数字来表示,比如资产类、负债类等。这和其他编号方法类似,能够快速区分科目所属的基本经济内容范畴。例如,可能规定资产类科目编号以"1"开头,负债类以"2"开头,这样可以使会计人员在看到编号的开头数字时就能对科目所属的大致类别有一个初步判断。

(2)小类与明细类划分。在类别数字之后,进一步划分小类和明细类会使用后续的数字。这些数字的组合可以体现出科目在所属类别中的具体属性和细分内容。例如,在资产类科目中,可能用"14"表示存货这一小类,然后再通过更后面的数字来区分存货中的原材料、在产品、产成品等明细类别。

(3)顺序排列。数字用于表示会计科目在所属明细类中的排列顺序。这样,即使是同一明细类下的多个科目,也能通过编号的最后部分来确定它们的先后顺序。例如,在原材料明细类中,不同种类的原材料科目可以按照一定的规则(如购入频率、重要性等)进行编号排序。

优点:①系统性强。数字定位编号法能够很好地体现会计科目之间的层次关系和逻辑结构。从大类到小类,再到明细类以及科目顺序,编号的每一部分都承载了特定的信息,使整个会计科目体系形成一个有机的整体。这种系统性有助于会计人员更好地理解和把握会计科目之间的内在联系,方便进行会计核算和财务分析。②定位精准。由于每个数字都有明确的定位和含义,所以在查找和使用会计科目时可以非常精准地定位到所需的科目。无论是编制记账凭证、登记账簿还是编制财务报表,会计人员都能够根据编号快速找到对应的会计科目,这样可以提高会计工作的效率和准确性。③便于扩展和调整。在企业业务发展或会计制度变更需要增加新的会计科目或调整科目体系时,数字定位编号法具有一定的灵活性。只要遵循既定的编号规则,就可以在合适的位置插入新的科目编号,或者对已有科目的编号进行适当的修改,而不会对整个会计科目体系造成太大的混乱。

缺点:①编号规则复杂。这种方法的编号规则相对复杂,需要会计人员花费较多的时间来学习和理解,尤其是对于新入职的会计人员或者不熟悉该编号方法的人员来说,掌握起来可能会有一定的难度。②记忆难度较大。由于编号包含了多个层次的信息,数字组合相对复杂,这使得会计人员在记忆科目编号时会比较困难。与简单的数字顺序编号法或数字分组编号法相比,数字定位编号法对会计人员的记忆力要求更高。③容易出现编号错误。在实际操作过程中,由于编号的复杂性,会计人员在编制会计分录、登记账簿等环节可能会因为疏忽而出现编号错误。一旦编号错误,可能会导致会计信息的记录和处理出现偏差,影响财务数据的准确性。

四、会计科目使用说明设计

(一)会计科目使用说明要点

企业结合其经济业务,按照会计科目所反映的经济业务的内容或账户的用途和结构设置会计科目,并按照国家规定的方法对科目予以编号后,并没有完成会计科目设计的任务,因为从会计科目的名称看,虽然能概括说明所反映的经济内容,但很难准确表明它的核算范围、使用方法等。例如,"长期待摊费用"科目,是用来反映企业所发生的支付在先,而受益负担在后,且受益负担期在1年以上的各项费用的实际支付、分摊和摊余情况的科目,但在本单位长期待摊费用的项目有哪些、如何进行账务处理、分摊期有多长、由谁负担等,从科目名称上是看不出来的。因此,为便于会计人员正确理解和规范使用会计科目,企业还必须依据一定的规律编写会计科目的使用说明,将每一会计科目的核算内容和所反映的业务范围、核算方法、所使用的计价方法、所涉及的对应科目、所开设的明细科目和明细科目的核算要求以及特殊事项会计处理等内容予以说明与陈述。

(1)会计科目的核算内容和范围。会计科目的核算内容和范围,是每一会计科目区别于其他会计科目的主要标志。每一会计科目核算什么经济业务、包括的业务范围有哪些,使用说明中必须首先明确规定。例如,"长期待摊费用"科目的使用说明首先应说明该科目核算的内容是企业已经发生,但应在本期和以后各期分别负担的、分摊期限在1年以上的各项费用,其范围包括固定资产改良支出等;又如,"应收账款"科目的使用说明首先应说明该科目的核算内容和范围是企业因销售商品、提供劳务等,应向购买单位或接受劳务单位收取的款项。

(2)会计科目的核算方法。会计科目的核算方法,是指针对会计事项,如何运用记账方法进行账务处理。在使用说明中应当说明财产物资的计价方法、会计科目借贷方各登记什么内容、期末有无余额以及余额的含义等。例如,"长期待摊费用"科目,应说明对于预付待摊费用项目,当实际支出时,应按实际支出数记入该科目借方;分摊时,借记"管理费用""制造费用"等科目,贷记本科目。又如"原材料"科目,应首先说明材料的计价方法是实际成本法还是计划成本法,然后结合其核算内容和范围说明其他内容,如采用计划成本计价购入材料时应作如下说明:企业购入并已验收入库的原材料,按计划成本借记本科目,贷记"材料采购"科目;同时,结转材料成本差异,实际成本大于计划成本的差异,借记"材料成本差异"科目,贷记"材料采购"科目,实际成本小于计划成本的差异,做相反的会计分录。

(3)特殊会计事项账务处理说明。特殊会计事项是指在会计科目正常核算范围之外所发生的业务事项,如资产清查和物资运输途中发生的短缺或溢余、自然灾害造成的资产损失等。例如,"库存现金"科目,在每日终了结算现金收支或财产清查中发生的有待查明原因的短缺或溢余,应通过"待处理财产损溢"科目核算;属于现金短缺的,应按实际短缺的金额,贷记本科目,借记"待处理财产损溢——待处理流动资产损溢"科目;属于现金溢余的,按实际溢余的金额,借记本科目,贷记"待处理财产损溢——待处理流动资产损溢"科目。

(4)明细科目的设置方法。会计科目使用说明,要求说明各会计科目应当设置的明细科目名称或指出明细科目的设置方法。例如,"生产成本"科目,首先应当设置"基本生产成本"和"辅助生产成本"两个明细科目,其次应按成本计算对象进行明细核算;又如,"固定资产"科目在使用说明中应当说明该科目按固定资产的类别设置二级明细科目,并按固定资产的类别、使用部门和每项固定资产设置"固定资产登记簿"与"固定资产卡片"进行明细核算。

(5)期末余额及其含义。这部分内容主要说明会计科目期末是否有余额,如有余额,其方向及经济含义是什么。例如,"原材料"科目,应说明本科目期末余额在借方,反映企业期末库存原材料的实际成本或计划成本;又如,"固定资产"科目,应说明本科目期末余额在借方,反映企业期末固定资产的账面原价。

(二)会计科目使用说明举例

由于企业设置的会计科目较多,限于篇幅,仅以"库存现金"(1001)科目为例予以说明。

(1)本科目核算企业的库存现金。企业内部周转使用的"备用金",在"其他应收款"科目核算,或单独设置"备用金"科目核算,不在本科目核算(核算内容及业务范围)。

(2)企业从银行提取现金,根据支票存根所记载的提取金额,借记本科目,贷记"银行存款"科目;将现金存入银行,根据银行退回的进账单第一联,借记"银行存款"科目,贷记本科目。

企业因支付内部职工出差等所需的现金,按支出凭证所记载的金额,借记"其他应收款"科目,贷记本科目;收到出差人员交回的差旅费剩余款并结算时,按实际收回的金额,借记本科目,按应报销的金额,借记"管理费用"科目,按实际借出的现金,贷记"其他应收款"科目。

企业因其他原因收到现金,借记本科目,贷记有关科目;支出现金,贷记本科目,借记有关科目(核算方法)。

(3)企业应当设置"库存现金日记账",由出纳人员根据收付款凭证,按照业务发生顺序逐笔登记,每日终了,应当计算当日的现金收入合计数、现金支出合计数和结余数,并将结余数与实际库存数核对,做到账款相符。

有外币业务的企业,应当分别人民币和各种外币设置"库存现金日记账"进行明细核算(明细账的设置和登记要求)。

(4)每日终了结算现金收支、财产清查等发现的有待查明原因的现金溢余或短缺,应通过"待处理财产损溢"科目核算;属于现金短缺的,应按实际短缺的金额,借记"待处理财产损溢——待处理流动资产损溢"科目,贷记本科目;属于现金溢余的,应按实际溢余的金额,借记本科目,贷记"待处理财产损溢——待处理流动资产损溢"科目。待查明原因后再作如下处理:

①如为现金短缺,属于应由责任人赔偿的部分,借记"其他应收款——应收现金短缺(某人)"或"库存现金"等科目,贷记"待处理财产损溢——待处理流动资产损溢"科目;属于应由保险公司赔偿的部分,借记"其他应收款——应收保险公司款"科目,贷记"待处理财产损溢——待处理流动资产损溢"科目;属于无法查明的其他原因,根据管理权限,经批准后处理,借记"管理费用——现金短缺"科目,贷记"待处理财产损溢——待处理流动资产损溢"科目。

②如为现金溢余,属于应支付给有关单位或个人的,应借记"待处理财产损溢——待处理流动资产损溢"科目,贷记"其他应付款——应付现金溢余(个人或单位)"科目;属于无法查明原因的现金溢余,经批准后,借记"待处理财产损溢——待处理流动资产损溢"科目,贷记"营业外收入——现金溢余"科目(特殊事项会计处理)。

(5)本科目期末余额在借方,表示企业实际持有的库存现金(余额方向及其含义)。

【做中学 3—1】 解锁库存现金账务处理:基于贸易公司业务场景

小李是一家小型贸易公司的新入职会计。由于公司刚成立不久,业务相对简单,因此小李负责公司的财务记账工作。今天他要处理与库存现金相关的几笔业务,通过实际操作来学习和掌握"库存现金"科目的运用。请分析以下四个业务场景:

业务场景一:从银行提取现金

公司因日常零星开支需要现金,老板让小李去银行提取 5 000 元现金。小李拿着公司的现金支票去银行办理了取款业务,银行给了他 5 000 元现金和支票存根。

问题1:小李应如何对这笔从银行提取现金的业务进行账务处理?

业务场景二:员工借支差旅费

业务员小张因要去外地出差，向公司申请借支差旅费3 000元。小李按照公司规定，支付给小张3 000元现金，并让小张填写了借款单。

问题2：这笔员工借支差旅费的业务在会计上如何记录？

业务场景三：小张出差归来报销差旅费

小张出差回来，实际花费了2 500元。他将剩余的500元现金交回公司，并提交了相应的差旅费发票进行报销。

问题3：针对小张的差旅费报销及交回余款，会计分录怎么做？

业务场景四：现金盘点发现短缺

月底，小李对库存现金进行盘点时，发现实际现金比账面余额少了100元，经过仔细核对，暂时无法查明原因。

问题4：对于这100元的现金短缺，在会计上应如何处理？

第三节　总分类科目的设计

会计科目按其反映经济内容的详尽程度不同，可分为总分类科目和明细分类科目。总分类科目（General Ledger Accounts）是对会计核算的全部内容进行的分类，提供的是会计核算的总括价值指标；明细分类科目（Sub-ledger Accounts）是对总分类科目所反映的内容所做的进一步分类，提供的是详细、具体的价值指标和数量指标。两类科目的有机结合和合理利用，方能为经营管理提供完整、系统的会计指标。因此，会计科目的设计，既包括总分类科目的设计，也包括明细分类科目的设计。由于在所有的企业类型中制造企业的资金运动最为复杂，也最具有代表性，所以，下面将按照制造企业资金运动的一般程序，阐述各类经济业务应设计的总分类科目。

一、按反映的经济内容设计总分类科目

在我国现行会计管理体制下，总分类会计科目的设计实际上只是各单位根据本单位可能发生的各项经济业务，在《企业会计准则》《小企业会计准则》中规定的总账会计科目中予以选择、增加、分拆或合并。凡是国家会计制度中已明确规定的会计科目，企业只有用名的选择权，而没有命名权。只有对会计准则中没有涉及而企业确实已经发生了的经济业务，方允许企业自行增设会计科目。本教材遵循会计科目设计的一般性，主要介绍我国企业会计准则范围内制造企业的科目设计。

（一）筹资业务的会计科目设计

筹资业务即资金进入企业的业务。随着我国现代企业制度的建立，企业的筹资自主权不断扩大，筹资渠道也呈多样化。企业的筹资业务主要有：吸收投资者以货币资金或其他有形及无形资产投入的资本；向金融机构举借债款取得资金；向社会发行股票及债券取得资金；等等。

1. 吸收投资业务或发行普通股业务的会计科目设计

根据我国企业会计准则的规定，投资者可以以现金、实物和无形资产等形式对企业进行投资。当企业筹集到投资者以各种方式投入的资本金时，一方面形成所有者权益，另一方面增加了企业的资产，因此，应当设置相应科目反映收到的投资额。独资公司和有限责任公司应当设置"实收资本"科目；股份有限公司应当设置"股本"科目；在吸收投资业务活动中，对于投资者实际缴付的出资额超过在注册资本或股本中所占份额的差额，应当设置"资本公积"科目予以反映。

2. 向金融机构借款业务的会计科目设计

向银行或其他金融机构借款是企业筹资的主要渠道之一。按照借款期限不同，各种借款可分

为1年期以下和1年期以上两种,前者称为短期借款,后者称为长期借款。对于借款本金,应当按照借款期限是否超过12个月,分别设置"长期借款"和"短期借款"科目。

对于短期借款所产生的利息,应当设置"应付利息""财务费用"科目,以反映企业因借入短期借款应当负担而未实际支付的利息。

对于长期借款所产生的利息,应区别专门借款和一般借款分别设置会计科目。专门借款是指为购建或者生产符合资本化条件的资产而专门借入的款项,通常有明确的用途,并具有标明该用途的借款合同,如企业为购建固定资产、购买材料和商品而专门借入的款项。根据借款费用准则规定,为专门用途借入的款项,在资产的购建期内所产生的借款利息,应当予以资本化,作为相关资产的成本,记入"在建工程""研发支出""生产成本"等科目;不在资产的购建期内所产生的借款利息,应当予以费用化,记入"应付利息""财务费用"等科目。一般借款是指除专门借款之外的借款,由于其用途没有特指用于符合资本化条件资产的购建或者生产,因此,产生的借款利息费用同短期借款利息的核算,应当在发生时确认为费用,记入"应付利息""财务费用"等科目。

3. 发行企业债券业务的会计科目设计

通过发行企业债券筹集资金,是市场经济体制和现代企业制度下一种越来越重要的筹资方式,它既有利于企业的发展,又有利于社会闲散资金的充分利用。目前,我国发行的企业债券,期限一般都在1年以上,故应当设置"应付债券"和"应付利息"科目,用以核算发行债券的本金(面值)、利息调整和应付利息;对于发行可转换债券的企业,还应增设"其他权益工具"科目,用以核算权益成分的公允价值。资产负债表日,按照发行债券的摊余成本和实际利率计算确定的债券利息费用,应当区别所筹资金的用途分别使用"在建工程""研发支出""制造费用""财务费用"等科目。

4. 发行其他权益工具业务的会计科目设计

企业发行除普通股以外的归类为权益工具的各种金融工具(可转换公司债券、优先股、永续债)等筹集资金的业务,则需要开设"其他权益工具"会计科目,并按发行金融工具的种类等进行明细核算。该科目属于所有者权益类,并在资产负债表所有者权益项目中列报。分派现金股利或利息时,应当设置"利润分配"和"应付股利"科目。

5. 以公允价值计量的金融工具发行业务的会计科目设计

根据现行会计准则,属于这种类型的业务有两种:一是对于需要拆分且形成衍生金融负债或衍生金融资产的,应将拆分的衍生金融负债或衍生金融资产按照其公允价值在"衍生工具"科目核算;二是对于发行的且嵌入了非紧密相关的衍生金融资产或衍生金融负债的金融工具,如果发行方选择将其整体指定为以公允价值计量且其变动计入当期损益的,则应在"交易性金融负债"等科目核算。

6. 特殊融资业务的会计科目设计

除以上两种主要借款业务外,企业还可能发生采用分期付款方式购入固定资产,或以融资租赁方式租入固定资产等业务。对于采用分期付款方式购入固定资产发生的应付款项,以及采用融资租赁方式租入固定资产形成的租赁费等特殊融资业务,应当设置"长期应付款"科目进行核算。如果融资租赁固定资产的最低租赁付款额高于租赁开始日租赁资产公允价值,或者采用分期付款方式购入的固定资产的购买价款的现值低于实际应当支付的款项时,对于差额部分还应当设置"未确认融资费用"科目。如果企业为经营租入的固定资产发生了改良支出,则还应当设置"长期待摊费用"科目。

(二)对外投资业务的会计科目设计

随着资本运营的大力推广,企业对外投资活动也会越来越多,投资业务正成为企业会计核算的重要经济事项。投资业务的内容主要包括企业以货币资金、债权、实物、无形资产等对外投资,企业实际收到和按被投资方的经营结果确认投资收益,收回投资等。为此,除前面已设置的"库存现金"

"银行存款""原材料""库存商品""固定资产""无形资产"等科目外,企业还应分别不同情况设置其他会计科目。

1. 以公允价值计量且其变动计入当期损益的金融资产类投资业务的会计科目设计

企业分类为以摊余成本计量的金融资产和以公允价值计量且其变动计入其他综合收益的金融资产之外的金融资产,应当分类为以公允价值计量且其变动计入当期损益的金融资产,通常包括股票、基金、可转换债券等。当发生这类业务时,企业应当设置"交易性金融资产"科目。对于交易过程中发生的交易费用、取得时已到付息期尚未领取的利息或已宣告但尚未发放的现金股利,以及持有期间应收的现金股利或利息,企业还应当设置"应收利息""应收股利""投资收益"等科目。资产负债表日,该类资产公允价值与其账面余额之间的差额,应当设置"公允价值变动损益"科目。

2. 以摊余成本计量的金融资产类投资业务的会计科目设计

当企业发生以摊余成本计量,并以收取合同现金流量为目的的债券投资业务时,企业应当设置"债权投资"科目,核算该投资债券的实际成本;如果支付的价款中包含已宣告但尚未领取的利息和持有期内应收取的利息,应当设置"应收利息""投资收益"等科目;资产负债表日,对于预期发生的减值,应当设置"信用减值损失""债权投资减值准备"科目。

3. 以公允价值计量且其变动计入其他综合收益的金融资产类投资业务会计科目的设计

企业购入归类为以公允价值计量且其变动计入其他综合收益的债务工具时,应当设置"其他债权投资""应收利息"科目;对于持有期间应计提的利息,应当设置"投资收益"科目。资产负债表日,对于因公允价值变动产生的损益,企业应当设置"其他综合收益"科目;发生减值时,应当设置"信用减值损失"科目。

企业发生以公允价值计量且其变动计入其他综合收益的非交易性权益工具(优先股、永续债)投资业务时,应当设置"其他权益工具投资""应收股利"科目;对于资产负债表日因公允价值变动产生的损益,应当设置"其他综合收益"科目;资产负债表日发生减值时,应当设置"信用减值损失"科目;出售时,对出售损益和出售前累计发生的公允价值变动损益,应当设置"盈余公积"和"利润分配"科目。

4. 长期股权投资类业务的会计科目设计

长期股权投资是指企业对被投资单位实施控制(对子公司投资)、共同控制、有重大影响(对联营企业投资)的权益性投资,以及对其合营企业的权益性投资。当此类业务发生时,企业应当设置"长期股权投资"科目;对于非控股合并下以发行权益性证券取得长期股权投资所产生的股本溢价、手续费和佣金,应当设置"资本公积"科目;对于买价中包含的发行方已宣布发放但尚未支付的现金股利,以及采用成本法核算的长期股权投资持有期间应收取的现金股利部分,应当设置"应收股利"和"投资收益"等科目;对于权益法下初始投资成本小于应享有被投资方可辨认净资产公允价值份额的差额,应当设置"营业外收入"科目。对于权益法核算下按照投资份额应确认的投资收益,企业应当设置"投资收益"科目;对于按照投资份额应分担的亏损,企业应当设置"投资收益"科目,并视具体情况,增设"长期应收款"或"预计负债"科目。在资产负债表日,无论是采取成本法核算,还是权益法核算,当长期股权投资发生减值时,企业应当设置"资产减值损失""长期股权投资减值准备"科目。

(三)固定资产业务的会计科目设计

1. 固定资产购置业务的会计科目设计

企业发生购置厂房、机器设备等固定资产业务时,应当根据固定资产的取得方式及固定资产的状态不同,设置"工程物资""在建工程""固定资产"等科目。

2.固定资产折旧业务的会计科目设计

固定资产因使用磨损而减少的价值称为折旧。折旧的发生意味着固定资产价值的减少，理应在"固定资产"科目中反映，但由此导致"固定资产"科目的余额只是固定资产的账面净值，其历史成本信息在会计记录中消失，这样将不利于企业加强固定资产的管理，也无法满足信息使用者的信息需求，因此，企业需要单独设置"累计折旧"科目，反映固定资产的磨损价值，并通过"累计折旧"与"固定资产"科目的对比分析，考察企业固定资产的新旧程度，决定其报废、大修和更新的时间，加强固定资产管理。

对于企业应负担的折旧费用，企业应当区别固定资产的不同用途，设置"制造费用""管理费用""销售费用""研发支出""其他业务成本"等科目。

3.固定资产处置、清查及减值业务的会计科目设计

在固定资产因出售、转让、对外捐赠、报废或毁损等退出企业时，企业应当设置"固定资产清理"科目；对于因出售、转让所发生的利得或损失，企业应当设置"资产处置损益"账户；对于因对外捐赠、报废或毁损所产生的利得或损失，企业应当设置"营业外收入"或"营业外支出"科目。对于清查中发现的盘盈，企业应当设置"待处理财产损溢"和"以前年度损益调整"科目；对于清查中发现的盘亏，企业应当设置"待处理财产损溢"和"营业外支出"科目。资产负债表日，因技术进步、长期闲置不用、遭受毁损等使固定资产发生减值时，企业应当设置"在建工程减值准备""固定资产减值准备"科目。

（四）无形资产业务的会计科目设计

无形资产业务包括无形资产的取得、摊销、出租和处置等。企业以外购或自行研发等方式取得无形资产时，应当设置"无形资产""研发支出"等科目；采用摊销方式转移无形资产的价值时，应当设置"累计摊销"科目。对于企业应负担的无形资产摊销费用，企业应区别自用和出租，分别设置"管理费用""制造费用""研发支出"和"其他业务成本"科目。资产负债表日，如发生无形资产被新技术替代、市价大幅下跌或虽已超过法定保护期限但仍具有部分使用价值等情况时，企业应当设置"资产减值损失"和"无形资产减值准备"科目。对于出租无形资产取得的收入，企业应当设置"其他业务收入"科目。无形资产报废时，企业应当设置"营业外支出"科目。对于出售无形资产产生的损益，企业应当设置"资产处置损益"科目。

（五）租赁业务的会计科目设计

1.出租方租赁业务的会计科目设计

出租方租赁业务的会计科目应区分经营租赁业务和融资租赁业务分别设置。

对于用于经营租赁的固定资产，企业应当设置"经营租赁资产"科目；采用类似资产的折旧政策计提折旧时，企业应当设置"经营租赁资产累计折旧"科目；对于应收取的租金，企业应当设置"应收经营租赁款"和"租金收入"科目。

对于购入的用于融资租赁的资产，企业应当设置"融资租赁资产"科目。实际发生融资租赁业务时，对于租赁期内应收的租金企业应当设置"应收融资租赁款""租赁收入""未担保余值"科目。资产负债表日，应收融资租赁款发生资产减值时，企业应当设置"坏账准备"科目；融资租赁资产发生减值的，企业应当设置"融资租赁资产减值准备"科目；未担保余值发生减值的，企业应当设置"未担保余值减值准备"科目；对于应收租赁款按照固定的周期性利率计算的租赁期内各个会计期间的利息收入，企业应当设置"财务费用"科目。

2.承租人租赁业务的会计科目设计

承租人发生租赁业务时，对于以短期租赁和低价值资产租赁以外的租赁业务租入的资产，企业应当设置"使用权资产""使用权资产累计折旧"科目；对于应付的租赁款，企业应当设置"租赁负债"

科目。资产负债表日,对于按照固定的周期性利率(即折现率)计算的租赁负债在租赁期内各会计期间的利息费用,企业应当设置"财务费用"科目;如果租入的资产发生减值,企业应当设置"使用权资产减值准备"科目。

(六)采购业务的会计科目设计

企业以各种方式筹集到生产经营所需要的资金后,就可以利用这些资金进行材料的采购。采购业务的内容主要有:购买材料、支付各项采购费用,计算材料的实际采购成本,结算因采购材料而发生的债务,材料验收入库等。

1. 采购成本计算业务的会计科目设计

材料的采购成本包括材料的买价、运杂费(包括运输费、装卸费、包装费、保险费、仓储费等)、运输途中的合理损耗、入库前的挑选整理费、购入材料发生的税金(如关税)和其他费用。为了全面反映企业在材料采购过程中发生的买价及各项采购费用、正确计算材料采购成本,采用计划成本进行日常核算的企业应当设置"材料采购"科目;采用实际成本进行日常核算的企业,应当设置"在途物资"科目。

需要指出的是,商品流通企业采购商品时应当设置"在途物资"科目。对企业采购过程中发生的包装费、运输费、装卸费、保险费、仓储费、合理损耗、入库前挑选整理费用等进货费,应当计入存货采购成本。但对于进货费用金额较小的,企业也可以在发生时直接计入当期损益(销售费用)。

2. 采购价款结算业务的会计科目设计

企业采购材料,涉及企业与供应商及其他相关部门之间的材料买价或采购费用的结算,并且有赊购、现购、开具商业汇票和预付款等多种结算方式。采用赊购方式时,企业应当设置"应付账款"科目;采用现购方式时,企业应当设置"库存现金""银行存款""其他货币资金"等科目;采用商业汇票结算方式时,企业应当设置"应付票据"科目;采用预付款结算方式时,企业应当设置"预付账款"科目。对于预付款购货业务不多的企业,可以不单独设置"预付账款"科目,将预付款业务归并至"应付账款"科目中核算。

另外,按照我国税法的规定,增值税一般纳税人在采购业务中还应当设置"应交税费——应交增值税(进项税额)"科目,以单独核算在购货业务中产生的增值税额。

3. 材料验收入库业务的会计科目设计

企业购买的各种材料物资,虽然用途不尽相同,有的直接构成产品实体,有的则是有助于产品的形成,还有的则是为了保护产品,但是它们在运达企业后都需要经过验收入库,形成企业的存货,因此,企业应当根据各种材料的用途,分别设置"原材料""周转材料"(或单独设置"包装物"和"低值易耗品")等科目。如果企业采用计划成本核算材料,对于验收入库材料的实际成本与计划成本之间的差异,企业应当设置"材料成本差异"科目。如果企业购入的材料、机器设备用于在建工程,企业则应当设置"工程物资"科目予以反映。

商品流通企业所采购的商品验收入库后,应当设置"库存商品"科目。对于采用售价核算的企业,还应专门设置反映商品进价与售价之间差额的"商品进销差价"科目。

企业委托外单位加工材料时,应当设置"委托加工物资"科目;企业受托代销商品时,应当设置"受托代销商品"和"受托代销商品款"科目。企业依据专项订货合同,收到对方以交易对价方式发来的专用加工材料时,应当设置"合同负债"科目。

(七)生产业务的会计科目设计

制造业企业完成了生产准备工作以后,就要借助于劳动力和劳动资料对劳动对象进行加工,进而形成产成品。制造业企业产品的加工制造过程,实质上是对劳动力、劳动资料和劳动对象耗费的过程,是劳动力、劳动资料和劳动对象的价值转移的过程。因此,生产业务主要包括:向职工支付工资及各种车间管理费用;计提固定资产折旧费;计算加工产品所耗费的各种材料费用;计算完工产品的实际生产成本;结转完工验收入库产品的生产成本;等等。因此,对于生产业务应当设置的会计科目,除前面已提到的"库存现金""银行存款""原材料""周转材料"等科目外,企业还应当分别不同情况,设置其他一些会计科目。

1. 生产费用核算业务的会计科目设计

企业在一定时期内发生的费用,有些是为生产某种产品发生的直接性费用,可以直接计入该种产品的实际生产成本;有些是为生产几种产品发生的间接性费用,需要通过一定的归集和分配方式,在它们之间合理分配计入各种产品的生产成本;有些则是企业行政管理部门为组织和管理企业的生产经营活动而发生的管理费用。按照制造成本法的要求,前两种费用应计入产品的生产成本,而第三种费用应作为企业的期间费用,计入当期损益。因此,在制造企业里,对于所发生的应当直接计入产品成本的费用项目,企业应当设置"生产成本"(或"基本生产成本"和"辅助生产成本")科目;对于所发生的不能直接计入产品成本的各项费用,企业应当设置"制造费用"科目。

对于管理上需要单独核算废品损失和停工损失的企业,还应当单独设置"废品损失"和"停工损失"科目,以汇集和分配基本生产车间的废品损失及因停工而发生的各种费用。另外,企业如果有对外提供劳务的业务,则应当设置"劳务成本"科目,以反映对外提供劳务所发生的成本。

对于企业发生的以经营租赁方式租入的固定资产的改良支出等事项,由于支出的受益期限超过12个月,按照权责发生制原则,企业还应当设置"长期待摊费用"科目。

2. 库存产品业务的会计科目设计

库存产品是指已完成全部生产过程并验收入库,符合产品质量标准和技术条件,可以作为商品对外销售的产成品。为了对库存产品的入库、出库和结存情况进行反映,企业需要设置"库存商品"科目。对于产成品按计划成本核算的企业,由于库存商品的实际成本与计划成本往往存在差异,因此,还应单独设置"产品成本差异"科目,与"库存商品"科目一起,反映库存产品的实际成本。

对于已经过一定生产过程并已检验合格交付半成品仓库,但尚未制造完工成为商品,仍需继续加工的中间产品,企业还应当设置"自制半成品"科目,专门反映企业库存自制半成品的实际成本,以便为开展内部结算,考核各车间、各部门的工作业绩提供条件。

按照现行企业会计制度的规定,为真实反映企业所有存货的真实价值,依据谨慎性原则的要求,资产负债表日企业应当对存货采用成本与可变现净值孰低法进行计量。对由于存货毁损、全部或部分陈旧过时或销售价格低于成本等原因,使存货成本高于可变现净值的,企业应按可变现净值低于存货成本的部分,计提存货跌价准备,因此,应当设置"存货跌价准备"科目。

(八)销售业务的会计科目设计

销售业务是指企业对外销售商品、对外销售不需用或多余材料、对外提供劳务、让渡资产使用权等所发生的业务,主要包括因销售而引发的收入确认业务、因销售所支付的各项销售费用业务、按照国家有关规定计算各种销售税金业务、结转销售成本业务和结算因销售而引起的债权业务等。因此,对于销售业务除涉及前面提到的"库存现金""银行存款""库存商品"等科目外,企业还应当针对不同业务,设置其他会计科目。

1. 产品(商品)销售业务的会计科目设计

产品(商品)销售是企业的主要经营业务,如没有签订销售合同,或虽签订销售合同,但在没有附加特殊条款的情况下应按照如下规则设计会计科目:对于主营业务所取得的收入,以及在销售过程中产生的销售退回和销售折让,企业应当设置"主营业务收入"科目予以反映;对于销售过程中产生的增值税额,增值税一般纳税人应当设置"应交税费——应交增值税(销项税额)"科目;对于在销售业务中应结转的商品销售成本,企业应当设置"主营业务成本"科目;对于应负担的销售税金,企业应当设置"应交税费""税金及附加"等科目。

但是,当企业签订的销售合同附加特殊条款时,企业应视不同条款分别设计,具体如下:

(1)对于销售合同中附有销售退回条款、保修条款、客户额外购买选择权以及授予客户知识产权许可条款的销售业务,当业务发生时,企业应当增设"预计负债"科目;如果是为取得销售合同、合同续约或合同变更发生的增量成本,如销售佣金及额外佣金,企业则应当设置"合同取得成本"科目。

(2)对于销售合同中附有质量保证条款(如延长保修)的销售业务,当业务发生时,企业应当增设"合同负债"科目。

(3)对于销售合同在1年以上并附有应付客户对价条款的销售业务,对于实际支付的对价,企业应当增设"合同资产"科目;对于企业签订合同履行期限在1年以上的销售业务,发生与履行该合同直接相关的支出(如直接材料、直接人工、制造费用、专项服务费等)时,企业应当增设"合同履约成本"科目;摊销合同履约成本和合同取得成本时,企业应当设置"主营业务成本"科目。

(4)对于合同中存在重大融资成分的销售业务(分期收款销售业务)发生时,企业应当增设"未实现融资收益"和"应交税费——待转销项税额""财务费用"科目。

(5)对于销售合同中约定有售后回购条款的销售业务,企业不设置"主营业务收入""主营业务成本"科目,应当设置"其他应付款""财务费用"和"发出商品"科目。

(6)对于销售合同中约定售后租回的销售业务,企业不设置"主营业务收入"和"主营业务成本"科目,应当设置"递延收益"科目。

(7)对于委托代销业务,企业应当增设"发出商品"科目;对于受托代销业务,企业应当设置"受托代销商品""受托代销商品款"和"其他业务收入"科目。

2.附营业务的会计科目设计

附营业务是指企业出租固定资产、出租无形资产、出租包装物和商品、销售材料、用材料进行非货币性交易(非货币性资产交换具有商业实质且公允价值能够可靠计量)或债务重组等业务。这些业务所产生的收入应当设置"其他业务收入"科目予以反映,相关的成本费用则通过设置"其他业务成本"科目核算。

3.债权结算业务的会计科目设计

企业发生的销售业务,按照结算方式的不同,可分为现销、赊销、商业汇票结算和预收款四种类型。在赊销方式下,企业不能于销售的同时收回货款,从而形成企业的债权,对此,应当设置"应收账款"科目予以反映;当收到客户开具的商业汇票时,企业应当设置"应收票据"科目;当收到客户预付的购货款时,企业应当设置"预收账款"科目;对于发生预收款业务量较少的单位,也可以不单独设置"预收账款"科目,而通过"应收账款"科目核算。

对于企业签订合同履行期限在1年以上的销售业务,预收合同价款时,企业不设置"预收账款"科目,应当设置"合同负债"科目;按照合同进度确认合同收入时,企业不设置"应收账款"科目,应当设置"合同结算"科目。对于一份合同涉及两种以上商品、各商品的交货时间不同,并约定最后一种商品交货收款的销售业务,当业务发生时,企业不设置"应收账款"科目,应当设置"合同资产"科目。对于合同中存在重大融资成分的销售业务(分期收款销售业务)发生时,企业不设置"应收账款"科目,应当设置"长期应收款"科目。

对于企业因其他原因形成的债权,如企业拨出的备用金、各种赔款、罚金、暂付押金以及应向职工收取的各种垫付款项等,企业应当设置"其他应收款"科目予以核算。

按照企业会计准则的规定,资产负债表日,企业还应对各种应收款项估计信用损失,并根据预计结果对应收款项进行减值处理,因此,应当设置"坏账准备"和"信用减值损失"科目分别反映企业提取的坏账准备金及应负担的预期信用损失(坏账损失),并于资产负债表日,与"应收票据""应收账款""预收账款"科目比较,反映应收票据和应收账款的净额。资产负债表日,如合同资产、合同履约成本、合同取得成本发生减值时,企业应当分别设置"合同资产减值准备""合同履约成本减值准备""合同取得成本减值准备"科目。

4.销售费用的会计科目设置

企业在销售产品过程中发生的运输费、装卸费、包装费、保险费、展览费和广告费、商品维修费、预计产品质量保证损失以及为销售本企业商品而专设的销售机构(含销售网点和售后服务网点)的职工薪酬、业务费、折旧费、固定资产维修费等费用时,应当设置"销售费用"科目。

(九)职工薪酬业务的会计科目设计

职工薪酬包括短期薪酬、离职后福利、辞退福利、其他长期职工福利,以及提供给职工配偶、子女、受赡养人、已故员工遗属及其他受益人的福利。其中,短期薪酬包括职工工资、奖金、津贴和补贴、职工福利费、医疗保险费、工伤保险费、生育保险费、住房公积金、工会经费、职工教育经费、短期带薪缺勤、短期利润分享计划、非货币性福利及其他短期薪酬等诸多项目。职工薪酬业务既包括职工薪酬费用的分配和结算业务,也包括职工薪酬的发放业务。由于职工薪酬费用分配和结算的时间与薪酬发放时间往往不一致,因此企业需要设置"应付职工薪酬"科目,专门反映企业与职工之间薪酬性债务的结算和发放情况。对于企业因结算职工薪酬所发生的费用,企业应区分职工岗位性质,分别设置"生产成本""劳务成本""研发支出""制造费用""在建工程""管理费用""销售费用"等科目;在实际发放职工薪酬时,企业应当使用"库存现金"和"银行存款"等科目。

对于设定离职后福利收益计划的企业,应增设"财务费用"科目;对于向职工提供辞退福利的企业,应当增设"财务费用"和"未确认融资费用"科目。

(十)持有待售资产业务的会计科目设计

按照《企业会计准则第42号——持有待售的非流动资产、处置组和终止经营》的规定,对于企业将非流动资产(在建工程、固定资产、生产性生物资产、无形资产、商誉、长期股权投资、长期应收款、投资性房地产等)或处置组中的资产划分为持有待售类别时,企业应当设置"持有待售资产"科目;资产负债表日,当被划分为持有待售的资产发生减值时,企业应当设置"资产减值损失""持有待售资产减值准备"科目。处置被划分为持有待售资产的金融工具、长期股权投资和投资性房地产时,企业应当设置"资产处置损益"科目。

(十一)持有待售负债业务的会计科目设计

按照《企业会计准则第42号——持有待售的非流动资产、处置组和终止经营》的规定,对于企业将流动负债(应付账款、应付职工薪酬等)划分为持有待售的处置组中的负债时,企业应当设置"持有待售负债"科目。处置持有待售负债时,企业应当设置"资产处置损益"科目。

(十二)投资性房地产业务的会计科目设计

投资性房地产,是指企业为赚取租金或资本增值,或二者兼有所持有的房地产,包括建筑物和土地使用权。因外购或自行建造取得投资性房地产时,企业应当设置"投资性房地产"科目。对于采用成本模式进行后续计量的投资性房地产,计提折旧时,企业应当设置"投资性房地产累计折旧"和"其他业务成本"科目;资产负债表日,投资性房地产发生资产减值时,企业应当设置"资产减值损失"和"投资性房地产减值准备"。对于采用公允价值模式进行后续计量的投资性房地产,资产负债表日,投资性房地产公允价值发生变动时,企业应当设置"公允价值变动损益"科目。自行建造的投资性房地产出租时,企业应当设置"开发成本"科目。投资性房地产取得租金时,企业应当设置"其他业务收入"科目。投资性房地产转换为存货时,企业应当设置"开发产品"科目。

(十三)财产清查业务的会计科目设计

为保证会计核算资料的正确性、确保资产实存数与账存数一致,企业应定期或不定期地对企业财产进行清查。对于实物资产清查中发现的盘盈、盘亏及毁损情况,企业应当设置"待处理财产损溢""管理费用""营业外支出""其他应收款"等科目;对于清查中发现并经批准核销的应收款,企业应冲销"坏账准备"科目;对于清查中发现无法支付的应付账款,企业应当设置"营业外收入"科目。

(十四)利润计算及利润分配业务的会计科目设计

按照企业会计准则规定,企业应当对其一段时间的经营成果进行核算,如果企业实现了盈利,则还应按照《公司法》的规定,对已实现的利润进行分配,因此,就出现了利润计算及利润分配业务。其业务内容主要有:结转收入、结转成本费用、计算利润总额、计算应交所得税、进行利润分配等。为此,除前述已提到的所有收入、费用科目外,企业还应当分别不同的利润核算阶段设置其他会计科目。

1.利润计算业务的会计科目设计

(1)经营管理费用的会计科目设计

经营管理费用是指企业为组织和管理生产经营活动所发生的管理费用,包括企业在筹建期间发生的开办费、工会经费、职工教育经费、业务招待费、技术转让费、研发费用、董事会费、矿产资源使用费、技术转让费、审计费、诉讼费、咨询费,行政管理部门职工薪酬、办公费、差旅费、物料消耗、低值易耗品摊销、折旧费以及车间和行政管理部门固定资产修理费等。当企业发生此类支出时,企业应当设置"管理费用"科目予以核算。

(2)筹资费用的会计科目设计

筹资费用是指企业为筹集生产经营所需资金而发生的费用,包括利息支出、利息收入、汇兑损益以及相关的手续费、发生的现金折扣和收到的现金折扣等。当企业发生此类业务时,企业应当设置"财务费用"科目予以核算。

(3)营业外收支业务的会计科目设计

企业的收支业务,除前面已提到的营业收入(主营业务收入、其他业务收入)和营业成本(主营业务成本、其他业务成本)业务外,还会发生各种营业外收支业务。如果企业发生固定资产报废毁损利得、罚款收入、债务重组利得、与企业日常经营活动无关的政府补助、盘盈利得及接受捐赠利得等事项,企业则应当设置"营业外收入"科目;如果发生非流动资产损毁报废损失、资产盘亏损失、债务重组损失、罚款支出、公益性捐款支出及非常损失等事项,企业则应当设置"营业外支出"科目。

(4)资产减值损失业务的会计科目设计

资产负债表日,受市场规律、技术进步等因素的影响,企业所拥有的存货、在建工程、固定资产、无形资产、商誉,对子公司、联营企业和合营企业的长期股权投资,采用成本模式进行后续计量的投资性房地产,探明石油天然气矿区权益和井及相关设施等资产项目可能会发生价值的减损,为单独反映上述资产的减损价值,企业应当设置"资产减值损失"科目。

(5)利润总额及净利润计算业务的会计科目设计

企业在一定时期内实现的全部收入减去全部支出后的差额,即企业实现的利润或发生的亏损。为了准确计算企业的经营成果,企业必须设置一个专门将当期全部收入与当期全部费用进行对比的会计科目,即"本年利润"科目。

(6)所得税业务的会计科目设计

资产负债表日,如果企业通过"本年利润"科目计算出的利润总额为正数,按照《中华人民共和国企业所得税法》的规定,则应当计算并上缴企业所得税。利润总额扣除当期应负担的所得税费用后的余额即为当期净利润。我国现行会计制度规定,企业所得税的核算方法为资产负债表债务法,需要核算会计与税法规定不一致所产生的应纳税暂时性差异和可抵扣暂时性差异。为此,除涉及前面已提到的"应交税费""本年利润""银行存款"等科目外,企业还应当设置"所得税费用""递延所得税资产""递延所得税负债"等科目。

2. 利润分配业务的会计科目设计

依据《中华人民共和国公司法》的规定,企业实现的净利润应当按照以下顺序分配:弥补以前年度的亏损、提取法定盈余公积、提取法定公益金、分配优先股股利、提取任意盈余公积、分配普通股股利等。

分配利润,意味着企业已实现利润额的减少,本应记入"本年利润"账户的借方,但这样会使"本年利润"账户不能提供当期实现利润的总括情况,而这一指标又是企业内外部所有信息使用者所必需的。因此,企业应当单独设置"利润分配"科目,专门反映企业当期利润的分配情况;此外,还应根据利润分配的不同去向,分别设置"盈余公积""应付股利"等科目。

(十五)其他综合收益业务的会计科目设计

当企业发生企业会计准则规定未在当期损益中确认的各项利得和损失,但允许直接计入所有者权益的业务时,企业应当设置"其他综合收益"科目。本科目核算内容较为分散,涉及《企业会计准则第 2 号——长期股权投资》中关于采取权益法核算的长期股权投资,投资方在取得长期股权投资后被投资单位发生的其他综合收益,投资方按照持股比例份额计入报表中的金额;《企业会计准则第 3 号——投资性房地产》中关于自用或者作为存货的房地产转换为公允价值计量的投资性房地产,在转换日公允价值大于账面价值的金额;《企业会计准则第 9 号——职工薪酬》中关于有设定受益计划,离职后有福利的企业,因重新计量设定受益计划导致净负债或者净资产发生变动的金额;《企业会计准则第 19 号——外币折算》中关于企业对境外经营的报表进行折算时,外币报表折算差异在资产负债表权益项下列示的金额;《企业会计准则第 22 号——金融工具确认和计量》中关于可供出售金融资产公允价值变动,除减值损失和外币货币性业务形成的汇兑差额外的金额;《企业会计准则第 24 号——套期保值》中关于现金流量套期工具产生的利得或者损失中属于有效套期的部分。

(十六)特殊业务事项的会计科目设计

企业在存续期间除发生正常经营业务外,可能还会发生一些偶发性特殊业务事项,此时,就需要针对可能发生的特殊经济业务事项设置会计科目,具体如下:

(1)对于企业在合并过程中产生了商誉,企业应当设置"商誉"和"商誉减值准备"等科目。

(2)对于企业享受的受益时间在 1 年以上的政府补贴,企业应当设置"递延收益"科目。

(3)对于企业取得政府作为所有者投入的具有专项或特定用途的款项,企业应当设置"专项应付款"科目。

(4)对于企业需要确认由于未决诉讼、对外提供担保、产品质量保证、重组义务、亏损性合同等负债项目,企业应当设置"预计负债"科目。

(5)对于企业回购本公司股票时,企业应当设置"库存股"科目。

(6)对于企业发生需要调整以前年度损益的事项,或者本年度发现的重要前期差错更正,需要调整以前年度损益的事项,企业应当设置"以前年度损益调整"科目。

(7)对于企业取得了衍生工具,为核算其公允价值及其变动所产生的金融资产或金融负债,企业应当设置"衍生工具"科目;对于企业开展套期保值业务,企业应当设置"套期工具""被套期项目""套期收益""净敞口套期收益"等科目,核算因套期工具或套期保值项目公允价值变动所产生的资产或负债,以及套期损益情况。

(8)高危行业需要专设的会计科目。

按照财政部2009年6月发布的《企业会计准则解释第3号》规定,高危行业企业按照国家规定提取的安全生产费以及维持简单再生产费用等具有类似性质的费用,需专设"专项储备"会计科目予以核算。

综上,我们对制造企业的经济业务进行了分类,并对每类经济业务应当设置哪些会计科目作了较为系统的分析。从中可以看出,设置任何一个会计科目,都是为了反映一定的经济业务,特定的经济业务需要由特定的会计科目反映。这就是说,经济业务内容是设置会计科目的基础。因此,会计科目可以按其反映的经济内容分为资产类、负债类、共同类、所有者权益类、成本类和损益类六类。

二、按账户的用途和结构设计会计科目

账户的用途是指设置账户的目的,即通过设置和使用账户为经营管理提供什么指标;账户的结构是指使用账户的方式,即如何运用账户为经营管理提供会计指标。设计会计科目,不仅要考虑会计科目所反映的经济内容,而且要考虑根据会计科目设置的账户的用途和结构,也就是说,在按照会计科目所反映的经济内容设计会计科目的基础上,再按照会计科目所开设的账户的用途和结构设计会计科目。只有这样,才能在明确每一会计科目所反映的经济内容的基础上进一步掌握它们的使用方法,达到正确、规范应用会计科目的目的。按照账户的用途和结构,会计科目可分成盘存类、投资类、权益类、结算类、调整类、过渡类、待处理类、无形资产类和衍生类九类。具体分类情况参见表3—2。

表3—2 会计科目按用途和结构的分类

类　　别		名　　称
盘存类科目	货币资产类	库存现金、银行存款、其他货币资金
	存货类	原材料、周转材料、库存商品、工程物资、委托加工物资、委托代销商品、受托代销商品、发出商品
	非流动资产类	投资性房地产、固定资产、在建工程、未担保余值
投资类科目		交易性金融资产、债权投资、其他债权投资、其他权益工具投资、长期股权投资
权益类科目	资本类	实收资本(或股本)、库存股、资本公积、其他综合收益、其他权益工具
	留存收益类	盈余公积、利润分配
结算类科目	债权结算类	应收票据、应收股利、应收利息、应收账款、合同资产、应收退货成本、其他应收款、预付账款、长期应收款、递延所得税资产
	债务结算类	短期借款、应付票据、应付账款、预收账款、合同负债、受托代销商品款、应付职工薪酬、应付利息、应付股利、应交税费、其他应付款、预计负债、长期借款、应付债券、长期应付款、专项应付款、递延所得税负债
调整类科目	备抵调整类	坏账准备、合同资产减值准备、合同履约成本减值准备、合同取得成本减值准备、存货跌价准备、持有待售资产减值准备、债权投资减值准备、长期股权投资减值准备、投资性房地产减值准备、投资性房地产累计折旧、累计折旧、固定资产减值准备、未担保余值减值准备、累计摊销、无形资产减值准备、商誉减值准备、利润分配
	备抵附加类	材料成本差异

续表

类　　别		名　　称
过渡类科目	跨期摊配类	长期待摊费用
	集合分配类	制造费用
	成本计算类	生产成本、材料采购、劳务成本、在建工程、研发支出、债务履行成本、债务取得成本
	收入类	主营业务收入、其他业务收入、投资收益、公允价值变动损益、净敞口套期收益、套期损益、资产处置损益、其他收益、营业外收入
	费用类	主营业务成本、税金及附加、其他业务成本、销售费用、管理费用、财务费用、营业外支出、资产减值损失、信用减值损失、所得税费用、以前年度损益调整
	财务成果计算类	本年利润
待处理类科目		待处理财产损溢
无形资产类科目		无形资产、商誉
衍生类科目		衍生工具、套期工具、被套期项目

上述各类会计科目的具体用途是：

（一）**盘存类科目**

该类科目反映企业货币资金及各种财产物资的增减变动及其结存情况，用以提供企业有形资产指标，以便计算并考核企业的"资产负债率""流动比率""速动比率""存货周转率"等主要财务指标。

（二）**投资类科目**

该类科目反映企业对外股票、债券及其他投资数额的增减变动及其实有情况，提供对外投资指标，以便了解企业的理财方针、投资结构和投资风险。

（三）**权益类科目**

该类科目反映所有者对企业净资产所有权的增减变动情况及其结果，提供投入资本和留存收益等指标，计算并考核企业"资本保值增值率""资本积累率""净资产收益率"等主要财务指标。

（四）**结算类科目**

该类科目反映企业与国家、其他单位或个人之间发生的债权、债务的结算情况，提供"资产负债率""流动比率""速动比率""应收账款周转率"等主要财务指标。

（五）**调整类科目**

该类科目是按照实质重于形式原则和谨慎性原则而设置的一些对基本科目期末余额进行调整的科目，其目的是使基本科目所提供的指标更加真实、准确和有用。例如，"坏账准备"科目与"应收账款"和"其他应收款"科目结合，可提供企业可望收回的债权数；"累计折旧"科目与"固定资产"科目结合，可提供企业拥有的固定资产净值；"存货跌价准备"科目与存货类科目结合，可提供企业存货可变现净值指标；等等。

（六）**过渡类科目**

该类科目反映企业资金运动过程中各项收入、费用的发生以及经营成果的形成情况，提供经营管理所需要的成本、损益等指标，以便计算并考核企业的资产保值增值率、资产报酬率、销售利润率、已获利息倍数、销售增长率、成本利润率、净资产收益率、经营亏损挂账率等主要财务指标。

（七）**待处理类科目**

该类科目反映企业在财产清查中发现的资产短缺或溢余的发生及处理情况，提供企业资产管理效益指标。

(八)无形资产类科目

该类科目反映企业为生产商品或者提供劳务、出租给他人或为管理目的持有的、没有实物形态的非货币性长期资产,主要提供企业所拥有的法定权利和商誉价值等指标。

(九)衍生类科目

该类科目主要反映企业开展衍生金融工具业务而产生的资产或负债。

第四节 明细分类科目的设计

一、明细分类科目与总分类科目的关系

如前所述,设计会计科目,不仅要设计总分类科目,而且应设计明细分类科目,包括二级、三级明细科目,如有特殊需要,还可以设置四级明细科目,以便形成完整的科目级别体系,为企业经营管理提供总括的和详细的数据资料。

基于总分类科目和明细科目之间的控制与被控制、补充与被补充关系,明细科目的内容和使用方法应与总账科目保持一致。因此,设计明细科目,第一,应当考虑总分类科目所反映的内容和特点,总分类科目反映的内容和特点不同,需要设置的明细科目也必然不同,如反映企业债权债务的总分类科目,其明细科目就应明确债务方或债权方的名称;又如反映企业财产物资的总分类科目,其明细科目就应明确财产物资的具体类别和名称等。第二,由于我国特定的会计管理体制,企业在设计明细科目时还应结合国家会计制度中对明细科目设计的要求和规定。这就是说,明细科目的设计必须在国家会计制度的规定和要求之下结合本单位经营管理的要求和总分类科目的特点进行。

二、明细分类科目的具体设计

(一)特殊要求的明细科目设计

1. 有总账科目必须有相应的明细科目

这类明细科目是指国家会计制度中规定必须设置的明细科目,并且给定了明细科目名称。属于这种情况的总账科目及其明细科目的内容参见表3—3。

2. 根据所采用的核算方法确定明细科目的名称

属于这种要求的总账科目主要是"周转材料"("包装物""低值易耗品")和"长期股权投资"等科目。当周转材料采用"五五摊销法"进行会计核算时,企业应在"周转材料"总分类科目下设置"在库周转材料""在用周转材料""周转材料摊销"3个明细科目,如果企业采用的是一次摊销法或其他价值转移方法,则无须设置。对于长期股权投资,当企业采用权益法进行会计核算时,在"长期股权投资"总分类科目下,企业应当设置"投资成本""损益调整""其他综合收益""其他权益变动"4个明细科目,如企业采用成本法核算,则无须设置。

(二)一般要求的明细科目设计

这类明细科目是指国家会计制度中只规定应当设置明细科目,至于明细科目的名称则由企业根据自身情况确定。属于这种情况的明细科目设计方法可分为以下13种:

1. 按资产种类、品名设置明细科目

当一个资产科目核算的资产种类较多,而且每一类资产又包括多个资产项目时,企业就需要按照资产类别和品名设置明细科目,进行明细核算,以便为加强管理、明确经济责任提供准确、详细的

表3—3　　　　　　　　　　　　　特殊要求的明细科目表

总账科目	明细科目		总账科目	明细科目
	二级明细	三级明细		
其他货币资金	银行汇票		应付职工薪酬	工资
	银行本票			职工福利
	信用卡			社会保险费
	信用证保证金			住房公积金
	存出投资款			工会经费
	外埠存款			职工教育经费
交易性金融资产	股票投资	成本		非货币性福利
	债券投资	公允价值变动		辞退福利
	基金投资			股份支付
其他债权投资	债券名称	成本	长期借款	成本
		利息调整		利息调整
		应计利息	应付债券	债券面值
		公允价值变动		利息调整
债权投资	债券名称	成本		应计利息
		利息调整	资本公积	资本溢价（股本溢价）
		应计利息		其他资本公积
其他权益工具投资	权益工具名称	成本	盈余公积	法定盈余公积
		公允价值变动		
长期股权投资	被投资单位名称	投资成本		任意盈余公积
		损益调整		
		其他综合收益		储备基金
		其他权益变动		
工程物资	专用材料			企业发展基金
	专用设备			
	工器具			职工奖励及福利基金
在建工程	建筑工程			
	安装工程			利润归还投资
	在安装工程			
	待摊支出			盈余公积补亏
应交税费	应交增值税	进项税额		提取法定盈余公积
		已交税费		
		转出未交增值税		提取任意盈余公积
		减免税款		提取储备基金
		销项税额		提取企业发展基金
		出口退税		提取职工奖励及福利基金
		进项税额转出		利润归还投资
		出口抵减内销产品应纳税额		应付现金股利
		转出多交增值税		应付利润
		未交增值税		转作股本的股利
	应交消费税			盈余公积补亏
	应交资源税			未分配利润
	应交企业所得税		研发支出	费用化支出
	应交个人所得税			资本化支出
	应交土地增值税		公允价值变动损益	交易性金融资产
	应交城建税			交易性金融负债
	应交房产税			投资性房地产
	应交土地使用税			其他权益工具投资
	应交车船使用税			套期保值
	应交教育费附加			衍生工具
	应交矿产资源补偿费		所得税费用	当期所得税费用
				递延所得税费用

会计信息。属于这种情况的总账科目有"原材料""周转材料"（或"包装物""低值易耗品"）、"库存商品""持有待售资产""持有待售资产减值准备""固定资产""待处理财产损溢"等。

2. 按负债类别和项目设置明细科目

当一个负债科目核算的负债涉及多种类别时，企业就需要按照负债类别和项目设置明细科目，进行明细核算，以提供准确、详细的会计信息。如对于"短期借款"和"长期借款"，企业应按照"抵押借款""质押借款""保证借款"设置二级明细科目，按照借款项目设置三级明细科目；对于"持有待售负债"科目，企业应按照"持有待售的固定资产""持有待售的无形资产"设置二级明细科目，再按照具体的资产品名设置三级明细科目。

3. 按单位或个人名称设置明细科目

按这种方法设置明细科目的总账科目主要是反映企业债权和债务的总账科目，包括"应收票据""应收账款""应收股利""应收利息""其他应收款""长期应收款""应付票据""应付账款""预收账款""预付账款""其他应付款""未确认融资费用""实收资本"等科目，这是因为企业的每一笔债权，都有相应的债务负担者，而每一笔债务，也都有相应的债权享有者。作为反映债权和债务的总账科目只能提供各种债权和债务的总额，而不能提供对每一债务方或债权方的债权金额或债务金额。因此，为准确反映企业的债权和债务，加强债权和债务管理，及时索取债权和偿还债务，企业应按单位户名或人名设置明细科目。对于企业吸收的所有者投资，为准确提供各所有者实际出资额占股东权益总额的比重，"实收资本"科目应按照投资人设置明细科目进行明细核算。

4. 按费用项目的名称设置明细科目

属于这种情况的总账科目主要是成本费用类科目，包括"制造费用""管理费用""财务费用""销售费用"等科目。这些总账科目是按照费用发生的用途设置的，所核算的费用项目较多。为加强经济管理、节省费用开支、提高经济效益，企业应按核算的费用项目名称设置明细科目。

5. 按成本计算对象设置明细科目

成本计算对象是指费用的物质承担者，按成本计算对象设置明细科目，有利于客观反映各对象应负担的费用，准确计算各对象的实际成本。因此，属于这种情况的总账科目主要指成本计算类科目，包括"材料采购""在途物资""生产成本""在建工程""劳务成本""研发支出"等科目。对于"生产成本"科目，企业如果同时设置基本生产车间和辅助生产车间，则应首先设置"基本生产成本"和"辅助生产成本"两个二级明细科目，然后再按照成本计算对象设置三级明细科目。为简便科目设置，企业还可以取消"生产成本"科目，直接将"基本生产成本"和"辅助生产成本"科目升为一级科目，从而按成本计算对象设置二级明细科目。

6. 按业务种类设置明细科目

属于这种情况的总账科目主要包括"劳务成本""主营业务收入""其他业务收入""主营业务成本""其他业务成本""投资收益"等。由于这些科目所反映的业务种类较多，为准确反映各类业务所实现的收入和所发生的支出，企业应按各科目所核算的业务种类设置明细科目，进行明细核算。例如，对于"劳务成本"科目，企业应按照接受劳务种类设置明细科目；对于"主营业务收入"和"主营业务成本"科目，企业应按照主营业务种类设置明细科目；对于"其他业务收入"和"其他业务成本"科目，企业应按照其他业务种类，如材料销售、代理销售、固定资产出租、无形资产出租等设置明细科目；对于"投资收益"科目，企业应按照投资种类，如交易性金融资产、长期股权投资、债权投资、其他债权投资等设置明细科目等。

7. 按项目名称设置明细科目

属于这种情况的总分类科目主要是"递延收益""营业外收入""营业外支出"。其中，对于"递延收益"科目，企业应按照政府补助项目的名称设置明细科目；对于"营业外收入"，企业应按照收入项目设置明细科目,如非流动性资产处置利得、非货币性资产交易利得、债务重组利得、政府补助、盘盈利得、捐赠利得等;对于"营业外支出",企业应按照支出项目设置明细科目,如非流动资产处置损失、非货币性资产交换损失、债务重组损失、公益性捐赠支出、非常损失、盘亏损失等。

8. 按交易或事项设置明细科目

属于这种情况的总分类科目是"预计负债"。确认预计负债时,企业应按照对外提供担保、未决诉讼、产品质量保证、重组义务和亏损性合同设置明细科目,进行明细核算。

9. 按暂时性差异项目设置明细科目

属于这种情况的总分类科目有"递延所得税资产"和"递延所得税负债"。其中,对于"递延所得税资产"科目,企业应按照可抵扣暂时性差异项目设置明细科目;对于"递延所得税负债"科目,企业应按照应纳税暂时性差异项目设置明细科目。

10. 按车间、部门设置明细科目

属于这种情况的总分类科目是"制造费用"。为准确计算产品的实际生产成本,企业需要对"制造费用"科目按照车间、部门设置明细科目,进行明细核算。

11. 根据业务需要设置明细科目

对于"库存现金"和"银行存款"两个总分类科目是否需要设置明细科目,取决于企业是否有外币业务,如果没有外币业务,则不需要设置明细科目;如果有外币业务,为准确反映各币种库存现金和银行存款的增减变动与余额情况,企业则应根据币种设置明细科目,进行明细分类核算。

12. 按贷款人和贷款种类设置明细科目

属于这种情况的总分类科目有"短期借款"和"长期借款"科目。其中,对于"短期借款",企业应按照借款种类、贷款人和币种设置明细科目;对于"长期借款",企业应按照贷款单位和贷款种类设置明细科目。

13. 根据所涉及的总账科目的名称设置明细科目

在编制财务报表时,当一个会计科目期末余额影响某一报表项目的填列金额时,该会计科目应以所涉及的总账会计科目的名称设置明细科目。如"坏账准备"科目,企业应以"应收账款""应收票据""预付账款""其他应收款""长期应收款"设置明细科目。

(三)不需要设置明细科目

属于这种情况的总分类科目主要包括:"累计折旧""存货跌价准备""材料成本差异""债权投资减值准备""合同资产减值准备""长期股权投资减值准备""未担保余值减值准备""固定资产减值准备""累计摊销""无形资产减值准备""商誉减值准备"等调整类科目,以及"固定资产清理""商誉""本年利润""库存股""资产减值损失""以前年度损益调整"等科目。

【学思践悟】 会计科目设计:知识体系、技能培养与价值塑造

党的二十大提出"六个必须坚持",为我们的学习和工作提供了重要指引。其中,"坚持人民至上"体现了马克思主义的核心价值追求,这要求我们在各项工作中始终站在人民的角度去思考和行动。二十届三中全会强调进一步全面深化改革要以促进社会公平正义、增进人民福祉为出发点和落脚点,把"坚持以人民为中心"作为重大原则之一,充分彰显了党为人民谋幸福的初心使命。

在会计工作中,我们也要秉持这种以人民为中心的理念。会计科目设计及相关工作看似专业、微观,但实则与人民的利益息息相关。准确、合理的会计科目设计能够确保企业财务信息的真实性和可靠性,为企业的稳定发展提供保障,进而促进经济的健康运行,最终惠及广大人民群众。通过科学设计会计科目,能够更好地反映企业在民生领域的投入与产出,为政府制定相关政策提供准确的数据支持,使改革发展成果更公平地惠及全体人民。我们应不断提升专业素养,以严谨、负责的态度做好会计工作,为经济社会发展贡献自己的力量,在实践中践行党的要求,努力让人民群众有

更多的获得感、幸福感、安全感。

【悟有所得】

　　会计科目设计绝非简单的科目罗列，而是遵循合法性、全面性、相关性等原则，依据企业经济业务的内在逻辑和会计法规要求，精心构建的一个有机体系。严格遵守法规设计科目、如实反映企业财务信息，是会计人员的基本道德底线和职业操守，也是对企业和社会负责的体现。于"学"，掌握会计科目设计的基础理论，从设计原则到步骤，从编号方法到使用说明编写，再到总分类与明细分类科目的设置，构建起系统知识框架。"思"则贯穿始终，理解为何如此设计，不同编号方法利弊，怎样结合企业业务选择合适的科目，提升分析与逻辑思维。"践"是关键，将理论用于实际，精准确定各类业务会计科目，编制分录，编写说明，认知会计工作的严谨性与复杂性，锻炼动手与解决问题能力。而"悟"是升华，应领悟到会计科目是企业财务语言的"字母表"，准确运用才能清晰讲述企业经济故事；在素养上，培养严谨、细致的态度和团队协作精神，认识到会计工作需各环节紧密配合；深知严守法规、诚信为本是会计职业生命线，虚假信息危害极大。

◆ 应知考核

一、单项选择题

1. 会计科目设计的起点是（　　）。
   A. 会计凭证设计　　B. 会计账簿设计　　C. 会计循环　　D. 财务报表设计
2. 企业会计准则规定，企业发行债券筹集资金，应设置（　　）科目核算债券本金和利息调整等。
   A. "应付债券"　　B. "长期借款"　　C. "短期借款"　　D. "其他应付款"
3. 以下（　　）是我国目前总账科目常用的编号方法之一，能清晰体现科目类别关系。
   A. 数字顺序编号法　　　　　　B. 数字分组编号法
   C. 汉语拼音编号法　　　　　　D. 字母组合法编号
4. 采用数字顺序编号法对会计科目进行编号时，明细科目编号一般在总账科目编号基础上（　　）。
   A. 重新编号　　B. 增加字母标识　　C. 添加数字序号　　D. 改变数字位数
5. 下列属于调整类会计科目的是（　　）。
   A. 累计折旧　　B. 库存现金　　C. 应收账款　　D. 主营业务收入

二、多项选择题

1. 以下属于资产类会计科目的有（　　）。
   A. 库存现金　　B. 应收账款　　C. 长期股权投资　　D. 固定资产
2. 会计科目编号的作用有（　　）。
   A. 便于记忆和识别会计科目　　　　B. 便于登记账簿和查阅账目
   C. 便于会计电算化和会计信息系统的应用　D. 体现会计科目之间的逻辑关系
3. 企业利润计算及利润分配业务涉及的会计科目有（　　）。
   A. "本年利润"　　B. "利润分配"　　C. "所得税费用"　　D. "盈余公积"
4. 企业对外投资业务的会计科目设计包括（　　）。
   A. 交易性金融资产　　　　　　B. 债权投资
   C. 其他债权投资　　　　　　　D. 长期股权投资

5.总分类科目按账户的用途和结构可分为( )。
A.盘存类　　　　　B.投资类　　　　　C.权益类　　　　　D.结算类

三、判断题
1.会计科目一经确定,不得随意变更,以保证会计信息的稳定性和可比性。（　）
2.数字分组编号法是我国目前总账科目唯一采用的编号方法。（　）
3.企业的所有经济业务都能直接对应到现有的会计科目,无需新增科目。（　）
4.明细分类科目是对总分类科目的进一步细化,其核算内容和总分类科目完全相同。（　）
5.会计科目使用说明的编写质量是会计科目设计成功与否的重要标志之一。（　）

四、简述题
1.简述会计科目设计的原则。
2.说明会计科目编号的作用及常用方法。
3.简述企业筹资业务会计科目设计的主要内容。
4.分析会计科目使用说明应包括的要素。
5.简述会计科目设计在企业会计核算中的重要性。

应会考核

■ 观念应用
【背景资料】

会计科目设计与业务拓展的协同之道

某中型制造企业主要生产电子产品,产品涵盖智能手机、平板电脑等多种类型。企业拥有自主研发团队,研发投入较大,生产过程涉及原材料采购、零部件加工、产品组装等环节,销售渠道包括线上电商平台和线下实体店,同时与多家供应商和经销商保持长期合作关系。近期,企业计划拓展海外市场,拟引入新的生产线以扩大生产规模,并考虑通过发行债券和吸引战略投资者的方式筹集资金。

【考核要求】
请分析企业在筹资、生产、销售等主要业务环节可能涉及的会计科目,并说明理由。

■ 技能应用

小型服装加工企业会计科目设计

某小型服装加工企业的主要业务是从布料供应商采购原材料,进行服装裁剪、缝制等加工生产,然后将成品服装批发给零售商。近期,企业为扩大生产规模,购置了一批新的缝纫设备,并向银行申请了贷款,同时加强了成本控制管理,对生产过程中的各项费用进行详细核算。

【技能要求】
请结合上述内容,编写会计分录,对会计科目进行编号,撰写会计科目使用说明(以生产成本为例)。

■ 案例分析
【情景与背景】

ABC食品企业会计科目问题解析与优化方案探寻

ABC食品加工公司成立多年,主要生产各类传统糕点,并在当地拥有一定的市场份额和销售渠道。公司的生产流程包括原材料采购（如面粉、糖、油脂等）、生产加工（涉及搅拌、烘焙、包装等环节）、产品销售（通过线下门店和线上电商平台）以及日常的经营管理活动。

随着市场竞争的加剧和消费者需求的变化，公司决定进行产品升级和业务拓展。一方面，投入资金研发低糖、低脂的健康糕点系列，研发过程涉及新型原材料的试验、新配方的开发以及与专业机构的合作；另一方面，计划拓展周边城市的市场，为此购置了新的生产设备和运输车辆，同时加大了营销推广力度，包括广告宣传、参加食品展销会等活动。然而，近期公司财务部门在核算成本和利润时发现了一些问题。在成本核算方面，由于新老产品的生产工艺和原材料有所差异，但原有的会计科目设置较为笼统，导致无法准确区分和计算各类产品的成本，尤其是研发费用的归集和分配不够清晰，使得产品成本数据波动较大，影响了产品定价的准确性和利润的真实性。在业务拓展方面，新购置的设备和车辆在会计科目核算上未能充分体现其与业务拓展的关联性，营销推广费用的记录也不够明细化，难以评估市场拓展活动的投入产出效果。此外，原有的收入科目未能区分不同产品线和销售渠道的收入情况，不利于管理层分析各业务板块的盈利状况和市场表现，无法为公司的战略决策提供精准的财务数据支持。

【分析要求】

请对 ABC 食品加工公司现有的会计科目体系进行详细审查，找出在产品升级研发、业务拓展以及成本核算和收入确认等方面存在的不合理或不完整的会计科目设置问题，并深入分析这些问题对公司财务报表准确性、成本控制有效性以及管理层决策科学性的具体影响。例如，研发支出的会计科目设置是否能够清晰区分不同研发项目和阶段的费用，对于新购置的设备和车辆，现有固定资产科目核算是否满足业务拓展分析的需求，以及收入科目如何改进以反映不同产品线和销售渠道的盈利贡献等。针对所发现的问题，提出具体、可行的会计科目调整和优化方案。

本章实训

【实训内容】

会计科目的设计

【实训情境】

1. 学生需根据一家主营机械制造的企业资料进行会计科目体系构建，包括原材料采购（如钢材、零部件等）、生产设备购置与折旧、产品生产加工（涉及直接材料、直接人工、制造费用分摊）、产品销售（分国内销售与出口销售）、银行贷款融资、员工薪酬发放等业务场景下的会计科目设计。例如，针对生产过程，要设置"生产成本——基本生产成本（直接材料、直接人工）""生产成本——辅助生产成本（车间水电费、设备维修等）""制造费用（厂房折旧、车间管理人员薪酬等）"等科目，并明确各科目之间的归集与分配关系。

2. 依据给出的该企业一个月内的具体经济业务，编制会计分录，如企业采购价值 10 万元的钢材，款项已付 6 万元，剩余 4 万元暂欠，应编制分录为：借：原材料——钢材 100 000，贷：银行存款 60 000，应付账款——××供应商 40 000，并解释该业务中"原材料"科目借方反映资产增加，"银行存款"贷方体现资金减少，"应付账款"贷方表示负债增加的账务处理逻辑，以及对资产负债表和利润表的潜在影响（此业务不直接影响利润表，资产负债表中存货增加、货币资金减少、负债增加）。

3. 对设计的会计科目进行编号，如资产类"库存现金"编号为 1001，"银行存款"为 1002，"应收账款"为 1122，采用数字分组编号法，前三位代表资产大类，后三位为具体科目顺序号，阐述编号依据是按照资产流动性和重要性排序，便于记忆与操作财务软件，同时编写"固定资产"科目的使用说明，明确核算企业持有的生产设备、厂房等长期资产的原价，借方登记增加，贷方登记减少，期末借方余额反映资产净值,可按资产类别、使用部门设置明细科目,如"固定资产——生产设备(××车间)""固定资产——厂房(××厂区)",并举例说明不同业务场景下(如购置新设备、处置旧设备)的账务处理方法。

4.针对另一家存在会计科目设计问题的类似制造企业案例进行分析,该企业存在成本核算混乱,将生产设备日常维修费用计入"管理费用",导致生产成本被低估,以及销售业务中未区分国内与出口销售,全部记入"主营业务收入",无法准确分析不同市场销售业绩的情况。学生需找出问题,提出优化建议,如将生产设备维修费用调整至"制造费用",在"主营业务收入"下增设"主营业务收入——国内销售""主营业务收入——出口销售"明细科目,并重新编制相关业务的会计分录进行调整,说明调整后对财务数据准确性和决策有用性的提升作用(调整后生产成本更准确,能真实反映产品成本,利于定价决策;销售明细科目可清晰展现不同市场的销售情况,为市场拓展策略提供依据)。

【实训任务】

模拟机械制造企业的会计部门工作场景,学生分组扮演企业的会计人员,在规定的时间内(如两周)完成上述实训任务。每组配备基本的办公设备和会计工具资料,包括计算器、账本、会计凭证、财务报表模板等,同时提供企业相关业务的纸质和电子资料,如采购合同、销售发票、银行对账单、生产工艺流程说明等,营造真实的工作氛围,让学生在实践中锻炼会计科目设计与应用能力。

任务一:会计科目体系构建与会计分录编制。

任务二:会计科目编号与使用说明编写及案例分析。对任务一中构建的会计科目进行编号,制定详细的编号规则手册,说明每个数字段的含义和涵盖范围,确保编号的系统性和逻辑性。

任务三:成果展示与汇报。各小组将任务一和任务二的实训成果进行整理和汇总,制作成PPT演示文稿和纸质文档报告。

《会计科目的设计》实训报告		
实训班级:	实训小组:	实训组成员:
实训时间:　　年　　月　　日	实训地点:	实训成绩:
实训目的:		
实训步骤:		
实训结果:		
实训感言:		

第四章　会计凭证的设计

● **知识目标**

理解：会计凭证的设计意义；不同分类标准下原始凭证和记账凭证各自的特点与适用场景。

熟知：会计凭证设计的基本原则；各类典型原始凭证所涵盖的具体内容；记账凭证的基本构成要素。

掌握：会计凭证的设计程序；正确填制各类原始凭证与记账凭证。

● **技能目标**

能够依据企业业务场景，独立设计完整且规范的原始凭证；熟练掌握记账凭证的填制技巧，针对不同类型的经济业务迅速且准确地完成记账凭证的编制；学会规划会计凭证的传递流程，明确各环节涉及部门与人员的职责，确保凭证传递及时、有序，信息流转顺畅；具备对会计凭证进行初步审核的能力，检查凭证是否存在问题，及时发现并纠正错误或疑点，保障财务数据源头可靠。

● **素质目标**

培养严谨、细致的工作作风，在填制、审核会计凭证过程中，对每一个数字、每一项内容都认真对待；提升逻辑思维能力，能够有条理地梳理会计工作流程，分析解决实际问题；增强团队协作意识，认识到会计凭证涉及企业多个部门，都需紧密配合，才能保证凭证体系有效运行；锻炼沟通协调能力，当会计凭证出现问题或需要完善时，能与不同部门人员有效沟通，获取准确信息，推动改进工作。

● **思政目标**

树立诚信为本的职业道德观念，维护市场秩序与企业信誉，做财务信息的"守护者"；培养责任担当意识，明确每一张会计凭证上的签字都意味着责任，从业务经办人、审核人到记账人，各环节人员都要对自己的工作负责，保障企业资产安全与财务健康，为企业发展保驾护航；激发创新进取精神，勇于探索优化会计凭证设计、应用的新思路，助力会计行业发展。

● **课程引例**

大华公司会计凭证设计引发的混乱与思考

大华公司是一家中型制造企业,主要生产各类电子产品。随着业务的不断拓展和规模的扩大,原有的会计凭证设计逐渐暴露出一些问题。

在采购业务中,公司采购部门使用的采购订单格式不统一,有的采购人员自行设计订单格式,导致采购信息记录不完整、不规范。例如,部分采购订单缺少供应商联系方式、交货日期等关键信息,给后续的仓库收货和财务付款带来了很大的困扰。仓库人员在验收货物时由于无法及时获取准确的采购信息,经常出现货物数量和质量与订单不符的情况,而财务部门在审核付款时也因采购订单信息不全,难以准确判断采购业务的真实性和合法性,导致付款延迟,影响了与供应商的合作关系。

在生产环节,车间领料单的设计过于简单,只记录了领料部门、材料名称和数量等基本信息,缺少领料用途、生产批次等重要内容,这使得财务部门在核算生产成本时无法准确区分不同产品的材料消耗情况,导致成本核算不准确,影响了产品定价和利润核算。

在销售业务方面,产品出库单的联次设置不合理,只有三联,分别用于销售部门、仓库和财务部门。但在实际业务中,门卫需要留存一联作为出门凭证,而销售部门有时也需要额外一联用于业务统计,导致工作中经常出现联次不够用的情况,不得不临时复印或重新填写,不仅增加了工作量,还容易出现错误。

此外,公司的记账凭证设计也存在一些问题。通用记账凭证虽然适用于大多数业务,但对于一些特殊业务,如涉及外币业务、长期股权投资等,无法清晰地体现业务的性质和会计处理过程。专用记账凭证虽然对业务进行了分类,但在实际使用中,部分财务人员对收款凭证、付款凭证和转账凭证的适用范围理解不准确,导致凭证填制错误,影响了会计信息的准确性和及时性。

● **引例反思**

(1)问题总结:①原始凭证方面。采购订单、领料单和产品出库单等原始凭证的设计存在缺陷,导致信息记录不完整、不准确,影响了业务流程的顺畅进行和财务核算的准确性。②记账凭证方面。通用记账凭证和专用记账凭证的设计未能充分考虑公司业务的复杂性和多样性,导致财务人员在使用过程中出现错误,影响了会计信息的质量。

(2)改进措施:①原始凭证。重新设计采购订单,明确规定必须包含供应商名称、联系方式、采购日期、交货日期、商品名称、规格型号、数量、单价、金额等关键信息,并采用统一的格式,确保采购信息的完整性和规范性;完善车间领料单,增加领料用途、生产批次、成本中心等信息,以便财务部门准确核算生产成本;调整产品出库单的联次设置,根据实际业务需求,增加一联供门卫留存,一联供销售部门统计使用,确保各部门工作的顺利开展。②记账凭证。对于通用记账凭证,在现有基础上增加一些特殊业务的会计分录模板和说明,帮助财务人员更好地处理复杂业务。通过对财务人员关于专用记账凭证的培训,使财务人员明确收款凭证、付款凭证和转账凭证的适用范围和填制要求,同时在凭证上增加必要的提示信息,减少填制错误。

(3)经验教训:①会计凭证设计是企业会计核算工作的重要基础,直接影响到财务信息的准确性和及时性。企业在设计会计凭证时应充分考虑自身的业务特点和管理需求,确保凭证内容完整、格式规范、联次合理。②在会计凭证的使用过程中,企业应加强对财务人员的培训和指导,提高其对会计凭证的认识和填制水平,同时建立健全会计凭证的审核和管理制度,及时发现和纠正凭证填制过程中的错误。③企业应定期对会计凭证的设计和使用情况进行评估和优化,根据业务的变化和发展,及时调整会计凭证的内容和格式,以适应企业管理的需要。

第一节　会计凭证设计概述

会计凭证（Accounting Vouchers）是记录经济业务、明确经济责任的书面证明。填制和审核会计凭证是整个会计核算工作的基础和起点，是会计信息处理的重要方法之一。会计凭证按填制程序和用途的不同分为原始凭证和记账凭证。会计凭证的设计也分为原始凭证的设计和记账凭证的设计两大部分。

一、会计凭证的设计意义

设计会计凭证，不仅对记录经济业务、反映资金变化、明确经济责任有直接作用，也影响登记会计账簿、成本计算、财产清查以及编制报表等会计核算工作，同时与会计分析和会计检查以及内部控制等工作也有直接的关系。具体地讲，设计会计凭证的意义有以下几方面：

（一）记录经济业务的合法证据

会计凭证是企业经济业务发生的书面证明，详细记录了每一笔业务的交易内容、时间、金额以及涉及的相关方等关键信息。例如，企业采购原材料时签订的合同、收到的发票以及货物的入库单等组合形成的采购凭证，清晰地证明了该笔采购业务的真实性和合法性，为企业的财务核算提供了可靠的基础数据。没有合法、有效的会计凭证，企业的经济业务就缺乏确凿的记录依据，可能导致财务信息的真实性受到质疑，进而影响企业的决策制定以及与外部利益相关者的沟通和信任关系。

（二）明确经济责任的重要工具

每一张会计凭证上都有相关责任人的签字或盖章，这明确了在经济业务流程中各个环节的责任人。在销售业务中，销售人员负责签订销售合同，其签字确认了对销售业务真实性和合同条款的责任；仓库管理人员在产品出库单上签字，表明对货物实际发出数量和质量的责任；财务人员审核凭证并记账，承担着确保财务数据准确记录和分类的责任。通过这种方式，会计凭证将经济业务的责任落实到具体个人，一旦出现问题，可以追溯到相关责任人，从而有效防止内部舞弊和错误的发生，保证企业资产的安全和财务活动的规范。

（三）登记会计账簿的直接依据

会计账簿是对企业经济业务进行分类汇总和连续记录的重要载体，而会计凭证则是登记账簿的原始资料。会计人员根据会计凭证上的分录信息，将各项经济业务分类记入相应的账簿账户中，如将采购原材料的支出记入"原材料"账户借方和"银行存款"或"应付账款"账户贷方，从而实现对企业财务数据的系统整理和归纳。如果没有规范设计的会计凭证，账簿记录就会变得混乱无序，无法准确反映企业的财务状况和经营成果，也不利于后续的财务报表编制和财务分析工作。

（四）实施会计监督的有效手段

会计凭证记录了经济业务的详细情况，为企业内部和外部的会计监督提供了重要的审查对象。企业内部审计人员可以通过检查会计凭证来审核各项业务是否符合企业的财务制度和内部控制要求，例如，审查费用报销凭证是否经过适当的审批流程、业务支出是否合理合规等。外部监管机构如税务机关、审计机关等在对企业进行检查时，也主要依据会计凭证来核实企业的纳税申报是否准确、财务报表是否真实、可靠等。通过对会计凭证的严格审核和监督，可以及时发现和纠正企业财务管理中的问题，保证企业经济活动的合法性和健康发展。

（五）强化内部控制的关键环节

设计良好的会计凭证流程和格式是企业内部控制制度的重要组成部分。从业务发生时原始凭证的填制和取得,到传递过程中的审核、签字,再到最终作为记账凭证的编制依据,这一系列环节构成了一个严密的内部控制链条,例如,在付款业务中,必须有完整的采购申请单、合同、发票、验收报告等原始凭证,并经过多个部门的审核签字后才能进行付款记账,这样可以有效避免不合理或未经授权的支出,防范企业的财务风险,提高企业运营管理的效率和效果,保障企业战略目标的实现。

二、会计凭证的设计原则

由于原始凭证和记账凭证的主要作用、使用方法、应用范围、重要程度等各不相同,因此设计时所应遵循的原则也必然有所区别。

(一)原始凭证的设计原则

1. 内容完整原则

原始凭证必须涵盖经济业务的所有关键信息,以确保业务记录的全面性与准确性。例如,一张采购发票应包含供货单位名称、发票编号、开票日期、商品或服务的详细名称、规格型号、数量、单价、金额,以及购买方信息等,缺少任何一项都可能导致业务理解的偏差或后续财务处理的困难。这是因为财务人员依据原始凭证录入数据,进行账务处理,如果信息不完整,就无法准确反映经济业务全貌,进而影响成本核算、资产计价等诸多方面。

2. 要素规范原则

凭证上的各个要素,如日期格式、数字书写、计量单位等,都要有统一规范的格式要求。日期应采用明确的年/月/日格式,便于清晰追溯业务发生时间;数字书写要符合会计记账规范,防止出现模糊不清或易混淆的写法,避免造成数据录入错误;计量单位也需统一,像重量统一用千克、克,长度用米、厘米等,确保不同原始凭证间的数据可比性,使财务核算具备一致性基础。

3. 反映真实原则

原始凭证所记录的内容必须真实、可靠地反映经济业务的实际发生情况,杜绝虚假信息。无论是业务交易的实质,还是凭证的填制人、审核人等信息,都要如实体现。比如,企业报销差旅费,必须提供真实的交通票据、住宿发票,且行程安排与业务需求相符,若出现伪造票据、虚报行程等虚假情况,不仅违背会计职业道德,还会导致企业财务信息失真,影响管理层决策,甚至可能面临法律风险。

4. 便于使用原则

原始凭证的设计要充分考虑使用者的便利性,包括填制人员、审核人员以及后续财务处理人员等。凭证的格式应简洁明了,易于理解和填写,避免过于复杂的设计使人望而却步;布局要合理,相关信息按逻辑顺序排列,方便快速查找与核对;同时,对于一些经常重复发生的业务,如水电费缴费单、电话费发票等,可以采用固定格式,减少填制人员的工作量,提高工作效率。

5. 一式多联原则

为满足企业内部不同部门的业务需求及管理要求,原始凭证通常设计为一式多联。例如,销售发票一般有记账联、抵扣联、发票联等,记账联供销售企业财务记账用,抵扣联由购买方用于增值税抵扣,发票联则是购买方记账的依据。各联次的内容相同,但用途各异,通过这种设计,既能保证财务数据的一致性,又能使各部门依据相应联次开展工作,如销售部门凭记账联统计销售额、税务部门通过抵扣联监管税收,实现信息共享与业务协同。

(二)记账凭证的设计原则

记账凭证与原始凭证虽有紧密的联系,但又存在明显的区别。因此,设计记账凭证,在符合内部控制和力求标准通用化的基础上应遵循以下原则:

1.便于通用原则

记账凭证应具备一定的通用性,能够适应不同类型、不同规模企业的基本会计业务需求。无论是制造业、商业企业,还是服务业企业,无论企业规模大小,记账凭证都应涵盖最常见的会计分录格式,如收款、付款、转账凭证的基本样式,以便财务人员能根据实际业务灵活运用,将经济业务转化为规范的会计记录,这是会计核算规范化、标准化的基础要求。

2.分类清晰原则

根据经济业务性质,记账凭证应进行明确分类,最常见的是分为收款凭证、付款凭证和转账凭证。收款凭证用于记录企业收到现金或银行存款的业务,付款凭证对应现金或银行存款的支出业务,转账凭证则处理不涉及现金和银行存款收付的其他业务。这种分类有助于财务人员快速识别业务类型,便于后续的凭证汇总、账簿登记以及财务报表编制,提高会计工作的效率与准确性。

3.科目准确原则

记账凭证上所填列的会计科目必须与经济业务的实质准确对应,这是保证账务处理正确的核心。企业当销售产品确认收入时,应借记"银行存款"(或"应收账款"等),贷记"主营业务收入"和"应交税费——应交增值税(销项税额)",会计科目及其借贷方向的选择要依据会计准则和企业实际业务,不能随意错用、混用科目,否则会导致资产、负债、收入、费用等会计要素计量错误,使财务报表失去可信度。

4.编号有序原则

为便于记账凭证的管理、查找与排序,财务人员需要对其进行有序编号。编号方法多样,常见的有数字顺序编号法、数字分组编号法等,如采用数字顺序编号法,按业务发生先后顺序依次编号,第一张记账凭证编号为1号,第二张为2号……依此类推。有序的编号如同记账凭证的"身份证",让财务人员在海量凭证中能迅速定位所需凭证,同时也为凭证的存档、审计等工作提供便利。

5.摘要精炼原则

记账凭证的摘要栏要填写对经济业务的精炼概括,既要简洁明了,又要能准确反映业务核心内容。例如,企业偿还银行短期借款,摘要可写"偿还××银行短期借款",而不是冗长复杂的描述,这样在日后查询凭证、分析财务数据时,通过摘要就能快速了解业务概况,避免因摘要含糊不清导致理解困难,提高会计信息的可读性与可用性。

三、会计凭证的设计程序

会计凭证的设计程序是一项严谨且系统的工作,对于保障会计信息的准确性、提升会计工作效率起着至关重要的作用。

(一)深入调研,明确需求与要点

1.透彻了解企业业务特性

不同行业、不同经营模式的企业,其经济业务千差万别。制造业企业业务流程复杂,涉及原材料采购、产品生产、销售及售后服务等多个环节,这就需要与之对应的诸如原材料入库单、生产任务通知单、产品出库单等各类会计凭证,以精准记录各环节的资金流动与物资流转;服务业企业则侧重于提供劳务,像咨询服务企业需设计服务合同确认单、劳务费用结算单等凭证,以满足其收入确认与成本核算需求。企业规模大小也影响会计凭证设计,由于大型企业组织结构复杂、部门分工细化,因此会计凭证要兼顾多部门协作与信息传递需求,可能需设计多联式且包含详细部门审核签字栏的凭证;小型企业业务相对单一,结构精简,凭证设计应简洁实用,避免烦琐复杂。

2.精准把握会计核算要点

企业需依据会计准则及其自身财务制度,明确核算精细度要求。若企业实行精细化成本管理,则需设计能详细划分成本项目的会计凭证,如制造业企业将生产成本细分为直接材料、直接人工、制造费用等子项目,分别记录在专门凭证上,便于成本分析与控制;对外有严格审计与信息披露需求的企业,会计凭证应确保数据可追溯、易汇总整理,以符合规范要求,利于编制高质量的财务报表。

(二)精心规划,确定种类与格式

1. 合理设计原始凭证

原始凭证按来源分为外来原始凭证与自制原始凭证。外来原始凭证如采购发票,要与供应商开票规范无缝对接,确保发票抬头、税号、商品或服务明细、金额、税率等关键信息准确无误,设计时预留足够的空间清晰呈现;自制原始凭证结合企业内部流程优化,以车间领料单为例,应涵盖领料部门、领料用途、材料名称、规格型号、数量等必填项,格式简洁明了,便于工人填写与仓库管理人员核对,同时考虑一式多联,分别用于财务记账、仓库留存、车间统计等。对于一些特殊业务,如企业固定资产处置,企业需设计专门的固定资产处置审批单,包含资产名称、购置时间、处置原因、评估价格、审批部门及人员签字等信息,确保资产处置合规、财务处理有据可依。

2. 规范设置记账凭证

记账凭证有通用格式与专用格式之分。通用记账凭证适用于业务相对单一、资金收付不频繁的企业,具备日期、凭证编号、摘要、会计科目、借贷金额、附件张数等基本要素,布局合理,方便填写;专用记账凭证按业务性质分为收款凭证、付款凭证和转账凭证。收款凭证突出收款来源、金额、对应科目等,付款凭证聚焦付款对象、金额、支付方式及相关科目,转账凭证着眼非现金收付业务的科目结转,格式上通过不同颜色纸张或显著标识区分,便于财务人员快速识别、分类处理。

(三)细致考量,确定内容与要素

1. 原始凭证核心构成

完整的原始凭证应涵盖业务发生的时间、地点、主体、客体、金额及计量方式等关键信息。例如,差旅费报销单,需包含出差人员的姓名、出差起止日期、出差地点、交通工具及费用明细、住宿发票及金额、餐饮补贴标准及金额等,缺少任何一项都可能导致财务人员无法准确核算差旅费,影响成本控制与财务报表的准确性。对于涉及物资收发的原始凭证,如原材料入库单,要明确入库时间、供应商名称、材料名称、规格型号、数量、单价、验收人员签字等要素,保障物资账实相符,为存货核算提供可靠依据。

2. 记账凭证关键要点

除基本的凭证编号、日期、摘要外,记账凭证的重点在于准确填写会计科目、借贷方向与金额。摘要要用精炼语言概括业务,如"支付本月水电费""收到客户货款"等;会计科目选择严格遵循会计准则,借贷方向反映经济业务实质,金额计算精准无误,确保与原始凭证匹配,为后续账簿登记提供准确数据。

(四)科学布局,设计编号与联次

1. 巧妙制定编号规则

编号,作为会计凭证管理的"密码",不仅关乎凭证的识别与检索,更是确保会计流程顺畅、信息准确的关键。在编号方法的选择上,数字顺序编号以其简单、直观的特点,成为小型企业或业务量较少部门的首选。该方法依业务发生先后,从1开始依次递增,确保凭证编号的唯一性和连续性,便于会计人员快速识别和处理。然而,对于大中型企业或业务复杂的单位而言,数字分组编号则显得更为适用。该方法按凭证类型进行分组,如收款凭证、付款凭证、转账凭证等,每类凭证按照其顺序进行连续编号,如收款凭证可以编号为"收1、收2等",付款凭证编号为"付1、付2等",转账凭证编号为"转1、转2等"。这种编号方式不仅便于分类管理与查询,还能有效减少编号的冲突和混淆,提升会计工作的效率。此外,部分企业还可采用更为精细的混合编号方式,在数字分组编号的基础上,再按年度或季度进行细分,如"2025年收1、2025年收2等"。这种编号方式不仅保留了数字分组编号的优点,还能进一步细化凭证的管理和检索,满足长期存档与审计的需求,确保会计信息的准确性和可追溯性。此外,"分数编号法"是另一种编号方法,主要适用于一笔经济业务需要填制多张记账凭证的情况。使用分数进行连续编号,以表示这些凭证属于同一笔业务。例如,如果第5号凭证包含两张记账凭证,那么这两张凭证可以分别编号为"$5\frac{1}{2}$"和"$5\frac{2}{2}$"。

2.优化安排联次用途

原始凭证联次依业务复杂程度与部门协作需求而定。以销售发票为例,通常有记账联(供销售企业财务记账)、抵扣联(购买方用于增值税抵扣)、发票联(购买方记账),各联次内容一致但用途有别,通过合理设计联次,可以保障税务、财务、业务各方工作协同推进,信息流转顺畅。自制原始凭证联次也各有侧重,如车间领料单,一般有:财务联用于成本核算、仓库联便于库存管理、车间联供生产调度,各联次相互关联又各司其职,确保企业内部信息流与物流同步。记账凭证一般为单联,如需多部门审核,可附审核联,确保流程规范、责任明晰。

(五)严谨测试,持续优化与完善

1.小范围试点运行

在新设计或修订的会计凭证投入使用前,企业选取其内部部分业务单元或特定时间段进行小范围试用,观察会计人员填制、审核凭证效率,是否存在理解困难或操作不便;关注凭证信息传递是否及时、准确,能否满足财务核算与管理需求,收集一线反馈。例如,某制造企业设计了新的生产成本核算凭证,选取一个车间进行为期一个月的试点,记录每天会计人员填制凭证时间、出现的错误类型及数量、车间与财务部门信息沟通频次等,为后续改进提供数据支撑。

2.根据反馈优化调整

企业依据试点反馈,对凭证设计存在的问题及时整改,若发现某原始凭证必填项过多导致填制耗时,则适当精简;若记账凭证格式引发会计分录填写混淆,则重新优化布局,通过反复测试、调整,使会计凭证设计臻于完善,切实服务于企业会计工作大局。如企业在试点后发现差旅费报销单中一些非关键信息占用过多空间,导致员工填写烦琐,经调整后简化相关栏目,提高了报销效率,同时也提升了会计人员的审核速度,优化了整个会计流程。

【做中学4-1】以会计凭证设计流程推动ABC制造公司财务精细化变革

ABC制造有限公司是一家中等规模的机械设备制造企业,产品涵盖多种工业机械,远销国内外市场。近年来,随着业务规模不断扩大,公司原有的会计凭证体系逐渐暴露出一些问题,难以满足日益复杂的业务需求和精细化的财务管理要求,如成本核算不够精准、业务信息传递滞后、财务审核效率低下等,因此决定对会计凭证进行重新设计。

请问:你能够针对所学的知识助力公司财务精细化管理设计会计凭证的流程吗?

第二节　原始凭证的设计

一、对原始凭证的一般要求

原始凭证（Source Documents）是记录经济业务活动具体内容的发生和完成情况，是作为会计核算原始资料和重要依据的书面证明。对企业发生的经济业务事项，根据新的《会计法》第十四条规定，企业必须填制或者取得原始凭证并及时送交会计机构。会计机构、会计人员必须按照国家统一的会计制度的规定对原始凭证进行审核，对不真实、不合法的原始凭证有权不予接受，并向单位负责人报告；对记载不准确、不完整的原始凭证予以退回，并要求按照国家统一的会计制度的规定更正、补充。任何单位、任何个人不得伪造、变造原始凭证。

【提示】原始凭证记载的各项内容均不得涂改，原始凭证金额有错误的，应当由出具单位重开，不得在原始凭证上更正。

【注意】原始凭证除金额外有其他错误的，应当由出具单位重开或更正，更正处应加盖出具单位印章。

二、原始凭证的分类

在设计原始凭证之前，设计人员应当熟悉和掌握各种原始凭证的特殊性，以便设计出符合实际需要、凭证内容既不多余又不短缺的原始凭证。为此，对原始凭证进行分类很有必要。

（一）原始凭证按其来源途径不同，可分为外来原始凭证和自制原始凭证

外来原始凭证，指在经济业务发生或完成时，从其他单位或个人直接取得的原始凭证，如购买货物取得的增值税专用发票、对外支付款项时取得的收据、职工出差取得的飞机票、火车票等。

【提示】常用的外来原始凭证有增值税专用发票、银行收款通知、民航的飞机票等。

自制原始凭证，指由本单位内部经办业务的部门和人员在执行和完成某项经济业务时填制的、仅供本单位内部使用的原始凭证。

【提示】常用的自制原始凭证有收料单、领料单、限额领料单、产品入库单、产品出库单、借款单、工资发放明细表、折旧计算表等。

【注意】原始凭证的设计，主要是针对自制原始凭证，外来原始凭证一般不需要设计。

（二）原始凭证按其填制的手续不同，可分为一次凭证、累计凭证和汇总凭证

一次凭证，指一次填制完成、只记录一笔经济业务的原始凭证。它是在经济业务发生或完成时由经办人员一次性填制的，用以记录该笔经济业务的发生情况或完成情况。这种凭证是会计凭证中最基本的形式之一，其填制手续是一次完成的，不能重复使用来记录其他经济业务。

【提示】常用的一次凭证有收款收据、领料单、收料单、发货票、借款单、银行结算凭证等。

累计凭证，指在一定时期内多次记录发生的同类型经济业务的原始凭证。一张凭证可以连续登记相同类型的经济业务，随时结出累计数及结余数，并按照费用限额进行费用控制，期末按实际发生额记账。

【注意】累计凭证是多次有效的原始凭证,如限额领料单。

汇总凭证,指对一定时期内反映经济业务内容相同的若干张原始凭证,按照一定的标准综合填制的原始凭证。汇总原始凭证合并了同类经济业务,简化了记账工作量。

【提示】常用的汇总记账凭证有发出材料汇总表、工资结算汇总表、差旅费报销单等。

(三)原始凭证按其格式不同,可分为通用凭证和专用凭证

通用凭证,指由有关部门统一印制、在一定范围内使用的具有统一格式和使用方法的原始凭证。这种凭证的格式和内容是标准化的,适用于多种经济业务类型,并且在规定的范围内,任何单位都可以使用。

【提示】常见的通用凭证有全国统一的商业承兑汇票、税收缴款书等。

专用凭证,指具有特定内容和专门用途的原始凭证。反映各企业特殊经济业务的凭证,必须自行设计。

【提示】常见的专用凭证有差旅费报销单、职工医药费报销单等。

三、原始凭证的设计步骤

明确原始凭证的设计步骤,有利于在设计原始凭证时统筹规划、合理安排,有秩序、有主次地进行,防止重复、遗漏等现象。一般地讲,企业设计原始凭证的步骤如下:

(一)根据企业实际需要,设计和确定原始凭证种类

确定符合实际需要的原始凭证种类,是设计原始凭证首先要解决的问题,它为原始凭证的设计工作划定了范围,指明了方向。设计原始凭证的种类,既要考虑经济业务的类型,如制造业企业涉及原材料采购、产品生产、销售发货等多样业务,需对应设计采购订单、生产领料单、销售出库单等凭证;又要考虑本单位管理的要求,若企业注重成本管控,针对成本核算环节就需设计精细划分成本项目的相关凭证;还要兼顾会计核算的需要,确保所设计凭证能精准提供会计记账所需信息,为后续账务处理筑牢根基。此外,企业在设计原始凭证种类时并非孤立行事。一方面,各部门之间需紧密协作,采购部门提供采购业务细节,生产部门反馈生产流程需求,销售部门传递市场动态,财务部门把控核算要点,共同打磨出最适配企业的原始凭证体系;另一方面,企业还应密切关注行业动态与法规政策变化。随着数字化浪潮席卷而来,若企业涉足电商业务,则需考虑设计适应线上交易的电子凭证,同时确保电子凭证符合电子签名法等相关法规要求,为企业合法合规运营保驾护航。

(二)按照原始凭证用途,设计原始凭证格式和联次

这是设计原始凭证的关键步骤和具体工作,是产生各种形式的原始凭证的基础。不同种类的原始凭证具有不同的用途,而用途不同,又使得各种原始凭证的具体内容不同。这就要求针对不同用途的原始凭证,按照设计原则,分别设计各种凭证的格式、联次,并规定各联的具体用途,设计时,必须对凭证具备的全部内容做出合理的安排。表格内外各列示哪些项目、有关项目之间的勾稽关系如何反映、上下左右怎样布局、规格尺寸如何确定、每一凭证需要一式几份、各联如何予以区分以及采用什么纸质印制、印成何种颜色等,都应当做出合理的设计或明确的说明,以保证设计和印制质量。例如,销售发票通常有记账联、抵扣联和发票联,记账联供销售企业财务记账,采用普通白色纸张;抵扣联供购买方用于增值税抵扣,多为绿色纸张,以便与其他联次区分,且在格式上突出显示与抵扣相关的税号、税额等信息;发票联供购买方记账,纸张颜色和格式设计也兼顾购买方财务处理的便利性。

【提示】如果记录的经济业务内容不多,尽量不要大于记账凭证,可与企业使用的记账凭证规格一样;如果记录的经济业务内容较多,则将大小设计为记账凭证的1.5倍或更大,以便折叠和装订,保证装订效果的美观性。对于计算机打印的原始凭证,一般的规格可以是B5、A4,最大为A3。

(三)依照凭证流转规律,规划原始凭证的传递程序

原始凭证的传递程序是指对从原始凭证的填制或取得开始,到送存会计档案室为止的传递路线和传递时间所做的规定。设计原始凭证的传递程序,就是确定原始凭证从填制或取得到送存会计档案室的整个过程中应当经过哪些部门或个人,在每个经由部门或个人应当办理哪些手续、应当停留多长时间。科学、合理的原始凭证传递程序,是建立正常的会计处理秩序、加强内部控制、明确经济责任、及时提供真实可靠的会计信息、促进会计工作效率提高的有力保证。以采购业务为例,采购部门在完成采购后填制采购订单、验收单等原始凭证,首先传递至仓库部门,仓库人员依据验收单核对货物数量、质量无误后签字确认,并在规定时间内,如1个工作日内,将凭证传递至财务部门;财务部门收到凭证后,审核相关信息,进行账务处理,处理完毕后在3个工作日内将凭证整理归档。其间,若某部门发现凭证存在问题,需及时注明问题并退回上一环节重新处理,且明确记录退回原因与时间,确保整个传递流程顺畅、责任明晰。

(四)依据财经法规要求,规范原始凭证使用与保管

原始凭证是具有法律效力的经济资料和会计档案,任何单位在设计完成原始凭证后都应建立规范化的使用和保管制度,以保证原始凭证的安全性及使用的合理性、合法性和合规性。对于有连续编号的空白原始凭证,如"现金收据""现金支票""转账支票""增值税普通发票""增值税专用发票"等原始凭证,应当指定专人妥善保管,并设置出纳登记簿和发票登记簿。登记簿需详细记录空白凭证的领取时间、领取人、领取数量、使用情况、作废情况等信息,以便随时追溯。对于已经作为记账凭证编制依据的原始凭证,应当及时附在记账凭证下面,并按照《会计档案管理办法》的要求保管。在保管期间,要注意防火、防潮、防虫蛀等,定期对档案进行检查与整理,确保原始凭证的完整性。同时,对于涉及机密信息的原始凭证,如企业核心技术研发的费用支出凭证,应采取额外的保密措施,限制借阅人员范围,借阅时需履行严格的审批手续,确保商业机密不被泄露。此外,根据法规要求,原始凭证的保管期限为30年,单位务必严格遵守规定,到期按流程销毁或继续妥善保存。

四、典型原始凭证的设计

原始凭证是反映经济业务发生或完成的唯一证据,所以,按照经济业务的种类设计原始凭证是最佳的设计思路。

(一)货币资金收付业务原始凭证的设计

货币资金收付业务主要指企业的库存现金、银行存款业务。反映此类业务的原始凭证具有下列特点:既有外来原始凭证,又有自制原始凭证;既有通用凭证,又有专用凭证;从填制手续看都是一次凭证。反映库存现金业务的原始凭证主要有借款单、收据、差旅费报销单、库存现金盘点报告表等。银行存款业务的原始凭证有支票、付款委托书、商业汇票等。

【提示】我国银行结算凭证实行通用化管理,企业不需要自行设计。反映库存现金业务的各种原始凭证大多需要自行设计。库存现金收支业务的原始凭证是货币资金业务原始凭证的设计重点。

现将常用的库存现金业务收、支凭证基本格式和内容设计如下:

1. "现金收据"的设计

"现金收据"一般设计一式三联:一联作为存根备查;一联送交付款单位(或个人),收执作为报

销凭证,并加盖或加印税务部门的监制章;一联送交会计,凭以记账。其格式参见表 4—1。

表 4—1

现金收据

年　　月　　日　　　　　　　　　　　　　　　　　　　编号:

交款单位或交款人名称:	
收款事由:	
金额(大写):	¥

会计主管:　　　　　出纳:　　　　　审核:　　　　　交款人:

2."出差暂支单、借款单"的设计

暂支单是指用于暂时借支费用的凭证单,到期需归还,可用做单据冲账,也就是所说的现金挂账。"出差借款单"一般只设计一联,由借款人填写后,先交其所在部门负责人审核签字,再送财会部门负责人审批后,出纳予以付款并送交会计进行账务处理。借款单是指用于暂时借支费用的凭证单,到期需归还,可用做单据冲账,也就是所说的现金挂账。其格式分别参见表 4—2 和表 4—3。

表 4—2

暂支单

年　　月　　日　　　　　　　　　　　　　　　　　　　编号:

收款人			
暂支事由			
暂支金额	人民币(大写)		(小写)
预计归还日期		科目	

会计主管:　　　记账:　　　出纳:　　　制单:　　　收款人签字:

表 4—3

借款单

年　　月　　日　　　　　　　　　　　　　　　　　　　编号:

借款人姓名		借款人所在部门	
借款用途		出差事由	
往返时间		借款金额	
人民币(大写)		预计还款日期	

会计主管:　　　部门负责人:　　　审核:　　　出纳:　　　经办人:

3."差旅费报销单"的设计

"差旅费报销单"属于汇总原始凭证,只需要设计一联,由差旅费报销人员和会计审计人员共同填制,经有关人员签章后,会计据此及所附各原始凭证进行账务处理,见表 4—4。

表 4-4　　　　　　　　　　　　　　差旅费报销单
　　　　　　　　　　　　　　　　　　　年　　月　　日

	出差人姓名					所属部门			
	出差地点					起止日期	自　月　日至　月　日,共　天		
	出差事由								
交通及住宿费	种类	单据张数	开支金额	核准金额	出差补助费	种类	天数	标准	金融
	城市间交通费					伙食补贴			
	住宿费					公杂补贴			
	小计					小计			
	合计		大写金额				小写金额		
报销结算情况		原出差借款				报销金额			
		退回金额				补发金额			

会计主管：　　　　部门负责人：　　　　审核：　　　　出纳：　　　　经办人：

4."现金盘点报告表"的设计

"现金盘点报告表"是在对现金进行清查盘点,发现现金溢余或短缺时所使用的一张原始凭证,通常设计两联：一联由出纳留存,一联送交会计人员审查后编制记账凭证。该凭证在小型企业里可不专门设计。其格式参见表 4-5。

表 4-5　　　　　　　　　　　　　　现金盘点报告表
单位名称＿＿＿＿＿＿＿＿＿＿＿＿　　　　年　　月　　日　　　　　　　　　金额单位：元

账存金额	实存金额	盘　盈	盘　亏	盈亏原因

会计主管：　　　　　　　　　盘点人：　　　　　　　出纳：

(二)工薪业务原始凭证的设计

工薪是以货币形式支付给职工的劳动报酬。工薪业务主要包括工资的结算和工资费用的分配。为了防止在工资结算和发放过程中出现弄虚作假、贪污舞弊等行为,企业必须设计严密的控制程序和完善的凭证体系,建立健全考勤记录和产量记录。反映工资业务的原始凭证主要有"工资单""集体计件工资分配表""工薪费用分配表"等。

1."工资单"的设计

"工资单"是由劳资部门和会计部门按车间、职能科室、工段或小组按月编制的记录工资发放情况的原始凭证,通常一式三份,其中两份分别由劳资部门和会计部门存留备查及进行账务处理,另一份按每个职工裁成单条,分别发给职工。"工资单"的一般格式参见表 4-6。

表4－6　　　　　　　　　　　　　　　　　　工资单
部门_____　　　　　　　　　年　月　　　　　　　　　　　　　金额单位：元

工号	姓名	计时工资			计件工资	加班工资	奖金	津贴	应发工资	代扣款项									实发工资	签字
		日工资率	出勤天数	金额						房租	水电费	基本医疗保险	基本养老保险	失业保险	工伤保险	住房公积金	个人所得税	其他	合计		
生产人员合计																					
管理人员合计																					
合计																					

会计主管：　　　　　部门负责人：　　　　　审核：　　　　　制表：　　　　　出纳：

2."工薪费用分配表"的设计

"工薪费用分配表"也称"工薪核算汇总表"，是对各车间或部门的工薪费用，按照受益对象进行归集和分配的原始凭证。其格式参见表4－7。

表4－7　　　　　　　　　　　　　　　　工薪费用分配表
　　　　　　　　　　　　　　　　　　　　　年　月　　　　　　　　　　　　　金额单位：元

应借科目		工资	社会保险费				住房公积金	工会经费	职工福利费	职工教育经费	合计
总账科目	明细科目		基本医疗保险	基本养老保险	失业保险	工伤保险						
生产成本	基本生产成本	A产品										
		B产品										
		……										
	辅助生产成本	供水车间										
		供电车间										
		机修车间										
制造费用	一车间											
	二车间											
	……											
管理费用	工薪费											
销售费用	工薪费											
在建工程	工薪费											
研发支出	工薪费											
合计												

会计主管：　　　　　审核：　　　　　制表：　　　　　出纳：

(三)固定资产业务原始凭证的设计

固定资产业务,包括固定资产的购买、接受捐赠、工程完工验收、折旧、报废、盘盈和盘亏等。为了分别反映固定资产各项业务的发生和完成情况,企业需要分别设计"固定资产验收单""工程验收决算报告""接受捐赠固定资产情况表""固定资产交付使用清单""固定资产报废单""固定资产折旧计算表""固定资产内部转移单""固定资产盘盈盘亏报告单"等。

1."固定资产验收单"的设计

收到投资者投入的固定资产,企业购进不需要安装的固定资产,或已经安装完毕的固定资产,在正式投入使用前,企业应当组织由资产管理部门、会计部门、工程技术人员组成的验收小组,对固定资产进行质量检验,并根据质量检验的结果,由工程技术人员填制"固定资产验收单"。固定资产验收单通常设计为一式两联:一联交资产管理部门,用于登记固定资产卡片;一联交会计部门,用于登记固定资产明细账和总账。其格式参见表4-8。对验收合格的固定资产,应交付使用部门,并填制一式三联的"固定资产交付使用清单":一联交资产管理部门,负责登记固定资产卡片;一联交使用部门,负责登记固定资产保管账;一联交会计部门,负责登记固定资产总账和明细账。

表4-8　　　　　　　　　　　　　　固定资产验收单

编号＿＿＿＿＿＿＿　　　　　　　　　　年　月　日　　　　　　　　　　　　金额单位:元

合同编号	名称	规格型号	来源	计量单位	合同数量	实收数量	交工日期	验收结果 合格	验收结果 不合格	实际成本	备注

采购部门:　　　　　资产管理部门:　　　　　质检部门:　　　　　会计部门:

2."固定资产报废单"的设计

"固定资产报废单"通常设计一式两联,由固定资产管理部门或使用部门提出报废申请,按报废对象填制,详细说明固定资产的技术状况和报废原因,经有关部门审定批准后,送交财会部门一联,作为组织固定资产清理核算的依据;另一联留归固定资产管理部门或使用部门存查,并登记固定资产卡片。各部门审查"处理意见"栏后加注意见并签章。其格式参见表4-9。

表4-9　　　　　　　　　　　　　　固定资产报废单

使用部门＿＿＿＿＿＿＿　　　　　　　年　月　日　　　　　　　　　　字第＿＿＿＿＿号

名称	编号	规格型号	单位	数量	预计使用年限	已使用年限	原始价值	已提折旧	残值	附属设备	备注

固定资产状况及报废原因			
处理意见	使用部门	技术鉴定小组	资产管理部门	会计部门审批

(四)采购业务原始凭证的设计

采购业务发生后,企业必须首先取得供货单位的"发票"、运输单位的"运单"、银行的结算凭证等,这些属于外来原始凭证,不需要设计。企业收到材料后,应办理质量检验、入库手续,为此,应当设计"材料采购成本计算单""材料质量检验报告单"和"材料入库单"等原始凭证。"材料质量检验报告单"格式略,"材料采购成本计算单"和"材料入库单"的格式分别参见表4-10和表4-11。

表 4－10 　　　　　　　　　　　　　　材料采购成本计算单
　　　　　　　　　　　　　　　　　　　年　　月　　日　　　　　　　　　　　　　　　　字第_____号

类别	品名	规格及型号	计量单位	发票数量	入库数量	实际总成本									实际单位成本	计划单位成本	成本差异	备注
						买价	运输费	包装费	装卸费	保险费	增值税	进口关税	挑选整理费	其他	合计				

会计主管：　　　　　　　　　　　审核：　　　　　　　　　　　制表：

表 4－11　　　　　　　　　　　　　　　材料入库单
　　　　　　　　　　　　　　　　　　　年　　月　　日
供货单位_____　　　　　　　　　　　　　　　　　　　　　　　　　　　入字第_____号
发票种类及号码_____　　　　　　　　　　　　　　　　　　　　　　　　　　仓库_____

类别	品名	规格及型号	计量单位	数量		计划单价	金额	备注
				发票数量	入库数量			
合计								

采购部门：　　　　　　　　仓储部门：　　　　　　　　质检员：　　　　　　　　保管员：

"材料采购成本计算单"属于计算凭证，由会计人员根据材料采购明细账、材料入库单等原始凭证编制，一式一联。

"材料入库单"也称"收料单"，一般应设计一式三联，由仓库保管人负责填制：一联留在仓库登记材料卡片和材料保管账；一联交采购部门，作为采购业务结束的证据；一联送交会计部门，作为编制记账凭证、登记材料明细账和总账的原始凭证。

（五）存货业务原始凭证的设计

存货是指企业用于销售或生产消耗的各种物品。存货业务的主要内容有存货的收入、存储、发出和盘点等。为了正确反映各种存货的收、发、结存情况，加强存货的管理，企业应当设计"领料单""限额领料单""产品入库单""产品出库单""委托加工材料出库单""发料凭证汇总表"或"材料费用分配表""存货盘点报告表"等。"产品出库单"即"销货单"，将在销售业务原始凭证设计中分析。现对其他几种主要原始凭证的格式、内容予以分析。

1."领料单"的设计

"领料单"用于车间或部门从仓库领用材料的业务，一般设计一式三联：一联由领料单位留存，据以登记领退料登记簿；一联留归发料仓库，由保管员据以登记材料卡片和材料保管账；一联送交会计部门，据以进行会计处理。领料单中除实发数量由发料人填写，单价、金额栏由会计人员填写外，其他内容都由领料员填写。领料单的格式参见表 4－12。

表 4－12　　　　　　　　　　　　　　　　　领料单
领料部门_____　　　　　　　　　年　　月　　日　　　　　　　　　　　　发字第_____号
用　　途_____　　　　　　　　　　　　　　　　　　　　　　　　　　　　　发料仓库_____

材料类别	材料名称	规格与型号	计量单位	数量		单价	金额	备注
				请领数	实发数			
合计								

领料部门：　　　　　　　仓储部门：　　　　　　　保管员：　　　　　　　领料员：

2. "限额领料单"的设计

"限额领料单"是一种累计原始凭证，在有效期限（最长为1个月）内，只要领用不超过限额，就可以连续使用。该凭证应当在每月开始前由生产计划部门根据生产计划、材料消耗定额等有关资料，确定领用限额。"限额领料单"一般设计一式三联，经生产计划部门负责人审核签字后，一联送交仓库，据以发料，一联送交领料单位，据以领料，一联送交会计部门，据以进行会计处理。

领料部门每次领料时应当在限额领料单上填写申请领用数量，并由领料部门负责人签字。仓库发料时，应严格按照单内所列的材料品种、用途、数量限额发放，并将累计领用数计算填入单内。在规定的领用期限内，当领用数量已经达到规定的领用限额时，不得再以本限额领料单领料。月末，根据领用限额与累计领用数计算出限额余额，经仓库保管员和领料员核对无误并签字后，由仓库保管员将属于会计部门的一联送交会计部门进行会计处理。限额领料单的格式参见表4－13。

表 4－13　　　　　　　　　　　　　　　　　限额领料单
领料单位_____　　　　　　　　　年　　月　　　　　　　　　　　　　　发字第_____号
材料名称_____　　　　　　　　　　　　　　　　　　　　　　　　　　　　发料仓库_____
用　　途_____　　　　　　　　　　限额_____计量单位_____

日期	本次领用		累计领用数			限额余额	领料员	保管员	备注
	请领数	实发数	数量	单价	金额				
合计									

领料部门：　　　　　　　　　　　　　　　　　　　仓储部门：

【注意】 月末对于车间已领用但没有消耗完的材料，需要办理退料手续，因此，应当设计"退料单"。实践中，对于退料业务不多的企业，也可以填制红字的"领料单"代替"退料单"。

3. "产品入库单"的设计

"产品入库单"是用来记录已经生产完工，经检验合格送交仓库准备销售的产品的原始凭证。入库单的内容应反映出生产或班组的名称、产品名称、产品质量等级、生产成本、入库数量等内容，通常设计一式三联：一联仓库盖章后生产部门留存，一联仓库登记存货账，一联送交财会部门进行账务处理。产品入库单的格式参见表4—14。

表4—14　　　　　　　　　　　　　　产品入库单

年　　月

车间_____　　　　　　　班组_____　　　　　　　　　　　　　　编号_____

金额单位：元

产品种类	产品名称	规格及型号	鉴定等级	计量单位	送库数	实收数	总成本	单位成本

车间负责人：　　　　仓储部门：　　　　交库员：　　　　保管员：　　　　质检员：

4."存货盘点报告表"的设计

存货盘点有两种情况：一是采用实地盘存制的企业在期末进行的盘点；二是采用永续盘存制的企业为了保证账实相符而进行的盘点。两种盘存制的目的不同，所采用的盘点报告表也不相同。采用实地盘存制时，进行盘点是为了通过确定结存数计算本期发出存货的数量和金额。其盘点报告表的内容包括存货的名称、规格、期初数、本期收入数、期末结存数、本期发出数等。其格式参见表4—15。采用永续盘存制时，进行盘点是为了对那些账实不符、发生盘盈盘亏的存货进行反映。盘点报告表的内容包括存货的名称、规格、计量单位、单价、账面结存、实际结存、盘盈盘亏的数量和金额、盈亏原因等。其格式参见表4—16。

表4—15　　　　　　　　　　　　材料盘点报告表（实地盘存制）

仓库号：　　　　　　　　　　　　年　　月　　日　　　　　　　　　　　编号_____

金额单位：元

材料种类	材料名称	规格及型号	计量单位	期初结存			本期入库			期末结存			本期发出		
				数量	单价	金额	数量	单价	金额	数量	单价	金额	数量	单价	金额
合计															

会计主管：　　　仓储部门：　　　清查小组：　　　盘点：　　　保管员：　　　会计：

表4—16　　　　　　　　　　　　材料盘点报告表（永续盘存制）

仓库号：　　　　　　　　　　　　年　　月　　日　　　　　　　　　　　字第_____号

金额单位：元

材料种类	材料名称	规格与型号	计量单位	数量		单价	盘盈		盘亏		盈亏原因
				账存数	实存数		数量	金额	数量	金额	

会计主管：　　　仓储部门：　　　清查小组：　　　盘点：　　　保管员：　　　会计：

(六)生产业务原始凭证的设计

严格来讲,生产业务原始凭证主要包括材料费用分配表、燃料及动力费用分配表、工薪费用分配表、折旧费用计提表、辅助生产费用分配表、废品损失计算单、停工损失计算单、制造费用分配表、完工产品成本计算单等,但这些凭证在前述业务中已分别作了介绍。因此,这里重点介绍"材料费用分配表""制造费用分配表""产品成本计算单"。

1."材料费用分配表"的设计

"材料费用分配表",也称"发料凭证汇总表"或"发出材料汇总表",是对月份内所耗材料按其用途进行分配的一种原始凭证,由会计人员根据"领料单""限额领料单"和仓库人员送交的领料登记表在月底编制。"材料费用分配表"的格式参见表4-17。

表4-17

材料费用分配表

年　　月　　　　　　　　　　　　　　　　　　　　编号_____

金额单位:元

应借科目		应贷科目:原材料						
总账科目	明细科目	甲材料			乙材料			……	金额合计
^	^	数量	单价	金额	数量	单价	金额	^
生产成本	基本生产成本	A产品						
^	^	B产品						
^	^	……						
^	辅助生产成本	供水车间						
^	^	供电车间						
^	^	机修车间						
制造费用	机物料费							
管理费用	机物料费							
在建工程	材料费							
研发支出	材料费							
合　计								

会计主管:　　　　　　　　　　　审核:　　　　　　　　　　　制表:

2."制造费用分配表"的设计

制造费用是车间管理部门为组织管理产品生产而发生的间接费用。为了保证产品成本计算的准确性,企业应将制造费用按照一定的标准分配计入各种产品成本,为此,必须设计"制造费用分配表"。其一般格式参见表4-18。

表 4－18　　　　　　　　　　　　　制造费用分配表

车间_____　　　　　　　　　　　年　　月　　日　　　　　　　　　　　编号_____

金额单位:元

成本计算对象	制造费用额	分配标准数	分配率	分配金额
①	②	③	④＝②÷③	⑤＝③×④
合计				

会计主管：　　　　　　　　　　　审核：　　　　　　　　　　　　制单：

3."产品成本计算单"的设计

"产品成本计算单"是按照产品名称计算企业各种完工产品成本的原始凭证。在以会计期间作为成本计算期的企业,其格式参见表 4－19。

表 4－19　　　　　　　　　　　　　产品成本计算单

年　　月　　日

产品种类_____　　产品名称_____　　计量单位_____　　　　　　　字第_____号

金额单位:元

成本项目	月初在产品成本	本月费用	生产费用合计	产成品 数量	产成品 总成本	产成品 单位成本	月末在产品	备注
直接材料								
燃料及动力								
直接人工								
制造费用								
废品损失								
停工损失								
合计								

会计主管：　　　　　　　　　　　审核：　　　　　　　　　　　　制表：

（七）销售业务原始凭证的设计

反映销售业务的原始凭证包括"产品出库单""代垫运费清单""商品退货单""产品销售成本计算单"等。

1."产品出库单"的设计

"产品出库单",也称"销货单""提货单"。"产品出库单"一般应设计为一式五联:(1)存根,由销售部门留存进行业务核算;(2)发票,交购货人回单位报账;(3)收款,由财会部门办理收款并进行会计核算;(4)发货,由仓库保管凭以发货并登记仓库台账;(5)代出门证,交门卫查。

需要指出的是,"产品出库单"发票联必须加盖销货单位的财务专用章,否则无效;规模较小的单位,出门证联可以取消,但必须办理出门登记手续,包括出门时间、运输车辆车牌号、运输人员身份证号等信息。其格式参见表 4－20。

表 4－20　　　　　　　　　　　　　　　产品出库单
　　　　　　　　　　　　　　　　　　　　年　　月　　　　　　　　　　　　　　　出字第_____号
购货单位或个人_____　　　　　　　　　　　　　　　　　　　　　　　发货仓库_____
发票种类及号码_____

货　号	品　名	规格与型号	计量单位	数　量	单　价	金　额	备　注
金额(大写)					小写：		

销售主管：　　仓储部门：　　会计：　　保管员：　　运输部门：　　提货人：

2."商品退货单"的设计

"商品退货单"是由销售部门填制的、用以证明销售退回商品信息的原始凭证。其格式参见表 4－21。

表 4－21　　　　　　　　　　　　　　　商品退货单
购货单位　　　　　　　　　　　　　　　　年　　月　　　　　　　　　　　　　　　编号_____
　　　　　　　　　　　　　　　　　　　　　　　　　　　　　　　　　　　　　　　金额单位：元

合同编号：					
退货原因：					
商品名称及货号		销货数量		销货金额	
规格及型号		退货数量		退货金额	
应负担的往返运费		销售部门负责人	会计部门负责人	主管领导	
应支付的赔偿金					
造成退货的责任人					
处理意见					

退货部门：　　　　　质监部门：　　　　　审核：　　　　　制表：

3."产品销售成本计算单"的设计

"产品销售成本计算单"是由会计人员填制的、用以计算已销产品成本的原始凭证。其格式参见表 4－22。

表 4－22　　　　　　　　　　　　　　产品销售成本计算单
　　　　　　　　　　　　　　　　　　　　年　　月　　日　　　　　　　　　　　　　编号_____
　　　　　　　　　　　　　　　　　　　　　　　　　　　　　　　　　　　　　　　金额单位：元

产品种类	产品名称	规格及型号	计量单位	数量	单价	金额	备注
合计							

会计主管：　　　　　　　　　　审核：　　　　　　　　　　制表：

第三节　记账凭证的设计

一、对记账凭证的一般要求

(一)基本内容完整性

记账凭证(Journal Voucher)作为会计信息的重要载体,必须涵盖全面且关键的信息。首先,凭证编号具有唯一性。这样可以方便对凭证的查找、排序与管理,无论是按业务发生顺序编号,还是采用分类编号法,都要确保编号系统的严谨性。日期的填写则精准反映经济业务发生的时间节点,为财务数据的时序分析提供基础,这要求记账人员严格依据业务实际发生日填写,不得随意篡改。摘要栏是业务的"精简说明",要用简洁而准确的语言概括经济业务的核心内容,例如,"支付本月水电费""收到客户A货款"等,使查阅者一目了然。会计科目是记账凭证的"核心枢纽",借方科目与贷方科目及其对应的明细科目必须准确无误地反映经济业务所引起的资金增减变化,这依赖于记账人员对会计准则及企业财务制度的精准把握。金额栏的数据是财务信息的"量化体现",借贷双方金额需相等,保证会计分录的平衡,任何微小的差错都可能引发后续财务报表的连锁错误。附件张数的记录则为原始凭证与记账凭证的关联提供线索,确保记账依据的可追溯性。

(二)填制规范准确性

记账凭证的填制过程,容不得半点马虎。会计人员在填写会计科目时必须严格遵循会计准则及企业内部制定的会计科目表,杜绝随意编造、混用科目,例如,将应计入"管理费用"的办公用品支出误记入"销售费用",会导致成本费用的错误分配,进而影响利润核算。数字书写规范更是基础中的基础,书写阿拉伯数字要清晰、工整,避免潦草、模糊不清,防止因数字误认引发金额差错;大写金额则要符合汉字大写规范,在涉及重要金额如支票填写时,大写错误可能导致票据无效。记账凭证的填制人员必须是经过专业培训、熟悉会计业务流程的人员,填制完成后需签名或盖章,明确责任归属,一旦后续发现问题,可追溯到具体责任人。

(三)审核严格有效性

审核环节是记账凭证质量的"把关要塞",对确保会计信息准确性至关重要。首先,从形式上审核,检查凭证格式是否符合企业规定,编号是否连续、有无重号或漏号,日期是否合理,签名盖章是否齐全,若存在格式混乱、编号异常等问题,则很可能暗示凭证填制过程不严谨或存在违规操作。其次,内容审核则聚焦于会计分录的正确性,审核会计科目运用是否恰当,借贷方向是否符合经济业务实质,金额计算是否精准无误,摘要是否清晰反映业务内容,以及与所附原始凭证是否一一对应,若发现原始凭证缺失、会计分录错误等情况,则必须及时更正或补充。审核人员应具备丰富的会计经验、扎实的专业知识,秉持客观、公正的态度,只有通过严格审核的记账凭证才能进入后续账务处理流程。

(四)分类合理适用性

记账凭证的分类要契合企业的业务特性与财务管理需求。通用记账凭证适用于业务相对单一、资金收付不频繁的小型企业或初创企业。这类企业经济业务类型较少,无需复杂的分类。一张通用凭证即可涵盖收款、付款、转账等常见业务,可以简化凭证管理流程,降低财务成本。而大中型企业,由于业务多元化、资金流量大,通常采用专用记账凭证。专用记账凭证分为收款凭证、付款凭证和转账凭证。收款凭证聚焦于货币资金的流入业务,醒目记录收款来源、金额、对应科目等,方便财务人员快速统计现金与银行存款收入;付款凭证针对资金支出,详细反映付款对象、金额、支付方式及相关科目,强化资金流出管控;转账凭证则专注处理不涉及现金和银行存款收付的其他业务,如固定资产折旧、成本结转等,确保非货币性业务的准确核算。合理的分类使记账凭证能精准适配不同业务场景,提高会计工作效率与质量。

二、记账凭证的分类

(一)记账凭证按反映经济业务的内容,可分为收款凭证、付款凭证和转账凭证

1. 收款凭证

收款凭证是反映货币资金收入业务的记账凭证。它还可以进一步细分为现金收款凭证和银行存款收款凭证。在企业的日常经营中,当有现金流入时,例如,企业销售商品直接收到现金,就需要填制现金收款凭证。而如果企业是通过银行转账的方式收到客户的货款,那么就要填制银行存款收款凭证。

2. 付款凭证

付款凭证是反映货币资金支出业务的记账凭证,它包括现金付款凭证和银行存款付款凭证。比如企业用现金购买办公设备时,应填制现金付款凭证;当企业通过银行转账支付供应商货款时,就需要填制银行存款付款凭证。

3. 转账凭证

转账凭证是用于记录不涉及库存现金和银行存款业务的会计凭证。它是根据不涉及库存现金和银行存款收付的有关转账业务的原始凭证填制的。例如,企业对固定资产进行折旧计提,这个过程中并没有现金或银行存款的变动,此时就要填制转账凭证。

(二)记账凭证按照经济用途,可分为分录凭证、汇总凭证和联合凭证

1. 分录凭证

分录凭证是直接根据原始凭证编制的。我们平时说的收款凭证、付款凭证、转账凭证,均属于此种凭证,详细写明了会计科目、记账方向和应记金额。在会计处理过程中,原始凭证是经济业务发生的最初证明;分录凭证则是对原始凭证进行的初步会计处理,是后续会计核算的基础。

2. 汇总凭证

汇总凭证是根据分录凭证进行汇总编制的,是用于登记分类账的记账凭证。汇总记账凭证包括"汇总收款凭证""汇总付款凭证"及"汇总转账凭证"等。例如,在某段时间内企业有许多笔销售业务,分别都填制了分录凭证,之后可以将这些销售分录凭证汇总编制成一张销售汇总凭证来登记分类账。

3. 联合凭证

联合凭证是指既有原始凭证或原始凭证汇总表的内容,同时又有记账凭证内容的一种凭证。例如,在自制的原始凭证上同时印上对应科目,用来代替记账凭证,这样就形成了联合凭证,它可以作为记账的依据。

(三)记账凭证按编制方法,可分为单式记账凭证和复式记账凭证

1. 单式记账凭证

单式记账凭证是指在每张凭证上只填写一个账户名称的记账凭证。这种凭证列出的对应账户名称主要用于核对,并不依据它来记账。单式记账凭证又叫单科目记账凭证,是按一项经济业务所涉及的每个会计账户单独填制一张记账凭证,每一张记账凭证只填写一个会计账户,每一张记账凭证只填列经济业务事项所涉及的一个会计科目及其金额的记账凭证。为单独反映每项经济业务涉

及的会计账户及对应关系,单式记账凭证又分为借项记账凭证和贷项记账凭证。填列借方账户名称的是借项记账凭证,填列贷方账户名称的是贷项记账凭证。当一项经济业务涉及多个账户时,企业需要分别填制几张凭证,并通过一定的编号方法将它们联系起来。

【提示】优点:内容单一,便于汇总计算每一会计科目的发生额和分工记账,并可加速凭证的传递。缺点:制证工作量大,且不能在一张凭证上反映经济业务的全貌,内容分散,也不便于查账,还易出差错。

2.复式记账凭证

复式记账凭证,又称多科目凭证,是指在每一张记账凭证上填列一笔会计分录的全部账户名称,按反映经济业务的全貌要求编制的一种记账凭证,也是将每一笔经济业务事项所涉及的全部会计科目及其发生额均在同一张记账凭证中反映的一种凭证。例如,企业采购原材料,用银行存款支付,在复式记账凭证上就会同时体现原材料账户增加和银行存款账户减少的情况,清晰地展示了整个经济业务的资金流向和账户变动情况。

【提示】优点:可以集中反映一项经济业务的科目对应关系,便于了解有关经济业务的全貌,减少凭证数量,节约纸张,填写方便,附件集中,便于对记账凭证的分析和审核等。缺点:不便于分工记账,同时不便于汇总计算每一个会计科目的发生额。在实际工作中,企业一般都采用复式记账凭证。

三、记账凭证的设计步骤

(一)确定记账凭证的种类

企业首先需要根据其业务规模、业务类型以及会计核算的要求来确定记账凭证的种类。如果企业规模较小、业务相对简单且资金收付不频繁,通用记账凭证可能就能够满足需求。通过记账凭证可以统一记录各类经济业务,包括收款、付款和转账业务等,简化凭证管理流程。然而,对于大中型企业,因其业务多元化、资金流量大,通常应采用专用记账凭证。专用记账凭证又细分为收款凭证、付款凭证和转账凭证,分别用于处理货币资金的流入业务、资金支出业务和不涉及现金及银行存款收付的其他业务。通过这种分类,能够更精准地反映企业不同类型的经济业务,方便财务人员进行账务处理和数据分析。

(二)设计记账凭证的格式

1.基本信息栏

设计凭证编号栏是必不可少的。凭证编号应具有唯一性和系统性,便于对记账凭证进行查找、排序和管理。编号方式可以按业务发生顺序编号,也可以采用分类编号法。日期栏则要准确记录经济业务发生的时间,这对于财务数据的时序分析非常重要,必须确保会计人员严格按照实际业务发生日期填写,避免随意更改。摘要栏需设计能够简明扼要地概括经济业务的核心内容。例如,"支付本月水电费""收到客户A货款"等,让使用者能够快速了解业务性质。

2.会计分录栏

会计分录栏要设计得能够清晰、准确地填写借方科目与贷方科目及其对应的明细科目,这要求在设计时充分考虑企业所使用的会计科目体系,确保能够准确反映经济业务所引起的资金增减变化。金额栏则要能够精确记录借贷双方的金额,并且要保证借贷金额相等,这是确保会计分录平衡的关键。

【注意】在设计会计分录栏时,企业还需考虑预留足够的空间,以适应不同业务复杂程度下会计科目的填写和金额的记录。

3. 附件栏

附件张数栏的设计是为了记录与记账凭证相关的原始凭证数量。原始凭证是记账凭证的依据，通过记录附件张数，可以方便后续对原始凭证的追溯和核对，确保记账依据的可查证性。

（三）规定记账凭证的填制要求

1. 内容准确性

在填制会计科目时，企业必须严格遵循会计准则和企业内部制定的会计科目表，例如，不能将应计入"管理费用"的办公用品支出误记到"销售费用"中，否则会导致成本费用的错误分配，进而影响利润核算。这就要求在设计填制要求时明确规定会计人员必须熟悉会计科目及其应用范围。数字书写规范方面，书写阿拉伯数字要清晰、工整，防止因数字潦草导致误认。大写金额则要严格符合汉字大写规范，特别是在涉及重要金额如支票填写等情况时，大写错误可能会使票据无效。

2. 责任明确性

设计要求中应明确记账凭证的填制人员必须是经过专业培训、熟悉会计业务流程的人员。填制完成后，填制人员需签名或盖章，以明确责任归属。这样，一旦后续发现记账凭证存在问题，就能够准确追溯到具体责任人。

（四）建立记账凭证的审核制度

1. 形式审核

首先要从形式上对记账凭证进行审核，检查凭证格式是否符合企业规定，编号是否连续、有无重号或漏号，日期是否合理，签名盖章是否齐全等。如果发现格式混乱、编号异常等情况，则可能暗示凭证填制过程存在不严谨或违规操作现象。

2. 内容审核

内容审核主要聚焦于会计分录的正确性，审核会计科目运用是否恰当，借贷方向是否符合经济业务实质，金额计算是否准确无误，摘要是否清晰反映业务内容，以及与所附原始凭证是否一一对应。例如，企业如果发现原始凭证缺失或会计分录错误等情况，则必须及时更正或补充，同时，规定审核人员应具备丰富的会计经验、扎实的专业知识，并且要秉持客观、公正的态度进行审核，只有通过严格审核的记账凭证才能进入后续的账务处理流程。

（五）设计记账凭证的保管制度

设计记账凭证的保管制度，是确保企业财务信息完整、准确与安全的重要环节。首先，应明确记账凭证的保管责任。企业应设立专门的财务部门或岗位，负责记账凭证的整理、归档与保管工作。该岗位人员需具备良好的职业道德和责任心，确保凭证的完整性和真实性，同时，应建立严格的交接制度，确保凭证在人员变动时顺利交接，避免遗失或损坏。其次，制定科学的保管方法。企业应对记账凭证按照时间顺序、业务类型等要素进行分类整理，并装入专用的会计凭证盒或档案袋中；存放凭证的地点应干燥、通风，远离火源和潮湿环境，以防凭证受潮、霉变或损坏，此外，还应定期清理和检查凭证的保管情况，及时发现并处理问题。再次，加强电子凭证的保管与备份。随着信息技术的普及，越来越多的企业开始采用电子记账凭证。对于这类凭证，企业应建立严格的电子档案管理系统，确保凭证的安全存储和便捷查询，同时应定期对电子凭证进行备份，以防数据丢失或损坏。备份数据应存放在安全可靠的地方，如专用的存储设备或云服务提供商处。最后，建立严格的保密和借阅制度。记账凭证涉及企业的商业秘密和财务信息，因此企业应建立严格的保密制度，防止信息泄露。对于因工作需要借阅凭证的人员，应经过严格的审批程序，并限制借阅范围和借阅时间，借阅过程中，应确保凭证的安全性和完整性，避免遗失或损坏；借阅结束后，应及时归还凭证，并办理相关手续。

四、典型记账凭证的设计

(一)通用记账凭证的设计

通用记账凭证是指适用于反映全部经济业务的记账凭证。采用通用记账凭证,不需要对经济业务按照是否与货币资金收付有关进行分类,其特点是:(1)适用性广。通用记账凭证适用于各类经济业务,无论是简单的日常交易还是复杂的债务重组、公司并购等业务,都可以使用通用记账凭证进行记录。(2)格式统一。通用记账凭证采用统一的格式,不再区分收款、付款和转账等业务类型,从而简化了凭证的制作和使用流程。(3)信息全面。通用记账凭证通常包括凭证的编号、日期、摘要、会计科目、金额以及制单、审核、记账等人员的签名或盖章,能够全面反映经济业务的实际情况。

采用通用记账凭证的优点包括:(1)简化流程:通用记账凭证简化了凭证的制作和使用流程,提高了工作效率。(2)便于管理:由于采用统一的格式,通用记账凭证便于归档、查询和管理。(3)增强适应性:通用记账凭证能够适应多种经济业务的记录需求,提高了会计工作的灵活性和适应性。

【提示】通用记账凭证格式,既适用于手工记账,又适用于计算机记账。

通用记账凭证的格式参见表4-23。

表4-23

通用记账凭证

年　月　日　　　　　　　　　　　　记字第_____号

摘　要	总账科目	明细科目	记账符号	借方金额 千百十万千百十元角分	贷方金额 千百十万千百十元角分	
						附收
						张
合　计						

会计主管:　　　　　　　记账:　　　　　　　出纳:　　　　　　　复核:

(二)专用记账凭证的设计

专用记账凭证,指专门用于反映某一类经济业务的记账凭证,包括收款凭证、付款凭证和转账凭证三种。在手工记账方式下,三种记账凭证的格式各具特色。手工记账方式下专用记账凭证的格式特点如下:

(1)收款凭证的格式特点包括:①收款凭证通常包括凭证编号、日期、摘要、借方科目、贷方科目、金额等栏目。②摘要栏用于简要描述经济业务的性质和内容。③借方科目栏通常印有"借方:现金/银行存款"等字样,以便快速识别收款业务。④金额栏用于填写实际收到的款项金额。

(2)付款凭证的格式特点包括:①与收款凭证类似,付款凭证也包括凭证编号、日期、摘要、借方科目、贷方科目、金额等栏目。②贷方科目栏通常印有"贷方:现金/银行存款"等字样,以便快速识别付款业务。③金额栏用于填写实际支付的款项金额。

(3)转账凭证的格式特点包括:①转账凭证同样包括凭证编号、日期、摘要、借方科目、贷方科目、金额等栏目。②但由于转账业务不涉及现金和银行存款收付,因此没有专门的借方或贷方科目栏印有"现金/银行存款"等字样。③摘要栏和金额栏用于详细描述和记录经济业务的资金流动情况。

专用记账凭证的格式参见表 4－24、表 4－25、表 4－26。

表 4－24　　　　　　　　　　　　　收款凭证

借方科目：　　　　　　　　　　年　月　日　　　　　　　　　　收字第＿＿＿＿号

摘　要	贷方科目		金　额										记账符号	附件　张
	总账科目	明细科目	千	百	十	万	千	百	十	元	角	分		
合　计														

会计主管：　　　　　　记账：　　　　　　出纳：　　　　　　复核：

表 4－25　　　　　　　　　　　　　付款凭证

借方科目：　　　　　　　　　　年　月　日　　　　　　　　　　付字第＿＿＿＿号

摘　要	借方科目		金　额										记账符号	附件　张
	总账科目	明细科目	千	百	十	万	千	百	十	元	角	分		
合　计														

会计主管：　　　　　　记账：　　　　　　出纳：　　　　　　复核：

表 4－26　　　　　　　　　　　　　转账凭证

　　　　　　　　　　　　　　　　　年　月　日　　　　　　　　　　转字第＿＿＿＿号

摘　要	总账科目	明细科目	记账符号	借方金额										贷方金额										附收　张
				千	百	十	万	千	百	十	元	角	分	千	百	十	万	千	百	十	元	角	分	
合　计																							

会计主管：　　　　　　记账：　　　　　　出纳：　　　　　　复核：

【学中做 4－1】　　宝丽公司租金业务操作：收据与记账凭证的设计和编制

2025 年 5 月 31 日，广州市宝丽有限公司收到西格有限公司房屋租金 8 200 元。宝丽有限公司开户行：工行珠江支行；账号：68－283796；出纳：周详；经手人：李芹；会计：张云。

要求：(1)根据以上资料设计并填写一张收据。(2)根据以上原始凭证编制记账凭证。

【学思践悟】　　　　　紧跟时代步伐，赋能专业成长

党的二十届三中全会提出"健全宏观经济治理体系""深化财税体制改革""深化金融体制改革"等部署，这要求我们深入学习领会其精神实质。习近平总书记指出，"科学的财税体制是优化资源配置、维护市场统一、促进社会公平、实现国家长治久安的制度保障"，需深刻理解财税体制改革的重要性，并思考如何在实际工作中推进预算改革、健全税收制度、完善央地财政关系等；同时，要将学习思考的成果积极付诸实践，在实践中不断深化对财经法规和政策的认识，在深化金融体制改革中，金融机构需通过实践探索，更好地服务实体经济，健全投资和融资相协调的资本市场功能，推动金融高水平开放，因此，要不断提高自身的专业素养和工作能力，以更好地适应经济社会发展的需要。

【悟有所得】

从二十届三中全会关于财税体制改革的部署中，我们应深刻领悟优化税制结构、落实税收法定原则对于构建高水平社会主义市场经济体制的重要意义，在今后的工作中要注重依法纳税和税收筹划的合理性。在宏观经济治理方面，我们要认识到完善国家战略规划体系和政策统筹协调机制的必要性，明白各部门、各地区协同合作，使财政、货币、产业等政策形成合力，才能更好地实现经济的高质量发展。同时，习近平总书记的讲话让我们深刻领会到改革与法治的辩证关系，在财经工作中既要勇于创新改革，又要确保所有的改革举措都在法治的轨道上进行，做到改革与法治同向发力、同步推进。这些不仅提升对财经工作的认识水平，更促使在实际工作中积极践行，为经济社会的发展贡献自己的力量。

应知考核

一、单项选择题

1. 原始凭证是在经济业务（　　）时取得或填制的。
   A. 发生前　　　　B. 发生时　　　　C. 发生后　　　　D. 结账时

2. 记账凭证是根据（　　）填制的。
   A. 经济业务　　　B. 原始凭证　　　C. 账簿记录　　　D. 审核后的原始凭证

3. 收款凭证左上角"借方科目"应填列的会计科目是（　　）。
   A. "银行存款"或"库存现金"　　　　B. "主营业务收入"
   C. "其他业务收入"　　　　　　　　D. "应收账款"

4. 付款凭证是用于记录（　　）业务的记账凭证。
   A. 货币资金收入　　　　　　　　　B. 货币资金支出
   C. 不涉及货币资金　　　　　　　　D. 转账

5. 转账凭证是用于记录（　　）的记账凭证。
   A. 现金收付　　　　　　　　　　　B. 银行存款收付
   C. 不涉及现金和银行存款收付　　　D. 以上都不对

二、多项选择题

1. 原始凭证的作用包括（　　）。
   A. 记录经济业务的发生或完成情况　　B. 明确经济责任
   C. 作为记账凭证的填制依据　　　　　D. 便于进行会计核算

2. 自制原始凭证的特点有（　　）。
   A. 由企业内部经办人员填制　　B. 只在本企业内部使用
   C. 填制方法灵活多样　　　　　D. 通常无需盖章

3. 原始凭证按格式不同可分为（　　）。
   A. 通用凭证　　B. 专用凭证　　C. 一次凭证　　D. 累计凭证

4. 转账凭证的填制依据有（　　）。
   A. 不涉及现金和银行存款收付的原始凭证　B. 汇总原始凭证
   C. 记账凭证汇总表　　　　　　　　　　　D. 现金收款业务的原始凭证

5. 记账凭证审核的内容包括（　　）。
   A. 形式审核　　B. 内容审核　　C. 数字审核　　D. 附件审核

三、判断题

1. 所有的经济业务都需要原始凭证。　　　　　　　　　　　　　　（　　）
2. 原始凭证的填制人员只能是会计人员。　　　　　　　　　　　　（　　）
3. 原始凭证审核无误后就可以直接作为记账凭证使用。　　　　　　（　　）
4. 收款凭证只能记录现金收款业务。　　　　　　　　　　　　　　（　　）
5. 记账凭证的审核只需要审核会计分录是否正确。　　　　　　　　（　　）

四、简述题

1. 简述原始凭证与记账凭证的关系。
2. 简述通用记账凭证与专用记账凭证的适用范围及优、缺点。
3. 简述原始凭证的填制要求。
4. 简述记账凭证的填制要求。
5. 简述记账凭证保管制度的主要内容。

应会考核

■ 观念应用

【背景资料】

原始凭证观念在小型电商企业库存管理中的应用

某小型电商企业主要在网络平台销售创意家居用品。随着业务量逐渐增长，库存管理混乱的问题日益凸显。企业以往凭借简单的电子表格记录出入库，经常出现产品库存数量与实际销售、采购不匹配的情况，不仅影响客户订单的及时发货，还导致资金占用不合理，额外增加了仓储成本。

【考核要求】

请问：如何利用原始凭证优化库存管理流程？

■ 技能应用

华兴公司专用记账凭证的设计

(1)华兴公司 2025 年 2 月 15 日销售甲产品 1 000 件,单价为 50 元/件,货款为 50 000 元,增值税税款为 6 500 元,款项已收存银行。

(2)2025 年 3 月 10 日,华兴公司采购原材料(A 材料)一批,货款为 11 000 元,另付增值税税款 1 430 元,签发转账支票付清款项。

(3)2025 年 3 月 6 日,华兴公司第一生产车间生产甲产品领用 A 材料,材料成本为 36 500 元。

【技能要求】

请结合上述内容,分别写出会计分录,并设计专用记账凭证。

■ 案例分析

【情景与背景】

原始凭证引发的"小插曲":趣味案例背后的财务启示

小型电商企业运营几个月后,正值销售旺季,订单量暴增。企业员工们都忙得不可开交,而财务工作更是面临巨大挑战,每一张原始凭证的处理都关乎着资金流与库存的精准管控。有一天,负责仓库管理的小李急匆匆地拿着一张"销售出库单"来找财务小张。原来,在发货高峰期,小李为了快速处理订单,不小心将一款热门创意花瓶的销售出库单上的数量写错,本来客户购买了 5 个,他写成了 50 个,这导致仓库库存记录瞬间出现偏差,而财务小张在依据这张错误的出库单记账时也将主营业务成本多结转了 45 个花瓶的成本,使得当月利润报表看起来"惨不忍睹"。

与此同时,采购部门小王也遇到了烦心事。他采购的一批新到的环保收纳盒,在填写"入库验收单"时,由于供应商的送货单字迹模糊,看错了单价,原本每个 20 元的收纳盒,他误填成 12 元。财务人员核对付款时,按照错误的单价计算应付账款,差点少付了供应商一大笔钱,若不是供应商及时来电沟通,则险些引发合作危机。

【分析要求】

请分析案例带来的启示,并提出改进措施。

本章实训

【实训内容】

会计凭证的设计

【实训情境】

假设你是 GHI 时尚服饰有限公司的财务团队核心成员,公司专注于时尚服装的设计、生产与线上线下一体化销售,业务涵盖原材料采购(如面料、辅料采购)、产品生产(新款服装设计制作、旧款改良)、多渠道销售(电商平台、实体店铺)、售后服务(退换货处理、质量维修)等多个环节。近年来,随着公司业务规模急剧扩张,原有的会计凭证体系漏洞百出,已无法满足当下精细化财务管理与高效业务流转的需求。例如,采购环节常因原始凭证信息缺失,导致财务与供应商对账困难重重、付款延迟;生产过程中,成本核算原始凭证设计粗糙,无法精准追踪各批次服装成本,影响定价决策;销售端,线上线下销售业务共用简单通用的销售凭证,无法适应不同渠道的特殊需求,造成订单处理混乱、财务记账易错。公司管理层决心对会计凭证体系进行全面重构,现要求你所在的财务团队完成此项重任。

【实训任务】

任务一:深入调研与需求分析

任务二:会计凭证体系设计

任务三:测试与优化

任务四:实训评估

(1)过程评估:在实训过程中,指导教师定期检查各小组任务进展情况,包括调研记录完整性、会计凭证设计合理性、测试优化工作是否有效开展等,根据小组表现给予及时反馈与指导,占总成绩的40%。

(2)成果评估:会计凭证设计需求分析报告:评估报告内容翔实性、问题分析深度、需求提炼精准性,占总成绩的20%。会计凭证体系设计方案:考查原始凭证与记账凭证设计的完整性、规范性、创新性以及与公司业务的适配性,占总成绩的30%。

(3)试点运行反馈报告:依据报告中的问题总结准确性、优化措施有效性、对最终方案的改进贡献度,占总成绩的10%。

《会计凭证的设计》实训报告		
实训班级:	实训小组:	实训组成员:
实训时间:　年　月　日	实训地点:	实训成绩:
实训目的:		
实训步骤:		
实训结果:		
实训感言:		

第五章　会计账簿的设计

- **知识目标**

  理解：会计账簿的定义、种类和设计的意义。
  熟知：会计账簿的设计原则、设计步骤和设计方法。
  掌握：序时账簿、总分类账簿、明细分类账簿等各种账簿的设计要点和内容。

- **技能目标**

  熟练掌握序时账簿、总分类账簿、明细分类账簿等各类账簿的设置与登记方法；能够根据不同企业的业务特点和管理需求，准确选择和运用合适的账簿体系，并对账簿之间的关系进行合理设计与协调；掌握会计账簿的试算平衡、对账、结账等操作技能，确保账簿记录的准确性和完整性；学会运用会计账簿进行简单的财务分析。

- **素质目标**

  具备严谨、细致、耐心的工作态度和良好的书写习惯，注重账簿记录的规范性和整洁性；对于会计信息系统中的账簿设计，具备较强的学习能力和适应能力，能够运用相关软件进行账簿的设置、录入和查询等操作；增强团队协作意识，共同解决实际账簿设计问题；提高问题解决能力和应变能力，能够及时发现并处理账簿设计和使用过程中出现的各种问题，并根据实际情况进行调整和优化。

- **思政目标**

  培养诚实守信的职业道德观念，强调会计账簿记录的真实性和合法性，坚决杜绝任何形式的会计造假行为；树立正确的价值观，认识到会计工作对于企业和社会经济发展的重要性，增强责任感和使命感；培养法治意识，自觉遵守财经法规和会计准则；结合我国会计行业的发展历程和优秀会计人物的事迹，激发爱国情怀和职业自豪感，为我国会计事业的发展贡献力量。

- **课程引例**

会计账簿的重塑：ABC 制造企业的实践案例

ABC 制造企业是一家中型规模的生产型企业，主要生产各类机械零部件，产品销售面向国内外多个地区。随着业务的不断发展，企业原有的会计账簿体系逐渐暴露出一些问题，如账簿设置不规范、登记流程烦琐、账目核对困难等，导致财务信息不准确、不及时，给企业的财务管理和决策带来了很大的困扰。为了改善这一状况，企业决定对会计账簿进行重新设计和优化。

财务部门首先对企业的业务流程进行了全面梳理，发现原材料采购、生产加工、产品销售等环节的业务量较大且种类繁多，原有的总账和明细账设置过于笼统，无法满足精细化管理的需求。同时，由于企业涉及出口业务，外币核算业务也较为复杂，但在原有的账簿中没有专门的外币核算账簿。此外，手工记账方式效率低下，容易出现人为错误，且账页查找和数据汇总困难。

基于以上情况，企业财务人员决定引入会计信息系统，并根据企业的实际业务需求重新设计会计账簿体系。他们针对不同的业务环节设置了详细的明细分类账簿，如原材料采购明细账、生产成本明细账、销售收入明细账等，以便更准确地记录和核算各项业务。同时，为了便于外币核算，企业专门设置了外币银行存款日记账和外币往来明细账等。在会计信息系统中，企业还利用系统的自动核算和报表生成功能，大大提高了工作效率和财务信息的准确性。

● 引例反思

通过 ABC 制造企业的案例，我们可以做出以下反思：

(1) 账簿设计要贴合业务实际。企业的业务特点和管理需求是会计账簿设计的基础。在设计账簿时，企业必须深入了解企业的业务流程和经营管理要求，针对不同的业务环节和经济业务类型设置相应的账簿，确保账簿能够全面、准确地记录和反映企业的财务状况和经营成果。如 ABC 企业根据自身原材料采购、生产加工、产品销售等业务环节的特点，设置了详细的明细分类账簿，从而实现了精细化管理。

(2) 与时俱进，充分利用信息技术。随着信息技术的不断发展，会计工作也面临着数字化转型的挑战和机遇。传统的手工记账方式在效率、准确性和便捷性等方面存在诸多不足，而会计信息系统可以大大提高会计工作的效率和质量。因此，在会计账簿设计过程中，企业应积极引入先进的信息技术，选择合适的会计软件，并根据软件的功能和特点进行账簿的优化设计，充分发挥信息技术在会计核算和财务管理中的作用。ABC 企业引入会计信息系统后，不仅解决了手工记账的效率和准确性问题，还通过系统的自动核算和报表生成功能，为企业的财务管理提供了更有力的支持。

(3) 注重账簿体系的协调性和完整性。会计账簿是一个有机的整体，各种账簿之间存在着密切的联系。在设计账簿时，企业要注重账簿体系的协调性和完整性，确保不同账簿之间的数据能够相互衔接、相互印证，例如，总账与明细账之间、日记账与总账之间要定期进行核对，保证账账相符；同时，还要考虑账簿与会计凭证、财务报表之间的关系，确保整个会计核算体系顺畅运行。ABC 企业在重新设计账簿体系时充分考虑了各账簿之间的关系，通过合理设置账簿格式和登记流程，实现了账簿之间的有效衔接和数据共享。

(4) 会计账簿需持续优化和完善。企业的经营环境和业务活动是不断变化的，会计账簿也需要随企业的发展而不断优化和完善。在实际工作中，企业要定期对账簿的使用情况进行检查和评估，及时发现问题并进行调整和改进；同时，要关注会计准则和法规的变化，确保账簿设计和会计核算符合相关规定。ABC 企业在发现原有的账簿体系存在问题后，及时进行了重新设计和优化，以适应企业业务发展的需要。

第一节　会计账簿设计概述

会计账簿（Accounting Ledgers）是指由一定格式的账页组成的，以经过审核的会计凭证为依据，全面、系统、连续地记录各项经济业务的簿籍。

一、会计账簿设计的意义

(一)会计账簿设计确保了会计信息的系统性

在日常的经济活动中,企业会产生大量的财务数据和信息。通过合理的会计账簿设计,可以将这些散乱的数据和信息系统地整合在一起,形成一个完整、有序的会计信息系统,会计人员可以更加方便地查阅和使用这些数据,提高工作效率。

(二)会计账簿设计提高了会计信息的准确性

会计账簿是企业记录经济业务的主要工具,其设计质量直接影响到会计信息的准确性。一个设计合理的会计账簿,可以清晰地反映企业各项经济业务的来龙去脉,减少错误和遗漏的可能性。同时,规范的账簿格式和记录方法也有助于会计人员正确地进行会计核算和账务处理。

(三)会计账簿设计是内外部审计的重要依据

在企业进行内部审计或接受外部审计时,审计人员往往需要查阅企业的会计账簿。一个设计规范的会计账簿,可以为审计人员提供清晰、准确的审计线索,帮助他们更加高效地开展审计工作。同时,规范的账簿也有助于企业更好地应对审计挑战,维护企业的经济安全和信誉。

(四)会计账簿设计有利于加强企业内部控制

一个设计完善的会计账簿体系,能够明确各个会计岗位的职责和权限,确保经济业务的审批、记录、核对等环节得到有效控制,这有助于防止舞弊和错误的发生,保护企业资产的安全和完整。同时,规范的账簿记录也为企业的内部控制提供了可追溯的证据,便于企业及时发现和纠正问题。

(五)会计账簿设计有助于提升企业的决策能力

通过会计账簿,企业可以系统地收集和整理各类财务信息,进而进行财务分析、预测和决策。一个设计合理的会计账簿能够提供更准确、全面的财务信息,为企业的战略规划和经营决策提供有力支持,这有助于企业更好地把握市场机遇,规避经营风险,实现可持续发展。

(六)会计账簿设计是加强企业合规性的体现

随着法律法规的不断完善和监管要求的日益严格,企业需要确保自身的会计工作符合相关法律法规的规定。一个设计规范的会计账簿,能够清晰地展示企业的经济业务活动,便于监管部门进行监督和检查,这有助于企业树立良好的合规形象,避免因违规行为而带来的法律风险和声誉损失。

综上所述,会计账簿设计在企业的财务管理中扮演着至关重要的角色,企业应高度重视会计账簿的设计工作,确保其能够满足企业的实际需求并符合相关法律法规的规定。

二、会计账簿的分类

会计账簿依据不同的分类标准,可以划分为多种类型,每种类型都有其独特的功能与适用场景,共同构建起企业完整的会计账簿体系。

(一)会计账簿按用途不同,可分为序时账簿、分类账簿和备查账簿

1.序时账簿

序时账簿,又称日记账,是按照经济业务发生的时间先后顺序,逐日逐笔进行登记的账簿。它能够提供企业经济业务的连续记录,确保时间脉络清晰。最为常见的是现金日记账和银行存款日记账。现金日记账依据现金收支业务的原始凭证,按照业务发生的实际时间顺序,依次登记现金的收入、支出金额及余额,每日进行结账,做到日清月结,以实时监控企业的现金流动情况,防范现金管理风险;银行存款日记账同理,记录每一笔银行存款的收支变动,便于与银行对账单核对,确保银行存款账实相符,为企业资金安全保驾护航。

2.分类账簿

分类账簿是对全部经济业务按照会计要素的具体类别进行分类登记的账簿,可分为总分类账簿和明细分类账簿。

(1)总分类账簿(总账)

总分类账簿是根据总分类科目开设账户,用以记录全部经济业务总括核算资料的账簿。总账对所属明细账起着统驭和控制作用,能够提供企业财务状况和经营成果的总体概貌。如,将企业所有与原材料采购、生产领用、销售退回等涉及原材料增减变动的业务,汇总登记在"原材料"总账账户下,只反映原材料的期初余额、本期借方发生额、本期贷方发生额及期末余额等关键汇总数据,为企业管理层快速把握原材料资金占用规模、变动趋势提供宏观视角。

(2)明细分类账簿(明细账)

总分类账簿是依据明细分类科目开设账户,对某一类经济业务进行明细核算的账簿,是对总账的必要补充,能详细反映经济业务的具体内容。如,在应收账款明细账中,按照不同的客户名称分别设置账户页,详细记录每个客户的应收账款发生时间、金额、还款情况等信息,以便企业精准掌握与各客户的往来账款细节,及时催收逾期款项,优化客户信用管理,降低坏账风险;固定资产明细账则针对每一项固定资产,记录其购置日期、原值、折旧方法、累计折旧、净值等详细信息,为企业资产清查、折旧计提、更新改造决策提供精准依据。

3.备查账簿

备查账簿,又称辅助登记簿,是对某些在序时账簿和分类账簿等主要账簿中未能记载或记载不全的经济业务进行补充登记的账簿。如,企业为了便于对租入固定资产进行管理,设置租入固定资产备查簿,登记租入资产的名称、规格、租期、租金支付情况等信息,以确保企业对租入资产的有效管控,满足特殊业务需求;再如,对于受托加工物资,通过受托加工物资备查簿详细记录委托方信息、加工物资数量、加工进度、交付情况等,虽不纳入正式的财务报表核算,但为企业业务管理提供有力支持。

【注意】备查账簿并非企业必须设置的账簿,而是根据企业实际需要灵活选用。

(二)会计账簿按账页格式不同,可分为两栏式账簿、三栏式账簿、多栏式账簿和数量金额式账簿

1.两栏式账簿

两栏式账簿,账页仅有借方和贷方两个栏目,适用于那些只需要进行借贷方简单登记的业务,或作为其他复杂账簿的过渡格式。如,在一些企业内部转账业务中,当资金从一个内部账户转移到另一个账户时,企业仅需记录借贷方向及金额。此时两栏式账簿就能简洁明了地完成登记,突出资金流向,减少不必要的信息冗余。

2.三栏式账簿

三栏式账簿,设有借方、贷方和余额三个栏目,是会计账簿中应用最为广泛的一种格式。它适用于各种日记账、总账以及只需进行金额核算的明细账,如,以应付账款明细账为例,在账页上分别登记每笔应付账款的借方还款金额、贷方新增欠款金额,通过余额栏随时反映企业对各供应商的欠款余额,清晰展现企业的债务状况,便于安排资金进行偿付,维护企业与供应商的良好合作关系。

【提示】典型三栏式账簿有应收账款、应付账款明细账等。

3.多栏式账簿

多栏式账簿,在借方或贷方栏目下按照明细项目设置多个专栏,以集中反映某一经济业务的详细情况。如,生产成本明细账采用多栏式,借方按直接材料、直接人工、制造费用等成本项目细分专栏,当车间领用原材料用于生产时,在直接材料专栏登记金额,发生工人薪酬支出则在直接人工专栏记录。通过多栏式呈现,企业能够直观地分析成本构成,精准定位成本控制关键点,为降低生产成本、提高产品竞争力提供数据支撑;销售费用明细账同样按广告宣传费、差旅费、运输费等明细项目分栏,清晰展现销售环节的各项费用开支,助力企业优化销售策略,提升销售效益。

【提示】多栏式账簿常用于成本、费用、收入等明细账的设置。

4. 数量金额式账簿

数量金额式账簿,在借方、贷方和余额三个栏目下再分别设置数量、单价和金额专栏,用于同时核算实物资产的数量和金额变化。典型的如原材料、库存商品明细账等。在原材料明细账中,每一笔原材料的入库、出库业务,不仅要登记金额,而且要详细记录数量、单价,使企业既能掌握原材料的资金占用情况,又能实时监控库存数量,及时补货或调整采购计划,避免因库存不足影响生产或因积压导致资金浪费,实现企业物资与资金的高效协同管理。

【提示】典型的数量金额式账簿有原材料明细账、库存商品明细账等。

(三)会计账簿按外形特征不同,可分为订本式账簿、活页式账簿和卡片式账簿

1. 订本式账簿

此账簿在使用前已将账页装订成册,避免账页散失和防止抽换账页,以保证账簿记录的安全性与完整性。但由于账页固定,不便于根据需要增减,若预留账页不足,则可能导致后期记录拥挤;若预留过多,则造成浪费。以现金日记账而言,因涉及现金收支的敏感性,采用订本式账簿可有效防止不法人员篡改账页、隐匿现金收支记录,确保现金账目的真实性,维护企业资金安全底线。

【提示】现金日记账、银行存款日记账和总账通常采用订本式账簿。

2. 活页式账簿

此账簿,账页不预先固定装订,而是装在活页夹中,会计人员可以根据业务需要随时增减或重新排列账页,使用灵活,便于分工记账,但存在账页易散失、抽换的风险,所以会计人员在使用过程中需要加强管理。如,企业根据不同的原材料种类、规格设置众多的原材料明细账页,随着业务发展,当新的原材料品种出现时,可便捷地添加新账页;各会计人员也可依据分工,分别负责不同部分的明细账登记,提高记账效率,待一定时期结束后再统一装订成册归档保管。

【注意】明细分类账较多采用活页式账簿。

3. 卡片式账簿

卡片式账簿是由许多具有账页格式的硬质卡片组成,存放在卡片箱中,与活页式账簿类似,具有使用灵活、可根据需要增减卡片的优点,且便于分类汇总。

【提示】固定资产明细账常采用卡片式账簿。

固定资产明细账采用卡片式账簿,为每一项固定资产制作一张卡片,记录其详细信息,卡片可按资产类别、使用部门等分类存放,方便企业随时查阅某一固定资产的全貌,进行资产清查、盘点时,能够快速定位、比对,确保固定资产账实相符,为企业资产管理提供有力保障。

三、会计账簿的设计原则

会计账簿设计作为企业会计制度构建的关键环节,需遵循一系列科学、严谨的原则,以确保所设计的账簿能够精准、高效地满足企业会计核算、财务管理以及经营决策等多元需求,切实发挥其

枢纽作用。

(一)合法性原则

合法性原则是会计账簿设计的首要基石。企业必须严格依据国家统一的会计准则、会计制度以及相关法律法规来规划账簿体系。从账簿名称、格式设定,到账户分类、核算内容界定,无一不应与法定规范深度契合。例如,在设置成本类账簿时,对于制造企业的生产成本核算,企业要按照规定细分直接材料、直接人工、制造费用等明细项目,采用合规的成本核算方法,如品种法、分批法或分步法,确保成本数据的归集、分配与结转如实反映生产过程,既满足企业内部成本控制诉求,又能在税务申报、外部审计时经受检验,维护企业财务信息的合法性、权威性。

(二)完整性原则

账簿设计应致力于全方位涵盖企业所有经济业务,构建完整无缺的信息记录框架。一方面,从会计要素角度出发,对资产、负债、所有者权益、收入、费用、利润六大要素相关业务均设置对应账簿或账户,不留核算"死角"。以一家电商企业为例,此企业不仅要有常规的现金、银行存款日记账反映资金流,针对海量的线上销售业务,需精心设计销售收入明细账,按不同商品品类、销售平台、促销活动等维度细分记录,精准捕捉收入细节;同时,配套设置销售退回、折让明细账,完整反映销售业务全貌,为利润核算夯实基础。另一方面,涵盖企业经营全流程,从原材料采购的源头,经生产制造的价值增值环节,到产品销售、售后服务的末端,各阶段经济业务所涉信息皆有序录入相应账簿,实现业务链与信息链的无缝对接,为企业综合管理提供全面数据支撑。

(三)系统性原则

此原则强调账簿之间、账户之间以及账簿与企业内外部信息系统的协同性和连贯性。一方面,账簿体系内部各组成部分层次分明、逻辑严谨。总账作为"龙头",统驭各明细分类账,明细分类账为总账提供详尽支撑,二者通过平行登记原则紧密关联,如固定资产总账与按资产编号、使用部门等设置的固定资产明细账,定期核对余额、发生额,确保数据一致,构建稳固的账簿层级架构。另一方面,与企业其他管理系统有机融合,如企业资源计划(ERP)系统中的采购、生产、销售模块数据能顺畅流入会计账簿,实现业务驱动财务记账;同时,会计账簿信息又能反向为各业务部门提供财务分析成果,助力经营决策,形成企业运营管理的良性信息闭环。

(四)实用性原则

设计务必紧密贴合企业自身业务特性、组织架构与管理模式,量身定制,增强实用效能。不同行业企业账簿设计差异显著,制造业聚焦复杂的成本核算与物料管理,其账簿需精细反映生产工序成本流转、原材料库存动态;服务业则侧重服务收入确认、人力成本分摊,账簿设计围绕项目计费、员工工时统计展开。就企业规模而言,小微企业因业务精简、人员有限,账簿力求简洁明了,减少复杂冗余设置,便于操作;大型集团企业业务多元、地域分散,需构建集团化账簿体系,兼顾总部集中管控与子公司个性核算需求,设置多层级、多维度账簿,并借助信息化手段提升管理效率,此外,还需充分考虑会计人员素质与工作习惯,设计易于理解、填制简便的账簿格式,降低记账差错率,提升工作流畅性。

(五)前瞻性原则

企业经营环境瞬息万变,账簿设计不能仅着眼当下,需具备高瞻远瞩的视野,预留适度拓展空间。伴随企业业务拓展、产品线延伸、市场跨区域布局乃至新商业模式探索,如近年来蓬勃兴起的共享经济、跨境电商等,账簿要能灵活适应新增业务类型的核算要求。在账户设置上,提前规划备用账户或预留明细项目空位,以便在新业态萌芽时迅速纳入核算体系;账页格式设计采用模块化、可扩展思路,方便后续根据数据量增长、分析维度扩充进行调整优化;信息技术应用方面,选择具备升级潜力的会计软件或系统架构,确保未来与新兴技术如区块链、人工智能在财务领域应用的无缝对接,助力企业财务数字化转型持续推进,以账簿设计创新赋能企业长远发展。

四、会计账簿设计的程序

会计账簿设计是一项系统且严谨的工作,需遵循特定的程序逐步推进,以确保设计出的账簿既能满足企业当下会计核算与管理需求,又具备良好的适应性与前瞻性,为企业财务运营筑牢根基。

(一)了解企业基本情况及需求分析

1. 企业概况调研

企业需深入探究其组织架构,明晰各部门职责与分工协作模式,例如,大型制造企业通常设有采购、生产、销售、仓储、财务等多个部门,了解其层级关系与信息沟通流程,这对后续账簿设计的层级架构与数据流转方向有指导意义;掌握企业所处行业特性,如化工行业注重原材料质量管控与环保成本核算,其账簿设计需突出相关重点;洞察企业经营规模大小,小型贸易企业业务相对单一、交易频次高,与大型集团复杂多元的业务模式在账簿精细度、复杂度要求上截然不同。

2. 会计核算要求明确

企业需依据其适用的会计准则与会计制度,确定会计核算精度,像上市公司需遵循更为严格、细化的核算标准;梳理所需核算的会计要素及具体项目,如房地产企业对开发成本、土地增值税等特殊项目核算要求高,要单独设置账簿;识别特殊业务事项,例如,金融企业的衍生金融工具业务、企业集团的内部关联交易,针对这些,企业需设计专门的核算规则与账簿记录方式。

3. 管理决策需求洞察

通过与企业管理层、各业务部门主管沟通,了解他们对财务信息的关注点与运用方式。销售部门可能关注不同区域、产品系列的销售业绩及毛利分析,据此设计能细分区域、产品的销售收入与成本明细账;生产部门期望精准掌控原材料消耗、生产效率对应的成本变动,促使设计详细的生产成本明细账并关联生产工时、工序等数据;高层管理者用于战略决策,通过总账提供宏观财务概览以及通过特定分析账簿洞察行业趋势、竞争态势对比等信息。

(二)确定账簿种类与格式

1. 根据用途选定

基于前期了解的需求,企业按经济业务性质与管理要求确定账簿用途分类。为实时监控资金流,现金日记账与银行存款日记账必不可少;对全部经济业务总括核算,企业需设立总分类账簿;针对各会计要素明细核算,如应收账款、存货等,企业需匹配明细分类账簿;对于一些特殊业务的补充记录,像企业租赁设备的详细情况,企业需启用备查账簿。

2. 结合账页格式适配

企业依据不同账簿记录内容特点,挑选恰当的账页格式。涉及金额核算且借贷方向明确的,如应付账款核算,常用三栏式账簿,清晰展现借贷发生额与余额;对于成本、费用类明细账,为突出明细构成,多采用多栏式,如生产成本明细账中借方按直接材料、直接人工、制造费用细分专栏;原材料、库存商品等实物资产核算,要求同时反映数量与金额,数量金额式账簿是首选;一些简单内部转账等业务,两栏式账簿能简洁完成登记。

(三)设计账户体系

1. 总账账户设置

以会计准则规定的一级会计科目为基准,结合企业实际业务,确定总分类账所需开设的账户。制造业企业一般设有"原材料""固定资产""生产成本""主营业务收入""应付账款"等账户,涵盖资产、负债、所有者权益、收入、费用各方面,确保对企业财务状况与经营成果的全面总括反映。

2.明细账账户细化

在总账账户统领下,对各明细分类账深入细分账户。如在"应收账款"总账下,按不同客户名称、信用等级、地域等维度设置明细账账户,便于精准管理客户信用、催收账款;"生产成本"明细账按产品批次、生产车间、成本项目进一步细分,准确核算各产品真实成本,为定价、成本控制提供依据。

(四)制定账簿使用规则

1.登记规则明确

规定账簿登记依据,必须以审核无误的会计凭证为基础,严格遵循记账凭证编号、日期、摘要、金额等信息进行登记;确定登记顺序,如序时账簿按业务发生时间先后逐日逐笔登记,分类账簿依据凭证归类定期汇总登记;规范登记方法,采用借贷记账法,明确借方、贷方登记业务范畴,保证账簿记录借贷平衡。

2.核对规则设定

通过建立账簿内部核对机制,总账与明细账定期核对余额、发生额,确保平行登记无误,如每月末核对"固定资产"总账与各明细账余额一致性;安排与外部信息核对,像现金日记账与库存现金日盘点结果核对、银行存款日记账与银行对账单定期对账,保障账实相符。

3.保管规则制定

确定会计账簿保管责任人,一般由财务部门专人负责;明确保管期限,依据会计档案管理规定,总账、明细账保存年限为30年;规划保管环境,独立空间作为档案室,室内湿度常年保持在40%－60%,温度控制在18℃－25℃;同时,要求防火、防潮、防虫蛀,确保账簿实体安全,以便后续查阅、审计使用。

第二节　各种会计账簿的设计

企业应根据会计制度的有关规定,结合自身经营的规模与特点,如实反映经济业务活动的全貌,满足经营管理的要求,设计会计账簿系统及各种账簿、账页。企业应设计库存现金日记账、银行存款日记账、总分类账、明细分类账、备查账簿。

一、日记账簿的设计

日记账簿是按照经济业务发生的时间先后顺序逐日逐笔登记的账簿。

(一)日记账簿的种类与作用

日记账簿分为特种日记账簿和普通日记账簿。普通日记账簿随着社会的发展已经被淘汰,而特种日记账簿分为三栏式日记账簿和多栏式日记账簿。三栏式日记账簿主要用来登记库存现金和银行存款增减变动;多栏式日记账簿在登记库存现金和银行存款增加的同时登记对应科目的增减变动,以便于汇总后登记相关的总分类账。随着会计信息化的实施,多栏式日记账簿已基本不需要,因此,日记账簿主要是三栏式库存现金日记账簿和三栏式银行存款日记账簿。

日记账簿的作用包括:一是对相关的经济业务进行序时登记,完整反映经济活动情况,保护相关资产的安全、完整;二是用来汇总登记总分类账。

(二)典型日记账簿的设计

1.手工核算下的日记账簿设计

手工核算条件下,为防止篡改账簿的情况发生,账簿应采用订本式,将设计好的账簿事先装订成册,以方便将来登记。账簿封皮可采用硬皮塑料封皮,也可采用牛皮纸封皮。市场上销售的日记账簿一般都是塑料硬皮的材质。日记账簿从外表形式上看有横式和纵式两种。横式与纵式取决于日记账页的格式(见图5-1)。

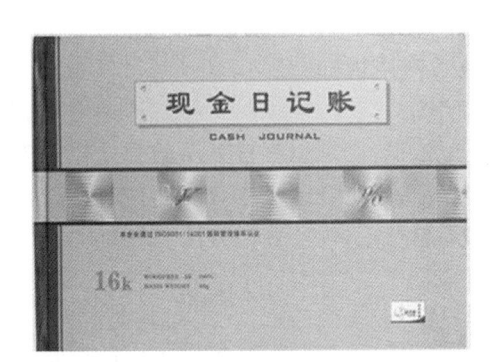

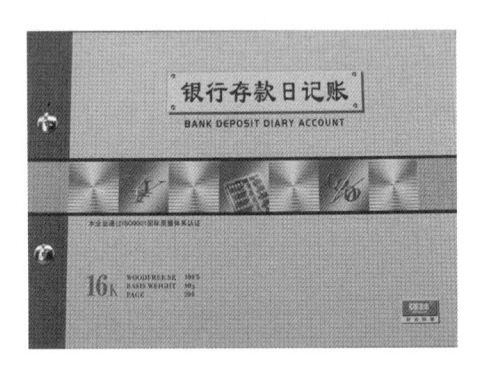

图5-1 手工核算下的日记账簿

账簿可采用32开和16开两种规格,账簿的规格大小可根据企业的经济业务多少来决定,货币资金收支业务较多的企业可选用16开规格,货币资金收支业务较少的企业可采用32开规格。由于日记账簿采用订本式,不便于增减账页,因此,企业要事先测算一下其库存现金、银行存款增减业务量,合理选择账页数量。账页数量可设计为100页、150页、200页。一般的日记账簿均为100页,但最多不要超过200页,太厚了不便于登记。当然,如果业务量增加,一本账簿不够,则可以在一年内增加启用第二本、第三本日记账簿。随着网络结算方式的普及,现金结算越来越少,企业设计日记账簿时可针对具体情况,对银行存款日记账簿和库存现金日记账簿分别设计不同的规格和账页。日记账簿的纸质应选择韧性好、稍微厚点的,否则登记过程中容易损坏。纸张的色泽不能太暗,否则不易分辨数字,容易产生记账或对账的差错。日记账簿账页上的文字颜色可分为红色、蓝色、绿色或黑色,分割线的颜色通常可用蓝色和红色交错或绿色和红色交错。

【提示】库存现金日记账簿和银行存款日记账簿应采用订本式账簿。账簿的封皮上应设计账簿的名称以及会计主体的名称。封皮下面是扉页,扉页以后是账页(见图5-2)。

库存现金日记账和银行存款日记账的账页格式一般用三栏式,即反映增加、减少和余额三栏金额,除此之外,还需要有反映日期、摘要等内容的专栏。库存现金日记账簿和银行存款日记账簿的账页格式分别见表5-1和表5-2。

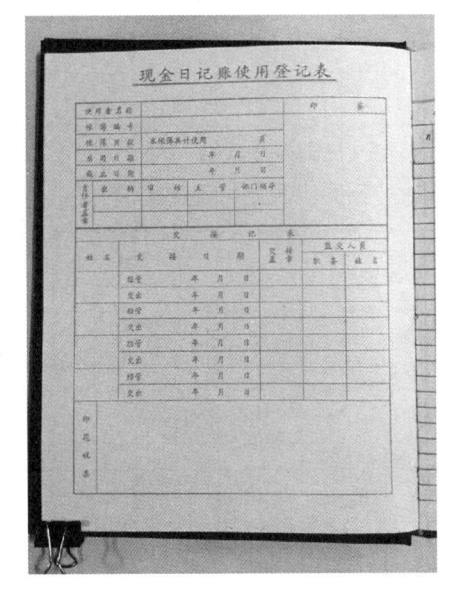

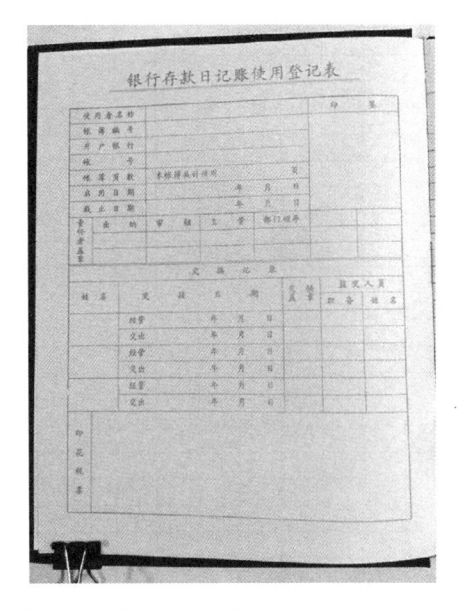

图5—2　现金日记账/银行存款日记账使用登记表

2. 会计信息化下的日记账簿设计

会计信息化下的库存现金和银行存款日记账簿的外表形式与手工不同,在会计年度内按照系统设计的账页格式由系统自动登记,只是于会计年末应将系统中的日记账和设计的"账簿启用及经管人员一览表"打印出来后,加具较厚、韧性较好的封面装订成册(见图5—3)。账簿的纸质应选用较好的 A4 或 A3 打印纸,以便 30 年长期保管不损坏。对于账簿账页格式的设计,在手工核算条件下,为防止有人篡改数字,所以在借方、贷方和余额栏需要设计金额分栏,另外,需要人工对账,因此在账页上设计有对账标记栏"√";但在会计信息化下,因为系统内部有严密的内部控制方法,所以借方、贷方和余额栏不需要设计金额分栏,也无需设计对账栏。一般情况下,企业购买的会计信息化系统内部自有设计好的日记账页格式,企业直接采用即可。

图5—3　会计信息化下的日记账簿

【做中学5—1】　基于业务实操的库存现金日记账编制

某公司2025年1月2日库存现金日记账余额为580元,当日发生3笔现金收付业务:(1)从银行提取现金3 000元备用。(2)报销差旅费1 200元,以现金支付。(3)购买办公用品510元,以现金支付。根据上述资料,编制记账凭证(以会计分录表示),并根据上述记账凭证登记库存现金日记账。

表 5—1 库存现金日记账

第　　号

年		凭证号数	对方科目	摘要	√	收入（借方）金额 十亿千百十万千百十元角分	付出（贷方）金额 十亿千百十万千百十元角分	结余金额 十亿千百十万千百十元角分
月	日							

表 5-2　银行存款日记账

二、总分类账簿的设计

(一)总分类账簿的种类与作用

总分类账(General Account Book),简称总账,是用于全面、连续和总括地反映全部经济业务情况的簿籍。总账是按照一级会计科目分类开设的账户,是编制财务会计报告的主要依据。总分类账一般须采用订本式账簿,按会计科目的编号顺序设置账户,并为每个账户预留账页。

总分类账的格式设计取决于所采用的记账方法和账务处理程序,总账格式应以借、贷、余为基本栏目。在实际工作中,由于各单位经济业务的繁简程度不同,因此所采用的账务处理程序也不同,目前,主要有根据记账凭证逐笔登记总账、根据科目汇总表汇总登记总账和以表代账等账务处理程序。如何减少总账登记的工作量,是设计总账格式必须考虑的问题。

(二)典型总分类账簿的设计

1. 手工核算下的总分类账簿设计

总分类账簿外表形式须采用订本式,可根据企业的规模和经济业务量选用 32 开本或 16 开本规格,采用横置式或竖置式,封皮可选用塑料硬皮,也可采用纸质厚一些的牛皮纸。总分类账簿扉页的内容和格式基本与日记账一致,只是登记账簿的会计人员不同而已(见图 5-4)。

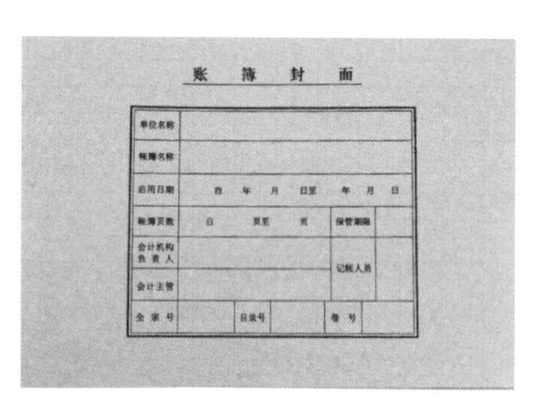

图 5-4 手工核算下的总分类账簿

总分类账簿账页格式的设计主要包括:(1)三栏式总分类账。一般企业总分类账簿的账页格式应采用三栏式,不仅要反映借方金额、贷方金额和余额,而且还应反映经济业务的内容摘要、对账标记、凭证编号以及日期和余额方向等信息。手工核算条件下的三栏式总账的账页金额栏应设计分栏,以防止发生差错,参见表 5-3。(2)对应科目式总分类账。一般的栏式总账账页只能反映每一科目的增加金额、减少金额和余额,但无法反映其对应的科目,不便于对经济业务进行分析汇总,因此只适用于科目汇总表账务处理程序。为了能够反映科目的对应关系,便于对企业经济业务进行汇总分析,企业可设计有对应科目的三栏式账页格式。(3)以表代账式总分类账。"以表代账"是指以某种计算汇总表格式代替总账的形式,如以改进后的科目汇总表代替总账,其操作灵活,可减少差错,并简化总账的登记工作。

目前,手工核算条件下的账页格式设计的三种格式即可满足核算需要,其他如多栏式总分类账、日记总账等均已被淘汰。

表 5-3

总分类账

第___号

年		凭证		摘要	对方科目	日页	借方金额 十亿千百十万千百十元角分	贷方金额 十亿千百十万千百十元角分	借或贷	余额 十亿千百十万千百十元角分
月	日	种类	号数							

2. 会计信息化下的总分类账簿设计

电算化或信息化核算条件下的总分类账簿是定期（一般为年末）从系统中打印出来，加上封皮和扉页装订成册的（见图5—5），装订时根据账页的多少按月、季或年来装订，可根据具体情况选择专业的公司装订。电算化或信息化核算条件下总分类账等扉页的内容和格式基本与手工核算条件下的一致，装订时打印出来加装在账簿封皮下即可。

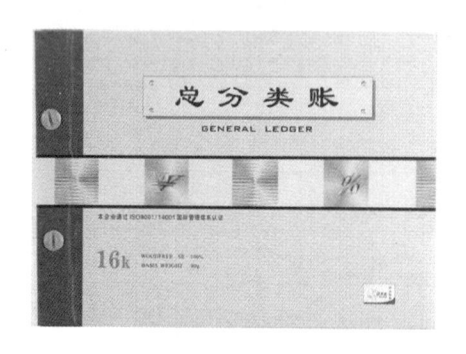

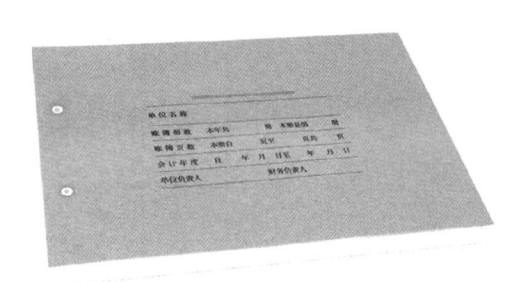

图5—5 会计信息化下的总分类账簿

电算化或信息化核算条件下的总分类账簿的账页格式设计应与手工核算条件下的基本一致，可以设计为借、贷、余三栏式总分类账，有对应科目栏的借、贷、余三栏式总分类账和以表代账三种格式。但在电算化或信息化核算条件下，由于计算机自动记账是不会出现记账差错的，错误应当只发生在凭证环节，所以在借方金额、贷方金额和余额栏不需要设计金额分栏，也不需要设计对账标记栏。

实际工作中还有以某种计算单代替账簿的情况，如制造业以成本计算单代替成本明细账等。但以表、单代账必须限于一定的范围，并且要严格核算手续，才能保证核算不乱。一般来说，以表代账，可以以表代总账及部分明细账和备查簿，主要适用于科目汇总表账务处理程序；以单代账，只能限于少数明细账和备查簿。对于代替账簿的表、单，要定期装订成册，同账簿一样妥善保管。

三、明细分类账簿的设计

（一）明细分类账簿的种类和作用

明细分类账，简称明细账（Sub-ledger），是按照二级科目或者明细科目开设的，用来分类连续地记录和反映经济业务详细情况的账簿。明细分类账提供详细、具体的核算资料，是对总账的必要补充，也是编制会计报表的依据之一。明细分类账簿一般采用活页式账簿，也可以采用卡片式账簿（多用于固定资产）；明细分类账簿依据其反映的不同经济内容或经营管理要求，分别采用三栏式、数量金额式、多栏式、横线平行式、复币式等多种账页格式。

（二）典型的明细分类账簿的设计

1. 三栏式明细分类账的设计

此种明细账簿的格式如同"三栏式总分类账"，主要特征是在账页上分设三个金额栏，分别记录经济业务引起的资金增减变化和结存情况，单纯提供详细、具体的价值核算指标。实收资本（股本）明细账、长期待摊费用明细账、各种债权债务（应收账款、应付账款、预收账款、预付账款、其他应收款、其他应付款、应交税费等）明细账，大多采用三栏式，其格式参见表5—4。

【提示】三栏式明细分类账是明细账中最基本的格式，其他格式的明细账一般都是在此基础上结合所要记录的特殊内容加以演变而来的。

现以应收账款明细账为例,其格式参见表5—4。

表5—4   应收账款 明细账

明细科目   第_____页

年		凭证号	摘要	借方 亿千百十万千百十元角分	贷方 亿千百十万千百十元角分	借或贷	余额 亿千百十万千百十元角分
月	日						

2. 数量金额式明细分类账的设计

这种账簿是在三栏金额的基础上增设"数量"和"单价"栏而形成的。它适用于既能提供详细价值指标,又能提供实物数量指标的材料、燃料、包装物、低值易耗品、产成品、固定资产等明细核算。这些明细账一般按品种规格分别设置,分别记录各种材料、产成品的入库、出库和结存情况。现以原材料明细账为例,其格式见表5—5。

3. 多栏式明细分类账的设计

与三栏式明细账和数量金额式明细账相比,此种账簿的格式不固定,栏目变化较多,一般在明细科目的借方或贷方栏下设置若干金额栏,栏次的数量多少取决于明细科目的数量及所包含的具体经济内容,以及经营管理对这些内容了解和掌握的详细程度。为了适应经济内容的变化,在设计栏次时,除满足现行需要外,还应当设置一些空栏,以备后用。这种格式一般适用于成本(生产成本、材料采购)费用(制造费用、管理费用、销售费用等)类明细账、主营业务收入和其他业务收入明细账、主营业务成本和其他业务成本明细账、营业外收入和营业外支出明细账、在建工程明细账以及增值税一般纳税人应当设置的应交增值税明细账。

表 5—5

原材料 明细账

编号				最高存量		计划价格	总页
名称				最低存量		计量单位	分页
材质							
规格				储备天数			

年		凭证号	摘要	数量	单价	借方金额									数量	单价	贷方金额									核对号	数量	单价	余额								
月	日					亿	千	百	十	万	千	百	十	元	角	分				亿	千	百	十	万	千	百	十	元	角	分				亿	千	百	十	万	千	百	十	元	角	分

【提示】如果材料按计划成本计价，则可取消各"单价"栏，而在账页上方或"摘要"栏后增设"计划成本"栏，以简化账页格式。

多栏式明细账账页格式包括借方发生额多栏式、贷方发生额多栏式和借贷方发生额多栏式三种格式。对于成本费用类账户，主营业务成本、其他业务成本、营业外支出、在建工程等账户，因需要在借方按照具体项目进行明细核算，所以应设计为借方发生额多栏式；主营业务收入、其他业务收入、营业外收入等账户，因需要贷方按照业务种类或项目进行明细核算，所以应设计为贷方发生额多栏式。应交税费账户需要在贷方按照税种名称进行明细核算，所以也应设计为贷方发生额多栏式。对于增值税一般纳税人需开设的应交增值税明细账，因需要分别在借方和贷方按照具体项目进行明细核算，所以可设计为借贷方发生额多栏式。具有代表性的格式介绍如下，供设计时参考。

(1) 生产成本明细分类账的设计

该账按成本计算对象(按产品品种或批别等)设置明细账户。为了考核成本计划完成情况、分析成本升降的原因、寻求降低成本的途径，企业需要提供各种产品的成本构成指标。为此，该账必须按产品的成本项目在借方栏下分设栏次，以便分别记录各种费用的发生情况，提供经营管理所需要的指标，其格式参见表5－6。

该账簿的使用方法：发生各种费用时，记入相应的栏次，它们的合计数即为产品应负担的全部费用。结转完工产品的成本时记入贷方栏下，如果"借方"合计数等于"贷方"数额，说明产品全部完工，没有余额；否则，说明尚有在产品存在。

(2) 材料采购明细账的设计

材料的计价方式不同，材料采购所使用的账页格式也不相同。采用计划成本计价时，账页设计应考虑材料成本差异的结转，而采用实际成本计价则不必考虑。由于支付材料买价及采购费用与材料成本确定、结转入库的时间一般不会太长，且按各批购进的材料予以清结，因此，可采用横线登记法予以登记。

现对材料采用计划成本计价时的材料采购明细账进行设计，格式参见表5－17。值得指出的是材料一次付款，分次到达，即贷方需要登记若干次才能与借方发生额结平，则借方可设置一行，贷方与此对应分设若干小行，以保证材料采购的横线登记，结清每一批材料。

(3) 制造费用明细账的设计

该账一般按车间名称设置明细账户，以反映各车间为组织和管理生产而发生的费用。为了加强费用管理、控制车间范围内各项费用的开支，企业需要按费用的具体项目在借方分设栏次，记录各项费用的发生情况，以便提供费用核算的详细指标。由于制造费用是为管理产品生产而发生的全部制造费用，在月底必须全部分配计入产品成本，因此，制造费用明细账的账页可以不设计"余额"栏。其格式参见表5－8。

销售费用、管理费用、财务费用是分别为推销产品、行政管理、筹集资金而发生的期间费用，它们的明细账账页均可比照"制造费用明细账"设计，不同点在于在账页页码中不需要划分总页码和分页码。其格式参见表5－9、表5－10、表5－11。

(4) 应交税费明细账的设计

增值税一般纳税人和小规模纳税人应交税费明细账因增值税核算不同，明细项目包含的内容也存在差异。下面站在增值税一般纳税人角度予以设计，其格式见表5－12。

(5) 应交增值税明细账的设计

对于增值税一般纳税人，因准予增值税进项税额抵扣，所以需要按照增值税项目进行明细核算。应交增值税明细账见表5－13。

表 5-6

生产成本明细分类账

总第　　页　分第　　页
级科目名称　　　　　　　

年		凭证号数	摘要	借方发生额 千百十万千百十元角分	明　细　项　目		
					直接材料 千百十万千百十元角分	直接动力 千百十万千百十元角分	直接人工 千百十万千百十元角分	制造费用 千百十万千百十元角分
月	日							

表 5-7　　材料采购明细账

总第 ___ 页　分第 ___ 页
___级科目名称 ___

年		凭证		摘要	材料名称及规格	计量单位	数量	发票金额									运杂费									转出									余额									√
月	日	种类	号数					千	百	十	万	千	百	十	元	角	分	千	百	十	万	千	百	十	元	角	分	千	百	十	万	千	百	十	元	角	分	千	百	十	万	千	百	十	元	角	分	

表 5-8 制造费用明细账

总第　　页　　分第　　页

年		凭证号数	摘要	借方金额				合计
月	日			职工薪酬	折旧摊销费	办公费用	水电费	其他	

（借方金额：百十万千百十元角分）

表 5-9　　　　　　　　　　　　　销售费用明细账　　　　　　　　　　　　总第　　页　　分第　　页

年		凭证号数	摘要	(借)方金额					合计
月	日			广告费	展览费	职工薪酬	水电费	其他	

表 5—10

管理费用明细账

总第＿＿页　分第＿＿页

年		凭证号数	摘要	(借)方金额					合计
月	日			广告费	展览费	职工薪酬	水电费	其他	
				百十万千百十元角分	百十万千百十元角分	百十万千百十元角分	百十万千百十元角分	百十万千百十元角分	百十万千百十元角分

表 5—11

财务费用明细账

总第 ___ 页　　分第 ___ 页

年		凭证号数	摘要	利息支出（借）方金额			合计
月	日			利息支出	利息收入	其他	
				百十万千百十元角分	百十万千百十元角分	百十万千百十元角分	百十万千百十元角分

表 5—12　　应交增值税明细账

表 5-13 应交税费——应交增值税明细分类账

多栏式明细分类账账页的特点:(1)一般没有统一的账页格式,设计时需根据经济业务的具体内容确定。(2)每一栏目都为经营管理提供一个具体的经济指标,如成本的组成项目、费用的构成内容等。因此,栏目设计多少,取决于管理需要的经济指标的详细程度。(3)有关金额栏的数字相加后,可为经营管理提供一个总括的价值指标,如某种产品的生产总费用、某个车间或某个部门发生的制造费用总额或管理费用总额等。

四、备查账簿的设计

备查账簿的主要用途是记录序时账簿和分类账簿未能或无法反映的特殊经济事项。它的种类和格式一般没有固定的模式,完全取决于特殊经济事项的种类、内容以及对此实施管理的具体要求。为此,在设计备查账簿时,企业必须从实际情况出发,讲求实用性、简单化。现对制造企业常用的几种备查账簿的格式设计如下:

(一)出纳登记簿的设计

出纳登记簿由出纳人员逐日逐笔登记银行票据的签发和办理情况,是库存现金日记账和银行存款日记账的补充资料。其格式见表5—14。

表5—14　　　　　　　　　　　出纳登记簿

票据种类:　　　　　　　　　　　　　　　　　　　　　　　　　　　　　　　　　　第___页

年		签发事由(摘要)	票面金额	经办人电话	经办人签字	备注
月	日					

【注意】对于商业汇票、银行本票、银行汇票等票据结算业务涉及不多的单位,也可不设计出纳登记簿,只设计支票登记簿。

(二)委托加工材料登记簿的设计

委托加工材料登记簿是加工企业为了对受托加工的材料加强实物管理,用来登记加工材料增、减、结存情况的备查账簿。该账簿登记的内容主要是材料实物数量的增减变化,由于受托的材料不办理款项结算,不需要进行价值核算,因而该账簿中可不进行材料金额的记载。其格式参见表5—15。

表5—15　　　　　　　　　　委托加工材料登记簿

来料单位:　　　　　　　　　　　　　　　　　　　　　　　　　　　　　　　　　　第___页

收料凭证		材料名称及规格	计量单位	数量	送料人	加工后材料			余料	退料凭证		领料人
日期	编号					名称及规格	单位	数量	收取加工费		日期	编号

(三)租入固定资产登记簿的设计

租入固定资产登记簿是为了加强对经营租入固定资产的实物管理,保证其正常使用而用来登记固定资产的租入、使用和归还情况的备查账簿。如委托加工材料登记簿主要进行实物核算。其格式参见表5-16。

表5-16　　　　　　　　　　　　　　　租入固定资产登记簿

出租单位：　　　　资产名称　　　规格及型号　　　计量单位　　　数量　　　　　　第___页

租入凭证		租入数量	原始价值	净值	租期	月租金		使用部门	负责人签字	修理费		归还期限	经手人签字
日期	编号					单位租金	总租金			各次	累计		

(四)发票登记簿的设计

为保证发票安全,企业应开设发票登记簿,详细记录发票领购、领用和结余情况。其格式见表5-17。

表5-17　　　　　　　　　　　　　　　　　发票登记簿

第___页

年		摘要	领购发票		领用发票		作废发票		注销发票		备注
月	日		号码	签字	号码	签字	号码	签字	号码	签字	

【学思践悟】　　　　　　　　以二十大精神为指引,精研会计账簿设计

党的二十大报告要求"引导、支持有意愿有能力的企业、社会组织和个人积极参与公益慈善事业",党的二十届三中全会提出"健全社会组织管理制度",这些决策部署为新时代社会组织健康有序发展提供了科学指引,为会计工作指明了方向。在会计账簿设计这一具体工作中,应深刻领会其精神实质。从实际出发,如实反映经济业务活动的全貌,满足经营管理的要求,这是对会计工作的基本要求,也是贯彻落实党中央决策部署的具体体现。无论是日记账簿、总分类账簿、明细分类账簿还是备查账簿的设计,都要结合企业自身的规模与特点,不断优化和完善,以适应经济社会的发展和企业管理的需要,助力企业高质量发展,为经济的稳定运行提供有力支撑。

【悟有所得】

通过对会计账簿设计的学习和实践,深刻认识会计工作不仅是对经济业务的记录,更是企业管理和经济运行的重要保障。在设计账簿过程中,要注重细节,如不同账簿的格式选择、账页数量的确定等,都直接影响到会计信息的准确性和工作效率;同时,要紧跟时代步伐,充分利用会计信息化的优势,不断改进和创新账簿设计方法,提高会计工作质量,更好地服务于企业和社会经济发展,为实现中国式现代化贡献会计力量。

【学中做5-1】 公司账簿登记与管理问题剖析:从会计应聘见闻谈起

王先生应聘一家公司的会计,发现这家公司有几个与其他公司不一样的地方:一是公司的所有账户都使用活页纸记录,理由是这样便于改错;二是公司的应收账款和应付账款都是直接用会计凭证控制,不再记账;三是在记账时如果发生了错误,则允许使用涂改液进行涂改,但是强调必须由责任人签字;四是经理要求王先生在登记库存现金总账的同时也要负责出纳工作。

请问:为什么经济业务发生后,登记了记账凭证还需要登记到账簿中吗?这家公司在上述账簿登记和管理工作中存在什么问题?

第三节 账簿启用和登记制度的设计

一、账簿启用表的设计

账簿是储存会计数据资料的重要档案,登记账簿必须要有专人负责。为了保证账簿记录的合法性和账簿资料的完整性、明确岗位责任、考核记账人员的工作情况,企业应当设计"账簿启用与经管人员一览表",作为各本账的扉页在账簿启用时填列(活页账和卡片账在装订成册后填列)。表中详细载明单位名称、账簿名称、账簿编号、账簿册数、账簿共计页数、启用日期,并加盖单位公章及会计主管和记账人员章。更换记账人员时,需办理交接手续。因此,表中还应设计交接日期、交接人员姓名以及监交人员姓名,以分清经济责任。会计账簿封面、"账簿启用与经管人员一览表"分别见图5-6、表5-18。

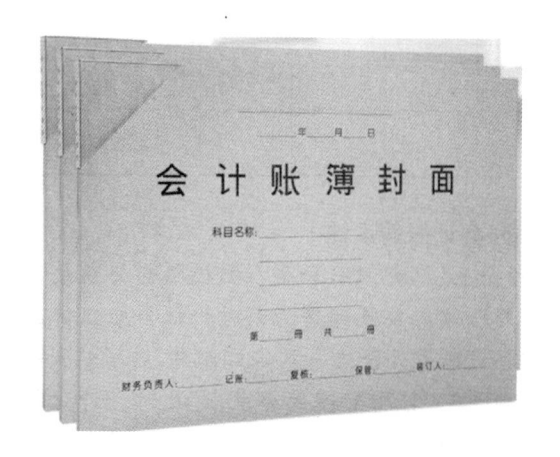

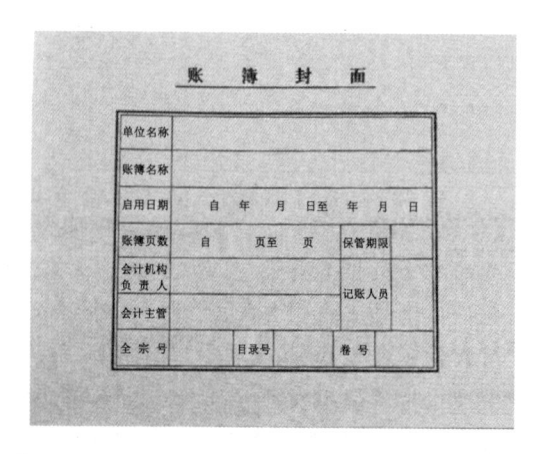

图5-6 会计账簿封面设计

表 5－18　　　　　　　　　　账簿启用与经管人员一览表　　　　　　　　　　第＿＿页

单位名称					
账簿名称					
账簿页数	自第　　　　页始至第　　　　页止共　　　　页					
启用日期	年　　　　月　　　　日				
单位领导人 签　　章			会计主管 人员签章		
经管人员职位	姓　名	经管或接管日期	签　章	移交日期	签　章
		年　月　日		年　月　日	
		年　月　日		年　月　日	
		年　月　日		年　月　日	
		年　月　日		年　月　日	
		年　月　日		年　月　日	

【提示】根据实际情况,"账簿启用与经管人员一览表"也可以分设两张,即"账簿启用表"和"经管账簿人员一览表"。表中,"会计主管"负责监交,在确认交接人员各自的手续全部具备的情况下予以盖章,表示移交完毕。

二、账页格式设计的要求

(一)满足会计核算需求

1. 精准适配业务性质

不同行业、企业的经济业务各具特点,账页格式应与之精准匹配。对于制造业企业的成本核算,多栏式账页能充分发挥优势,如生产成本明细账,借方按直接材料、直接人工、制造费用细分专栏,清晰展现成本构成要素,满足复杂成本核算需求;而金融企业的利息收支业务,采用三栏式账页,简洁记录借、贷方发生额与余额,即可直观反映利息收付动态,精准匹配其业务特性。

2. 完整反映会计要素

账页设计要确保对资产、负债、所有者权益、收入、费用、利润等会计要素全面呈现。以资产类账页为例,数量金额式账页常用于原材料、库存商品明细账,不仅记录金额变动,还详细登记数量变化,完整反映实物资产的增、减、存情况,使企业对资产状况一目了然,为财务核算与资产管理提供坚实的数据基础。

(二)便于登记与查阅

1. 登记便捷性

格式布局应简洁明了,减少会计人员登记时的操作复杂性。各栏目名称清晰易懂,如在应收账款明细账的账页上,借方、贷方、余额栏标识显著,摘要栏空间充裕,方便记录业务详情,让会计人员能迅速、准确地录入每笔往来账款信息,提高记账效率,降低出错概率。

2. 查阅高效性

设计要便于快速查找所需信息。设置合理的索引、编号或分类标识,在总账与明细账关联场景下,总账账页可标注对应明细账的页码或代码,反之亦然,方便使用者在不同账簿间迅速切换、定位数据,当管理层需要查看某一产品的成本明细时,能通过索引快速找到相关账页,及时获取精准信息,为决策提供有力支持。

(三)符合规范与习惯

1. 遵循会计准则

账页格式的基本框架、栏目设置必须严格遵循国家统一的会计准则与会计制度要求。例如,规定采用借贷记账法的企业,账页上借方、贷方栏目顺序与记账规则须保持一致,确保会计核算的规范性、可比性,使企业财务数据能在行业内乃至更大范围内有效交流、对比。

2. 兼顾操作习惯

企业应充分考虑会计人员的日常操作习惯,减少因格式改变带来的不适与操作失误。长期以来,会计人员习惯从左至右、自上而下地阅读与填写顺序,账页设计循此习惯,将主要信息按序排列,如日期、凭证编号、摘要、借方金额、贷方金额、余额等依次布局,让会计人员操作起来得心应手,提升工作流畅性。

(四)具备适应性与扩展性

1. 适应业务变化

企业经营处于动态发展中,账页格式应预留一定弹性空间以适应业务拓展、调整。当企业推出新产品线,涉及新的成本核算项目或收入类别时,现有成本明细账、收入明细账的账页格式若预留空栏或可扩展区域,便能轻松纳入新增内容,无需大幅调整账簿体系,确保财务核算的连续性与稳定性。

2. 支持技术升级

随着信息技术在会计领域的深度应用,账页格式要能与会计软件、数字化系统无缝对接。设计时要考虑电子数据存储、传输需求,如采用标准化数据格式,便于导入、导出数据,支持线上查询、分析功能,使传统账页在数字化转型浪潮中依然能高效发挥作用,助力企业财务智能化升级。

(五)保障账簿基础物理特性

1. 通用格式选用

账簿应尽可能地采用现成的通用格式,以便从商店直接购买,尽量减少绘制、印刷等工作,节省开支。同时,这也能够尽快满足单位开展会计工作的需要,让会计工作得以迅速步入正轨。

2. 规格尺寸适配

账页的规格尺寸,一般以 16 开本或 A4 纸为宜,横式绘制、装订。多栏式明细账需要的栏目较多时(如制造费用、管理费用明细账),可采用两张账页对接的方式,绘制出全部栏目,以便全面反映明细核算的具体内容,确保账目记录的完整性。

3. 纸张与穿孔考量

印制账簿所用的纸张,既要经久耐用,以保证在长期使用过程中不会轻易破损,又要经济实惠,控制成本。对于活页账账页的穿孔,要位置适当、大小适宜,这样在进行装订时才会方便快捷,便于后期的整理与保管。

(六)提升账簿美观与规范细节

1. 金额栏设计

账页中金额栏的数字应当用文字表明,以便记账和看账。设置几位数字栏,应以业务可能发生的最高数额为限,既要满足记录需要,又不使账簿上出现用不着的栏目,保证账页简洁、实用。

2. 行次与划线规范

账页各行次之间的距离,既要保证记账和改正错账的需要,又要避免过宽,造成浪费。划线最好使用蓝色或绿色,一般不使用黑色,以保证划线和记账内容(数字及文字)之间具有明显的区别,使账目清晰易读。各栏次之间的区分线颜色最好深一些、线条粗一些,以增强视觉区分度。

3. 细节明确要求

账页中的文字字体、字号、各栏之间的准确尺寸等都应予以详细说明,以保证账簿印制的质量,进而保证账簿登记内容的清晰性和美观性,让会计人员在使用时感到舒适、便捷。

应知考核

一、单项选择题

1. 会计账簿按用途分类,不包括以下哪种?（　　）
   A. 序时账簿　　　B. 分类账簿　　　C. 活页式账簿　　　D. 备查账簿
2. 制造业企业进行成本核算时,生产成本明细账通常采用的账页格式是（　　）。
   A. 三栏式　　　B. 多栏式　　　C. 两栏式　　　D. 数量金额式
3. 会计账簿按外形特征分类,总账通常采用的是（　　）。
   A. 订本式账簿　　　B. 活页式账簿　　　C. 卡片式账簿　　　D. 以上均可
4. 以下哪种明细账适用于既能提供详细价值指标,又能提供实物数量指标的明细核算?（　　）
   A. 三栏式明细分类账　　　　B. 数量金额式明细分类账
   C. 多栏式明细分类账　　　　D. 横线平行式明细分类账
5. 设计账簿时,为保证账簿记录的合法性和完整性,企业应设计（　　）。
   A. 账户目录　　　　　　　　B. 账页格式
   C. "账簿启用与经管人员一览表"　　D. 索引标识

二、多项选择题

1. 以下属于序时账簿的有（　　）。
   A. 普通日记账簿　　　　　　B. 特种日记账簿
   C. 三栏式库存现金日记账簿　　D. 多栏式银行存款日记账簿
2. 总分类账簿的作用包括（　　）。
   A. 全面、连续和总括地反映全部经济业务情况
   B. 是编制财务会计报告的主要依据
   C. 对所属明细账起着统驭和控制作用
   D. 详细反映经济业务的具体内容
3. 明细分类账簿一般采用的外形特征有（　　）。
   A. 订本式账簿　　　　　　　B. 活页式账簿
   C. 卡片式账簿　　　　　　　D. 横线平行式账簿
4. 符合账页格式设计中便于登记与查阅要求的有（　　）。
   A. 格式布局简洁明了
   B. 各栏目名称清晰易懂
   C. 设置合理的索引、编号或分类标识
   D. 总账与明细账定期核对余额、发生额
5. 以下适用于三栏式账页格式的账簿有（　　）。
   A. 现金日记账　　　　　　　B. 总账
   C. 应收账款明细账　　　　　D. 应付账款明细账

三、判断题

1. 企业可以根据自身喜好随意设计会计账簿,无需遵循会计准则。（ ）
2. 明细分类账是对总分类账的详细补充,能提供详细、具体的核算资料。（ ）
3. 所有企业都必须设置备查账簿。（ ）
4. 会计信息化下,总账的账页格式与手工核算下完全相同,没有任何变化。（ ）
5. 账簿启用时,"账簿启用与经管人员一览表"只需填写单位名称和账簿名称即可。（ ）

四、简述题

1. 简述会计账簿按用途分类的具体类型及其各自的功能。
2. 说明总分类账簿与明细分类账簿的联系和区别。
3. 阐述账页格式设计需满足会计核算需求的要点。
4. 列举手工核算下库存现金日记账和银行存款日记账的设计特点。
5. 简述备查账簿的设计特点及常见类型。

应会考核

■ 观念应用

【背景资料】

新创电商企业的账簿成长记

在国家鼓励创新创业的浪潮下,年轻的创业者小李和他的团队成立了一家名为"潮趣甄选"的电商企业,主营各类时尚创意家居用品。创业初期,团队成员们热情满满,但很快就遇到了财务管理上的难题,而会计账簿的设计与运用成了他们破局的关键。一开始,小李和同事对会计账簿仅有模糊的概念,只简单记录了每日的订单收入和支出,用一个笔记本当作"简易账簿",类似最基础的序时账簿,按时间顺序潦草地写下每一笔收支详情,如"5月1日,收到平台转账5 000元""5月3日,支付快递费800元"。但随着业务逐渐增多、商品种类日益丰富、供应商也越来越多,这种简单记录方式弊端尽显。

【考核要求】

请问:面对成本核算账目混乱的问题,企业应该如何优化会计账簿设计,以实现精准的成本核算呢?

■ 技能应用

库存现金和银行存款日记账的设计

欣欣公司2025年1月31日银行存款日记账的余额为30 000元,库存现金日记账的余额为1 000元。

2月份发生下列现金和银行存款收付业务:

(1)2日,收到投资者追加投资100 000元存入银行(银收1)。
(2)4日,从银行提取现金3 000元备用(银付1)。
(3)6日,从银行提取现金60 000元备发工资(银付2)。
(4)6日,以现金60 000元发放工资(现付1)。
(5)15日,职工刘华出差预借差旅费1 500元(现付2)。
(6)18日,以银行存款支付广告费5 000元(银付3)。
(7)20日,刘华出差回来报销差旅费1 200元(管理费用),余额300元退回(转账1、现收1)。

(8)22日,销售产品一批,价款及税款共计46 800元存入银行(银收2)。
(9)25日,收到某单位预付货款25 000元存入银行(银收3)。
(10)30日,以银行存款支付电话费4 200元(银付4)。

【技能要求】

请结合上述内容,分别设计和登记库存现金日记账和银行存款日记账。

■ 案例分析

【情景与背景】

ABC服装制造有限公司会计账簿问题剖析与优化

ABC服装制造有限公司是一家中等规模的企业,集服装设计、生产与销售于一体。随着业务的快速拓展,公司原有的会计账簿体系逐渐暴露出诸多问题。在账簿设计方面,总账科目设置过于笼统,无法满足精细化管理需求,例如,原材料采购仅设置一个总账账户,未按面料、辅料等细分,难以准确追踪各类原材料成本变动;明细账格式混乱,部分采用不恰当的账页格式,像生产成本明细账使用三栏式,无法清晰展现成本构成要素,导致成本核算不准确。在账簿启用与登记环节,存在登记不及时现象,业务发生多日后才补记账,影响财务数据的时效性;且登记人员职责不明确,时常出现错误无人负责、难以追溯的情况。此外,公司正计划引入会计信息化系统,但面临旧账簿体系与新系统对接困难的问题,现有账页格式、数据记录方式与系统要求兼容性差,阻碍了信息化进程。

【分析要求】

(1)剖析ABC服装制造有限公司原会计账簿体系存在的问题,依据会计账簿设计原则,阐述这些问题对企业财务管理的不利影响。

(2)结合公司业务特点,重新设计一套合理的会计账簿体系,包括总账、明细账、备查账簿的种类与格式选定,并说明设计理由。

(3)针对账簿启用与登记环节的乱象,制定详细的改进措施,涵盖登记规则、核对规则、保管规则以及人员职责明确等方面,确保账簿记录的准确性与完整性。

(4)为公司顺利过渡到会计信息化,提出关于账页格式优化、数据迁移以及人员培训的建议,助力企业高效实现财务管理数字化转型。

本章实训

【实训内容】

会计账簿的设计

【实训情境】

学生分组扮演ABC服装制造有限公司的财务人员,在模拟的办公环境中,完成从账簿设计、手工登记到信息化过渡的全过程实训任务。各小组需配备手工记账工具、空白账页、会计软件以及业务资料,按照企业真实的财务管理流程开展工作,遇到问题通过小组讨论、查阅资料或请教教师的方式解决,最终向"公司管理层"(教师)汇报实训成果,展示设计的账簿体系、登记样本以及信息化管理方案,并接受评价与反馈。

【实训任务】

任务一:第一阶段:问题诊断与理论梳理

任务二:第二阶段:账簿体系重新设计

任务三:第三阶段:手工登记与核对结账

任务四:第四阶段:信息化过渡与对比总结

<center>《会计账簿的设计》实训报告</center>		
实训班级：	实训小组：	实训组成员：
实训时间：　　年　　月　　日	实训地点：	实训成绩：
实训目的：		
实训步骤：		
实训结果：		
实训感言：		

第六章　财务报告的设计

- **知识目标**

  理解：财务报告的设计意义；财务报告的分类。
  熟知：财务报告的设计原则；财务报告基本内容的设计。
  掌握：对外财务报告的设计；对内财务报告的设计。

- **技能目标**

  能够熟练掌握财务报告的基本架构，精准识别财务报告各组成部分的格式与内容要点，能独立完成企业财务报告的框架搭建；运用专业知识与方法，准确收集、整理企业各类财务数据，按照会计准则要求，正确编制财务报告，确保数据准确、逻辑连贯，报表间勾稽关系无误；熟练掌握财务报告附注的编写技巧，能够详细、规范地披露企业的重要信息，提升财务报告的完整性与透明度。

- **素质目标**

  培养严谨、细致的工作作风，在处理海量财务数据、编制复杂报告过程中，始终保持高度专注，确保财务报告的准确性；形成自主学习与持续探索的意识，不断学习新知识、新技能，适应财务领域的变化，持续提升自身专业素养；强化团队协作精神，共同完成高质量的财务报告；提升批判性思维能力，在分析解读财务报告时，敢于质疑、善于思考，挖掘数据背后隐藏的问题或潜在风险，为企业决策提供建议。

- **思政目标**

  树立诚信为本的职业道德观，深刻认识到财务报告的真实性、合法性，以实际行动践行社会主义核心价值观中的诚信准则；培养责任担当意识，明白高质量的财务报告对诸多环节的重大影响，肩负起提供可靠信息的责任，在工作中追求卓越，为经济社会发展贡献力量；增强宏观经济视野，将企业微观财务活动与国家宏观经济形势相联系，提升对经济运行规律的认识，助力国家经济高质量发展战略的实施。

● 课程引例

从 ABC 公司财务报告看企业经营状况

ABC 公司是一家制造业企业,主要生产电子产品。在 2024 年年度财务报告中,其资产负债表显示,货币资金较上一年度大幅减少,而应收账款却显著增加。利润表中,营业收入虽有所增长,但营业成本的增长速度更快,导致毛利率有所下降。现金流量表中,经营活动现金流量净额为负数,而投资活动现金流量净额则因处置了部分固定资产为正数。同时,附注中披露了公司因产品质量问题面临一起未决诉讼,可能会对公司的财务状况产生重大影响。

● 引例反思

通过对 ABC 公司财务报告的分析,可以看出财务报告各部分之间是相互关联、相互印证的。资产负债表中货币资金和应收账款的变化,反映了公司的销售政策和收款情况,而这也会影响到现金流量表中的经营活动现金流量。利润表中营业收入和营业成本的变动,不仅影响了公司的盈利能力,也与资产负债表中的存货等项目相关。此外,附注中披露的未决诉讼等信息,提醒我们在分析财务报告时不能仅仅关注报表中的数字,还需要充分考虑附注中的重要信息,以全面、准确地评估企业的财务状况和经营成果,这也说明了财务报告设计的重要性,只有各部分内容完整、准确地反映企业的经济业务,才能为使用者提供有价值的信息,帮助他们做出正确的决策。

第一节 财务报告设计概述

财务报告(Financial Reports)是一个单位依法向国家有关部门提供或向社会公开披露的,反映该单位某一特定日期财务状况和某一会计期间经营成果、现金流量的文件。编制财务报告是对会计核算工作的全面总结,也是及时提供合法、真实、准确、完整的会计信息的重要环节。

一、财务报告的设计意义

(一)满足了不同信息使用者的需求

财务报告的存在对于不同的信息使用者具有重要意义。对于投资者而言,它是评估企业投资价值和风险的关键依据。投资者通过分析财务报告中的各项数据,如盈利能力、偿债能力和发展潜力相关指标,能够做出明智的投资决策,决定是否对企业进行投资、追加投资或者撤资,例如,借助利润表来判断企业的盈利情况,依据资产负债表评估企业的资产结构和偿债能力。债权人则依靠财务报告来考量企业的信用状况和偿债能力。银行在决定是否为企业提供贷款时,会着重分析企业财务报告中的资产负债率、流动比率等指标。这些指标能够帮助债权人确定企业是否具备按时偿债的能力,进而确定信贷额度、利率和是否给予信贷支持。企业管理层自身也十分依赖财务报告进行内部管理和决策。管理层可以通过财务报告洞察企业各部门的运营情况,发现运营中的优势与问题。比如,利用成本分析报告来确定成本控制要点并制定降本策略,通过销售业绩报告评估营销策略的有效性并进行调整。

(二)反映企业经营成果和财务状况

财务报告中的利润表能够直观地呈现企业在特定时期内的经营成果,详细列出收入、成本、费用和利润等项目。例如,一家制造业企业的利润表能展示其在一个会计年度内的销售收入、产品生产成本、销售费用和管理费用以及最终实现的净利润,清晰地反映企业的盈利能力。资产负债表反映企业在特定日期的财务状况,包括资产、负债和所有者权益的构成。通过资产负债表,人们可以了解企业固定资产、流动资产的规模,负债种类和金额,以及所有者权益的大小,从而把握企业的资产结构和资金来源。现金流量表展示了企业在一定时期内现金的流入和流出情况,反映企业的资金周转能力和偿债能力。例如,对经营活动现金流量的分析能够判断企业依靠自身经营产生现金的能力,以及能否维持自身的生存和发展。

(三)符合法律法规和监督管理要求

政府相关部门要求企业定期编制和报送财务报告,以便对企业经济活动实施监管。税务部门依据企业财务报告核实纳税情况,确保企业依法纳税。例如,企业利润表中的利润总额是计算企业所得税的重要依据,资产负债表中的部分项目也会影响税收的计算和缴纳。证券监管机构要求上市公司按照规定格式和内容披露财务报告,保障投资者的合法权益,这有助于维持证券市场的公平、公正和公开,防止企业财务造假等不当行为,推动证券市场健康稳定发展。

(四)为内外部审计提供了信息资料

审计包括企业内部审计和外部审计。内部审计是指企业内部成立的审计机构对本单位的会计工作实施的审计,外部审计包括国家审计和社会审计。国家审计是指由国家审计部门依法对企业会计工作实施的审计。社会审计是指由会计师事务所等社会中介机构对企业会计工作实施的审计。审计工作一般是从财务报表审计开始的,财务报表不仅能够为审计工作提供详尽、全面的数据资料,而且可以为进一步审计会计凭证和会计账簿指明方向。

二、财务报告的分类

(一)财务报告按照反映的经济内容不同,可分为财务状况报告、经营成果报告、现金流量报告、收支情况报告和成本与费用报告

1. 财务状况报告

这类报告用来总括反映企业某一特定日期的财务状况的财务报告,如"资产负债表"。

2. 经营成果报告

这类报告是总括反映企业一定时期的经营成果及其分配情况的财务报告,主要包括两类:(1)反映企业一定时期利润(或亏损)的实现情况的财务报告,如"利润表";(2)反映企业一定时期内所实现的利润分配情况的财务报告,如"利润分配表"。

3. 现金流量报告

这类报告是以现金的流入和流出来反映企业在一定时期内的经营活动、投资活动和筹资活动的财务报告,如"现金流量表"。

4. 收支情况报告

这类报告是总括反映企业在一定时期内业务收入的取得和费用支付情况的财务报告,如"主营业务收支明细表"。

5. 成本与费用报告

这类报告是总括反映企业在一定时期内因生产加工产品所发生的各项费用的支出和成本形成情况的财务报告,主要包括三类:(1)反映企业一定时期内期间费用支出情况的财务报告,如"管理费用明细表""财务费用明细表""销售费用明细表"等;(2)反映企业一定时期内制造费用支出情况的财务报告,如"制造费用明细表";(3)反映企业一定时期内所生产产品的生产成本构成情况的财务报告,如"主要产品单位成本表"和"产品生产成本表"等。

(二)财务报告按照用途不同,可分为对外财务报告和对内财务报告

1. 对外财务报告

按照我国现行会计准则的规定,企业对外报送的财务报告包括"资产负债表""利润表""现金流量表""所有者权益(或股东权益)变动表""分部报告"等报告。

【注意】对外财务报告的具体格式、编制方法和报送时间均由财政部统一规定,任何单位都不得随意更改。

2.对内财务报告

企业对内财务报告的种类、格式、编制方法及编制时间由各企业根据自身的经营特点和管理要求自行规定、自行设计。制造企业对内财务报告一般包括反映企业收入情况的财务报表和反映企业成本、费用情况的财务报告。

(三)财务报告按照会计主体不同,可分为个别财务报告和合并财务报告

1.个别财务报告

个别财务报告是由企业自身编制的,反映企业自身财务状况、经营成果和现金流量的财务报告。它主要基于企业自身的会计核算系统,展示本企业独立的财务信息。个别财务报告对于企业的股东、债权人以及管理层了解本企业情况具有重要意义。

2.合并财务报告

合并财务报告是由母公司编制的,将母公司和子公司形成的企业集团作为一个会计主体,综合反映企业集团整体财务状况、经营成果和现金流量的财务报告。企业通过控股等方式形成企业集团时,就需要编制合并财务报告。合并财务报告有助于投资者、债权人等了解企业集团的整体实力、经营规模和财务状况,对于集团公司进行战略决策和资源配置也具有重要意义。

(四)财务报告按照编制时间不同,可分为定期报告和不定期报告

1.定期报告

定期报告按照编制具体时间不同,可分为中期财务报告和年度财务报告。

(1)中期财务报告。中期财务报告是以短于一个完整会计年度的报告期间为基础编制的财务报告,包括月度财务报告(月报)、季度财务报告(季报)、半年度财务报告(半年报),也包括年初至本年中期末的财务报告。

①月度财务报告。月度财务报告也称月报,是用来总括反映企业月末的财务状况及其一个月的经营成果情况的财务报告,主要包括"资产负债表""利润表""应交增值税明细表"等对外财务报表,以及成本费用报表等内部报表,同时,根据企业实际需求,也会附上必要的附注说明。

②季度财务报告。季度财务报告也称季报,是用来总括反映企业季末的财务状况和一个季度的经营成果情况的财务报告,主要由"资产负债表""利润表""现金流量表""所有者(或股东)权益变动表"及"应交增值税明细表"构成,并且配有相应附注。如同年报一样,季度财务报告也应反映两个会计年度或者相关两个会计期间的比较数据,让使用者能及时跟踪企业季度间的财务变化。

③半年度财务报告。半年度财务报告也称中报,是用以总括反映企业会计年度中期财务状况和经营成果情况的财务报告,主要涵盖"资产负债表""利润表""现金流量表""所有者(或股东)权益变动表"及"应交增值税明细表"等,同样,附注也是其不可或缺的组成部分,用于补充说明相关财务细节。半年度财务报告同年度财务报告一样,至少应反映两个会计年度或者相关两个会计期间的比较数据,助力使用者进行阶段性的财务分析。

(2)年度财务报告。年度财务报告也称年报,是用以总括反映企业年终财务状况和全年经营成果情况的财务报告,不仅包含核心的"资产负债表""利润表""现金流量表""所有者(或股东)权益变动表"等基本财务报表,还涵盖诸如"资产减值准备明细表"和"分部报告"等重要附表,以及详细的附注内容。附注会对企业的会计政策、会计估计变更、重大关联交易等诸多关键信息进行阐释,为使用者全方位了解企业财务状况提供有力支撑。其中,前四张表作为基本财务报表,是呈现企业关键财务信息的重要载体。年度财务报告至少应反映两个会计年度或者相关两个会计期间的比较数

据,以便使用者能清晰洞察企业的发展态势。

2. 不定期报告

不定期报告根据其编制目的和内容的不同,可分为专项财务报告和特殊目的的财务报表。

(1)专项财务报告。这是企业根据特定需求或特定事项编制的财务报告,主要用于详细说明某一特定事项或业务的财务情况。例如,企业在进行重大资产重组、重大投资决策、重大合同签订或重大诉讼等情况下,需要编制专项财务报告,向投资者和相关方披露这些重大事项对财务状况和经营成果的影响。专项财务报告通常包括对特定事项的详细分析、财务影响评估以及未来展望等内容。

(2)特殊目的的财务报表。这是根据特定目的编制的财务报表,通常用于满足特定用户的需求,如税务申报、融资需求或监管要求。特殊目的的财务报表不完全符合标准财务报表的要求,但能够提供特定用户所需的财务信息。例如,企业为了满足税务审计的要求,需要编制按计税基础编制的财务报表;或者为了获得特定项目融资,需要编制针对该项目的财务报表,展示项目的预期收益和成本。

(五)财务报告按照编制的单位不同,可分为单位财务报告和汇总财务报告

1. 单位财务报告

单位财务报告是指由独立核算的会计主体编制的,用以反映该会计主体的财务状况、经营成果及其收入和成本、费用情况的财务报告。

2. 汇总财务报告

汇总财务报告是由上级主管部门将其所属各基层单位的财务报告与其本身的财务报告加以汇总,编制而成的财务报告,用以反映一个部门或一个区域的经济情况。

三、财务报告的设计原则

(一)合规性原则

财务报告的设计务必严格遵守国家相关的法律法规和会计准则。这些规则为财务报告的编制提供了基本框架和标准。以我国《企业会计准则》为例,它详细规定了财务报告的格式、内容以及会计科目的运用。

在资产负债表的设计方面,资产、负债和所有者权益各项目的分类与列示必须与会计准则保持一致。例如,流动资产应按照流动性强弱顺序排列,货币资金通常排在最前面,存货等则排在后面。对于利润表,其项目顺序和计算方法同样要契合准则要求。像营业收入减去营业成本、税金及附加、销售费用等各项支出后得出营业利润,这一系列计算步骤都有严格的准则规范,以此保证财务报告在法律和规范层面的合法性与规范性。

(二)完整性原则

财务报告应当全面展现企业的财务状况、经营成果和现金流量。这意味着它不仅要涵盖主要的财务报表,如资产负债表、利润表和现金流量表,还必须包括附注等重要信息。附注是对财务报表的详细补充说明。在附注中,企业需要详细披露会计政策,例如,企业选择的存货计价方法是先进先出法还是加权平均法;会计估计变更情况,如固定资产折旧年限的调整;以及重大关联交易,像企业与关联方之间的重大销售或采购合同等内容。这些信息对于信息使用者完整地理解企业的财务状况和经营成果是不可或缺的,任何遗漏都可能导致使用者对企业财务情况的误判。

(三)准确性原则

财务报告中的数据准确性至关重要。从最开始的数据收集,到中间的记录过程,再到最后的计算和报告编制,每一个环节都要保证高度的精确性。以存货成本计算为例,企业需要精确记录采购成本,包括采购价格、运输费用、装卸费用等,以及加工成本,如直接人工成本和制造费用等,并且,要按照规定的方法进行计算,如先进先出法,假设先购入的存货先发出,按照存货购入的先后顺序来确定发出存货的成本;或者加权平均法,综合考虑期初存货和本期购入存货的成本及数量来计算发出存货成本。只有这样,才能确保资产负债表中的存货金额如实反映企业实际的存货价值,从而保障利润相关数据的准确性,为使用者提供可靠的财务信息。

(四)相关性原则

财务报告所提供的信息要与使用者的经济决策需求紧密相关,这要求财务报告能够为投资者、债权人、企业管理层等使用者提供有助于他们评估过去、现在或者未来事项的信息,进而对企业的财务状况和经营成果进行评价或者预测。对于企业管理者而言,若企业考虑业务扩张,财务报告中关于市场份额的增长态势、不同产品线盈利能力的分析,以及资金筹集渠道和成本的信息就显得尤为关键。这些信息能够帮助管理者决定是否扩张业务以及如何进行扩张。对于投资者来说,他们更关注企业未来的盈利前景和现金流量情况,所以财务报告若能提供企业新市场开拓计划、研发投入对未来收益的预期影响等内容,就更符合相关性原则,能更好地为使用者的决策服务。

(五)及时性原则

财务报告的及时性是保证其信息价值的关键因素。财务报告应及时编制和报送,否则,即使内容再准确、完整,一旦信息滞后,其价值也会大打折扣。对于上市公司,按照规定的时间披露季度财务报告至关重要,这使得投资者能够及时掌握企业近期的经营情况,以便根据最新信息调整投资组合。在企业内部管理中,及时的财务报告意义重大。例如,当发现某个月的销售费用大幅超出预算时,及时的财务报告可以让管理层迅速调查原因,判断是由于市场推广活动增加还是费用控制环节出现漏洞,从而及时采取措施纠正,避免问题进一步恶化。

(六)明晰性原则

财务报告中的信息应清晰明了,方便使用者理解和运用,这就要求在编制财务报告时表述要简洁、准确,尽量避免使用过于复杂或晦涩的会计术语和表述方式。在财务报表附注中,对于特殊会计政策的解释应当通俗易懂,如,解释企业采用的复杂的金融工具计量方法时,要用简单的语言说明其原理和对财务数据的影响。对于非财务专业人士的投资者,还可以通过图表、案例等形式辅助说明重要的财务信息。例如,用柱状图展示不同年度的营业收入对比,使投资者能够直观地看到企业收入的增长或下降趋势;用饼图展示成本构成比例,让使用者更容易理解企业成本的分布情况,从而帮助他们做出正确的决策。

四、财务报告基本内容的设计

(一)资产负债表的设计

资产负债表作为反映企业在特定日期财务状况的关键报表,其设计需精心考量。表头部分,应清晰注明报表名称、编制单位、编制日期以及货币单位,确保使用者能迅速识别报表主体与时效。表体设计上,遵循"资产=负债+所有者权益"这一恒等式,资产项目按流动性由强至弱排列,流动资产诸如货币资金、交易性金融资产、应收账款等排在前列,以便使用者直观了解企业近期可动用的经济资源;非流动资产如固定资产、无形资产等依次列示。负债项目依据偿还期限,短期负债在前,像短期借款、应付账款,长期负债在后,清晰展现企业债务结构。所有者权益项目则包含实收资本(或股本)、资本公积、盈余公积、未分配利润等,反映企业净资产归属。同时,为增强报表可比性与可读性,企业可设置期初与期末余额栏,便于使用者分析资产负债的动态变化。

(二)利润表的设计

利润表聚焦企业特定时期的经营成果,表头同样涵盖基本信息。表体以"营业收入−营业成本

—税金及附加—销售费用—管理费用—财务费用+其他收益+投资收益+公允价值变动收益+营业外收入—营业外支出=利润总额,利润总额—所得税费用=净利润"这一计算流程构建。营业收入作为起点,细分主营业务收入与其他业务收入,后续各项成本、费用详尽罗列,使利润形成路径一目了然。对于一些重要的非经常性损益项目,如资产处置损益、政府补助等,单独列示,避免对经常性利润造成混淆。设置本期金额与上期金额栏,助力使用者洞察企业盈利的增减趋势,为评估经营绩效提供依据。

(三)现金流量表的设计

现金流量表旨在呈现企业一定时期现金流入、流出全貌。表头注明关键要素后,表体分为经营、投资、筹资三大活动板块。经营活动现金流量依据直接法,从销售商品、提供劳务收到的现金切入,详细列示购买商品、接受劳务支付的现金,支付给职工以及为职工支付的现金等项目,精准反映企业核心业务的现金创造能力。投资活动现金流量涵盖购建与处置固定资产、无形资产、长期股权投资等所涉及的现金收支,展现企业对外投资布局与资产结构调整动态。筹资活动现金流量包含吸收投资、取得借款、偿还债务、分配股利或利润等现金往来,揭示企业资金筹集与回报投资者的情况。通过这三大板块,清晰勾勒出企业现金的来龙去脉,为判断偿债、周转等能力提供关键线索。

(四)附注的设计

附注是对上述三大报表的深度补充。开篇对企业基本情况、会计期间、记账本位币等基础信息予以说明,为后续解读奠定基石;详细披露会计政策选择,如存货计价方法、固定资产折旧政策等,以及会计估计变更缘由与影响,像应收账款坏账准备计提比例调整。重大关联交易部分,完整呈现与关联方的交易性质、交易金额、定价政策等,防范利益输送风险。或有事项如未决诉讼、债务担保等,阐述其潜在影响,让使用者对企业潜在风险心中有数。通过附注,挖掘报表背后的深层信息,使财务报告更加立体、丰满,满足使用者对信息深度与广度的需求。

【学思践悟】　　　　　　领悟财务报告精髓,践行时代发展要求

党的二十大报告明确指出要加快构建新发展格局,着力推动高质量发展,而高质量的会计信息对于经济发展至关重要。财务报告作为企业经济活动全方位、立体式的映照,是连接企业内外的关键纽带。不同使用者如投资者、债权人、管理层等对其倚重程度各不相同,他们的决策皆系于这份报告,这充分体现了财务报告在经济活动中的核心地位。思索各类财务报告分类时,其多种维度的划分标准恰似拼图碎片,拼出企业财务信息的完整图景。按经济内容、用途、主体、时间、编制单位等进行分类,每种分类方式都有其独特之处。在实践环节,资产负债表遵循"资产=负债+所有者权益"原理,严谨排列项目,符合合规性、完整性等设计原则的重要性。每一个数字、每一项排列都承载着企业真实的财务脉动,稍有偏差便可能谬以千里,这要求同学们在实践中务必保持严谨、认真的态度。

【悟有所得】

通过对财务报告内容的精研,同学们收获的不仅是知识,更是洞察企业运营的锐利视角。一份精准的财务报告,犹如企业稳健航行的航海图,指引着企业的发展方向,帮助其规避风险。对外,它是企业递交给市场的"成绩单",必须严守企业会计准则等规范,彰显企业的诚信与实力,为投资者、债权人等提供可靠的信息依据;对内,它是管理层手中的"手术刀",能够深入剖析企业存在的问题,为精准施策提供有力支持。同时,财务报告的设计原则中合规性是底线,要确保财务报告的编制合法依规,严格执行财政部发布的企业会计准则、应用指南等相关规定。完整性则让信息无死角,全面展现企业的财务全貌,为使用者提供充分的决策信息。准确性赋予数据生命,使其成为可靠的决策依据,避免虚假信息误导使用者。相关性能联结使用者的需求,做到有的放矢,提高财务报告的实用性。及时性则可捕捉战机,让信息价值最大化,使企业能够及时把握市场动态,做出科学决策,

明晰助力沟通,打破专业壁垒,让不同背景的使用者都能准确理解财务报告所传达的信息。因此,在今后的学习和实践中,无论是分析企业案例,还是投身实际财务工作,都能以此为利刃,开启财务智慧之门,在经济浪潮中洞察秋毫,稳健前行。

第二节　对外财务报告的设计

对外财务报表的设计包括对外财务报表的名称、格式、内容、编制时间、编报方法、报送时间、计量单位、编号、附注等内容的设计。这里所讲的财务报告,既包括个别,也包括合并。

一、资产负债表的设计

(一)设计原理和格式

资产负债表(Balance Sheet)是反映企业某一特定日期的财务状况的报表。其设计原理是"资产＝负债＋所有者权益"这一会计恒等式,是对企业一定日期的资产、负债和所有者权益项目,按照一定的分类标准和秩序进行的排列组合。

资产负债表有"账户式"和"报告式"两种格式。账户式,又称平衡式,是根据会计恒等式设计的,把报表分为左、右两部分,左方为资产,右方为权益,左、右两方数字必然相等。权益又分为上下两部分,上部分列示负债,下部分列示所有者权益。报告式,又称垂直式,是根据"资产－负债＝所有者权益"这一公式设计的。报表项目自上而下排列,依次为资产、负债和所有者权益。

账户式资产负债表的优点是对资产、负债和所有者权益的等式关系列示比较直观,能一目了然地看出企业的财务状况和资本结构,便于查阅、理解和应用。

【提示】目前,我国企业会计准则规定资产负债表使用账户式。

(二)项目排列顺序的设计

资产负债表项目的排列方法一般有两种:一是按项目的重要程度排列,即按各项目在总体中所占的比重大小和在生产经营过程中的重要性排列,其目的是为满足宏观管理需要而设计。二是按存在期的长短或形成的时间早晚排列,如资产和负债即按存在期的长短排列,资产按流动资产、长期投资、固定资产、无形资产和其他资产、递延税项排列;负债按流动负债和非流动负债进行列示,依次为流动负债、长期负债、递延税项。所有者权益则按照净资产的不同来源和特定用途进行分类,依次为实收资本、资本公积、其他综合收益、盈余公积、其他权益工具和未分配利润。这种设计的目的是便于信息使用者分析和评价企业的偿债能力。我国资产负债表采用此种排列顺序。

按照财政部 2009 年 6 月发布的《企业会计准则解释第 3 号》的规定,高危行业企业按照国家规定提取的安全生产费以及维持简单再生产费用等具有类似性质的费用,需专设"专项储备"会计科目予以核算。该科目期末余额在资产负债表所有者权益项下增设"专项储备"项目反映,列在"盈余公积"项目前面。

(三)提供的数据资料

资产负债表中除对各具体项目单独列报外,还应当列报相关项目的合计数或总计数。例如,资产类至少应当列示流动资产和非流动资产的合计数;负债类至少应当列示流动负债、非流动负债以及负债的合计数;所有者权益类应当列示所有者权益的合计数。此外,资产负债表还应当分别列示资产总计金额、负债与所有者权益之和等。根据财务报表列报准则的规定,企业需要提供比较资产负债表,以便于报表使用者通过对不同时点资产负债表数据的比较,掌握企业财务状况的变动情况及发展趋势。因此,资产负债表各项目都应提供"期末余额"和"年初余额"两种数据。其中,"期末余额"指各项目本期的期末数字;"年初余额"指各项目上年年末的数字,即上年年度资产负债表各项目的"期末余额"栏的数字。

【注意】 对于拥有子公司的企业,除了应编制母公司资产负债表外,还应编制合并资产负债表。在季报和半年报中,个别和合并资产负债表可以反映在同一张报表中,但在年报中,个别和合并资产负债表必须分别编制。

资产负债表的格式参见表6—1。

表6—1　　　　　　　　　　　　　　资产负债表　　　　　　　　　　　　　　会企01表

编制单位:　　　　　　　　　　　　　　年　　　月　　　日　　　　　　　　　　　　　单位:元

资　产	期末余额	上年年末余额	负债和所有者权益(或股东权益)	期末余额	上年年末余额
流动资产:			流动负债:		
货币资金			短期借款		
以公允价值计量且其变动计入当期损益的金融资产			以公允价值计量且其变动计入当期损益的金融负债		
衍生金融资产			衍生金融负债		
应收票据			应付票据		
应收账款			应付账款		
预付款项			预收款项		
其他应收款			合同负债		
存货			应付职工薪酬		
合同资产			应交税费		
持有待售资产			其他应付款		
一年内到期的非流动资产			持有待售负债		
其他流动资产			一年内到期的非流动负债		
流动资产合计			其他非流动负债		
非流动资产:			流动负债合计		
债权投资			非流动负债:		
其他债权投资			长期借款		
其他权益工具投资			应付债券		
其他非流动金融资产			其中:优先股		
投资性房地产			永续债		
固定资产			租赁负债		
在建工程			长期应付款		
生物性生物资产			预计负债		
油气资产			递延收益		
使用权资产			递延所得税负债		
无形资产			其他非流动负债		
开发支出			非流动负债合计		
商誉			负债合计		
长期待摊费用			所有者权益(或股东权益):		

续表

资　产	期末余额	上年年末余额	负债和所有者权益(或股东权益)	期末余额	上年年末余额
递延所得税资产			实收资本(或股本)		
其他非流动资产			其他权益工具		
非流动资产合计			其中:优先股		
			永续债		
			资本公积		
			减:库存股		
			其他综合收益		
			专项储备		
			盈余公积		
			未分配利润		
			所有者权益(或股东权益)合计		
资产总计			负债和所有者权益(或股东权益)总计		

公司法定代表人　　　　　　　主管会计工作负责人　　　　　　　会计机构负责人

二、利润表的设计

(一)设计原理和格式

利润表(Income Statement)是反映企业一定时期经营成果的财务报表。其设计原理是"收入－费用＝利润"这一会计公式。各项收入指标和费用指标的排列顺序不同,报表的格式也就不同。目前,利润表的格式主要有单步式和多步式两种。单步式利润表是指在利润表中将本期所有收入加在一起,再把所有费用加在一起,两者相减,一次性计算出净利润。多步式利润表是指在利润表中通过多个连续的步骤逐步计算出企业的净利润,它反映企业在净利润形成过程中每一类业务所取得的业绩。

多步式利润表一般分为三个步骤:第一步,以营业收入为基础,减去营业成本、税金及附加、销售费用、管理费用、研发费用、财务费用、资产减值损失、信用减值损失,加上其他收益、投资收益(或减去投资损失)、净敞口套期收益(或减去净敞口套期损失)、公允价值变动收益(或减去公允价值变动损失)和资产处置收益(或减去资产减值损失),计算出营业利润;第二步,以营业利润为基础,加上营业外收入,减去营业外支出后计算出利润总额;第三步,以利润总额为基础,减去所得税费用,计算出净利润(或净损失)。

单步式利润表的优点是简单、直观,易于编制和理解。其缺点是不能反映净利润的形成过程及结构,不利于对企业经营成果进行分析和对未来盈利能力进行预测。而多步式利润表虽编制烦琐,但能够提供利润构成和形成情况,便于信息使用者对企业经营成果进行分析和对未来盈利能力进行预测。

【提示】目前,我国企业会计制度规定利润表采用多步式。

需要注意的是:(1)无论是采用单步式还是多步式,对于普通股或潜在普通股已公开交易的企业,以及正处于公开发行普通股或潜在普通股过程中的企业,都应当在利润表中列示每股收益信息,包括基本每股收益和稀释每股收益信息;(2)对于拥有子公司的企业,除了应编制母公司利润表外,还应编制合并利润表,在季报和半年报中,个别和合并利润表可以反映在同一张报表中,但在年报中,个别和合并利润表必须分别编制。

(二)费用项目排列顺序的设计

根据财务报表列报准则的规定,在多步式利润表中,费用项目应当采用"功能法"列报,即按照费用在企业所发挥的功能进行分类列报,通常分为从事经营业务发生的成本、销售费用、管理费用、研发费用和财务费用等,并将营业成本与其他费用分开披露。对于企业而言,其活动通常分为生产、销售、管理、融资等。由于每一种活动中发生的费用所发挥的功能并不相同,因此,按照费用功能法将其分列列报,能够向报表使用者提供具有结构性的信息,能更清楚地揭示企业经营业绩的主要来源和构成,有助于使用者了解费用发生的活动领域,提供的信息更为相关。

(三)提供的数据资料

根据财务报表列报准则的规定,企业需要提供比较利润表,需要对报表中各项目的"本期金额"和"上期金额"分别填列。其中,"本期金额"指各项目的本期实际发生额,如在月度利润表中,指本月实际发生额;在季度利润表中,则指本季度实际发生额;在半年度利润表中,则指1月1日至6月30日的实际发生额;在年度利润表中,则指1月1日至12月31日的实际发生额。"上期金额"指上年同期利润表中"本期金额"栏内所列数字填列金额,如1月份月度利润表中的"上期金额"则应根据上年1月份月度利润表各项目的本期金额数字填列;年度利润表中的"上期金额"则应根据上年年度利润表中各项目的本期金额数字填列。采用比较利润表,可以使报表使用者通过比较不同期间利润的实际情况,判断企业经营成果的未来发展趋势。

已执行新金融准则和新收入准则的企业利润表(多步式)格式参见表6-2。

表6-2　　　　　　　　　　　　　利润表(多步式)　　　　　　　　　　　会企02表

编制单位:　　　　　　　　　　　年　　　月　　　日　　　　　　　　　　单位:元

项　　目	本期金额	上期金额
一、营业收入		
减:营业成本		
税金及附加		
销售费用		
管理费用		
研发费用		
财务费用		
其中:利息费用		
利息收入		
加:其他收益		
投资收益(损失以"-"号填列)		
其中:对联营企业和合营企业的投资收益		
以摊余成本计量的金融资产终止确认收益(损失以"-"号填列)		
净敞口套期收益(损失以"-"号填列)		
公允价值变动收益(损失以"-"号填列)		

续表

项　　目	本期金额	上期金额
信用减值损失（损失以"－"号填列）		
资产减值损失（损失以"－"号填列）		
资产处置收益（损失以"－"号填列）		
二、营业利润（亏损以"－"号填列）		
加：营业外收入		
减：营业外支出		
三、利润总额（亏损总额以"－"号填列）		
减：所得税费用		
四、净利润（净亏损以"－"号填列）		
（一）持续经营净利润（净亏损以"－"号填列）		
（二）终止经营净利润（净亏损以"－"号填列）		
五、其他综合收益的税后净额		
（一）不能重分类进损益的其他综合收益		
1.重新计量设定受益计划变动额		
2.权益法下不能转损益的其他综合收益		
3.其他权益工具投资公允价值变动		
4.企业自身信用风险公允价值变动		
……		
（二）将重分类进损益的其他综合收益		
1.权益法下可转损益的其他综合收益		
2.其他债权投资公允价值变动		
3.金融资产重分类计入其他综合收益的金额		
4.其他债权投资信用减值准备		
5.现金流量套期储备		
6.外币财务报表折算差额		
……		
六、综合收益总额		
七、每股收益		
（一）基本每股收益		
（二）稀释每股收益		

公司法定代表人　　　　　　主管会计工作负责人　　　　　　会计机构负责人

三、现金流量表的设计

（一）设计原理和结构

现金流量表（Cash Flow Statement）是反映企业某一特定日期（通常是年末）现金及现金等价物的流入、流出的报表。其中，现金是指库存现金和可以随时用于支付的存款；现金等价物是指企业持有的期限短、流动性强、易于转换为已知金额现金、价值变动风险很小的投资；现金流量是指现金和现金等价物的流入、流出。现金流量表的设计原理是"现金流入量－现金流出量＝现金净流量"，其设计意义在于正确评价企业的支付能力，分析企业的收益质量及影响现金流量的因素，预测企业未来的现金流量。

现金流量表的项目主要有经营活动现金流量、投资活动现金流量、筹资活动现金流量、汇率变动对现金及现金等价物的影响、现金及现金等价物净增加额、期末现金及现金等价物余额等项目，采用报告式排列。现金流量表格式分别一般企业、商业银行、保险公司和证券公司等企业类型予以规定。企业应当根据其经营活动特点，确定本企业适用的现金流量表格式。

（二）现金流量表编制方法的设计

现金流量表中的经营活动现金流量可按现金的来源和运用直接填制，也可以净利润为基础调整填制。因此，现金流量表有直接法和间接法两种编制方法。在直接法下，一般是以利润表中的营业收入为起算点，调节与经营活动有关的项目的增减变动，然后计算出经营活动产生的现金流量。其优点是分析企业经营活动现金流量的来源和用途，预测企业未来现金流量的前景。在间接法下，一般以净利润为起算点，调整不涉及现金的收入、费用、营业外支出等有关项目，剔除投资活动、筹资活动对现金流量的影响，然后计算出经营活动产生的现金流量。其优点是便于将净利润与经营活动产生的现金净流量进行比较，了解净利润与经营活动现金流量存在差异的原因，从现金流量的角度分析净利润的质量。考虑到两种编制方法各有优点，并且对信息使用者的预测和决策都具有重要意义，我国现金流量表准则规定应当采用直接法编制现金流量表，同时要求在附注中提供以净利润为基础调节到经营活动现金流量的信息。

（三）提供的数据资料

根据现金流量表准则的规定，现金流量表为比较报表，至少每年编制一次，表中各项目需提供"本期金额"和"上期金额"两种数据。在年度现金流量表中的"本期金额"指各报表项目本年度累计金额；"上期金额"则指上年度现金流量表中各项目"本期金额"栏的数字；在季度现金流量表中，"本期金额"指各报表项目本季度累计金额；"上期金额"则指上年同季度现金流量表中各项目"本期金额"栏的数字。

【注意】对于拥有子公司的企业，除编制母公司现金流量表以外，还应编制合并现金流量表。在季报和半年报中，个别和合并现金流量表可以反映在同一张报表中，但在年报中，个别和合并现金流量表必须分别编制。

已执行新金融准则和新收入准则的企业现金流量表的格式参见表6-3。

表 6—3　　　　　　　　　　　　　　　　现金流量表　　　　　　　　　　　　　　　会企 03 表

编制单位：　　　　　　　　　　　　　　　　年　　　月　　　日　　　　　　　　　　　　　　单位：元

项　　目	本期金额	上期金额
一、经营活动产生的现金流量		
销售商品、提供劳务收到的现金		
收到的税费返还		
收到其他与经营活动有关的现金		
经营活动现金流入小计		
购买商品、接受劳务支付的现金		
支付给职工以及为职工支付的现金		
支付的各项税费		
支付其他与经营活动有关的现金		
经营活动现金流出小计		
经营活动产生的现金流量净额		
二、投资活动产生的现金流量		
收回投资收到的现金		
取得投资收益收到的现金		
处置固定资产、无形资产和其他长期资产收回的现金净额		
处置子公司及其他营业单位收到的现金净额		
收到其他与投资活动有关的现金		
投资活动现金流入小计		
购建固定资产、无形资产和其他长期资产支付的现金		
投资支付的现金		
取得子公司及其他营业单位支付的现金净额		
支付其他与投资活动有关的现金		
投资活动现金流出小计		
投资活动产生的现金流量净额		
三、筹资活动产生的现金流量		
吸收投资收到的现金		
取得借款收到的现金		
收到其他与筹资活动有关的现金		
筹资活动现金流入小计		
偿还债务支付的现金		
分配股利、利润或偿付利息支付的现金		
支付其他与筹资活动有关的现金		
筹资活动现金流出小计		

项　　目	本期金额	上期金额
筹资活动产生的现金流量净额		
四、汇率变动对现金及现金等价物的影响		
五、现金及现金等价物净增加额		
加：期初现金及现金等价物余额		
六、期末现金及现金等价物余额		

公司法定代表人　　　　　　　　主管会计工作负责人　　　　　　　会计机构负责人

四、所有者(或股东)权益变动表的设计

(一)设计原理和结构

所有者(或股东)权益变动表(Statement of Changes in Shareholders' Equity)是反映一定会计期末所有者(或股东)权益构成及当期增减变动情况的报表,属于年报。其主要内容包括实收资本、其他权益工具、资本公积、其他综合收益、盈余公积、未分配利润和库存股等。该表在反映所有者(或股东)权益总量增减变动的基础上还要反映所有者(或股东)权益增减变动的重要结构性信息,以便使报表使用者准确理解所有者权益增减变动的根源。

为了清楚地表明所有者(或股东)权益各组成部分当期的增减变动情况,所有者(或股东)权益变动表应当以矩阵的形式列示,一方面,列示导致所有者(或股东)权益变动的交易或事项,以便能够按所有者(或股东)权益变动的来源对一定时期内所有者(或股东)权益变动情况进行全面反映;另一方面,按照所有者(或股东)权益各组成部分及其总额列示交易或事项对所有者(或股东)权益的影响。

(二)提供的数据资料

根据财务报表列报准则的规定,企业需要提供比较所有者(或股东)权益变动表,因此,所有者(或股东)权益变动表应提供各项目"本年金额"和"上年金额"两组数据信息。已执行新金融准则和新收入准则的企业所有者权益(或股东权益)变动表的格式参见表6—4。

五、附注的设计

附注是财务报表不可或缺的组成部分,是对资产负债表、利润表、现金流量表和所有者(或股东)权益变动表等报表中列示项目的文字描述或明细资料,以及对未能在这些报表中列示项目的说明。

【注意】附注与主体报表具有同等的重要性,是报表使用者了解企业财务状况、经营成果和现金流量的必读内容。

《企业会计准则第30号——财务报表列报》应用指南规定,企业应当披露附注信息,主要包括下列内容:

(1)企业的基本情况,包括:①企业注册地、组织形式和总部地址;②企业的业务性质和主要经营活动;③母公司以及集团最终母公司的名称;④财务报告的批准报出者和财务报告批准报出日。

(2)财务报表的编制基础。

(3)遵循企业会计准则的声明。企业应当声明编制的财务报表符合企业会计准则的要求,真实、完整地反映企业的财务状况、经营成果和现金流量等有关信息。

(4)重要会计政策和会计估计。企业应当披露采用的重要会计政策和会计估计,不重要的会计政策和会计估计可以不披露。在披露重要会计政策和会计估计时,企业应当披露重要会计政策的确定依据和财务报表项目的计量基础,以及会计估计中所采用的关键假设和不确定因素。

(5)会计政策和会计估计变更以及差错更正的说明。企业应当按照《企业会计准则第28号——会计政策、会计估计变更和差错更正》及其应用指南的规定,披露会计政策和会计估计变更以及差错更正的有关情况。

(6)报表重要项目的说明。企业对报表重要项目的说明,应当按照资产负债表、利润表、现金流量表、所有者权益变动表及其项目列示的顺序,采用文字和数字描述相结合的方式进行披露。报表重要项目的明细金额合计,应当与报表项目金额相衔接。

(7)或有和承诺事项的说明。

(8)资产负债表日后事项的说明。

(9)关联方关系及其交易的说明。

表 6—4

所有者（或股东）权益变动表

编制单位：　　　　　　　　　　　　　　　　年度　　　　　　　　　　　　　　　　　　　　　　　　　　会企 04 表

单位：元

项　目	本年金额											上年金额										
:---	实收资本（或股本）	其他权益工具			资本公积	减：库存股	其他综合收益	专项储备	盈余公积	未分配利润	所有者权益合计	实收资本（或股本）	其他权益工具			资本公积	减：库存股	其他综合收益	专项储备	盈余公积	未分配利润	所有者权益合计
:---	:---:	优先股	永续债	其他	:---:	:---:	:---:	:---:	:---:	:---:	:---:	:---:	优先股	永续债	其他	:---:	:---:	:---:	:---:	:---:	:---:	:---:
一、上年年末余额																						
加：会计政策变更																						
前期差错更正																						
其他																						
二、本年年初余额																						
三、本年增减变动金额（减少以"－"号填列）																						
（一）综合收益总额																						
（二）所有者投入和减少资本																						
1. 所有者投入的普通股																						
2. 其他权益工具持有者投入资本																						
3. 股份支付计入所有者权益的金额																						
4. 其他																						
（三）利润分配																						
1. 提取盈余公积																						
2. 对所有者（或股东）的分配																						
3. 其他																						
（四）所有者权益内部结转																						
1. 资本公积转增资本（或股本）																						
2. 盈余公积转增资本（或股本）																						
3. 盈余公积弥补亏损																						
4. 设定受益计划变动额结转留存收益																						
5. 其他综合收益结转留存收益																						
6. 其他																						
四、本年年末余额																						

公司法定代表人：　　　　　　　　　　主管会计工作负责人：　　　　　　　　　　会计机构负责人：

【做中学 6—1】 解锁新兴科技公司财务报告编制密码：兼顾准则与信息呈现

新兴科技有限公司创立于五年前，凭借几款创新性的软件产品在行业内崭露头角，业务迅速扩张，如今已步入筹备上市的关键阶段。在快速发展过程中，公司吸引了多轮风险投资，股权结构较为复杂，同时为了抢占市场份额，研发投入持续攀升，资金流向多样。此时，按照证券监管要求以及企业会计准则，精准编制对外财务报告成为重中之重，这不仅关乎能否顺利上市，更影响着投资者、债权人等众多利益相关者对公司的信心与决策。

请问：在编制对外财务报告时，如何在遵循复杂且严格的会计准则前提下清晰呈现公司独特的业务模式、高额的研发投入以及复杂的资金流动所反映出的财务状况与经营成果，让不同背景的使用者都能精准解读报告信息？

第三节　对内财务报告的设计

对内财务报告是为企业各管理部门提供的报表，其作用在于为管理部门及时提供预测、决策所需要的会计信息，是财务报表体系的重要组成部分。

一、对内财务报告的特点

（一）灵活性高

对内财务报告与对外财务报告需遵循严格统一的会计准则和格式规范。对内财务报告可根据企业内部管理需求灵活定制。管理层可能关注不同部门、不同项目的成本效益，报告便可聚焦这些细分领域，按需增减指标、调整报表结构，以满足多样化需求。

（二）时效性强

对内财务报告旨在为企业内部决策及时提供依据，其编制频率往往更高。例如，销售部门可能每日需要销售业绩快报，了解当日销售额、订单量与客户分布，生产车间或许每周要求成本分析报告，监控原材料消耗、人工工时效率，以便迅速应对经营中的问题，调整策略。

（三）针对性突出

对内财务报告直接服务于企业内部各层级管理人员及业务部门，报告内容紧密围绕内部使用者的特定目标，如高层管理者关注战略目标达成进度，报告就侧重整体业绩指标、市场份额变化；中层部门负责人聚焦业务运营，侧重本部门预算执行、人员效能；基层员工涉及个人绩效，像销售人员的提成核算依据。

（四）保密性强

对内财务报告包含大量企业的敏感商业信息，如未公开的新产品成本构成、内部定价策略、核心技术研发投入等。这些信息若泄露，则可能削弱企业竞争力，因此仅限内部特定人员知悉，通常有严格的权限管控与保密措施。

二、对内财务报告的设计原则

（一）有用性原则

此原则首要满足企业内部管理决策需求，提供对使用者有价值的信息；确保报告数据和分析能助力管理者评估业务绩效、发现问题、规划未来，如为投资决策部门提供潜在项目的财务预测，为成本控制中心给出详细的成本差异分析。

（二）相关性原则

内容与内部使用者的工作职责、决策情境需紧密相关。生产部门报告聚焦生产流程成本、质量成本;市场部门围绕市场推广费用效果、品牌价值提升;财务部门自身则侧重资金流动性、财务风险预警,各取所需,精准对接。

(三)易懂性原则

此原则要求使用通俗易懂的语言、格式与图表,便于非财务专业背景的管理人员和员工理解;避免过多晦涩的会计术语,用直观的柱状图展示成本对比,折线图反映业绩趋势,配以简洁文字说明,确保信息有效传递。

(四)及时性原则

此原则要求严格遵循内部管理要求的时间节点编制报送,保障信息新鲜度。错过关键决策时机,再精准的数据也失去价值,像电商企业大促销期间的实时销售与库存报告,需分秒必争传递至运营团队。

(五)成本效益原则

此原则要求在设计和编制过程中权衡获取、整理、分析数据以及生成报告的成本与带来的管理效益,避免过度追求精细数据而耗费过多人力、物力,确保投入产出合理,如小型门店简单的收支日报不必像上市公司年报那般复杂详尽。

三、典型的对内财务报告的设计

对内财务报告是企业内部经营管理者进行预测和决策的重要依据。企业的经营规模和管理要求不同,需要设计的对内财务报表种类也不一致。大中型企业一般应当考虑设计以下几种报表:

(一)日常管理用报表的设计

企业的日常管理,主要是指货币资金管理、存货管理和销售管理。为了适应日常管理的需求,企业通常需要编制反映一日货币资金增减变动和结余情况、一日或一段时间的存货增减变动和结存情况以及一日或一段时间商品销售情况的财务报表,这类报表可以按日编制,也可以视业务量按旬或按月编制。

1. 货币资金增减变动情况表的设计

货币资金增减变动情况表是反映企业库存现金及银行存款每日增减变动及其余额情况的财务报告,由出纳在每日业务终了后根据库存现金、银行存款日记账及其他有关资料编制,报送会计负责人和企业主要领导,以便及时掌握企业库存现金和银行存款的变动情况,合理调配资金,并准确做出货币资金的使用决策。

为了全面反映企业各项货币资金的变动、结余和存放情况,便于资金调度,设计该表时应突出三方面内容:一是当日实际资金余额,根据昨日账面余额,加本日增加金额,减本日减少金额计算得出;二是本日货币资金增加的渠道和减少的去向;三是资金的存放地点和账户。其格式参见表6—5。

表6—5　　　　　　　　　　货币资金增减变动情况表

年　　月　　日

金额单位:元

项　目	银行存款	库存现金	合　计	备　注
一、昨日账面余额				
加:营业收入				
融资金额				
欠款回收				

续表

项　　目	银行存款	库存现金	合　计	备　注
投资收回				
其他收款				
减:营业支出				
归还欠款				
归还投资				
投资支出				
其他支出				
二、本日账面余额				
未记账增加数				
未记账减少数				
三、本日实际余额				

会计主管：　　　　　　　审核：　　　　　　　出纳(制表)：

2. 银行借款报告单的设计

银行借款报告单是对企业各种银行借款的借入、偿还和结欠情况进行详细反映的财务报告。一般由企业主管银行借款的会计人员在每月末根据短期借款、长期借款账簿记录以及相关资料编制并报送会计负责人和企业主要负责人,使其及时了解与掌握银行借款的增减变动和余额情况,以便加强银行借款管理,按期归还借款。

银行借款报告单的设计,应按银行借款的种类(短期借款、长期借款)划分栏次,分别反映不同种类借款每月的借入、归还和欠款数。其一般格式参见表6-6。

表6-6　　　　　　　　　　　银行借款报告单　　　　　　　　　　单位:元

项　　目	短期借款	长期借款	合　计
一、上月欠款总额			
其中:逾期未还数			
二、本月借款总额			
三、本月还款总额			
四、月末欠款总额			
其中:逾期未还数			

会计主管：　　　　　　　审核：　　　　　　　制表：

3. 进货日报表的设计

进货日报表是对企业每日材料或商品购进的详细情况进行反映的报表,一般由主管材料和应付账款业务的会计人员在每日工作结束时编制并报送采购部门及其他有关部门,以便他们及时了解材料采购计划的执行情况,加强对采购业务的管理。为了反映材料采购资金的结算情况,企业应按现购和赊购分别列示。其格式参见表6—7。

表6—7   进货日报表

年   月   日

金额单位:元

品 名	规格及型号	计量单位	数量	单价	金额			本月累计购进	
					现购	赊购	合计	数量	金额
合 计									

会计主管: 审核: 制表:

4.销货日报表的设计

销货日报表是对每日商品销售的详细情况进行反映的报表,一般由主管销售和应收款业务的会计人员在每日工作结束时编制,并报送企业主要负责人及其他有关部门,以便他们及时了解和掌握企业销售计划的执行情况,及时发现问题,调整销售方式,改进销售策略,减少销售风险。为了反映销货款的结算情况,销货日报表也应按现销和赊销分开列示。其格式参见表6—8。

表6—8   销货日报表

年   月   日

金额单位:元

品 名	规格及型号	计量单位	数量	单价	销售金额			本月累计销售	
					现销	赊销	合计	数量	金额
合 计									

会计主管: 审核: 制表:

(二)财务状况分析表的设计

财务状况分析表是指根据资产负债表的有关资料,对各项资产、负债及所有者权益在各自总额中所占比重以及报告期和基期比较的变化情况进行分析的报表,也称资产负债分析表。通过分析,可以查找企业资产、负债和所有者权益增减变动的原因,考查企业资产、负债的构成是否合理,便于了解企业的偿债能力,预测企业未来的财务状况。其格式参见表6—9。

表 6—9　　　　　　　　　　　　　　财务状况分析表

年　　月　　日　　　　　　　　　　　　　　　　　　　金额单位:元

资产项目	上期数		本期数			负债及所有者权益项目	上期数		本期数		
	金额	比重(%)	金额	比重(%)	增减额	增减百分比(%)		金额	比重(%)	金额	比重(%)	增减额	增减百分比(%)
一、流动资产							一、流动负债						
1.货币资金							1.短期借款						
2.交易性金融资产							2.应付款项						
3.应收款项							3.预计负债						
4.存货							二、非流动负债						
二、非流动资产							1.长期借款						
1.债权投资							2.应付债券						
2.长期股权投资							3.长期应付款						
3.固定资产							4.其他非流动负债						
4.在建工程							三、所有者权益						
5.无形资产							1.投入资金						
6.其他资产							2.留存收益						
合　计							合　计						

会计主管:　　　　　　　　　审核:　　　　　　　　　制表:

(三)经营成果分析表的设计

经营成果分析表主要是对企业一定时期构成经营成果的各项目本期实际数与预算数(或上期数、上年同期实际数)等进行比较和分析的报表。利用此表,可以反映企业本期利润实际数与对比数之间的关系,确定增减变动情况以及各项目对利润总额变化的影响程度,以便据此查明利润升降的原因,总结经验,发现问题,提出措施,改进工作。

经营成果分析表一般包括利润分析表、主营业务利润分析表(主营业务收支明细表)、营业外收支明细表、管理费用明细表、营业费用明细表等,分别说明如下:

1.利润分析表的设计

为了反映利润计划的本期和本年累计执行情况,利润分析表的设计应按本期数和本年累计数分设栏目,并按利润的构成项目反映它们的实际数、预算数(或其他对比数)、差异额和增减百分比。对比数字可以选一个,也可以选多个。这里以预算数为对比数,其格式参见表 6—10。

表 6—10　　　　　　　　　　　　　　利润分析表

年　　月　　日　　　　　　　　　　　　　　　　　　　金额单位:元

项　目	本期数				本年累计数			
	实际数	预算数	差异额	完成预算百分比(%)	实际数	预算数	差异额	完成预算百分比(%)
一、营业收入								
减:营业成本								
税金及附加								
销售费用								

续表

项 目	本期数				本年累计数			
	实际数	预算数	差异额	完成预算百分比(%)	实际数	预算数	差异额	完成预算百分比(%)
管理费用								
研发费用								
财务费用								
其中:利息费用								
利息收入								
加:其他收益								
投资收益(损失以"－"号填列)								
其中:对联营企业和合营企业的投资收益								
以摊余成本计量的金融资产终止确认收益(损失以"－"号填列)								
净敞口套期收益(损失以"－"号填列)								
公允价值变动收益(损失以"－"号填列)								
信用减值损失(损失以"－"号填列)								
资产减值损失(损失以"－"号填列)								
资产处置收益(损失以"－"号填列)								
二、营业利润(亏损以"－"号填列)								
加:营业外收入								
减:营业外支出								
三、利润总额(亏损总额以"－"号填列)								
减:所得税费用								
四、净利润(净亏损以"－"号填列)								
(一)持续经营净利润(净亏损以"－"号填列)								
(二)终止经营净利润(净亏损以"－"号填列)								
五、其他综合收益的税后净额								
(一)不能重分类进损益的其他综合收益								
1.重新计量设定受益计划变动额								
2.权益法下不能转损益的其他综合收益								
3.其他权益工具投资公允价值变动								
4.企业自身信用风险公允价值变动								
……								
(二)将重分类进损益的其他综合收益								
1.权益法下可转损益的其他综合收益								
2.其他债权投资公允价值变动								
3.金融资产重分类计入其他综合收益的金额								
4.其他债券投资信用减值准备								

续表

项目	本期数				本年累计数			
	实际数	预算数	差异额	完成预算百分比(%)	实际数	预算数	差异额	完成预算百分比(%)
5.现金流量套期储备								
6.外币财务报表折算差额								
……								
六、综合收益总额								
七、每股收益								
（一）基本每股收益								
（二）稀释每股收益								

会计主管：　　　　　　　　审核：　　　　　　　　制表：

2.主营业务利润分析表的设计

主营业务利润分析表可分别按主营业务利润结构和采用因素分析法进行编制。按主营业务利润结构编制的主营业务利润分析表是指按主营业务种类或者所售商品品种分栏设计，反映每类主营业务或每一商品营业收入、营业成本、税金及附加的本期实际数与预算数（或上期数、上年同期数、上年平均数等）。通过比较，分析和考核各主营业务或所售商品营业情况的报表，也称主营业务利润结构分析表。其一般格式参见表6—11。

表6—11　　　　　　　　　　主营业务利润结构分析表

年　月　　　　　　　　　　　　　　　金额单位：元

项目 商品名称	主营业务收入				主营业务成本				税金及附加				主营业务利润			
	实际数	预算数	差异额	完成百分比(%)	实际数	预算数	差异额	完成百分比(%)	实际数	预算数	差异额	完成百分比(%)	实际数	预算数	差异额	完成百分比(%)
合　计																

会计主管：　　　　　　　　审核：　　　　　　　　制表：

采用因素分析法编制的主营业务利润分析表，是对主营业务利润计划执行情况进行重点分析时所使用的报表，也称主营业务利润因素分析表。该表与"其他业务利润分析表""营业外收支明细表"一起，共同反映企业利润计划的执行情况和升降原因。设计主营业务利润分析表时，应当把影响主营业务利润变动的各个因素及其影响程度反映出来。其一般格式参见表6—12。

表 6-12　　　　　　　　　　　　　　　**主营业务利润因素分析表**

　　　　　　　　　　　　　　　　　　　　　　年　　月　　　　　　　　　　　　　　　　金额单位：元

影响主营业务利润变动的因素	影响利润	各影响因素占总变动额百分比（%）
商品销售数量变动影响		
商品销售价格变动影响		
商品销售成本变动影响		
商品销售税金变动影响		
商品销售结构变动影响		
合　计		

会计主管：　　　　　　　　　审核：　　　　　　　　　制表：

3. 其他业务利润结构分析表的设计

其他业务利润结构分析表是按其他业务种类分栏设计，将各种其他业务收入、其他业务成本实际数与上年实际平均数或本年计划数比较（这里选用上年实际平均数为比较数），用以分析其他业务利润增减变动情况的报表。由于是依据其他业务利润的构成项目进行分析，因此，也称为其他业务利润结构分析表。其一般格式参见表 6-13。

表 6-13　　　　　　　　　　　　　　　**其他业务利润结构分析表**

　　　　　　　　　　　　　　　　　　　　　　年　　月　　　　　　　　　　　　　　　　金额单位：元

项目 业务种类	其他业务收入				其他业务成本				其他业务利润			
	本期实际	上年同期实际	升降额	升降率（%）	本期实际	上年同期实际	升降额	升降率（%）	本期实际	上年同期实际	升降额	升降率（%）
出租固定资产												
出租无形资产												
出租包装物												
销售材料												
用材料进行非货币性交换												
合　计												

会计主管：　　　　　　　　　审核：　　　　　　　　　制表：

4. 营业外收支明细表的设计

营业外收支明细表是根据营业外收入明细账和营业外支出明细账的有关资料，对各项营业外收支的本期实际数加以反映，并与上年实际平均数进行对比分析的报表。编制营业外收支明细表，有利于了解企业营业外收支的构成情况，以便针对性地采取措施，控制营业外收支，扩大盈利。其一般格式参见表 6-14。

表 6-14　　　　　　　　　　　　　　　**营业外收支明细表**

　　　　　　　　　　　　　　　　　　　　　　年　　月　　　　　　　　　　　　　　　　金额单位：元

项目	行次	本期实际	上年实际平均数	升降额	升降率（%）
一、营业外收入					
1. 债务重组利得					
2. 与企业日常活动无关的政府补助					

续表

项　目	行次	本期实际	上年实际平均数	升降额	升降率(%)
3.盘盈利得					
4.接受捐赠利得					
营业外收入合计					
二、营业外支出					
1.固定资产毁损报废损失					
2.无形资产毁损报废损失					
3.债务重组损失					
4.公益性捐赠支出					
5.非常损失					
6.罚款支出					
7.盘亏损失					
营业外支出合计					
三、营业外收支净额					

会计主管：　　　　　　　审核：　　　　　　　制表：

5.投资收益结构分析表的设计

投资收益结构分析表是根据投资收益明细账的有关资料，对各投资项目的投资收益和投资损失的本年实际数进行反映，并与上年实际数进行对比的报表。由于是以构成投资收益的各个项目进行分析，因而也称为投资收益结构分析表。该表一般由负责投资收益明细账的会计人员于每年年末编制，报送企业主要负责人及投资管理部门，以便他们做出正确的投资决策，优化企业投资结构，取得最佳投资效益。其一般格式参见表6—15。

表6—15　　　　　　　　　　　　投资收益结构分析表

年　　月

金额单位：元

项　目	行　次	本年实际	上年实际	升降额	升降率(%)
一、投资收益					
1.交易性金融资产持有收益					
2.交易性金融资产处置收益					
3.债权投资持有收益					
4.债权投资处置收益					
5.其他债权投资持有收益					
6.其他债权投资处置收益					
7.其他权益工具投资持有收益					
8.其他权益工具投资处置收益					
9.长期股权投资持有收益					
10.长期股权投资处置收益					

续表

项　目	行　次	本年实际	上年实际	升降额	升降率(%)
……					
投资收益合计					
二、投资损失					
1.交易性金融资产取得费用					
2.交易性金融资产处置损失					
3.债权投资处置损失					
4.其他债券投资处置损失					
5.其他权益工具投资处置损失					
6.长期股权投资持有损失					
7.长期股权投资处置损失					
……					
投资损失合计					
三、投资净损益					

会计主管：　　　　　　审核：　　　　　　制表：

6. 销售费用分析表

销售费用分析表是由负责登记销售费用明细账的会计人员，于每月末根据销售费用明细账编制的，用以反映企业每月销售费用的实际发生情况，并与本期预算数和上期实际数进行对比的报表。编制此表，有助于了解和掌握销售费用预算的执行情况，分析销售费用变化发展态势，控制销售费用的开支，提高产品盈利水平。其一般格式参见表6－16。

表6－16　　　　　　　　　　　　　　销售费用分析表
年　　月　　　　　　　　　　　　　　　　　　　　　　　金额单位：元

项　目	本期实际	本期预算	差异额	差异率（%）	上期实际	增减额	增减率（%）
1.专设销售机构经费							
其中：职工薪酬							
业务费							
折旧费							
固定资产修理费							
2.运输费							
3.装卸费							
4.包装费							
5.保险费							
6.展览费							
7.广告费							

续表

项　　目	本期实际	本期预算	差异额	差异率（%）	上期实际	增减额	增减率（%）
8.商品维修费							
9.预计产品质量保证损失							
……							
其他							
合　　计							

会计主管：　　　　　　　　审核：　　　　　　　　制表：

7.管理费用分析表

管理费用分析表是由负责登记管理费用明细账的会计人员，于每月结束后根据管理费用明细账编制的，用以反映企业每月管理费用实际支出情况，并与本年预算数和上年实际数进行比较的报表。其报送对象一般为企业主要负责人和费用预算管理部门及其他有关部门。由于管理费用直接计入当期损益，其实际支出水平如何，直接关系到企业的盈利水平。因此，编制此表，有利于管理当局及时了解与掌握企业各月份管理费用实际支出情况和预算执行情况，及时采取控制费用支出的措施，提高管理水平和企业盈利水平。其一般格式参见表6-17。

表6-17　　　　　　　　　　　　　　管理费用分析表

年　　月　　　　　　　　　　　　　　　　　　　　　　　　金额单位：元

项　　目	本期实际	本期预算	超支或节约额	完成百分比(%)	上期实际	增减额	增减率(%)
1.职工薪酬							
2.物料消耗费							
3.修理费							
4.折旧费							
5.办公费							
6.水电费							
7.差旅费							
8.低值易耗品摊销							
9.工会经费							
10.董事会费							
11.聘请中介机构费							
12.咨询费							
13.诉讼费							
14.业务招待费							
15.审计费							
16.技术转让费							
17.矿产资源补偿费							

续表

项　目	本期实际	本期预算	超支或节约额	完成百分比(%)	上期实际	增减额	增减率(%)
18.研发费用							
19.筹建期间开办费							
……							
其他							
合　计							

会计主管：　　　　　　　　　审核：　　　　　　　　　制表：

(四)现金流量分析表的设计

现金流量分析表是以现金流量表为依据,对现金流量表中各种活动产生的现金流入、现金流出和现金流量净额进行分析的报表。企业一般一年编制一次,通过将连续三年的实际数进行环比,判断企业现金流量的变化趋势,并从中找出各类活动以及各项目增减变动的真实原因,了解现金流量的变化结果与变化过程之间的关系。其格式及内容参见表6-18。

表6-18　　　　　　　　　　　　　现金流量分析表
　　　　　　　　　　　　　　　　　　＿＿＿＿年度　　　　　　　　　　　　　　金额单位:元

项　目	上年实际	上　年			本　年		
		实际数	同比增减额	同比增减率(%)	实际数	同比增减额	同比增减率(%)
一、经营活动							
1.现金流入							
2.现金流出							
3.现金流量净额							
二、投资活动							
1.现金流入							
2.现金流出							
3.现金流量净额							
三、筹资活动							
1.现金流入							
2.现金流出							
3.现金流量净额							
四、汇率变动对现金影响额							
五、现金及现金等价物净增加额							

会计主管：　　　　　　　　　审核：　　　　　　　　　制表：

(五)成本费用报表的设计

反映企业成本费用的报表均属于内部管理用财务报表,因为在市场经济体制下企业成本费用管理是企业内部管理问题,采用何种管理方法、管理成效如何,均为企业的商业秘密,一般不予外露。另外,从企业信息使用者来看,他们所关心的是企业的财务状况、经营成果及现金流量的信息,而对企业成本费用管理方法也不太关注。在制造企业,常用的成本费用报表主要有制造费用明细表、生产成本明细表、主要产品单位成本表、完工产品生产成本表、材料消耗报告和人工消耗报告等。

1. 制造费用明细表的设计

制造费用明细表是由负责登记制造费用明细账的会计人员，于每月末根据制造费用明细账编制，反映企业一定时期制造费用的实际发生情况，并与本期预算数和上年实际数进行对比的内部报表，一般报送给生产成本管理部门及其他有关成本费用管理部门。编制制造费用明细表，可以及时了解企业制造费用预算执行情况，掌握其发展变化趋势，以便及时采取对策，提高费用管理水平，降低制造费用，从而降低生产成本。制造费用明细表的一般格式参见表6—19。

表6—19

制造费用明细表

年　月

金额单位：元

项　目	本期实际	本期预算	差异额	预算完成百分比(%)	上期实际	增减额	同比增减率(%)
1. 职工薪酬							
2. 折旧费							
3. 租赁费							
4. 办公费							
5. 水电费							
6. 机物料费							
7. 劳动保护费							
8. 季节性和修理期间的停工损失							
……							
其他							
合　计							

会计主管：　　　　　　　　　审核：　　　　　　　　　制表：

2. 主要产品单位成本表的设计

主要产品单位成本表是对企业的各种主要产品，按成本项目反映其实际成本构成情况，并与本年目标成本或标准成本进行比较的内部报表。编制此表，有利于了解主要产品的单位成本变化情况，分析成本升降原因，寻求降低成本的途径，加强成本管理。主要产品单位成本表的一般格式参见表6—20。

表6—20

主要产品单位成本表

年　月

产品名称　　　　　　规格及型号　　　　　　计量单位　　　　　　售价

本月实际产量　　　　　　　　　　　　　本年累计产量　　　　　　　金额单位：元

成本项目	本期实际成本	本期目标成本	成本升降额	成本升降率(%)	上年实际平均数	成本升降额	成本升降率(%)
直接材料							
燃料及动力							

续表

成本项目	本期实际成本	本期目标成本	成本升降额	成本升降率（%）	上年实际平均数	成本升降额	成本升降率（%）
直接人工							
制造费用							
废品损失							
停工损失							
合　计							

会计主管：　　　　　　　审核：　　　　　　　制表：

3.完工产品生产成本表的设计

完工产品生产成本表是由负责登记生产成本明细账的会计人员，于每月末根据生产成本明细账编制的，用来反映企业一定时期内完工产品生产总成本的内部报表。其报送对象是企业主要负责人和有关成本管理部门。完工产品生产成本表通常按照成本项目分别列示本月实际、本年累计实际和上年实际平均等有关指标，以便通过对比分析，了解企业产品生产成本的发展趋势，强化成本管理。其一般格式参见表6-21。

表6-21　　　　　　　　　　　　　完工产品生产成本表

年　月　　　　　　　　　　　　　　　　　　　　　　　金额单位：元

项　　目	本月实际	本年累计实际	上年实际平均
月初在产品成本			
加：本月生产费用			
其中：直接材料			
燃料及动力			
直接人工			
制造费用			
废品损失			
停工损失			
减：月末在产品成本			
完工产品总成本			

会计主管：　　　　　　　审核：　　　　　　　制表：

4.材料消耗报告

材料消耗报告是详细反映产品生产过程中材料耗费情况的报表。该表一般由负责登记材料明细账的会计人员于每月末根据材料明细账和有关材料定额管理资料编制，主要报送对象为企业主要负责人、生产部门和有关成本管理部门。通过编制本表，可以及时发现材料消耗中存在的问题和不足，便于生产部门和管理部门及时采取降低材料消耗的对策，从而降低材料费用和产品生产成本。该表一般分生产车间或班组编制，其格式从略。

5. 人工消耗报告

人工消耗报告是详细反映企业一定时期内产品生产过程中人工消耗情况的报表，一般由负责工资核算的会计人员于每月结束后根据工资核算凭证进行编制，同时反映人工定额消耗和实际消耗指标。其报送对象是本单位主要负责人和有关生产管理部门，以便及时发现生产管理中存在的问题和不足，改进管理方案，提高人工利用效率，降低成本，提高经济效益。人工消耗报告一般分车间或班组编制，其格式从略。

【提示】与制造企业相比，商品流通企业只需编制费用报表，而且费用报表种类较少，一般只需要设计"营业费用明细表"。

商品流通企业的营业费用是指商品在进、销、存过程中所发生的一切费用。营业费用明细表是反映商品流通企业一定时期营业费用发生情况的财务报表，由负责营业费用明细账登记的会计人员于每月末根据营业费用明细账编制，并报送单位主要负责人和有关管理部门。为发现管理工作中的问题和不足、提高企业经营管理水平和经济效益，本表应同时提供本月实际指标和本月预算指标。其格式从略。

【学中做 6-1】应对双重挑战：胜利工厂对内财务报告体系的定制化设计

传统制造企业胜利工厂扎根行业 30 年，过去凭借稳定的产品质量和成熟的销售渠道，在市场中占据一席之地。但近年来，原材料价格频繁波动，人力成本持续上升，加之新兴竞争对手不断涌现，凭借低成本、智能化产品抢夺市场份额，胜利工厂面临着严峻的成本控制与市场竞争双重挑战。管理层意识到，必须深入了解企业运营细节，挖掘内部潜力，才能在困境中突围，于是决定充分利用对内财务报告优化决策流程。

请问：如何根据不同部门需求，快速设计出实用且高效的对内财务报告体系，确保各部门能够及时获取关键信息，精准定位问题并采取有效措施，实现降本增效与竞争力提升？

应知考核

一、单项选择题

1. 财务报告按照（　　）不同，可分为财务状况报告、经营成果报告、现金流量报告、收支情况报告和成本与费用报告。
   A. 反映的经济内容　　B. 用途　　　　C. 会计主体　　　　D. 编制时间

2. 我国企业会计准则规定，资产负债表采用的格式是（　　）。
   A. 报告式　　　　B. 账户式　　　　C. 单步式　　　　D. 多步式

3. 利润表的设计原理是（　　）。
   A. 资产＝负债＋所有者权益　　　　B. 现金流入量－现金流出量＝现金净流量
   C. 收入－费用＝利润　　　　　　　D. 资产－负债＝所有者权益

4. 现金流量表中，经营活动现金流量的编制方法有（　　）。
   A. 直接法和间接法　　　　　　　　B. 账户式和报告式
   C. 单步式和多步式　　　　　　　　D. 以上都不对

5. 以下哪种报表用于反映企业一定时期内制造费用的实际发生情况，并与本期预算数和上年实际数进行对比？（　　）
   A. 生产成本明细表　　　　　　　　B. 制造费用明细表
   C. 主要产品单位成本表　　　　　　D. 完工产品生产成本表

二、多项选择题

1. 下列属于对外财务报告的有（　　）。
   A. 资产负债表　　　　　　　　B. 利润表
   C. 现金流量表　　　　　　　　D. 所有者（或股东）权益变动表
2. 资产负债表项目的排列顺序设计方法一般有（　　）。
   A. 按项目的重要程度排列
   B. 按存在期的长短或形成的时间早晚排列
   C. 按字母顺序排列
   D. 按金额大小排列
3. 财务报告附注应披露的会计政策包括（　　）。
   A. 存货计价方法　　　　　　　B. 固定资产折旧政策
   C. 收入确认原则　　　　　　　D. 坏账准备计提方法
4. 企业编制财务报告时应遵循的合规性原则体现在（　　）。
   A. 遵守国家相关法律法规　　　B. 符合会计准则要求
   C. 遵循行业惯例　　　　　　　D. 按企业内部规定编制
5. 以下属于典型的对内财务报告的有（　　）。
   A. 货币资金增减变动情况表　　B. 财务状况分析表
   C. 经营成果分析表　　　　　　D. 现金流量分析表

三、判断题

1. 企业只需编制对外财务报告，满足投资者和监管机构需求即可。（　　）
2. 资产负债表中，流动资产一定排在非流动资产前面。（　　）
3. 单步式利润表能清晰反映净利润的形成过程及结构。（　　）
4. 因为对内财务报告保密性强，所以不需要遵循任何会计准则。（　　）
5. 所有者（或股东）权益变动表反映所有者权益总量增减变动及重要结构性信息。（　　）

四、简述题

1. 简述财务报告按照不同标准分类的具体类型及其特点。
2. 阐述资产负债表、利润表、现金流量表的设计原理与格式，以及各表在反映企业财务状况方面的独特作用。
3. 论述对内财务报告与对外财务报告的区别和联系，以及它们在企业运营管理中的重要性。
4. 解释财务报告设计应遵循的原则，举例说明各原则在实际编制过程中的体现。
5. 简述典型的对内财务报告的种类及其在企业内部管理决策中的应用。

应会考核

■ 观念应用

【背景资料】

新兴电商企业财务报告分类应用之道

某新兴互联网电商企业在快速发展过程中业务不断拓展，涉及线上零售、物流配送、大数据营销等多个领域。随着规模扩大，企业面临着诸多挑战，如资金流管理、成本控制、利润提升以及向投资者和监管机构准确展示企业实力等问题。此时,财务部门意识到合理运用财务报告设计知识至关重要。

【考核要求】

请结合给定背景,阐述财务报告按照不同标准分类后,如何帮助该企业应对发展中的挑战。例如,按反映经济内容分类的各类报告怎样为企业不同部门提供具有针对性的信息,以实现精细化管理;按用途分类的对外、对内财务报告又如何分别满足企业外部融资需求与内部运营决策需求等。

■ 技能应用

中型制造企业财务报告设计

假设你是一家中型制造企业的财务主管。企业近期准备引进一条新的生产线,需要大量资金投入,同时要确保原有业务稳定运营,不影响盈利水平。

【技能要求】

(1)设计一套能反映企业当前资金状况、成本结构以及盈利预测的对内财务报告体系,包括报表名称、格式要点(如关键项目列示)、数据来源等,确保各部门能据此清晰了解企业财务情况,为决策提供支持。

(2)简述如何依据企业会计准则,优化现有的对外财务报告(资产负债表、利润表、现金流量表),使其在满足监管要求的同时更精准地向潜在投资者展示企业的投资价值,吸引投资,详述优化过程中的关键技能点运用。

■ 案例分析

【情景与背景】

传统食品企业转型中的财务报告变革

传统家族式食品加工企业"美味源"长期以来凭借独特的家传配方在本地市场小有名气。但随着市场竞争加剧,企业决定拓展全国市场,开启连锁加盟模式,这使得企业运营复杂度大幅提升、资金需求急剧增加、财务管理面临巨大挑战。原有的简单财务记录方式已无法满足需求,企业开始重视规范化财务报告设计。在这个过程中,企业既需要向银行申请贷款展示良好的财务状况,又要依靠内部财务分析优化成本、管控质量。

【分析要求】

(1)对比分析"美味源"企业在转型前后对内、对外财务报告的设计变化,包括报告类型的增减、格式的调整、侧重点的转移等,剖析变化原因。

(2)结合财务报告设计应遵循的原则,如合规性、完整性、准确性等,评估该企业在新的发展阶段财务报告设计是否合理,若存在不足,则提出改进建议,并说明理由。

▼ 本章实训

【实训内容】

会计报告的设计

【实训情境】

假设你们现在是一家综合性集团企业旗下新成立的子公司——创智科技有限公司的财务团队成员。创智科技专注于智能硬件研发、生产与销售,在成立初期,业务发展迅猛,迅速打开了本地市场,并计划在半年内拓展至周边城市。然而,随着业务扩张,一系列财务问题逐渐浮现。一方面,公司急需向集团总部以及外部潜在投资者展示良好的财务状况与发展前景,以获取更多资金支持和资源倾斜;另一方面,内部管理上,各部门在成本控制、利润分析、资金调配等方面缺乏精准、有效的数据支撑,导致运营效率不高,甚至出现部分项目预算超支、资金周转不畅的情况。此时,一套科学、合理且贴合公司实际需求的会计报告体系设计迫在眉睫,这不仅关乎公司能否顺利实现业务拓展目标,更影响着公司的长远发展根基。

【实训任务】

任务一:对外会计报告设计

依据企业会计准则以及集团总部的统一要求,为创智科技设计一套完整的季度对外财务报告,包括资产负债表、利润表、现金流量表及附注。在资产负债表设计中,精准确定资产、负债和所有者权益各项目的分类与列示方式,例如,对于研发过程中的智能硬件原型机及相关专利技术,合理判断其应归属的资产类别,并详细说明理由;负债项目要区分短期借款(如用于原材料紧急采购的周转资金借款)、长期借款(如购置生产设备的贷款),清晰展现公司债务结构。利润表需按照多步式格式,详细列示主营业务收入(区分不同智能硬件产品的销售收入)、成本(涵盖原材料、人工、制造费用等明细)、各项费用(销售费用、管理费用、研发费用等按功能细分),精准计算出营业利润、利润总额和净利润,突出公司盈利能力。现金流量表以直接法为基础,准确划分经营、投资、筹资活动现金流量,如经营活动中销售智能硬件产品收到的现金、采购原材料支付的现金,投资活动中购买研发设备、无形资产的现金支出,筹资活动中吸收投资、取得借款收到的现金及偿还债务支付的现金等,清晰呈现公司现金的来龙去脉,为外部使用者评估公司偿债、周转等能力提供关键依据。附注部分要详细披露公司采用的重要会计政策(如存货计价方法、固定资产折旧政策、研发费用资本化条件等)、会计估计变更情况(如有)以及重大关联交易(如与集团内部其他公司的原材料采购、技术服务往来等),增强报告透明度与可信度。

撰写一份对外财务报告设计说明,阐述设计思路、遵循的原则以及各报表之间的勾稽关系。解释为何选择特定的资产负债表格式(如账户式)、利润表计算步骤、现金流量表编制方法,说明如何确保数据的准确性、完整性以及合规性。举例说明三张主表数据是如何相互印证、协同反映公司财务状况与经营成果的,如资产负债表的期末未分配利润与利润表的净利润及所有者权益变动表相关项目的逻辑关联,让使用者能深入理解报告内涵。

任务二:对内会计报告设计

结合公司内部各部门的实际需求,设计至少三种不同类型的对内会计报告。(1)针对生产部门,设计"生产成本分析周报",周报表头包含周次、报告日期、生产车间等基本信息,表体横向列出原材料成本、人工成本、制造费用等主要成本项目,纵向按日记录每日实际成本发生额,并与周预算、上月同期成本进行对比,设置差异率计算栏,精准分析成本波动原因,数据来源于车间领料记录、员工考勤系统、设备使用时长统计等,帮助生产部门及时发现成本管控问题,优化生产流程,降低成本。(2)为销售部门设计"销售业绩日报表",按智能硬件产品类别详细列示当日销售额、销售量、订单数量、客户地域分布等关键信息,与昨日数据、月度销售目标对比,以柱状图或折线图直观展示销售趋势,数据从销售订单管理系统实时获取,便于销售团队及时掌握市场动态,调整营销策略。(3)为管理层设计"月度财务综合分析报告",涵盖资产负债状况概览、利润完成情况分析、现金流量预警等板块,以图表结合文字的形式呈现,如用饼图展示资产结构、用柱状图对比各业务板块利润贡献,深入剖析公司财务健康状况,为管理层决策提供全方位数据支持。

制定对内会计报告的使用规范与流程,明确各部门的报告获取权限、报送时间节点以及反馈机制;规定生产部门每周一上午上班前必须收到"生产成本分析周报",并在周三前反馈成本改进措施;销售部门每日上班即可查看"销售业绩日报表",并于下班前提交简要销售分析与问题反馈;管理层在每月5日前收到"月度财务综合分析报告",并组织跨部门会议讨论决策,财务部门根据反馈意见持续优化报告内容与设计,确保对内会计报告切实服务于公司内部管理需求,提升运营效率。

《会计报告的设计》实训报告		
实训班级：	实训小组：	实训组成员：
实训时间： 年 月 日	实训地点：	实训成绩：
实训目的：		
实训步骤：		
实训结果：		
实训感言：		

第七章　账务处理程序的设计

● 知识目标

　　理解：账务处理程序的设计意义；账务处理程序的种类。
　　熟知：账务处理程序的设计原则；账务处理程序的设计步骤。
　　掌握：各种账务处理程序的设计；会计信息化账务处理程序的设计。

● 技能目标

　　能够熟练掌握不同账务处理程序的特点、流程和适用范围，并能根据企业实际情况选择合适的账务处理程序；具备运用账务处理程序解决实际会计业务问题的能力，能够处理日常经济业务、进行期末结账、编制财务报告等，并能对账务处理结果进行分析和解释。

● 素质目标

　　具备严谨、细致的工作态度和高度责任心，在账务处理过程中做到认真、准确、无差错；提高逻辑思维能力和分析问题、解决问题的能力，通过对账务处理程序的设计和优化，能够发现问题并提出合理的解决方案；增强团队合作精神和沟通能力，在实际工作中能够与其他会计人员、审计人员、管理人员等进行有效的协作和沟通；培养自主学习能力和创新意识，鼓励关注会计领域的新技术、新方法，不断更新知识结构，提高账务处理的效率和质量。

● 思政目标

　　培养职业道德和职业操守，在账务处理过程中严格遵守会计准则和会计法规，不做假账，保证会计信息的真实性和可靠性；树立正确的价值观和法治观，认识到会计工作在经济社会中的重要性，以及遵守法律法规对维护市场经济秩序的重要意义；通过对我国会计制度和会计法规的学习，增强民族自豪感和文化自信，了解我国会计事业的发展历程和取得的成就，激发为我国会计事业发展贡献力量的热情。

● 课程引例

小王的账务处理困境

　　小王是一家小型服装企业的会计，该企业一直采用记账凭证账务处理程序。随着企业业务的不断发展，交易量逐渐增加，小王发现自己每天都要花费大量的时间填制记账凭证和登记账簿，并且在月末编制财务报表时也经常出现错误,导致报表不能及时、准确地反映企业的财务状况和经营成果。这不仅影响了企业的财务管理效率,而且可能给企业的决策带来不利影响。有一次,企业接到一笔大订单,需要在短时间内完成生产和交货。在这个过程中,小王由于忙于处理日常账务,没有及时对订单成本进行核算和控制,导致生产成本超出预算、企业利润受到影响。企业老板对小王的工作提出了批评,并要求他尽快想办法解决账务处理效率低下的问题。小王感到很苦恼,他开始思考是否应该改变现有的账务处理程序,以提高工作效率和财务管理水平。于是,他向同行的朋友请教,了解到汇总记账凭证账务处理程序和科目汇总表账务处理程序可能更适合企业目前的情况。小王决定对这两种账务处理程序进行深入学习和研究,并尝试在企业中应用。

● **引例反思**

从这个案例可以看出,账务处理程序的选择对于企业的财务管理至关重要。由于不同的账务处理程序有其各自的优、缺点和适用范围,因此企业应根据自身的规模、业务量、财务人员素质等因素选择合适的账务处理程序,否则可能会影响财务管理的效率和效果。

会计人员在工作中要具备不断学习和创新的精神,随着企业业务的发展和变化,要及时调整和优化账务处理程序,以适应新的工作要求。同时,会计人员还要提高自己的业务能力和综合素质,熟练掌握各种账务处理程序的操作方法,才能更好地完成工作任务。

这个案例也提醒我们,在账务处理过程中要注重细节,认真填制和审核每一张凭证,准确登记每一笔账目,及时编制财务报表,确保会计信息的质量;否则,可能会给企业带来不必要的损失。通过小王的经历可以看出,会计工作不是孤立的,而是与企业的生产经营活动密切相关的。会计人员要树立全局意识,积极参与企业的管理和决策,为企业的发展提供有力的支持。

第一节 账务处理程序设计概述

账务处理程序(Accounting Procedure),又称会计核算形式或会计核算组织程序,是指从填制会计凭证、登记会计账簿到编制财务报表的整个过程。账务处理程序规定了会计数据在企业会计系统中记录、分类、汇总和报告的步骤和方法,是企业会计工作的核心流程,它直接关系到会计信息的质量。一个合理的账务处理程序能够确保会计凭证的完整性和准确性、账簿记录的系统性和连贯性,以及财务报表的真实性和可靠性。

一、账务处理程序的设计意义

在会计实务工作中,会计凭证、会计账簿和财务报表的设计之间并不是孤立而存在的,必须采用一定的方式,按照一定的顺序进行科学、合理的组织和链接,才能完成会计核算的任务,发挥会计在经济管理工作中的作用。账务处理程序的设计,不同于凭证、账簿和报表的设计,它是对相关会计制度进行的合理组织,将各部分独立的、分散的内容结合起来,使之成为一个有机的整体和严密的系统。账务处理程序设计要解决的问题是:如何以账簿组织为核心,将会计凭证、会计账簿、记账方法和记账程序有机地结合起来处理账务。账务处理程序的设计意义具体表现为:

(一)保障会计信息质量

账务处理程序明确了会计凭证的填制、审核,账簿的登记以及财务报表编制等一系列流程的规范与顺序。科学、合理的设计能确保从原始凭证获取的基础数据,在各个环节准确传递与处理。例如,严格的凭证审核环节可筛除错误或虚假信息,使录入账簿的数据真实、可靠;依据记账凭证有条不紊地登记总账和明细账,能保证账账相符,进而为财务报表提供精准的数据基础,最终产出高质量、可信度高的会计信息,满足企业内外部使用者对财务状况、经营成果等信息的准确判断需求。

(二)提高会计工作效率

不同账务处理程序适配不同规模与业务特性的企业。对于业务繁杂、交易量大的企业,如大型制造业采用科目汇总表账务处理程序,通过定期汇总记账凭证编制科目汇总表,再依据其登记总账,相较于逐笔登记总账的记账凭证账务处理程序,大幅减少了总账登记工作量;同时,各环节流程化、标准化作业,能让会计人员分工明确,避免重复劳动,使会计核算、报表编制等工作高效推进,节省人力、物力与时间成本,提升企业整体财务管理效率。

(三)强化企业内部控制

账务处理程序是企业内部控制体系的关键一环。从原始凭证的源头管控,要求其必须有完备的授权审批,杜绝不合理、未经授权的经济业务进入会计系统;记账凭证编制与审核分离,相互制约,防范舞弊;账簿管理中定期核对机制,确保账实、账账一致,实时监控资产安全与财务数据的准确性;财务报表编制与审核流程严谨,保障对外披露信息合规。如此环环相扣,以账务处理程序为脉络,构建坚固的内控防线,防范财务风险,保障企业资产安全与稳健运营。

(四)助力企业经营决策

精准、及时的会计信息是企业经营决策的重要依据,而账务处理程序正是生成这些信息的"生产线"。通过规范流程生成的资产负债表,清晰展现企业资产结构、偿债能力,管理层据此规划资金调配、债务融资策略;利润表反映盈利水平、成本控制成效,辅助制定产品定价、市场拓展或成本削减决策;现金流量表揭示资金来龙去脉,为投资、筹资活动把关。合理设计的账务处理程序保障决策所需信息按时、按需供给,推动企业在市场竞争中精准决策、灵活应变。

二、账务处理程序的种类

在我国,企业、事业单位等各类组织进行会计核算时,通常采用的主要账务处理程序包含以下六种:(1)记账凭证账务处理程序;(2)汇总记账凭证账务处理程序;(3)科目汇总表账务处理程序;(4)日记总账账务处理程序;(5)多栏式日记账账务处理程序;(6)会计信息化账务处理程序。

上述又可进一步分为逐笔过账账务处理程序和汇总过账账务处理程序。逐笔过账账务处理程序是根据原始凭证编制记账凭证,并根据记账凭证登记总账,也称记账凭证账务处理程序。汇总过账账务处理程序具有汇总登记总账的共同特点,但由于总分类账的登记,既可以根据汇总后的记账凭证,又可以根据各种日记账汇总数字,因此,可以设计成以下三种基本方式:记账凭证分类汇总(汇总记账凭证)账务处理程序、多栏式日记账账务处理程序和科目汇总表账务处理程序。

【提示】六种账务处理程序彼此间既有共性,又各具独特之处。其中,记账凭证账务处理程序是账务处理程序中最基本、最常用的形式。其余的账务处理程序皆是在其基础上历经发展、演变而来。

三、账务处理程序的设计原则

(一)合法性原则

账务处理程序的设计首要遵循合法性原则,这意味着必须严格依照国家出台的一系列会计法规、会计准则以及财务制度开展工作。一方面,这些规范明确了会计核算的基本准则,像会计科目的精准设定、财务报表的标准格式及应涵盖的内容等关键要点,企业设计账务处理流程时,资产的确认、计量、记录流程都要契合《企业会计准则》的详细规定,以此保障会计信息合法合规;另一方面,会计核算全过程,从原始凭证的初始获取与严谨审核到记账凭证的精心编制,再到账簿的规范登记,直至财务报表的最终编制,各个环节都须有坚实的法规依据。例如,审核原始凭证时,企业务必核实其真实性、有效性,审查是否贴合税务法规要求,但凡不符法规的凭证,坚决不能用作记账基石。

(二)适应性原则

适应性原则强调账务处理程序要与企业自身特性紧密贴合。一方面,不同行业、规模的企业业务本质与流程千差万别。就行业而言,制造业企业业务链冗长,涵盖大规模的原材料采购、复杂的生产加工环节以及产品销售流程,其账务处理程序就得巧妙化解成本核算、存货管控等棘手难题;反观服务业企业,重心聚焦于服务提供,收入与费用核算成为关键,账务处理流程自然围绕此展开。另一方面,企业规模和管理诉求不容忽视。小型企业业务单纯,结构精简,简单、直接的记账凭证账务处理程序往往就能得心应手;大型企业则截然相反,业务繁杂、交易频繁、部门林立,唯有构建复杂且分工明确、协同高效的账务处理程序,如汇总记账凭证或会计信息化账务处理程序,方可契合其管理层次多、数据洪流般的运营现状。

(三)可靠性原则

可靠性原则是账务处理程序的核心支撑。其一,要全力确保会计信息真实、可靠。自原始凭证起,企业便要保障其来源可信、内容属实,记账凭证编制、账簿登记环节不容出现丝毫差错;借助严苛的凭证审核机制,对记账凭证反复校验,杜绝记账失误;账簿登记完毕,周期性地执行账账核对、账证核对以及账实核对操作,保证账簿如实映射企业经济活动轨迹。其二,为企业提供高品质的会计信息至关重要。账务处理程序必须保证财务报表数据精准、完备,真切呈现企业财务全景,涵盖财务状况、经营成果与现金流量,如编制财务报表时,审慎核验各项数据勾稽关系,完善报表附注,为投资者、债权人等信息使用者提供可靠的决策依据。

(四)效率性原则

效率性原则聚焦于提升会计工作效能。一方面,账务处理程序应力求简化操作链路,削减冗余环节与重复劳作。诸如科目汇总表或汇总记账凭证账务处理程序的运用,能大幅减轻总分类账登记负担;会计电算化软件的引入,更是实现记账、算账、报账自动化,让会计效率呈几何倍数跃升。另一方面,在确保会计信息品质的同时,账务处理程序要能快速处理并及时提供会计信息。借助实时性强的会计信息系统,企业管理者可随时随地抓取财务数据,瞬息洞察经营状况,为敏捷决策赢得先机。

(五)成本效益原则

成本效益原则着重考量账务处理程序背后的投入产出。设计伊始,要综合评估实施成本,人力、物力、时间成本皆囊括其中。购置高端、复杂的会计软件、扩充会计人手执行烦琐的账务处理流程,无一不推高成本。对小型企业而言,过高成本可能侵蚀经济效益根基。故而要审慎权衡效益与成本天平,就如引入先进的会计信息化账务处理程序,虽前期需资金注入,但后续带来的效率飞跃、信息质量拔升、内控强化等效益若能远超成本,那么此账务处理程序便具备落地推行的价值。

(六)牵制性原则

牵制性原则着力构建企业内部制衡机制。账务处理程序需融入内部牵制理念,借由设定差异化岗位与明晰职责,让会计各环节相互制约、彼此监督。比如,凭证编制与审核绝不能由一人包办,务必保障记账凭证经严格审核后再入账;现金、银行存款收付管理环节,出纳与会计各司其职、职责切割,从源头防范舞弊行径。不仅如此,通过内部牵制还可以筑牢企业资产安全防线。以存货管理为例,仓库人员专注实物收发存管控,财务人员精于账务核算,双方定期盘点核对,全方位预防存货失窃、损耗或账实背离状况。

四、账务处理程序的设计步骤

(一)确定账务处理程序的类型

企业需综合考量自身规模大小、业务复杂程度、会计人员专业素养以及财务管理要求等多方面因素,来选定适配的账务处理程序。例如,小型零售企业,业务相对单一、交易量不大,记账凭证账务处理程序或许就能满足日常需求,其操作简便,能清晰展现每笔业务详情;而大型制造企业,涉及复杂的采购、生产、销售环节,资金往来频繁,采用汇总记账凭证账务处理程序或科目汇总表账务处理程序更为妥当,可减轻总账登记工作量,提升核算效率,还能适应企业内部分工协作的管理模式。

(二)设计会计凭证

1. 原始凭证设计

依据企业频繁发生的经济业务种类,量身定制原始凭证格式。如制造业企业的原材料采购业务需设计包含供货单位、材料名称、规格型号、数量、单价、金额等详细信息的采购入库单;销售业务要有记录客户信息、产品明细、销售金额、收款方式等的销售发票,确保原始凭证既能完整反映业务内容,又便于后续审核、统计与归档。

2. 记账凭证设计

企业需结合选定的账务处理程序与企业会计科目体系,规划记账凭证格式。记账凭证要涵盖日期、凭证编号、摘要、会计科目、借方金额、贷方金额、附原始凭证张数等基本要素,且其编号规则应清晰、明确,方便查找与管理。比如采用科目汇总表账务处理程序时,记账凭证编号可按时间顺序结合业务类别,以利于快速汇总编制科目汇总表。

(三)规划会计账簿

1. 总账设计

此设计依照企业所运用的会计科目,逐一开设总账账户,明确各账户的名称、编码、页次等。总账账页格式通常采用三栏式,清晰呈现账户的借方发生额、贷方发生额及余额,为编制财务报表提供核心数据支持。

2. 明细账设计

此设计针对总账科目,依据业务管理需求及核算精细度,确定是否需要设置明细账以及设置何种形式的明细账。如应收账款总账下,按客户名称设置明细账户,采用三栏式明细账可详细记录与各客户的往来款项;原材料总账科目,因需掌握不同种类材料的收发存情况,宜采用数量金额式明细账;对于费用类科目,像管理费用,为分析各项费用的构成,可设置多栏式明细账,按费用明细项目分栏登记。

3. 日记账设计

企业必须设置现金日记账和银行存款日记账,用于序时记录现金和银行存款的收支业务。日记账账页格式多为三栏式,增加"对方科目"一栏,便于了解资金收支对应的会计科目,确保资金收付的及时性、准确性记录,同时也是企业管控资金的重要手段。

(四)制定账务处理流程规范

企业必须详细拟定从原始凭证取得、填制与审核,到记账凭证编制、审核与传递,再到账簿登记、核对,直至财务报表编制、审核与报送的全流程操作规范,明确各环节的责任人员、工作时间节点、操作方法以及质量标准,例如,规定原始凭证必须在业务发生当日或次日完成填制,经业务部门负责人审核签字后,及时传递至财务部门;财务部门收到原始凭证后,在两个工作日内完成记账凭证编制,记账凭证需经主管会计审核无误后方可登记账簿等,以此保障账务处理有序、高效、准确。

(五)优化与完善

企业在账务处理程序实际运行一段时间后会收集会计人员、业务部门及管理层等各方的反馈意见,对流程中出现的问题,如凭证传递延误、账簿登记错误率高、报表编制不及时等,深入剖析原因。通过调整会计凭证格式、优化账簿登记方法、改进报表编制软件功能等措施,持续优化账务处理程序,确保其始终契合企业发展变化的需求,不断提升财务管理效能。

第二节 各种账务处理程序的设计

一、记账凭证账务处理程序的设计

记账凭证账务处理程序,是指对所发生的交易或事项,都要根据原始凭证或原始凭证汇总表编制记账凭证,然后直接根据记账凭证逐笔登记总分类账的一种账务处理程序。记账凭证账务处理程序是最基本的账务处理程序,是其他账务处理程序的基础。

(一)记账凭证和会计账簿的设计

在记账凭证账务处理程序下,需要设置的记账凭证,包括收款凭证、付款凭证和转账凭证,也可以采用一种通用格式的记账凭证;需要设置的会计账簿,包括库存现金日记账、银行存款日记账、总分类账和明细分类账。库存现金日记账和银行存款日记账的格式一般采用三栏式订本账账簿,如有必要,也可采用多栏式;明细账的格式可以分别采用三栏式、多栏式和数量金额式的账簿,但均为活页账;总分类账的格式一般采用三栏式订本账,并按每一总分类科目开设账页。此外,为了保证记账凭证的完整和方便保管,企业还可以设计一本"记账凭证登记簿",按记账凭证的顺序号进行登记。

(二)记账凭证账务处理程序的设计步骤

(1)根据原始凭证填制汇总原始凭证。

(2)根据原始凭证或汇总原始凭证填制收款凭证、付款凭证和转账凭证,也可填制通用记账凭证。

(3)根据记账凭证中的收款凭证、付款凭证,每日逐笔登记库存现金和银行存款日记账。

(4)根据原始凭证、汇总原始凭证或记账凭证,逐笔登记各种明细分类账,并将记账凭证号记入"凭证登记簿"。

(5)根据记账凭证逐笔登记总分类账,并在总账的摘要栏内说明经济业务的主要内容或对方科目,以建立账户之间的对应关系。

(6)期末,将库存现金日记账、银行存款日记账和各明细分类账的余额之和与总分类账的有关账户的余额核对,保证账账相符。

(7)期末,根据核对无误的总分类账和有关明细分类账的记录,编制会计报表。

【注意】为了检查总账各账户余额的平衡关系,为对账、报账的顺利进行做准备,企业还可在账账核对之前编制"总账科目余额试算平衡表"。

【提示】采用记账凭证账务处理程序的企业可设置资产负债表、利润表和现金流量表等外部报表,同时可根据企业实际需要设置管理费用明细表、生产成本明细表等对内报表。

记账凭证账务处理程序参见图7-1。

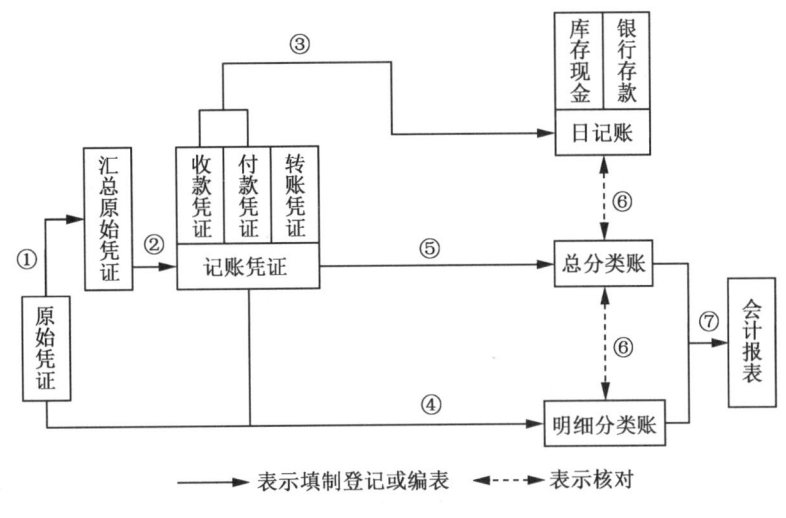

图 7-1 记账凭证账务处理程序图

从图 7-1 可以看出,记账凭证账务处理程序是按照"原始凭证→记账凭证→会计账簿→会计报表"的顺序完成会计核算的,所以说,它是最基本的会计账务处理程序。

(三)记账凭证账务处理程序的优、缺点及适用范围

1. 记账凭证账务处理程序的优、缺点

(1)优点。记账凭证会计核算形式简单明了,易于理解。总分类账能详细反映各类经济业务的发生和完成情况,有利于会计核算的分工协作,方便会计记账与查账;另外,有利于会计凭证的装订和保管;账户之间的对应关系比较清楚,便于账目的核对和审查。

(2)缺点。如果一个单位规模大、记账凭证多,直接根据记账凭证逐笔登记总分类账的工作量则较大。

2. 记账凭证账务处理程序的适用范围

记账凭证账务处理程序适用于规模较小、经济业务较简单的手工记账单位,或者采用电脑记账的单位。

二、汇总记账凭证账务处理程序的设计

汇总记账凭证账务处理程序是根据原始凭证或汇总原始凭证编制记账凭证,并定期根据记账凭证分类编制汇总收款凭证、汇总付款凭证和汇总转账凭证,再根据汇总记账凭证登记总分类账的一种会计账务处理程序。

(一)记账凭证、汇总记账凭证和会计账簿的设计

在汇总记账凭证账务处理程序下,除设置收款凭证、付款凭证和转账凭证外(最好选用专用记账凭证),还应设置汇总收款凭证、汇总付款凭证和汇总转账凭证,作为登记总分类账的依据。账簿组织与记账凭证账务处理程序相同,设置库存现金日记账和银行存款日记账一般采用三栏式。总分类账可采用对应科目的三栏式。设置各种明细分类账,根据需要可采用三栏式、数量金额式或多栏式。

(1)汇总收款凭证,按库存现金或银行存款科目的借方分别设置,根据一定时期内的全部库存现金或银行存款收款凭证,分别按与设证科目(库存现金或银行存款)相对应的贷方科目加以归类,定期(一般为 5 天、10 天)汇总填列一次,每月编制一张,月终根据合计数登记总账。汇总收款凭证

的格式参见表7—1。

表 7—1　　　　　　　　　　　　　汇总收款凭证

借方科目：　　　　　　　　　　　　　　年　　月　　　　　　　　　　　汇收字第　　号

贷方科目	金　额			合计	总账页次
	1日至10日收款凭证第×号至第×号	11日至20日收款凭证第×号至第×号	21日至31日收款凭证第×号至第×号		
合　计					

会计主管：　　　　　　复核：　　　　　　记账：　　　　　　制单：

（2）汇总付款凭证，按库存现金或银行存款科目的贷方分别设置，根据一定时期内的全部现金或银行存款付款凭证，分别按与设证科目（库存现金或银行存款）相对应的借方科目加以归类，定期汇总填列一次，每月编制一张，月终根据合计数登记总账。汇总付款凭证的格式参见表7—2。

表 7—2　　　　　　　　　　　　　汇总付款凭证

贷方科目：　　　　　　　　　　　　　　年　　月　　　　　　　　　　　汇付字第　　号

借方科目	金　额			合计	总账页次
	1日至10日付款凭证第×号至第×号	11日至20日付款凭证第×号至第×号	21日至31日付款凭证第×号至第×号		
合　计					

会计主管：　　　　　　复核：　　　　　　记账：　　　　　　制单：

【提示】在填制汇总收款凭证、汇总付款凭证时，对于现金和银行存款之间相互划转的业务，企业应以付款凭证为依据，汇总到以贷方为主的付款凭证中去。

（3）汇总转账凭证，按每一贷方科目设置，根据一定时期内的全部转账凭证，按与设证科目相对应的借方科目加以归类，定期汇总填列一次，每月编制一张，月终结算出合计数，据此登记总账中各有关账户的借方和设证账户的贷方。汇总转账凭证的格式参见表7—3。

表 7—3　　　　　　　　　　　　　汇总转账凭证

贷方科目：　　　　　　　　　　　　　　年　　月　　　　　　　　　　　汇转字第　　号

借方科目	金　额			合计	总账页次
	1日至10日转账凭证第×号至第×号	11日至20日转账凭证第×号至第×号	21日至31日转账凭证第×号至第×号		
合　计					

会计主管：　　　　　　复核：　　　　　　记账：　　　　　　制单：

【注意】为了编制汇总转账凭证，要求转账凭证按一贷一借或一贷多借的形式编制，不能编制一借多贷或多借多贷的会计分录。

【提示】如果每月某一贷方科目的转账凭证数量较少，或者汇总原始凭证、自制原始凭证已按贷方科目设置，则可以不再编制汇总转账凭证，直接根据转账凭证登记总分类账。

(二)汇总记账凭证账务处理程序的设计步骤

(1)根据原始凭证编制汇总原始凭证。

(2)根据原始凭证或汇总原始凭证编制记账凭证。

(3)根据收、付款凭证,每日逐笔登记库存现金日记账和银行存款日记账。

(4)根据原始凭证、汇总原始凭证或记账凭证,逐笔登记各明细分类账。

(5)根据收款凭证、付款凭证和转账凭证,定期编制汇总收款凭证、汇总付款凭证和汇总转账凭证。

(6)期末,根据汇总记账凭证登记总分类账。

(7)期末,将库存现金日记账、银行存款日记账的余额和各明细分类账的期末余额之和,分别与有关总分类账的余额进行核对。

(8)期末,根据核对无误的总分类账和明细分类账的记录,编制会计报表。

【注意】如果在月份内某一贷方科目的转账凭证为数不多,或者有些汇总原始凭证已按贷方科目设置,那么,可以不编制汇总转账凭证,而直接据以登记总分类账,以简化核算手续。

汇总记账凭证账务处理程序参见图7-2。

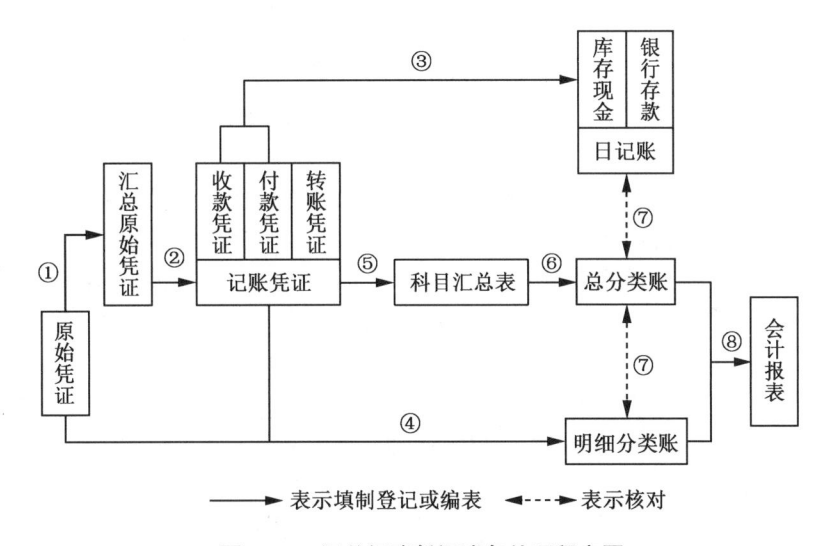

图7-2 汇总记账凭证账务处理程序图

(三)汇总记账凭证账务处理程序的优、缺点及适用范围

1.汇总记账凭证账务处理程序的优、缺点

(1)优点。减轻了登记总分类账的工作量,由于按照账务对应关系汇总编制记账凭证,便于了解账户之间的对应关系。

(2)缺点。按每一贷方科目编制汇总转账凭证,不利于会计核算的日常分工,并且当转账凭证较多时,编制汇总转账凭证的工作量也较大。

2.汇总记账凭证账务处理程序的适用范围

汇总记账凭证账务处理程序一般适用于规模较大、经济业务较多的单位。

【做中学7-1】 审计视角下公司账务处理程序违规及职业道德问题

审计组在对某公司的会计报表进行检查时发现该公司的财务报表上没有库存商品的科目。于是审计人员顺藤摸瓜,从会计报表查到会计账簿,却发现公司财务人员将"生产成本"账户直接结转到"主营业务成本"账户,然后找到相应的会计凭证,发现一笔这样的分录:借记"主营业务成本",贷记"生产成本",金额是 512 000 元。审计人员询问该公司的财会人员,该财务人员承认了这一做法。

请问:该公司财务人员的行为是否符合账务处理程序?这样做的目的是什么?违反了哪些会计职业道德?如何进行正确的账务处理?

三、科目汇总表账务处理程序的设计

科目汇总表账务处理程序是在以记账凭证为基础汇总登记总账时最常用的一种方式。科目汇总表账务处理程序又称记账凭证汇总表账务处理程序,是根据记账凭证定期编制科目汇总表,再根据科目汇总表登记总分类账的一种账务处理程序。

【提示】科目汇总表是根据记账凭证汇总而成的。其特点是编制科目汇总表并据以登记总分类账。

(一)记账凭证、科目汇总表和会计账簿的设计

在科目汇总表账务处理程序下,需要设置的会计凭证,包括收款凭证、付款凭证和转账凭证,也可以采用一种通用的记账凭证;需要设置的账簿,包括库存现金日记账、银行存款日记账、明细分类账和总分类账。库存现金日记账和银行存款日记账的格式一般采用三栏式账簿;明细账的格式可以分别采用三栏式、多栏式和数量金额式的账簿;总分类账的格式一般采用三栏式。

科目汇总表账务处理程序的特点是依据科目汇总表登记总账,所以,必须设计"科目汇总表"(具体格式参见表 7—4),以便定期对全部记账凭证的内容进行汇总。汇总时,将全部记账凭证所涉及的各个总分类账会计科目的借方发生额、贷方发生额定期、分别合计起来,填入有关栏内,据此登记总账。登账后,将总账账页编号填入"总账页次"一栏内,以便账证核对,保证相符。

表 7—4

科目汇总表

科汇字第　　号

年　月　日

附件:

会计科目	总账页次	发生额	
		借　方	贷　方
合　计			

会计主管:　　　　　复核:　　　　　记账:　　　　　制单:

【注意】编制"科目汇总表"的间隔时间不宜太长,一般以 10 天或 15 天为宜,业务不多的企业可以 1 个月汇总编制一次。

(二)科目汇总表账务处理程序的设计步骤

(1)根据原始凭证编制汇总原始凭证。
(2)根据原始凭证或汇总原始凭证编制记账凭证。
(3)根据收款凭证、付款凭证逐笔登记库存现金日记账和银行存款日记账。
(4)根据原始凭证、汇总原始凭证和记账凭证逐笔登记各明细分类账。

(5)根据记账凭证定期编制科目汇总表。

(6)根据科目汇总表登记总分类账。

(7)期末,将库存现金日记账和银行存款日记账余额与库存现金总账和银行存款总账余额进行核对,将各明细分类账余额之和与有关总分类账余额进行核对。

(8)期末,根据核对无误的总分类账和明细分类账记录,编制会计报表。

科目汇总表账务处理程序参见图7-3。

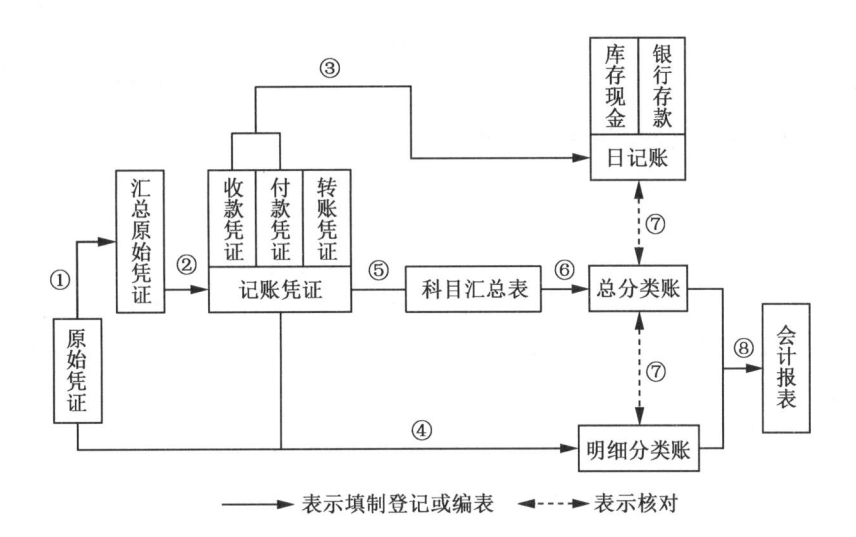

图7-3 科目汇总表账务处理程序图

(三)科目汇总表账务处理程序的优、缺点及适用范围

1. 科目汇总表账务处理程序的优、缺点

(1)优点。科目汇总表的编制和使用较为简便,易学易做;根据科目汇总表一次或分次登记总分类账,大大减轻了登记总分类账的工作量;科目汇总表可以起到试算平衡的作用。

(2)缺点。科目汇总表不分科目进行汇总,不能反映各科目间的对应关系,不便于根据账面记录进行检查和分析经济业务的来龙去脉,不便于查对账目。

2. 科目汇总表账务处理程序的适用范围

科目汇总表账务处理程序一般适用于规模较大和经济业务较多的单位。

四、日记总账账务处理程序的设计

日记总账账务处理程序是根据原始凭证(或原始凭证汇总表)填制记账凭证,根据记账凭证直接登记日记总账的一种会计核算程序。日记总账账务处理程序的特点是设置日记总账,采用日记账和分类账结合的形式,直接根据记账凭证登记日记总账。

【提示】日记总账是指既具有日记账作用,又具有总分类账作用的一种联合账簿。

(一)记账凭证和会计账簿的设计

日记总账账务处理程序需设置收款凭证、付款凭证和转账凭证。设置现金日记账和银行存款日记账,采用三栏式账页。设置日记总分类账,采用多栏式账页。日记总分类账的基本格式有两个部分:一部分是序时登记的日记账部分,一般设有日期、凭证号数、摘要、本期发生额等栏目;另一部分是分类登记的总分类账部分,一般按各个总账科目设置专栏,每个专栏下再分设"借方"和"贷方"两个小栏。日记总账账页格式如表7-5所示。

表 7—5 　　　　　　　　　　　　　日记总账

年		凭证号数	摘要	××科目		××科目		××科目		××科目		××科目		××科目	
月	日			借	贷	借	贷	借	贷	借	贷	借	贷	借	贷

（二）日记总账账务处理程序的设计步骤

(1)根据原始凭证或原始凭证汇总表填制记账凭证。

(2)根据收款凭证和付款凭证逐笔登记现金日记账和银行存款日记账。

(3)根据原始凭证、原始凭证汇总表或记账凭证登记各种明细分类账。

(4)月末,将库存现金日记账、银行存款日记账的余额,以及各种明细分类账的余额合计数,分别与日记总账中相关账户的余额核对相符。

(5)月末,根据核对无误的日记总账和明细分类账的相关资料,编制会计报表。

日记总账账务处理程序参见图7—4。

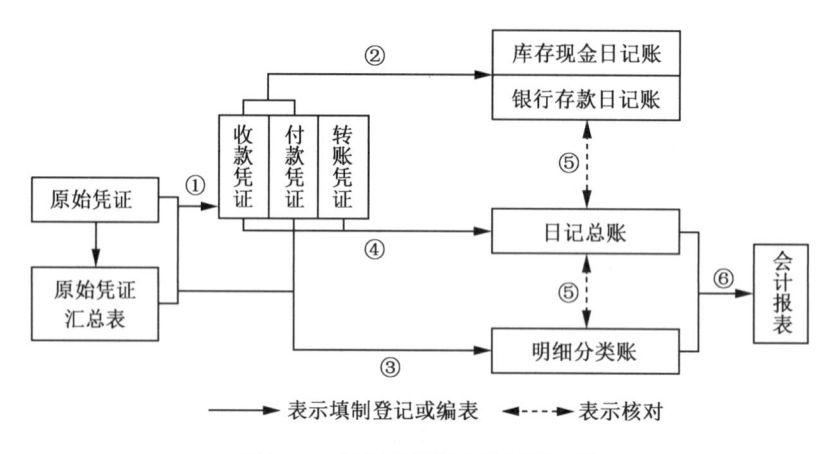

图 7—4　日记总账账务处理程序图

（三）日记总账账务处理程序的优、缺点及适用范围

1.日记总账账务处理程序的优、缺点

(1)优点。简化了记账手续;同时,又由于日记总账将所有的总账科目集中在一张账页上,账户间的对应关系清晰,所以便于对经济业务进行检查和分析。

(2)缺点。当企业的经济业务相当复杂时,企业往往需要设置较多的会计科目,致使账页过长,而不便于记账和查阅。

2.日记总账账务处理程序的适用范围

日记总账账务处理程序只适用于设置会计科目不多的小型企业。

五、多栏式日记账账务处理程序的设计

多栏式日记账账务处理程序下,企业需要设置和登记多栏式现金日记账和银行存款日记账,然后,再根据多栏式日记账的本月收付发生额和各对应账户的发生额登记总分类账;对于转账业务,可视转账凭证的多少根据转账凭证逐笔登记总分类账,或根据转账凭证科目汇总表登记总分类账。

(一)记账凭证和会计账簿的设计

多栏式日记账账务处理程序不绝对要求每一笔经济业务都编制记账凭证,企业可以根据加盖戳记的原始凭证直接登记日记账。实际工作中,企业可以对外来原始凭证编制记账凭证,以方便记账和保管;而对自制原始凭证,只要留有加盖戳记的位置,并保证尺寸规格统一即可代替记账凭证。账簿组织以及分类账和明细分类账账页格式的设计与记账凭证账务处理程序下的设计一致,库存现金日记账和银行存款日记账的账页格式必须按照对方科目设计为多栏式。对于购销业务量发生频繁的企业单位,还可增加设计购货日记账和销货日记账。对制造业企业而言,还可增加设计生产日记账。

多栏式现金日记账和银行存款日记账如表7-6所示。

表7-6　　　　　　　　　　多栏式现金(银行存款)日记账

年　　月　　日　　　　　　　　　　　　编号:

年		凭证号数	摘要	××科目	××科目		贷方合计	××科目	××科目		借方合计	结余
月	日											

(二)多栏式日记账账务处理程序的设计步骤

(1)根据原始凭证编制汇总原始凭证。
(2)根据原始凭证或汇总原始凭证编制记账凭证。
(3)根据收款凭证、付款凭证登记多栏式现金日记账和多栏式银行存款日记账。
(4)根据原始凭证、汇总原始凭证和记账凭证登记多栏式明细分类账及其他明细分类账。
(5)根据多栏式现金日记账、多栏式银行存款日记账及有关转账凭证登记总分类账;总分类账根据各多栏式日记账中结出对应科目的余额于月末一次登记。
(6)定期将多栏式现金日记账、多栏式银行存款日记账、总分类账与明细分类账核对。
(7)根据总分类账和有关明细分类账的资料编制会计报表。

多栏式日记账账务处理程序参见图7-5。

需要指出的是,当一笔经济业务涉及两种日记账时,企业往往需要规定何种业务登记何种日记账。如果某笔经济业务在两种日记账中被重复登记,就必须明确规定哪一本日记账中的有关专栏过总账、哪一本日记账中的有关专栏不过总账。因此,过总账的手续比较复杂。此外,在这种账务处理程序下,总账的账页格式可以使用三栏式,每一会计科目占用一张账页,分别反映各科目的情况;也可使用多栏式,将全部科目排列在一张账页上,以便通过账户的对应关系了解资金运动的情况,并进行试算平衡,这样可以省去编制"总账科目余额表"的工作。

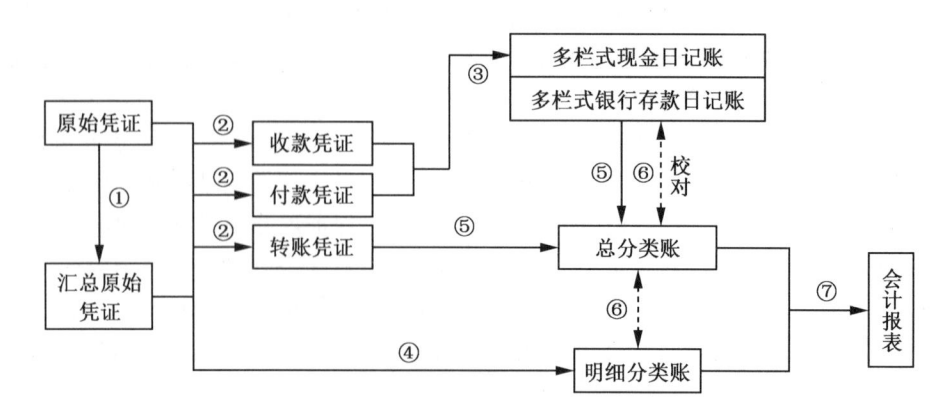

图 7－5　多栏式日记账账务处理程序图

（三）多栏式日记账账务处理程序的优、缺点及适用范围

1. 多栏式日记账账务处理程序的优、缺点

（1）优点。由于多栏式日记账账务处理程序下的收付款业务是通过多栏式日记账进行登记汇总后据以登记总账的，多栏式日记账既起到了银行存款和现金的序时登记作用，又起到了汇总收、付款凭证的作用，因而大大减少了登记总分类账的工作量。

（2）缺点。在业务较为复杂的单位，日记账的借方或贷方的专栏很多，会使账页过于庞大，不便于登记和保存。

2. 多栏式日记账账务处理程序的适用范围

多栏式日记账账务处理程序一般适用于收款、付款业务较多、转账业务不多的单位。

【学中做 7－1】　手工会计模式下 HS 化工贸易有限公司会计岗位合作及会计循环流程

小林暑期到 HS 化工贸易有限公司财务部实习，协助财务经理做一些工作。HS 化工贸易有限公司是一家中等规模的商贸企业，主营几类化工产品批发，每月的采购和销售活动比较多，现阶段还是手工进行会计账务处理。公司财务部共有 6 人：(1)财务经理 1 人，管理日常的会计工作，登记总账，报税和编制财务报表等；(2)出纳 1 人，负责现金和银行存款收付相关业务，登记库存现金日记账和银行存款日记账；(3)会计 3 人，负责凭证编制和明细账登记，一个人负责往来款项和费用业务，一个人负责存货和固定资产业务，一个人负责其他业务的明细账；(4)稽核 1 人，负责审核会计凭证、凭证装订和会计档案保管。

小林学过一些会计课程，知道会计循环的过程大致是：填制审核会计凭证—登记账簿—编制报表。他的疑问是，这些不同的会计岗位之间要如何进行合作才能完成会计循环工作；3 位明细账会计平时依据会计凭证登记了各自负责的明细账，那么会计主管是否需要把这些凭证再全部登记一次总账，这样做是否属于重复劳动；现在很多企业引入了会计电算化替代手工会计，如果公司利用会计软件进行核算，则需要设置的会计岗位和账务处理流程还会与现在一样吗。

第三节　会计信息化账务处理程序的设计

一、会计信息化的概念

会计信息化，是指企业利用计算机、网络通信等现代信息技术手段开展会计核算，以及利用上述技术手段将会计核算与其他经营管理活动有机结合的过程。会计信息化是会计行业以及企业组织顺应时代发展的重要举措,对于提升会计信息质量、改善企业经营管理、拓展会计职能、推动会计人员转型升级等具有重要意义。

二、信息化环境下的会计账务处理

信息化环境下的会计账务处理是指企业运用会计软件进行账务处理的过程。

(一)会计软件与会计信息系统

1. 会计软件

会计软件,是指企业使用的、专门用于会计核算和财务管理的计算机软件、软件系统或者其功能模块。

会计软件一般具有以下功能:(1)为会计核算和财务管理直接采集数据。(2)生成会计凭证、账簿、报表等会计资料。(3)对会计资料进行转换、输出、分析、利用。

2. 会计信息系统

会计信息系统,是指由会计软件及其运行所依赖的软硬件环境组成的集合体,按照发展程度大致可分为三种情况:

(1)会计核算信息化。处于会计核算信息化阶段的企业,应当结合自身情况,逐步实现资金管理、资产管理、预算控制、成本管理等财务管理信息化。

(2)决策支持信息化。处于财务管理信息化阶段的企业,应当结合自身情况,逐步实现财务分析、全面预算管理、风险控制、绩效考核等决策支持信息化。

(3)财务共享中心。分公司、子公司数量多、分布广的大型企业、企业集团应当探索利用信息技术将会计工作集中处理,建立财务共享中心,实现会计核算资料和会计信息共享。

(二)信息化环境下会计账务处理的基本要求

(1)企业使用的会计软件应当保障企业按照国家统一会计准则制度开展会计核算,设定了经办、审核、审批等必要的审签程序,能够有效防止电子会计凭证重复入账,并不得有违背国家统一会计准则制度的功能设计。

(2)企业使用的会计软件的界面应当使用中文并且提供对中文处理的支持,可以同时提供外国或者少数民族文字界面对照和处理支持。

(3)企业使用的会计软件应当提供符合国家统一会计准则制度的会计科目分类和编码功能。

(4)企业使用的会计软件应当提供符合国家统一会计准则制度的会计凭证、账簿和报表的显示和打印功能。

(5)企业使用的会计软件应当提供不可逆的记账功能,确保对同类已记账凭证的连续编号,不得提供对已记账凭证的删除和插入功能,不得提供对已记账凭证日期、金额、科目和操作人的修改功能。

(6)企业使用的会计软件应当具有符合国家统一标准的数据接口,满足外部会计监督需要。

(7)企业使用的会计软件应当具有会计资料归档功能,提供导出会计档案的接口,在会计档案存储格式、元数据采集、真实性与完整性保障方面,符合国家有关电子文件归档与电子档案管理的要求。

(8)企业使用的会计软件应当记录生成用户操作日志,确保日志的安全、完整,提供按操作人员、操作时间和操作内容查询日志的功能,并能以简单易懂的形式输出。

(9)企业会计信息系统数据服务器的部署应当符合国家有关规定。数据服务器部署在境外的,应当在境内保存会计资料备份,备份率不得低于每月一次。境内备份的会计资料应当能够在境外服务器不能正常工作时独立满足企业开展会计工作的需要以及外部会计监督的需要。

(10)企业会计资料中对经济业务事项的描述应当使用中文,可以同时使用外国或者少数民族文字对照。

(11)企业应当建立电子会计资料备份管理制度,确保会计资料的安全、完整和会计信息系统的持续、稳定运行。

(12)企业电子会计档案的归档管理,应当符合《会计档案管理办法》等法规规章的规定。

(13)实行会计集中核算的企业以及企业分支机构,应当为外部会计监督机构及时查询和调阅异地储存的会计资料提供必要条件。

(14)企业不得在非涉密信息系统中存储、处理和传输涉及国家秘密、关系国家经济信息安全的电子会计资料;未经有关主管部门批准,不得将电子会计资料及其复印件携带、寄运或者传输至境外。

(三)信息化环境下会计账务处理流程

1.账务处理流程的主要角色

与手工环境下的账务处理流程相比,信息化环境下的账务处理流程更高效。典型的账务处理流程中的主要角色包括:(1)业务人员,如采购人员、销售人员等;(2)凭证编制人员,即编制记账凭证的会计人员;(3)凭证审核人员,即对记账凭证进行审核的会计人员;(4)记账和结账人员,即将记账凭证信息转换为账簿信息和进行月末结账的会计人员;(5)查询与分析人员,如财务经理、总经理等。

2.信息化环境下会计账务处理基本流程

信息化环境下账务处理的基本流程如下:(1)经济业务发生时,业务人员将原始凭证提交会计部门。(2)凭证编制人员对原始凭证的正确性、合规性、合理性进行审核,然后根据审核无误的原始凭证编制记账凭证。(3)凭证审核人员从凭证文件中获取记账凭证并进行审核。系统对审核通过的记账凭证做审核标记,将审核未通过的凭证返还给凭证编制人员。(4)在记账人员的记账指令发出后,系统自动对已审核凭证进行记账,更新科目汇总文件等信息,并对相关凭证做记账标记。会计期末,结账人员发出指令进行结账操作。(5)会计信息系统根据凭证文件和科目汇总文件自动、实时生成日记账、明细账和总账,提供内部和外部使用者需要的内部分析表和财务报表。

三、财务机器人和财务大数据的应用

(一)财务机器人的应用

财务机器人是机器人流程自动化在会计领域具体应用的一套财务数字化应用技术。它不仅能准确分析、自动处理大量重复的会计工作,而且能主动实现图像识别处理、数据检索记录、平台上传下载、数据监控分析等功能,其最终目标是依靠先进的软件自动化技术,使烦琐重复的财务会计工作自动化,节省人力成本、纠错成本等隐性成本,解放人力,提高工作效率,为企业经营管理提供科学决策,让企业更加具有竞争力。

目前,财务机器人主要应用于财务、税务、会计核算等基础财务会计领域,如会计账务处理、财务报表列报、资金预算与管理、费用报销审核、采购与付款、纳税申报、全面预算、信息数据收集等。此外,财务机器人作为一种新兴人工智能工具,还可应用于财务共享中心各环节,如供应商管理、应收款项管理流程等。

1.会计核算与会计报表列报

(1)会计记账自动化。首先,对于基础业务的记账处理,财务机器人通过搜索交易信息和数据,根据业务类型和相关会计准则,在电子记账凭证中录入与数据相对应的会计科目,实现由软件机器人代替人工记录会计分录的操作;其次,在会计期末,财务机器人对在建工程价值及存货金额进行确认和暂估,完成账账、账证、账实之间的核对,并进行函证以确认数量、金额是否相符;最后,当工作中发生意外事项时,财务机器人能及时通知会计人员进行人工干预。

(2)报表列报优化。财务机器人根据事先设定的程序将数据汇总,对于存在的差异,由会计人员进行干预和调整,完成报表的编制工作。具体操作为财务机器人自动下载业务数据、会计账簿与会计报表等对应的数据,并进行自动核对。如果出现数据不符的情况,则将触发预警提示机制,异常数据自动标出,报送会计人员进行手工核对,直至无误后出具最终的财务报表。

2. 资金预算与管理优化

(1)资金预算。在资金预算监管方面,财务机器人通过最佳现金持有量的计算,将预算期内资金持有金额预算的最大值和最小值录入财务系统中,实时监控资金的收取和归集,对由信用或质量问题造成的收回资金方面的困难作出合理的应对,对各部门资金不足或过剩及时告知资金管理人员,有利于企业实现资金的合理配置。

(2)资金支付。在资金支付方面,财务机器人首先检索财务系统内的付款信息,自动审核凭证中对应的资金流向和资金流量。如果发现不符,系统则将提示审核不通过并提醒会计人员修改;如果审核无误,则进入人工审核阶段。在会计人员发出支付指令后,财务机器人查询支付结果,若付款成功,则向出纳反馈付款结果;若付款中遇到收款方开户行不存在或账户异常等问题,则将该付款业务退回至业务发起人并提示付款失败原因,由人工解决问题。

(3)银企对账自动化。当银行与企业对账时,财务机器人自动检索相关财务数据和对应的银行存款对账单。若遇未达账项或特殊情况,则自动显示异常结果并提醒会计人员手工调整。财务机器人对账后自动生成银行存款余额调节表,保存在固定文件夹中,随时供会计人员查看核对。银企对账自动化是财务机器人在资金管理方面的突出亮点。

3. 费用报账自动化

财务机器人在企业费用报销流程中发挥巨大作用,费用报账自动化使企业财务共享服务流程的效率得到明显提升。在传统模式下,费用报销管理需要经过多个环节审批,报销过程存在大量高度重复的内容,信息化水平较低,无法适应时代发展,极大地影响了企业的工作效率。企业将财务机器人应用到费用报销管理过程中,不仅能够从烦琐重复的工作中释放员工力量,而且能建立员工信用等级,在会计期末加入员工的评价标准。具体操作为:财务机器人对发票进行文字扫描和识别(OCR),分析汇总后生成报销单据,由财务共享服务中心确认真伪后生成记账凭证。财务机器人进行审核,分级审批后进入付款审批环节。在该环节,财务机器人会从系统中批量提取报销员工的姓名、金额、账户等详细信息,向员工账户自动转账;员工收到报销款且确认无误后,点击确认收款;财务机器人自动制作凭证,完成发票抵扣,并在期末自动生成报表。

4. 采购付款业务自动化

财务机器人首先对付款单进行文字扫描和识别,将相关信息录入 ERP 系统,对财务系统中与此相关的入库单信息、发票信息和订单信息进行核对。然后,财务机器人自动提取付款信息,包括付款人和账户,生成付款凭证,提交资金付款系统进行付款操作,付款后向供应商发送对账提醒,供应商收到对账请求后,向企业提供相应期间内所有的采购信息,财务机器人将一一核对。若信息不符,则自动通知业务人员自查,找出差异并经人工改正后重新提交对账信息,直至对账完全一致,供应商向企业开具正式发票。此外,企业可从系统中实现订单状态和发货状态查询。

5. 纳税申报

财务机器人使企业大量烦琐、耗时的税务核算操作简单化、自动化,并为税票真伪检验、税务数据获取与校验、涉税账务处理及提醒、纳税申报、税账核实等工作提供更好的服务。在日常业务中,财务机器人完成发票真伪检验,税务申报环节只需要从数据库中调取相关数据,按要求形成相应的申报表,并登录税务系统,进而完成纳税申报的全流程自动化。具体操作是:在会计期末财务机器人自动登录账务系统,批量导出财务数据、增值税认证数据,然后自动使用企业基础信息生成纳税申报表底稿,并在税务系统中自动填写纳税申报表,根据企业纳税信息完成税务会计分录的编制,并自动计算递延所得税,入账后邮件提醒相关责任人。

6. 全面预算

财务机器人在预算编制、下达、执行、评价过程中发挥重要作用,保证企业实现完善的预算管理活动,推动企业更加科学、合理的发展。在预算编制阶段,财务机器人可以从财务系统中提取历年所需数据,与往年业务数据完成情况进行核对,从中发现规律,使财务人员能够更加准确、合理地预测下一年企业的经营情况;在预算下达阶段,财务机器人将财务指标和业务指标生成工作表,下发至各个下级单位;在预算执行阶段,财务机器人通过日常跟踪原始预算数据和实际执行情况,及时修正预算,便于财务人员形成动态分析;在预算评价阶段,财务机器人根据预算与实际的差异,通过特定规则设定评分,对各个下级单位的预算执行情况进行考核评价。

7. 优化供应商管理

财务共享中心应用财务机器人能优化企业供应商的管理,提升业务运行效率:(1)供应商的相关信息将被自动采集并进行编号,实时监控产品信息和价格变动;(2)记录并分析企业的历年采购成本,及时发现异常情况,确认采购数据的异常;(3)能够更加智能、合理地选择最优供应商,及时更新供应商的相关信息,便于企业及时调整采购决策。

8. 优化应收款项管理

企业财务共享中心将财务机器人应用于应收款项管理业务流程,可使企业优化应收款项管理流程,降低企业收款成本,提高收款质量。应收款项管理流程在应用财务机器人后,首先,企业能够自动登陆市场监管信息系统对客户名称、联系方式、银行账号、税号及其他相关信息进行跨系统全面检索,查看客户的信用情况和法律纠纷;其次,财务机器人可以按照设定的规则综合考虑客户账龄记录、付款时间、付款金额、逾期记录等指标,就其信用情况进行自动排名,销售人员可依据企业对客户的排名进行销售决策;最后,财务机器人能实时查看企业回款进度,自动提醒收款人员发出付款期限到期通知,进行款项催收,确保及时足额回款,满足企业后续发展资金需要。

(二)财务大数据的应用

大数据是海量化、多样化、低价值的数据信息。财务大数据是贯穿企业业务申请、交易、支付、核算、报账等各个环节的财务信息,需要进行收集、存储、分析,实现自动化信息管理,以帮助企业进行科学、合理的决策。数据采集和数据对比分析是财务大数据应用的主要形式,对财务信息实施大数据管理,可以实现企业财务信息的全面化管理。

1. 数据采集

数据采集是财务大数据分析应用的形式之一。首先,通过大数据库将海量数据进行统一集中管理,把数据信息库作为原始资料进行数据处理,通过对企业业务的数据收集,及时汇总企业的财务与管理信息;其次,企业通过收集整理大数据库中的诸多业务信息、决策信息和财务信息,分析企业经营管理中存在的弊病,使影响企业发展的各项不利因素凸显出来,数据采集人员需要重点关注所收集数据的真实性和准确性;最后,企业可以根据实际发展情况追溯到数据终端,对数据进行调整,为企业提供更加可靠的经营管理数据,促进企业可持续发展。

2. 数据对比分析

数据采集后,对数据进行对比分析,使数据可得、可懂、可用和可运营,从而实现大数据技术在财务领域的应用,为企业发展提供更有价值的信息,使企业更加具有竞争力。财务大数据在对比分析时需要通过专门的分析软件,首先要求财务人员和相关管理人员先处理好所分析数据的内容,然后将已经采集好的经营管理数据与财务数据上传到分析软件，进行信息归纳和汇总。通过对比分析，企业在经营管理中存在的问题便会凸显出来，便于企业及时处理。另外，数据对比分析不仅需要分析人员统一统计工具，熟练统计工具的应用，而且需要分析人员规范各项数据，重点关注数据的表现形式。

四、财务共享中心

（一）财务共享中心的概念

财务共享中心是指大型企业或企业集团公司利用信息技术对其会计工作进行集中统一处理的一种新型财务组织管理模式，是企业集中管理模式在财务管理上的具体应用，其目的在于通过一种有效的运作模式来解决大型企业或企业集团公司财务职能建设中的重复投入和效率低下等弊端。

（二）财务共享中心的功能

从流程标准化、集中化、满足集团管控和提高效率要求的 1.0（共享）阶段，到采购交易、税务管理系统相集成的 2.0（互联）阶段，再到以数据共享为核心的智能财务共享体系的 3.0（智能）阶段，财务共享中心的功能在不断转变，对企业发展转型起着越来越关键的作用。财务共享中心有助于降低企业运营成本、提高财务运营效率、通过内部资源的优化整合提高企业绩效、支持企业集团的发展战略、向外界提供商业化服务。不同企业的财务共享中心可能处于不同的发展阶段，如有些企业仅实现了简单的费用报销、账务处理等功能，有些则除了完成交易性流程的共享之外，还实现预算与预测、税务分析、风险管控、资金运作等高价值流程的共享。从功能定位来看，部分企业尚停留在初级阶段，以降本增效、加强管控为目标，有的企业则希望能将共享中心发展成企业的服务中心，即财务、法务、技术维护、人力资源、供应链等多功能的共享服务中心，还有的企业则希望将共享中心发展成为企业新的创新中心和盈利中心。

财务共享中心的功能定位可划分为三种，分别为集中核算型、集中管控型和价值创造型。集中核算型财务共享中心，处理的业务大多是交易性业务流程、生产流程等，其核心是高价值流程还未广泛纳入财务共享中心的处理范围。集中管控型财务共享中心，能够实时生成各分、子公司的财务信息，极大提高企业总部财务管控的效率，增强企业的风险防范能力。价值创造型财务共享中心是指随着"大、智、移、云"等信息技术的不断进步，财务共享服务实现由局部共享、半自动化共享、粗制共享的集中核算型财务共享服务到"全面共享、智能共享、精益共享"的价值创造型财务共享服务的跨越式发展。

【学思践悟】　　　　　　　会计信息化浪潮下的思与行

在当今数字化浪潮汹涌澎湃的社会经济形势下，会计信息化已成为企业财务管理领域不可逆转的发展趋势。从宏观层面看，随着全球经济一体化进程加速，企业面临着越发激烈的国际竞争，数字化转型成为提升竞争力的关键利器。会计信息化作为其中核心一环，为企业打破地域界限、实时整合全球业务数据提供了可能。例如，跨国企业借助先进的会计信息系统，能瞬间汇总分布在世界各地子公司的财务信息，精准把握资金流向、成本控制要点，迅速调整战略布局，抢占市场先机。

在微观企业运营中，会计信息化的优势尽显无遗。一方面，传统手工账务处理的烦琐流程被极大简化，业务人员提交原始凭证后，后续记账、算账、报账一气呵成，大幅缩短财务周期，让企业决策层能基于最新财务数据及时拍板，适应瞬息万变的市场节奏。如电商企业在"双十一"等购物狂欢节期间，海量订单瞬间涌入，财务机器人精准、高效地处理账务，确保资金流、物流与信息流协同顺畅，为企业平稳运营保驾护航。另一方面，财务大数据的深度挖掘与分析，为企业精细化管理赋能。通过收集企业业务全流程数据，精准剖析客户消费偏好、成本结构优化点，助力企业精准营销、降本增效。以餐饮企业为例，通过分析销售数据可精准定位热门菜品、时段，合理统筹食材采购、人员排然而，会计信息化之路并非坦途。数据安全问题如影随形，企业核心财务数据一旦泄露，将遭受毁灭性打击。因此，企业需投入重金构建严密的数据安全防护体系，从加密传输、访问权限控制到定期数据备份，层层设防。同时，人才短板凸显，既懂前沿信息技术又精通会计专业知识的复合型人才供不应求。企业需加大内部培训力度，鼓励员工跨界学习，或积极引进外部高端人才，组建数字化财务团队。

【悟有所得】

深入探究会计信息化后，要深刻领悟其为企业发展注入了全新活力。首先，在思维模式上，要摒弃传统会计的固有局限，树立数字化思维，主动拥抱新技术变革，不再将会计工作局限于事后核算，而是借助信息化手段前置到业务前端，参与全程决策支持。例如，财务人员利用大数据预测模型，提前为销售部门提供市场趋势、定价策略建议，实现业财融合深度互动。其次，技能提升迫在眉睫。熟练掌握各类会计软件操作仅是入门，更要钻研财务机器人编程逻辑、大数据分析技巧，将自身打造成全能型财务工匠，如学会利用数据分析工具解读复杂财务数据背后的业务密码，为企业创新发展开辟新路径。最后，对于职业发展规划有了新方向。传统会计岗位面临重塑，可朝着财务分析师、数据科学家、智能财务顾问等新兴岗位转型。这些岗位站在企业战略高度，运用信息化工具为企业创造更高的价值，成为企业数字化转型幕后英雄。总之，只有顺应会计信息化潮流，不断学习进化，方能在新时代财务领域乘风破浪，助力企业远航。

应知考核

一、单项选择题

1. 账务处理程序的核心是（　　）。
   A. 会计凭证的填制　　B. 账簿组织　　C. 财务报表编制　　D. 记账方法
2. 记账凭证账务处理程序是最基本的账务处理程序，其依据是（　　）。
   A. 原始凭证　　B. 汇总原始凭证　　C. 记账凭证　　D. 科目汇总表
3. 汇总记账凭证账务处理程序下，汇总转账凭证应按（　　）设置。
   A. 借方科目　　B. 贷方科目　　C. 借方或贷方科目　　D. 转账业务的性质
4. 日记总账账务处理程序适用于（　　）的企业。
   A. 规模大、业务复杂
   B. 规模大、会计科目多
   C. 规模小、业务简单、会计科目不多
   D. 规模小、业务复杂
5. 多栏式日记账账务处理程序一般适用于（　　）的单位。
   A. 收款、付款业务少，转账业务多
   B. 收款、付款业务多，转账业务少
   C. 三种业务都较多
   D. 三种业务都较少

二、多项选择题

1. 账务处理程序的设计原则包括（　　）。
   A. 合法性原则
   B. 适应性原则
   C. 可靠性原则
   D. 效率性原则

2. 记账凭证账务处理程序的优点有( )。
A. 简单明了,易于理解 B. 总分类账能详细反映业务
C. 便于分工协作与查账 D. 减轻登记总账工作量
3. 科目汇总表账务处理程序的适用范围是( )。
A. 规模较大的单位 B. 经济业务较多的单位
C. 规模较小的单位 D. 经济业务简单的单位
4. 会计信息化账务处理的基本要求包括( )。
A. 保障按会计准则核算 B. 软件界面规范
C. 提供会计资料归档功能 D. 可随意修改数据接口
5. 财务共享中心有助于企业( )。
A. 降低运营成本 B. 提高财务运营效率
C. 加强集团管控 D. 向外界提供商业化服务

三、判断题
1. 账务处理程序就是指会计凭证的填制和审核流程。( )
2. 汇总记账凭证账务处理程序能减轻登记总账工作量,但不利于会计核算的日常分工。
( )
3. 科目汇总表账务处理程序下,科目汇总表可以反映各科目间的对应关系。( )
4. 会计信息化环境下,企业无需考虑数据安全问题。( )
5. 财务共享中心只适用于大型企业集团。( )

四、简述题
1. 简述账务处理程序的设计意义。
2. 简述记账凭证账务处理程序的设计步骤。
3. 简述汇总记账凭证账务处理程序的优、缺点及适用范围。
4. 简述信息化环境下会计账务处理流程。
5. 简述财务共享中心的功能定位及发展阶段。

应会考核

■ 观念应用
【背景资料】

深化会计账务处理观念,赋能企业财务管理

在当今复杂多变的商业环境下,企业的规模、业务类型和运营模式各不相同,对账务处理程序的选择与运用有着直接影响。(1)小型创业公司 A 处于起步阶段,业务相对简单,交易量少,资金有限且追求运营的灵活性;(2)中型制造企业 B 有着复杂的生产链条,原材料采购、产品制造、销售环节紧密相连,涉及大量成本核算、存货管理及资金周转事务;(3)大型跨国集团 C,旗下分、子公司遍布全球,需整合各地财务数据,面临不同国家或地区的法规政策、税收制度差异,以及汇率波动风险等挑战。

【考核要求】
请阐述不同规模、类型企业应如何依据自身特点选择适配的账务处理程序,并剖析背后的观念

支撑,说明账务处理程序如何与企业整体财务管理目标相契合,以实现企业价值最大化。

■ 技能应用

精研账务处理技能,助力财务高效运作

教师给定某个企业一个月内的一系列典型经济业务资料,包括原材料采购、产品销售、费用报销、固定资产购置与折旧等多笔业务的原始凭证信息。

【技能要求】

(1)根据业务资料,准确填制各类记账凭证,包括收款凭证、付款凭证和转账凭证,注明业务摘要、会计科目、借贷金额等关键要素,并规范编号。

(2)依据选定的账务处理程序(如科目汇总表账务处理程序),对填制好的记账凭证进行相应的处理,编制科目汇总表,清晰展示各科目借、贷方发生额的汇总过程。

(3)根据科目汇总表及相关要求,准确登记总账和明细账,采用规范的账页格式(总账采用三栏式、明细账按需选用三栏式、数量金额式或多栏式),确保账账相符,在登记过程中展现严谨、细致的操作技能,标注清晰的摘要说明与业务对应关系。

[注:给定企业可参考本系列教材即《基础会计》(第三版),李贺主编,上海财经大学出版社2023年11月版,项目九 账务处理程序中的做中学、项目实训等内容。]

■ 案例分析

【情景与背景】

剖析账务处理案例,洞察财务管控智慧

企业D原本采用传统手工记账的记账凭证账务处理程序,随着业务扩张,交易量激增,出现了会计信息滞后、总账登记工作量繁重、财务数据易出错等问题,影响了企业决策效率与内部控制效果。为应对困境,企业引入会计信息化系统,转型采用会计信息化账务处理程序,并逐步探索财务共享中心模式,在此过程中,面临系统选型、人员培训、流程重塑、数据安全保障等诸多挑战。

【分析要求】

分析企业D从传统手工记账向会计信息化转型的必要性与驱动因素;探讨转型过程中遇到的关键问题及解决方案;评估会计信息化账务处理程序及财务共享中心模式给企业带来的效益变化,包括对会计信息质量、工作效率、内部控制、决策支持等方面的影响,总结经验教训,为其他类似企业提供借鉴参考。

◆ 本章实训

【实训内容】

账务处理程序的设计

【实训情境】

在当前经济环境下,各类企业蓬勃发展。账务处理作为企业财务管理的基石,其程序设计的合理性直接关乎企业的运营效率、决策精准度以及风险防控能力。同学们将扮演企业财务团队成员,针对不同发展阶段、不同行业特性的模拟企业,完成账务处理程序的设计与实践操作,深度体验从传统手工账务处理迈向会计信息化的全过程,应对实际工作中可能遭遇的各类难题,提升专业技能与综合素养。

【实训任务】

任务一:手工账务处理程序设计与实践

1.企业分组与资料分析。将同学们分成若干小组,每组4—6人,分别模拟小型服务企业(如小型广告设计公司)、中型商贸企业(主营电子产品批发)、大型制造企业(如汽车零部件生产)三种类型的企业财务部门。给定每组相应企业一个月内详细的经济业务资料,涵盖业务合同、发票、费用报销单据等原始凭证信息,要求仔细研读,剖析企业业务特点、规模及财务核算复杂程度。

2. 账务处理程序选型与设计。依据所模拟企业的特性,各小组讨论并选定适配的手工账务处理程序,如小型服务企业考虑记账凭证账务处理程序,阐述选型理由,绘制所选账务处理程序流程图,明确从原始凭证填制审核、记账凭证编制、账簿登记到报表编制的全流程步骤及各环节责任人。设计会计凭证与账簿格式,根据业务资料中的频繁业务类型,定制原始凭证,如商贸企业设计销售出库单、采购入库单;结合选定的账务处理程序与企业会计科目体系,规划记账凭证格式,涵盖必备要素且编号规则清晰;依照会计科目开设总账账户,确定总账、明细账(含不同形式,如三栏式、数量金额式、多栏式)及日记账账页格式,规范各账户名称、编码、页次等设置。

3. 手工账务处理实操。小组成员分工协作,依据原始凭证信息,手工填制各类记账凭证,严格遵循会计规范,注明业务摘要、会计科目、借贷金额,规范编号并签字确认;按日序时登记现金日记账和银行存款日记账,依据记账凭证逐笔登记明细账,详细记录业务往来、成本明细、费用构成等;定期汇总记账凭证,根据所选账务处理程序登记总账,如采用汇总记账凭证账务处理程序的小组按要求编制汇总收款、付款、转账凭证后登记总账,期末进行账账核对,确保总账与明细账余额相符。编制财务报表,依据总账和明细账数据,手工编制资产负债表、利润表、现金流量表,确保数据准确、勾稽关系正确、附注披露完整,展现企业的财务状况、经营成果与现金流量,组内交叉审核报表准确性。

任务二:会计信息化账务处理转型实践

1. 系统选型调研与评估。延续任务一中的企业模拟分组,各小组假定所模拟企业面临业务增长,有向会计信息化转型需求;调研市场主流会计软件,至少选取三款不同品牌软件,从功能模块(涵盖账务处理、报表生成、固定资产管理、税务申报等是否满足企业需求)、适配行业特性、操作便捷性、成本效益(包括软件采购、维护、升级费用,对人力成本的影响)、数据安全保障(加密技术、权限管理、备份恢复机制)等多维度展开对比分析,撰写详细的调研报告,为企业推荐最适配软件并说明理由。

2. 会计信息化账务处理流程搭建。根据所选会计软件,结合企业业务流程,各小组重新设计信息化环境下的账务处理流程;明确业务人员、凭证编制人员、审核人员、记账结账人员、查询分析人员等角色在系统中的操作权限与职责;绘制新流程泳道图,展示从经济业务发生、原始凭证电子化提交、系统自动生成记账凭证(或人工审核后生成)、记账结账自动化操作到实时生成财务报表的全过程,标注关键节点与数据流向。

3. 数据迁移与系统测试。模拟企业历史手工账务数据迁移至新会计信息系统场景,制定数据迁移方案,包括数据清理(甄别错误、重复数据)、转换(适配新系统数据格式)、导入步骤,确保数据的完整性与准确性;在测试环境下对新搭建账务处理流程及系统功能进行全面测试,模拟各类业务场景,如采购退货、跨期费用报销、外币业务核算等,检查记账凭证自动生成准确性、账簿登记实时性、报表数据可靠性,记录测试问题并协同解决,撰写测试报告。

4. 财务共享中心模式探索(选做)。针对大型制造企业模拟组,进阶要求探索财务共享中心模式,构建可行性;分析企业集团架构、业务分布与现有财务流程痛点,规划财务共享中心组织架构,明确共享中心涵盖的业务范围(如费用报销、应收应付、总账报表集中处理等);设计共享中心与子公司财务对接流程,从业务发起、审批流转、数据传递到财务处理反馈全环节标准化;探讨共享中心实施效益预估,如成本节约、效率提升、内控强化、决策支持优化,形成财务共享中心可行性报告。

任务三:成果展示与总结评价

1. 成果展示。各小组以PPT形式汇报实训成果,内容涵盖手工账务处理程序设计细节、会计信息化转型全过程(含系统选型、流程搭建、测试结果)、财务共享中心探索(如有);重点展示账务处理流程优化亮点、解决实际问题案例、团队协作经验;现场演示会计软件操作关键环节,如记账凭证录入、报表生成,呈现专业技能掌握程度。

2.总结评价。教师组织全班同学与企业财务专家共同参与评价,从账务处理程序合理性、会计凭证账簿规范性、信息化流程有效性、团队协作默契度、汇报展示表现力等多维度打分;评选最佳财务团队、最佳方案设计、最佳操作能手等奖项;开展小组互评与自评,分享实训收获,反思不足。教师总结点评,深度剖析典型问题,强化关键知识点,提升学生对账务处理程序设计的整体认知与实践应用能力。

《账务处理程序的设计》实训报告		
实训班级:	实训小组:	实训组成员:
实训时间:　年　月　日	实训地点:	实训成绩:
实训目的:		
实训步骤:		
实训结果:		
实训感言:		

第八章　内部控制制度的设计

- **知识目标**

　　理解:内部控制的产生与发展;内部控制制度的概念和作用;内部控制制度的范围和设计原则。

　　熟知:内部控制制度要素的设计;内部控制制度建设的思路;内部控制建设的方法和设计步骤。

　　掌握:货币资金业务、采购业务、销售业务、对外投资业务、筹资业务和会计信息系统等内部控制制度的设计。

- **技能目标**

　　能够熟练掌握内部控制制度设计的基本程序和方法,依据企业实际情况,设计出科学、合理、切实可行的内部控制制度;学会运用风险评估、控制活动等内部控制方法,对企业各类业务流程进行分析和优化,识别关键风险点,并制定相应的控制措施;具备对内部控制制度的执行情况进行监督和评价的能力,能够及时发现制度执行过程中存在的问题,并提出改进建议,确保内部控制制度的有效运行。

- **素质目标**

　　具备在设计和执行内部控制制度过程中注重细节的责任态度,确保每一个环节的准确性和可靠性;提升沟通协调能力和团队合作精神,内部控制制度的设计和实施需要涉及企业多个部门和岗位,需学会与不同部门人员进行有效的沟通和协作;增强自主学习能力和创新意识,随着经济环境和企业业务的不断变化,内部控制制度也需要不断更新和完善,能够探索适合企业发展的内部控制新模式。

- **思政目标**

　　培养诚信意识和职业道德,明白内部控制制度对于企业防范舞弊、保证财务信息真实性的重要性,坚守职业道德底线,做到诚实守信、廉洁奉公;增强合规意识和风险意识,严格遵守法律法规要求,能够敏锐地识别和评估企业面临的各种风险;树立正确的价值观和责任感,内部控制不仅关乎企业自身利益,也关系到社会经济的稳定和发展,激发责任感和使命感,为社会经济的健康发展贡献自己的力量。

- **课程引例**

ABC 企业内控"黑洞":从辉煌到危机的蜕变

ABC 公司是一家服装制造企业,在行业内小有名气,产品销量一直不错。然而,近年来公司却陷入了困境。公司销售部门为了追求销售额,盲目地向一些信用状况不佳的客户大量赊销产品,而信用审批部门在审批过程中并未严格按照公司规定的信用评估标准进行审核,只是简单地走个形式,结果,大量应收账款无法及时收回,形成了巨额坏账。同时,采购部门在采购原材料时经常与供应商勾结,高价采购低质量的原材料,以获取回扣。公司内部的验收环节也形同虚设,导致不合格的原材料进入生产车间,生产出的服装质量参差不齐,遭到了客户的大量投诉和退货,品牌形象受到严重损害。此外,公司的财务部门在资金管理方面也存在漏洞,资金使用随意,没有明确的预算和审批流程,导致公司资金周转困难,甚至无法按时支付员工工资和供应商货款。最终,ABC 公司的市场份额不断下降,利润大幅减少,面临着严重的经营危机。

- **引例反思**

(1)销售与收款环节。①内部控制失效点:销售部门盲目追求销售额,忽视了信用风险,未严格执行信用审批制度;信用审批部门未履行职责,未按照标准进行审核。②风险分析:大量产品赊销给信用不佳的客户,导致应收账款回收困难、资金回笼受阻,增加了坏账损失的风险,影响公司的资金流动性和盈利能力。改进建议:建立严格的信用评估体系,明确信用审批标准和流程,销售部门和信用审批部门应相互独立,加强对销售合同的管理和跟踪,及时催收应收账款。

(2)采购与付款环节。①内部控制失效点:采购部门与供应商勾结,谋取私利,验收环节未严格把关。②风险分析:高价采购低质量的原材料,增加了生产成本,降低了产品质量,影响公司的市场竞争力;不合格的原材料进入生产环节,可能导致生产延误、产品报废等问题,进一步增加成本和损失。改进建议:建立健全供应商选择和评估机制,加强对采购人员的监督和约束,严格执行采购验收制度,确保原材料质量符合要求。

(3)资金管理环节。①内部控制失效点:资金使用无明确预算和审批流程,随意性大。②风险分析:资金周转困难,无法按时支付员工工资和供应商货款,可能导致员工士气低落、供应商关系紧张,甚至引发法律纠纷,影响公司的正常运营。改进建议:制定完善的资金预算管理制度,明确资金审批权限和流程,加强对资金使用的监控和分析,提高资金使用效率。

通过这个引例可以看出,内部控制制度对于企业的生存和发展至关重要。一个完善的内部控制制度能够有效地防范企业风险,规范企业的经营活动,提高企业的管理水平和经济效益。企业应根据自身的实际情况,建立健全内部控制制度,并确保其有效执行,从而实现可持续发展。

第一节 内部控制制度设计概述

一、内部控制的产生与发展

在企业管理领域,内部控制的演变与经济社会的进步紧密相连,历经了多个关键阶段,持续适应着不同时期企业面临的机遇与挑战。

(一)萌芽起步期(20 世纪初—1936 年)

20 世纪初,西方社会生产社会化程度急剧攀升,股份公司如雨后春笋般成为主流企业的组织形式。激烈的市场竞争促使企业管理层深刻意识到,必须强化对生产经营活动的管控力度。在当时管理理论的启蒙下,一些欧美企业开创性地以内部牵制思想为基石,在内部组织结构设置、经济业务授权与处理流程等关键环节着手布局控制措施。这一阶段,企业初步实现了职能部门和人员分工的制度化,业务流程处理走向标准化、规范化,有效遏制了错误与舞弊行为,切实保障了企业财产安全,为会计信息的真实性、可靠性筑牢根基,同时确保经营管理方针得以精准贯彻、企业运营效率稳步提升。1936年,美国注册会计师协会在《独立公共会计师对财务报表的审查》中首次对内部控制予以定义,将其聚焦于保护公司现金及其他财产安全、核验账簿记录准确性、所采用的各类手段与方法,这标志着内部控制概念正式登上历史舞台,为后续发展勾勒出雏形。

(二)发展扩张期(1936—1988年)

第二次世界大战结束后,西方资本主义国家迎来资本集中的浪潮,企业规模呈爆炸式增长,职能部门不断细分,子公司、分公司以及各类派出机构纷纷涌现,经济业务复杂度飙升。在此背景下,原有内部控制模式亟待升级。企业为强化母公司与子、分公司之间,以及内部各职能部门间的协同管控,保障经济活动有序开展,促使员工各司其职,严格遵循既定的管理方针,进一步提高工作效率,优化工作质量,同时提升会计信息可信度,持续拓展内部控制的广度与深度,不仅涵盖范围从单纯的财务领域延伸至经营管理全流程,而且控制手段也越发科学化、规范化。1949年,美国注册会计师协会更新内部控制定义,强调其旨在保障财产完整、核验会计资料准确可靠、助力企业提升经营效率并贯彻经营方针,涉及总体规划及配套方法、措施。1963年,协会审计程序委员会开创性地将内部控制细分为内部会计控制与内部管理控制两大分支,推动内部控制理论体系向精细化迈进。步入20世纪80年代,内部控制理论再获突破。1988年4月,美国注册会计师协会公布的《审计准则公告第55号》提出,以"内部控制结构"替代"内部控制制度",突出控制环境关键作用,正式将会计制度列为内部控制的构成要素,构建起从关注内外部利益相关者态度到评价会计信息效果的严密逻辑体系。

(三)成熟完善期(1988年至今)

20世纪80年代后期,频发的财务舞弊案件引发各界深刻反思。1992年,美国反虚假财务报告委员会(Treadway委员会)的发起组织委员会(COSO)重磅发布,并于1994年修订《内部控制——整合框架》。该框架重新诠释内部控制,指明其由企业董事会、经理阶层及全体员工协同实施,旨在为经营效率效果、财务报告可靠性、法律法规遵循性提供合理保证;同时,明确内部控制目标涵盖经营高效、财务报告可信、法律合规,并正式接纳风险评估为关键要素,构建起控制环境、风险评估、控制活动、信息与沟通、监督五大要素协同发力的整体框架。此后,受"安然""世通"等惊天财务舞弊案冲击,以及《萨班斯－奥克斯利法案》(Sarbanes-Oxley Act)约束,COSO于2004年9月推出《企业风险管理——总体框架》,创新性地提出风险偏好、风险容忍度概念,将风险评估要素拓展为目标设定、事项识别、风险评估和风险应对,凸显风险管理核心地位,全方位强化企业风险管控能力。2010年起,COSO委员会依据市场动态重新审视原内部控制整合框架,于2013年5月14日推出新版《内部控制——整合框架》。新版框架在延续核心要义的基础上进一步明晰目标设定作用,拓宽报告目标范畴,强化非财务目标关注,加大反舞弊考量,尤为突出的是详细列出17项总体原则,为内部控制五大要素及整体系统高效运行保驾护航,至此,内部控制制度在理论与实践层面均达到成熟完备状态,持续引领企业稳健发展。

回顾内部控制的发展历程,不难洞察其作为社会化大生产的必然产物,紧密贴合企业经营环境变迁,持续丰富内涵、拓展外延。从萌芽时聚焦财务安全与基础运营管控,逐步发展为涵盖全面风险管理、多维度目标保障的综合性管理体系,已然成为现代企业不可或缺的核心管理工具,为企业在复杂多变的市场浪潮中稳健前行提供坚实保障。

二、内部控制制度的概念和作用

(一)内部控制制度的概念

2008年6月28日,我国财政部等部门联合发布的《企业内部控制基本规范》,对内部控制的概念进行了权威性的解释,即"内部控制是由企业董事会、监事会、经理层和全体员工实施的,旨在实现控制目标的过程"。本书将其定义为:内部控制制度(Internal Control System)是指企业为实现经营目标,保护资产安全,确保财务报告的准确性,以及遵守相关法律法规而设计和实施的一系列政策和程序。这一制度不仅涵盖了财务会计领域,而且涉及企业的运营、管理等多个方面。通过有效的内部控制,企业可以减少错误和舞弊的风险,提高运营效率,增强对外部投资者和监管机构的信任。

内部控制按其控制的目的不同,可分为会计控制和管理控制。会计控制是指与保护财产物资的安全性、会计信息的真实性和完整性以及财务活动的合法性有关的控制;管理控制是指与保证经营方针、决策的贯彻执行,促进经营活动的经济性、效率性、效果性以及与经营目标的实现有关的控制。会计控制与管理控制并不是相互排斥、互不相容的,有些控制措施既可以用于会计控制,也可以用于管理控制。

(二)内部控制制度的作用

内部控制作为企业管理的重要组成部分,在防范企业风险、保证财务信息质量、保护资产安全、促进企业有效经营、夯实审计基础等方面发挥着越来越大的作用。

1. 防范企业的各种风险,促进持续发展

在企业运营中,控制风险是第一要务。企业从创立那天起就无时无刻不处在倒闭的风险之中。因此,企业要想达到持续发展的目标,就必须对来自企业外部和内部的各类风险进行有效的防范和控制。我国企业内部控制建设的基本目标是"建立一套以防范风险和控制舞弊为中心、以控制标准和评价标准为主体的内部控制制度体系"。企业通过建立与实施全面、全员、全方位、全过程的内部控制规范体系,可以有效防范企业风险的发生,将企业的各种风险消灭在萌芽阶段,从而促进企业健康、持续发展。

2. 保证财务信息质量,铸就企业信誉

保证财务报告及相关信息真实、完整,不仅是政府、法规、投资者及其他利益相关者的要求,也是企业管理者了解过去、控制目前、预测未来、作出决策的必要条件,是维护企业信誉、提升企业公信力的百年大计。建立和实施企业内部控制规范体系,可以有效规范会计信息的采集、归类、记录、核算和报告过程,真实反映企业生产经营活动过程与经营成果、现金流量及资产、负债、所有者权益的实际状况,及时发现和纠正各种错弊,从而有效保证财务报告及相关信息的真实性和完整性。

3. 保护企业资产安全,维护长治久安

资产是企业从事生产经营活动的物质基础,企业要想在激烈的市场竞争中求得生存和发展,就必须保证各项资产安全、完整、有效运行。企业一旦失去资产,就失去了从事生产经营活动的基本条件,会陷入混乱。通过建立和实施内部控制规范体系、采取各种控制手段,企业可以科学、有效地监督、控制财产物资的采购、计量、验收、使用、保管、销售等各个环节,防止贪污、盗窃、滥用、毁坏、浪费等行为的发生,保护企业资产安全、完整,维护企业长久发展。

4. 促进有效生产经营,提高经营效率

提高盈利能力是企业生产经营活动的行为目标。没有盈利能力,企业就无法生存;没有足够的利润空间,企业就无法发展壮大。而只有提升企业的经营效率和效果,企业盈利才能变为现实。通过建立和实施内部控制规范体系,企业可以科学理顺人、财、物各个方面和产、供、销各个环节,充分发挥整体的效能,增加收入,节约开支,杜绝浪费,规避风险,有效提高经营管理水平,从而促进有效经营,提升经营效率。

5. 夯实内外审计基础,规避审计风险

良好的内部控制制度能够为外部审计和内部审计提供清晰的审计线索。审计风险是指审计人员对存在重大错报和漏报的财务报表审计后却认为该重大错报和漏报并不存在从而发表的审计意见与事实不符的风险。随着市场经济的发展,社会审计的范围逐渐拓宽,审计的要求越来越高,审计的风险也日益增大。建立和实施内部控制规范体系,可以有效保证财务报告及相关信息的准确性、完整性,为社会审计提供良好的工作基础,有效规避审计风险,并大大降低审计成本,提高审计效率,最终提高企业的经济效益。

三、内部控制制度的范围

一般来讲,内部控制制度的范围应当涉及企业的各种经济业务,范围扩展得越大,控制就越严密,作用也就越大。但由于企业的经营规模、业务复杂程度、内部组织机构、办事人员的分工等具体情况各不相同,对内部控制制度的范围和要求也应有所区别。小型企业由于经济业务比较简单、数量较少,企业领导能够经常过问、了解并掌握企业各项经济业务的发生情况和财务收支情况,因此,内部控制制度不宜过分复杂,范围可相对小一些,重点应放在货币资金的收付业务上;大中型企业由于经济业务的种类繁多、内部分工较细、对外关系复杂,企业管理层难以随时掌握各方面的情况,因此,要设计严密、完善的内部控制制度,其范围应当扩展到企业的每一种经济业务,同时对所有经办业务的部门和人员提出具体要求,以保证内部控制制度的效用。

企业发生的货币资金收支业务和商品购销业务不仅数量大,牵涉的部门和人员多,而且大多数业务又是与企业外部发生业务关系,因此发生错误和弊端的可能性也较大,尤其是商品的赊购、赊销业务,更是如此。在任何企业里,内部控制制度都应以上述两类业务为中心来设计,将它们作为内部控制的主要范围和内容。具体来讲,内部控制制度的范围主要包括:(1)货币资金业务的内部控制;(2)采购业务的内部控制;(3)资产盘存业务的内部控制;(4)销售业务的内部控制。(5)对于筹资、对外投资、债权债务结算、成本费用、工程项目、信用担保等业务,都需要建立内部控制制度。随着会计信息化的普及,会计信息系统内部控制也成为企业内部控制的主要内容之一。

四、内部控制制度的设计原则

内部控制的原则是指企业建立与实施内部控制所应遵循的基本标准或法则。《企业内部控制基本规范》为企业建立与实施内部控制规定了应当遵循的五项原则,即全面性原则、重要性原则、制衡性原则、适应性原则和成本效益原则。

(一)全面性原则

全面性原则要求内部控制贯穿企业决策、执行与监督的全过程。在决策环节,无论是关乎企业发展战略的长期决策,如开拓新市场、研发新产品,还是日常经营中的短期决策,像采购物资的供应商选择,都需依据精准的市场调研、财务分析等内控流程,确保决策科学、合理。执行阶段,以工程项目建设为例,企业需严格遵循既定施工计划、质量标准,按预算有序推进,内控机制实时跟进监督,保障执行不偏离轨道。监督层面,内部审计等部门定期审查投资项目进展、财务收支合规性,以及业务流程是否存在隐患,不放过任何一个环节,实现全过程把控。同时,全面性意味着覆盖企业及其所属单位的各类业务与事项。核心业务自然是重点管控对象,采购业务从筛选供应商、签订合同到物资验收、款项支付,层层把关;生产环节围绕工艺流程、质量检验、成本核算构建内控体系;销售流程涵盖客户信用评估、合同签订、发货、收款等。而支持性业务同样不可或缺,人力资源管理从招聘源头把控人员素质，经培训提升员工技能，借绩效考核激励员工奋进，以薪酬发放确保公平、合理，每个环节都有相应的内控措施，全方位保障企业稳健运营。

（二）重要性原则

重要性原则建立在全面控制基础之上，强调关注重要业务事项和高风险领域。一方面，企业依据自身战略目标与运营特性，识别关键业务。对于高新技术企业，研发创新是生命线，在研发项目立项环节，需严谨评估项目可行性、技术先进性与市场需求契合度；研发经费投入与使用过程，严格监控资金流向，防止浪费与挪用；研发成果保护方面，采取加密技术、申请专利等措施，确保核心技术不泄露，因为一旦研发环节出问题，企业将丧失竞争力。另一方面，结合风险评估精准定位高风险领域。在经济波动期，汇率大幅波动，对于外向型企业而言，外汇风险骤升，此时内部控制聚焦于利用金融衍生品套期保值，合理安排结算货币，降低汇率波动对利润的冲击；若企业资金链紧张，资金链断裂风险高悬，内控重点则转向优化资金预算管理，拓宽融资渠道，强化应收账款催收，全力保障资金流稳定，对高风险领域实施"特殊关照"，护航企业平稳前行。

（三）制衡性原则

制衡性原则体现在多个层面。在治理结构方面，董事会、监事会与管理层各司其职、相互制衡。董事会肩负战略制定与监督管理层重任，决策重大投资、经营方针等事务时，充分考量监事会从合规、风险等角度提出的意见，确保决策科学、公正；管理层负责日常运营，执行董事会决策，但一举一动皆受监事会监督，防止权力失控、决策失误，三方协同构建，稳固权力制衡架构。机构设置及权责分配上，不同部门间相互制约。采购部门负责物资采购，寻求供应商洽谈价格，而财务部门严格审核采购付款申请，依据合同条款、资金预算决定是否支付，杜绝采购部门不合理支出；同一部门内岗位制衡同样关键，财务部门出纳经手现金收付，会计人员负责记账、审核，两者相互监督，出纳无法擅自挪用资金，因为每笔收支都需会计人员审核确认，从细微处筑牢舞弊防线。业务流程中，制衡性兼顾运营效率。以销售业务为例，销售部门接收客户订单、签订合同后，仓库部门依发货通知发货，财务部门凭销售合同与发货凭证收款记账，各环节环环相扣，既保证销售真实、合法，又避免流程烦琐，延误商机，实现内控与效率的精妙平衡。

（四）适应性原则

适应性原则突出内部控制与企业经营规模、业务范围、竞争状况和风险水平等相适配，并能随情况变化灵活调整。(1)经营规模不同，内控模式迥异。小型企业架构简单、业务单纯，老板常亲力亲为关键决策与监督，内控灵活便捷；中型企业逐步扩张，需规范部门职责，优化业务流程，明确审批权限，构建较严谨的内控体系；大型企业业务繁杂、层级众多，需多层级授权审批全面风险评估与监控系统，内控精细、严密。(2)业务范围影响内控重点，多元化经营企业针对不同业务板块，如制造业板块、服务业板块，分别制定适配内控措施，各有侧重。(3)竞争状况决定内控方向。在激烈的市场竞争中，企业若主打成本领先，内控聚焦成本控制，则可优化采购流程、降低生产损耗；若追求差异化，内控则助力产品创新、质量提升。(4)风险水平高的企业，如金融、能源行业，强化风险管理内控，设置风险预警指标、应急处置预案，时刻警惕风险。当企业发展或外部环境变迁时，内控应及时调整。企业需开拓海外市场，内控新增海外业务风险管控，熟悉当地法规，管理汇率风险，评估合作伙伴信用；国家政策法规更新，如税收新政出台，企业财务内控迅速响应，调整税务管理，确保合规纳税，始终让内控贴合企业发展需求。

（五）成本效益原则

成本效益原则的核心在于权衡内部控制的实施成本与预期效益。实施成本涵盖多方面，人力成本首当其冲，为强化内控招聘专业人员、开展培训，产生薪资与培训费用；物力成本不可忽视，购置内控软件、监控设备等；还有时间成本，业务流程增设内控环节，审批步骤增多，导致业务办理时间延长。

预期效益同样丰富,有效内控可减少风险损失,严密财务内控,降低舞弊风险,防范资金挪用、虚假报表等带来的巨额损失;提升运营效率,优化流程,减少冗余环节,物料供应及时,生产协同顺畅,还能提升企业形象。投资者、客户信赖内控良好的企业,为企业赢得更多机会。设计内控措施,需精细考量两者平衡。为防库存物资被盗,企业欲安装先进的监控防盗设备,需对比安装维护成本与被盗损失预期值,若后者远低于前者,则可考虑增设安保人员巡逻等低成本、高效益措施,以适当成本实现有效控制,保障内控可持续性。

五、内部控制制度要素的设计

内部控制制度的构建通常基于五个核心要素:内部环境、风险评估、控制活动、信息与沟通、内部监督。这些要素相互作用,共同构成了一个全面的内部控制框架。

(一)内部环境

内部环境是企业实施内部控制的基础,一般包括治理架构、发展战略、人力资源政策、社会责任、公司文化、内部审计等内容。内部环境是内部控制赖以生存的土壤,是内部控制其他要素的基础,为其他要素提供约束和保障,决定内部控制的存在与发展空间;内部环境是一种氛围,塑造着企业文化,影响着企业战略和目标的制定以及风险的识别、评估和应对,影响着企业员工的控制意识,影响着企业员工实施控制活动和履行控制责任的态度、认识和行为。内部环境往往是因"企"而异的,所以内部环境的差异是造成各企业内部控制实施差异和效果差异的根本原因。

(二)风险评估

风险评估是企业及时识别、系统分析经营活动中与实现内部控制目标相关的风险、合理确定风险应对策略的行为与过程。风险评估是企业实施内部控制的重要环节和重要依据,主要包括目标设定、风险识别、风险分析和风险应对等环节。目标设定,是指企业针对各项业务活动或事项制定的控制目标,是进行风险评估的前提和基础;风险识别,是指对企业实现控制目标可能遇到或发生的各种风险进行判断、分析和确认的过程;风险分析,是指在风险识别的基础上采用定性与定量相结合的方法,对风险发生的可能性、影响程度等事项进行分析和排序,确定重点关注的风险和优先控制的风险,以便为风险应对提供依据的过程;风险应对,是指企业在风险分析的基础上结合风险承受度,权衡风险与收益,确定风险应对策略,实现对风险有效控制的过程。

(三)控制活动

控制活动是企业针对具体业务和事项,根据风险评估结果,采用相应的控制措施,将风险控制在可承受度之内的过程。控制活动是企业实施内部控制的具体方式。常用的控制措施一般包括不相容职务分离控制、授权审批控制、会计系统控制、财产保护控制、全面预算控制、运营分析控制和绩效考评控制等。企业应当根据内部控制目标,结合风险评估结果,通过手工控制与自动控制、预防性控制与检查性控制相结合的方法,综合运用控制措施,对各种业务和事项实施有效控制,将风险控制在可承受范围之内。

(四)信息与沟通

信息与沟通是企业及时、准确地收集、传递与内部控制相关的信息,确保信息在企业内部与企业外部之间进行有效沟通。信息与沟通是企业实施内部控制的重要条件。其构成要素一般包括建立信息与沟通制度、提高信息质量和有用性、及时沟通与反馈信息、利用信息技术建立信息系统、建立反舞弊机制等。信息与沟通的方式虽是灵活多样的,但无论哪种方式,都应当保证信息的真实性、及时性和有用性。

（五）内部监督

内部监督，是指企业对内部控制建立与实施情况进行监督检查，评价内部控制的有效性，发现内部控制缺陷，并及时加以改进。内部监督是实施内部控制的重要保证，是对内部控制的自我控制。内部监督一般包括对内部控制建立与实施情况的监督检查、评价内部控制的有效性、对发现的内部控制缺陷及时加以改进等。内部控制五要素之间具有相辅相成的关系：(1)内部环境是实施内部控制的重要基础。内部环境决定着内部控制的存在与发展空间，影响着内部控制其他要素的有效运行和作用发挥。(2)风险评估是实施内部控制的重要依据。风险评估帮助企业合理确定风险应对策略，为控制活动提供基础和依据。(3)控制活动是实施内部控制的重要过程。控制活动的过程是采取控制措施落实风险应对策略的过程。(4)信息与沟通是实施内部控制的重要条件。内部控制各项要素之间的联系需要通过信息与沟通完成，内部控制的实施结果也需要通过信息与沟通进行反馈和交流。(5)内部监督是实施内部控制的重要保证。内部控制所有要素都要接受内部监督的制约，实现内部控制的自我控制。

六、内部控制制度建设的思路

强化企业的内部控制，是贯彻《会计法》、提高企业的管理水平和企业竞争力的客观要求。研究和运用各种内部控制方法是企业构建和完善内部控制系统极其重要的内容。企业内部控制建设的思路包括以下几点：

（一）组织规划控制

组织规划是指针对企业的组织结构以及职务分工的合理性和有效性进行的一系列控制。企业的组织结构分为两个方面：第一是企业的治理结构，与董事会、监事会和管理层的设立有关。第二是管理部门的设置及其关系，即如何决定财务管理的广度和深度，形成集权管理、分级管理的组织模式。角色划分主要解决角色分离、不兼容的问题，企业应形成对职务的分离，也就是说，这些职务不应被一个人占据。换句话说，如果发生了错误和不良行为，这个人就可以掩盖他们自身的错误和不良行为。企业内的主要不合格职能包括授权批准、业务经办、财产保管、会计记录、审查监督。五种职能必须进行如下区分：(1)授权批准职能应与业务经办职能分离；(2)业务经办职能应和审查监督职能分离；(3)业务经办职能应和会计记录职能分离；(4)财产保管职能应和会计记录职能分离；(5)业务经办职能应和财产保管职能分离。

为了确立和改善组织规划控制，企业必须解决两个问题：

一是使一些上市公司结合实际情况设立审计委员会、价格委员会和报酬委员会。这是改善内部控制机制的有益尝试。机构设置则依据企业的特征和规模来定，所以很难找到共同的模式。设立价格委员会的企业大多是集中采购且采购价格变动较大的大型企业。这些企业设立了价格委员会，可以有效地加强采购过程中的价格监督和控制。例如，对于规模大、技术含量高、人才多、工作型工资的企业，设立报酬委员会研究管理层的参与和股票期权，可以提高报酬计划按劳分配的科学性，加强工资计划实行的透明度和监督。

二是强化职务不相容制，避免高级管理人员交叉任职。交叉任职是指董事长和总经理为一人，董事会和总经理团队重看。不论公司或者企业上市与否，这个问题依然是普遍存在的。这样交叉任命的结果使得董事会和总经理团队之间的权利和责任不明确，制约平衡的作用被削弱。交叉任命违反了内部控制的基本原则，必然造成权利和责任的暧昧，容易造成一个人操作全部业务，事实上，又是资本配置、资产处理、外商投资等存在问题的重要原因之一。究其原因，可以归因于交叉任职和董事会缺乏独立性。因此，构建内部控制结构框架，首先在组织机构和人员结构上，董事长和总经理必须分离，董事会必须与总经理团队分离，避免人员重复。

（二）授权批准控制

授权批准控制是指在处理经济业务的过程中必须通过授权和批准来控制企业的经济业务。授权批准按形式可分为一般授权和特殊授权。一般授权是指处理常规业务时的权利、条件、责任的规定，授权的时效性比较长。特殊授权是指处理特殊业务时提供的权利、条件和责任，授权的时效性一般很短。无论采用什么样的授权和批准方式，企业都必须确立明确的授权和批准制度，其中要考虑的因素有以下几点：(1)范围因素，一般来说，企业所有经营活动都应纳入其范围；(2)层级因素，根据经济活动的重要性和金额确定，为确保各管理层有权亦有责；(3)责任因素，企业必须明确授权人在投入原料时应承担的责任，因为如果发生问题的话，则很难谴责授权程序；(4)授权批准的程序，企业应制定各经济业务的审查程序，按照程序进行审查和批准，避免违反规则和违反规定的审查和批准。企业内的各级管理人员应当在授权范围内行使相应的职权，负责人也应当在授权范围内处理经济事务。

（三）会计系统控制

会计系统控制要求企业遵循《会计法》和国家统一的会计制度，制定适合自身的会计制度、会计凭证、账簿和财务会计报告处理程序，建立会计业务责任制和严格的会计控制制度。

会计系统的控制包括如下方面：(1)建立内部会计管理规范和监督制度，是明确划分权利和责任、相互制约、内部监察的要求。(2)统一的会计政策。国家制定了统一的会计制度，其中有一些是可选的，因此，根据企业的内部管理要求，统一执行制定的会计方针，统一进行会计要旨的分析和评价。本企业的会计方针可以以特殊文件的形式发布。(3)公布统一的会计事项。在实施全国统一的一级会计科目上，各企业必须根据经营管理的需要，特别是根据集团公司的需要，统一确定具体的科目，统一所属企业的会计科目，统一口径。(4)明确统一的会计凭证、会计账簿、财务会计报告的处理程序和方法。按照会计制度规定的会计原则，会计应真正向国家宏观控制和管理部门提供信息，可以向企业以外的各当事人提供信息，方便外部使用者了解财务状况和经营成果。

（四）全面预算控制

全面预算是企业财务管理的重要组成部分，是为实现公司既定目标而制定的运营、资本及财务收支的总体规划。企业在进行全面预算控制时需要审慎地对以下方面进行考量：(1)预算体系的确立，包括预算项目、预算制度和程序。(2)预算编制和审批。预算编制一般采取自下而上和自上而下相结合，即两上两下、逐级汇编的方法。预算审批是预算草案转化为预算法律文件的必经之路，是预算实施的首要环节。(3)预算指标的发布。预算指标发布是由预算编制部门草拟，经上级批准下达后，作为编制下一年度预算的主要依据发布。(4)预算执行授权和相关负责人或部门的执行。预算执行授权是授予相关企业各部门、分公司、分支机构执行预算的权利。(5)预算执行过程的监督，即全面做好预算统筹部署，进一步明确目标、压实责任、强调落实预算，督促各级预算单位尽快将预算资金细化到具体项目和使用单位。(6)预算差异分析和调整，即比较预算实际执行结果与预算目标，确定其差异额及其差异原因。若实际成果与预算标准的差异重大，企业管理当局则应审慎调查，并判定其发生原因，决定是否调整。(7)预算业绩的考核，即全面评价预算执行后的经济性和效率性。

【提示】全面预算是一个集体工作，需要企业各部门人员的配合。因此，有资格的企业设立预算委员会，指导企业的全面预算工作，确保预算的实施。

（五）财产保全控制

财产保全是指企业使其拥有或形成的资本保持完整性。企业财产保全控制包括：(1)限制直接接触。限制直接接触主要是严格限制直接接触与实物资产无关的人，只有授权人才能访问资产。

限制直接接触对象包括现金、其他流动资产和库存。(2)建立定期盘点制度。建立定期盘点制度的目的是确保资产在盘点过程中安全,其内容为:通常先检查实物项目,然后检查分类账目,避免丢失库存资产;调查库存差异,分析库存损失的原因,明确责任,完善相关制度。(3)采用记录保护。采用记录保护的目的是妥善保管企业所有文件(特别是资产、财务、会计等),规避记录损坏、被盗、报废的风险。(4)财产保险控制。财产保险控制的目的是通过对资产的投保(火灾、盗窃、责任保险或一切危险等)增加实物受损赔偿的机会,对冲相关风险。(5)财产记录监控。财产记录监控要求及时、全面记录企业的个人资产档案的制作和资产变动情况,加强所有权凭证管理,改革现行低值消费品的核销模式,减少备查簿形式,将其价值纳入财务报告体系,从而保证账实的一致性。

(六)人力资源控制

企业是经济运行的微观基础。对其来讲,人力资源要素的数量和质量、人力资源的忠诚度、向心力和创造力是企业的生命力和进步的动力。因此,充分发挥企业人力资源的积极性、主动性、创造性,充分发挥人力资源的潜力,是企业管理的中心任务。企业的人力资源管理应当包括:(1)建立严格的招聘程序,确保应聘人员符合招聘要求。(2)制定员工的工作规范,指导和评价员工的行动。(3)定期培养员工,提高业务质量,帮助员工更好地完成指定任务。(4)强化奖惩评价,定期评价员工的工作能力,明确奖惩的差别。(5)推荐为员工购买职业保险,申请商业信用保险。(6)工作岗位轮换。轮班可以定期进行,也可以不定期进行。轮岗会立即发现错误和缺陷,同时,也可以挖掘员工的潜力。

(七)风险防范控制

在市场经济环境下,面对各种风险对企业来说是家常便饭。因此,风险防范控制要求企业确立风险意识,针对每个风险控制点构建有效的风险管理系统。公司(企业)采取风险警告、风险识别、风险评估、风险报告等措施,可从整体上防范和控制财务风险和经营风险。企业风险防范的主要内容有:(1)筹资风险评估。例如,预评估过程中的监督和后评估、公司财务结构的确定、融资结构的安排、融资货币的价值和期限的设定等是估算融资成本和融资还款计划。(2)投资风险评估。企业对各种债权、股权投资要进行可行性研究,根据项目和金额确定审批权限。(3)信用风险评估。企业应制定客户信用评级指标体系,确定信用授予基准,规定客户信用审批程序,实时跟踪信用执行状况。信用活动规模大的企业可以设立独立的信用部门,管理信用活动,控制信用风险。(4)合同风险评估。企业应当制定科学的合同风险评估程序,进行准备、批准、签名、检查,采取违约措施。如果有必要的话,则可以请律师参加。风险控制是企业基本的、经常性的工作。根据需要,企业可以设立风险评估部门,专门进行相关风险的识别、预防、控制。

(八)内部报告控制

企业要建立内部报告制度,以此保障内部管理的针对性与实效性,全面反映经济活动,及时提供相关的重要信息。内部报告制度的构建应反映以下几点:体现部门管理职责,满足异常管理要求,报告方式和内容简洁易懂,统一计划,避免重复。内部报告必须根据管理层的要求来写,报告的频率和内容必须详细而简洁。一方面,高级管理者要求通常有较长的报告间隔,内容从重、从简。另一方面,报告时间短,内容力求全面详尽。企业常用的内部报告包括:(1)资金分析报告,包括资金日报、借还款进度表、贷款担保抵押表和支付计划表、银行账户和资产管理表、印章。(2)业务分析报告,包括一系列短期业务战略与战术的论证活动。(3)费用分析报告,包括可以找到影响、费用升降的各种因素,从而找到降低费用所采取的措施和途径。(4)资产分析报告,包括各类资产变动的数额和各种影响因素,从而找到增加资产所采取的措施和途径。(5)投资分析报告,包括对投资行为、投资方案、技术可行性、管理及市场、投入产出预期进行分析和选择。(6)财务分析报告,包括经营状况、资金运作的综合概括和高度反映,主要针对资产负债表、利润表、现金流量表及其附注进行分析。

(九)管理信息系统控制

管理信息系统控制包括加强电子信息系统本身的控制和构建控制系统两个方面。一方面,随着电子信息技术的发展,企业一般利用计算机进行经营管理。除了会计电算化和电子商务的发展,企业的生产经营离不开采购、销售、仓库和运输。因此,强化对管理信息系统的控制势在必行,包括系统组织和管理控制、系统开发和维护控制、文件控制、系统设备数据、程序、网络安全控制和日常应用控制。另一方面,利用电子信息技术构建控制系统降低除去内部人工控制的影响,确保内部控制的有效实施。

(十)内部监察控制

内部监察控制可被视为内部控制的特殊形式。内部监察部门作为独立机构,评价公司内经济活动和管理系统的合规性、合理性和有效性。内部监察的内容非常广泛,根据监察的目的,分为财务审计、业绩审计、管理审计。内部监察应当在公司内部保持相对独立,并与其他业务管理部门独立。也就是说,无论采用什么样的内部控制方式,企业治理结构如何构建,都必须确立董事会内部控制系统的核心地位。从董事会、股东大会和总经理的职权划分来看,我国《公司法》规定董事会在公司管理中处于核心地位。董事会负责企业内部控制的确立、完善和有效运行,原因如下:(1)对于董事会来说,确立内部控制制度是为了确保企业的有效运营,实现企业的目标,确保控制的有效性。(2)内部控制是董事会抑制管理者获得短期利润机会中的机会主义倾向,确保法律、企业的政策和董事会决议有效实施的手段。(3)确保信息质量是董事会的责任,其中内部控制和内部控制的信息流是解决信息的不对称性并确保企业会计信息的真实性和执行性的重要手段。

七、内部控制建设的方法

(一)职能分离控制建设

职能分离控制是指一个企业中的几个职位由两个以上部门或员工负责,防止或减少错误和弊端而进行的控制。企业必须建立严格的组织分工和货币资金的岗位责任制,即在制定组织机构方案和向工作人员分配工作时,都应考虑不相容职务的分离。企业应当分离的职务内容较多,一般包括以下几点:(1)经济业务的授权人和执行人必须分离。(2)经济业务的审查人和执行人应当分离。(3)经济业务的记录者和执行者必须分离。(4)资产、材料、现金的保管人必须与同一资产或关联交易的登记者和报告者分离。(5)资产管理者必须与关联交易的批准人分离。(6)交易的批准人必须与同一交易或关联资产的登记者和报告人分离。(7)总分类账与明细分类账及日记账的记录者应当分离。

【注意】从事货币资金业务的企业相关人员必须具备良好的业务素质,忠于职务,诚实守信,遵守法律法规,不断提高会计业务的质量和企业相关人员的职业道德,定期交替工作。

【提示】企业必须明确相关部门和岗位的职责和权限,明确分离、限制、监督货币资金交易的不相容职位,实行现金、会计、印章管理责任制。

(二)程序和手续控制建设

企业从事各种业务活动,应该按照业务规则建立管理程序制度。财务内部控制的目的是规范该审查程序,减少不必要的费用,明确与各种业务相关的以及其他业务内部控制的薄弱环节。例如,货币资金收入应取得完全或合法、合理的原始凭证,经审查批准后,作为编制和备案会计凭证的依据。对于现金收入,如果企业配有收银机,收款员应于每天营业结束后在专门人员的监督下将当天营业额中应有的现钞收入数同收银机自动记录的累计数相核对,并填制收款单,连同现金收银机上自动打印的纸带交记账员登记现金日记账。

如果发现现钞收入数同收银机记录的累计数不一致,收款人员则应对差异进行调查。一般单位,应由营业人员开具一式三联的发票或收据,收款人员收款时,应仔细核对营业人员开给顾客的销售发票或收据的金额与交来的现钞金额是否一致,收款并加盖戳记后,将第三联留下,其余两联中,一联交由顾客留存,另一联编制营业日报。收款人员根据留存的第三联编制收款日报,营业日报与收款日报应核对一致,其中,营业日报作为记录营业收入的依据,收款日报作为记录现金日记账的依据。

(三) 现金收支审批权控制建设

企业应当建立严格的现金收支审批制度,明确货币资金业务审查员的授权审查方式权限、程序、职责和相关控制措施,明确职责的权限范围、货币资金交易处理人的责任、工作要求。"一支笔审批制度"是我国部分企业在财务费用审查中实施的制度,强调企业的现金支出必须由一个人承认或授权。围绕企业的整体经营目标,为了有序实施书面审查和批准制度,对于巨额现金收支,无论在日常生活中还是在特殊情况下,一支笔审批的权限亦需进行明确的分割,而后将分割后的权限合理分配至各领导和职能部门,各部门应当分级运用,相互制约,但对于每一细分权限的行使都应有必要的监控。这样做虽在一定程度上起到相互制约的作用,但各细分权限的行使仍需强化监督。因此,本企业围绕各重要货币资金收支业务,精心构建了系统的内部控制程序,并精准设定了关键控制点。尤为关键的是,各控制点均由三个及以上的独立岗位协同把关,涵盖业务办理岗位、合规审查岗位、金额准确性复核岗位以及流程监督岗位,各岗位权责明晰,其使用权利与承担的责任均受到严格限定,以此全方位保障货币资金收支业务规范、有序运行。每个控制点在上述独立的位置上独立地执行,并且可以移动到下一个控制点。这样,审批权限、额度制度、控制流程和岗位互相牵制作用的控制点相互协调,形成相对严密的企业的货币资金的内部控制系统。

(四) 预算控制建设

控制企业的货币资金预算的目的是帮助企业通过投资或现金利用预算获得最大利益。预算控制的主要方法是预测企业的货币资金收支情况,编制货币资金预算。企业通过编制更详细、相对长期的现金收支和货币资本预算,可以计划预测收入和必要的现金支出。例如,如果企业现有闲置资金投资运营,就可以正确计划。又如,对于企业贷款,也要充分预算资金的使用、所需的金额多少和使用时间。在实施过程中,调整现金资本预算有利于企业在参加预算前保持现金资本和支出平衡,控制现金资金的来源和使用,使企业在预算期间维持合理的货币资金余额。为了更有效地控制现金业务,现金预算和现金业务会计必须分开。现金预算编制完成后,财务经理必须认真监督预算执行情况,定期比较分析业务过程中的实际现金收支结果和预算。如果有很大差异的话,则需要调查实际的现金收入和支出。

八、内部控制制度的设计步骤

内部控制制度对企业保障资产安全、提升经营效率以及确保财务信息真实、可靠等意义重大。内部控制制度的设计步骤如下:

(一) 确定内部控制目标

一方面,以战略目标为导向,依据企业整体战略规划,明确内部控制助力企业达成的长期发展走向,比如,企业进入新兴市场后,内部控制需聚焦于风险管控、保障业务拓展资金流稳定等战略落地必备的控制要点。另一方面,设定合规目标,仔细梳理国家法律法规与行业监管要求,像上市公司就得严格满足证券监管部门对信息披露的规范,让内部控制推动企业经营活动合法合规,规避法律风险引发的损失,此外,还需细化运营目标,针对企业日常的生产、销售、采购等运营流程,设立如优化库存周转率、降低采购成本偏差率、提高订单交付及时率这类具体且能够衡量的控制目标,保障运营流畅、高效。

（二）评估风险

第一步为风险识别,全面排查企业内外部的风险源。内部风险包含人员素质不一、关键岗位人员流失、流程存在漏洞等;外部风险涵盖市场需求突然变化、竞争对手推出新技术带来冲击、政策法规调整产生的不利影响等,在此基础上建立风险清单。第二步进行风险分析,衡量识别出的风险发生的可能性与潜在影响程度,采用定性（例如,运用专家打分法判断风险的严重级别）与定量（像利用概率模型测算财务损失范围）相结合的方法,区分出高、中、低风险等级,从而聚焦关键风险,重点防控。

（三）设计控制措施

一是预防性控制。在业务流程前端设立关卡,以采购环节为例,通过对供应商的资质预审,严格筛选,防止与不良供应商合作,引发质量、交货期等问题;财务报销前实施费用标准审核,杜绝超支浪费现象。二是检测性控制。在流程进行中或结束后及时察觉偏差,例如,定期盘点库存,核实账实是否一致;对于月度财务报表分析,核查数据有无异常波动,便于快速找准问题根源并纠错。三是纠正性控制。一旦出现风险事件或控制失效状况,立即开展补救行动,如发现应收账款逾期,迅速启动催收流程,同时调整信用政策;产品质量不合格时,及时召回、返工,追溯生产环节责任人并要求整改。

（四）构建内部控制架构

一方面,适配组织架构,依据控制需求,合理安排内部监督部门（诸如审计委员会、风控部）的层级与权限,保证其独立性与权威性,使其能切实监督各业务部门的执行控制情况,同时清晰界定业务部门自身的内控职责,从高层管理者到一线员工层层压实内控任务。另一方面,完善制度流程,将控制措施融入详细的业务流程手册,规范操作步骤,像销售合同签订流程,明确从客户洽谈、条款拟定、审批权限到合同归档各个环节的标准动作与控制要点,并且配套制定违规处理制度,强化制度的刚性约束。

（五）实施与培训

先试点推行,挑选部分有代表性的业务单元或项目,率先试运行新内控体系,观察控制措施落地的可行性,收集一线反馈,提前化解制度与实际"水土不服"的难题,比如,若存在复杂的审批流程阻碍业务效率的情况,就要及时简化;然后开展全员培训,面向全体员工普及内控知识与操作技能,让员工知晓为何控制、怎样执行控制,特别是关键岗位人员,要使其熟练掌握核心控制流程,提升内控执行意识与能力,保障内控有效落实。

（六）监督与评价

持续监督不可或缺,内部审计部门定期巡检内控执行轨迹,业务部门日常自查自纠,借助信息化系统实时监控关键指标（如资金流向、成本变动）,及时捕捉异常信号预警风险。同时,周期性（年度或半年度）对内控整体有效性展开全面评价,参考风险管控效果、目标达成情况、制度遵循程度等维度打分评级,向管理层汇报结果,依据评价结论有针对性地优化内控设计,开启新一轮改进循环。

【学思践悟】　　　　　汲取时代智慧,筑牢企业内控根基

内部控制在当今时代企业发展进程中具有关键意义与战略价值。党的二十大着重聚焦高质量发展、风险防控等核心议题,这与内部控制保障企业稳健前行、助力战略目标达成的宗旨不谋而合。回顾内部控制的发展轨迹,从萌芽起步时应对简单的生产经营需求,到发展扩张期适配企业规模化、多元化发展,再到成熟完善阶段全方位守护企业运营,其始终紧贴经济社会演进脉络,为企业筑牢发展根基。当下,各类企业置身于复杂多变、充满挑战的市场环境,必须将内部控制深度融入企

业运营的决策、执行与监督各个环节,坚定不移地遵循全面性、重要性、制衡性、适应性以及成本效益等原则。以科技创新企业为例,研发创新作为核心驱动力,在研发投入决策环节,需借助严谨的市场调研、技术可行性分析等内控流程,确保资源精准投放;在执行过程中,严格把控经费流向、进度跟踪,保障项目有序推进;监督层面,实时审视项目成效、潜在风险,及时调整策略。传统制造业则聚焦成本控制、质量提升等关键领域强化内控,从原材料采购的供应商筛选、价格谈判,到生产流程的工艺优化、质量检测,再到售后的客户反馈、款项回收,各环节依循内控标准精细运作。如此,不同行业企业依据自身特性,精准发力,强化内控体系建设,切实提升风险抵御能力,向着高质量发展稳步迈进。

【悟有所得】

内部控制是企业稳健发展的中流砥柱。理论层面,内部控制构建起多维度防护网,守护企业资产安全,杜绝内部舞弊与外部侵害;优化运营流程,消除冗余,提升效率,让企业各环节紧密协同;保障财务信息如实反映经营状况,为管理层决策、投资者判断提供可靠依据;同时确保企业经营活动合法合规,规避法律风险。实践层面,企业需量体裁衣,依据自身规模、业务范畴、竞争格局等要素精心雕琢内控体系。小型企业精简架构,突出重点,集中资源管控关键业务流程,降低运营成本;大中型企业全面布局,依托先进的信息技术,打造精细化、智能化内控体系,全方位覆盖各类业务场景。更为重要的是,党的会议倡导的创新、协调、绿色、开放、共享发展理念为内控建设注入全新活力。在创新维度,鼓励企业探索新兴内控技术与方法,如利用大数据分析精准识别风险、区块链技术保障信息不可篡改;协调层面,打破部门壁垒,促使财务、业务、法务等多部门在内控实施中协同联动;绿色理念引导企业将环保要求融入内控流程,从节能减排项目投资决策到生产环节环保标准执行监控;开放思维推动企业对标国际先进的内控实践,汲取精华;共享层面,构建企业内控知识共享平台,提升全员内控素养。此外,持之以恒的监督与评价赋予内控体系持久生命力,周期性回溯内控执行成效,查漏补缺,优化升级,保障内控体系与企业发展同频共振,助力企业在激烈的市场竞争中披荆斩棘,书写辉煌篇章,实现经济效益与社会效益双丰收。

第二节　货币资金业务内部控制制度的设计

一、货币资金业务内部控制的基本要求

(一)依据业务特性构建内控框架

对于业务多元且资金往来频繁的制造业企业而言,从原材料采购的资金支出到产品销售后的资金回笼,再到员工薪酬、税费缴纳等常规性资金流出,每一个环节都涉及货币资金的流动。鉴于此,企业务必依据自身复杂的业务流程,科学、合理地划分岗位。出纳岗位专注于现金收付与银行存款收支的实际操作,严格遵循既定流程执行每一笔资金往来;会计岗位凭借专业知识,依据原始凭证进行精准的账务记录,如实反映资金动态;稽核岗位则扮演着"把关人"的角色,对每一项货币资金业务进行细致入微的审核,确保业务合规、资料完备。如此一来,三个岗位相互协作又彼此制衡,形成一道严密的内部控制防线,有效规避因岗位权限混淆可能引发的财务风险。

考虑到企业运营过程中与外部供应商、客户以及金融机构等建立的广泛联系,构建清晰、明确的授权审批流程成为必然之举。针对不同额度的资金支出,设立与之适配的审批层级。小额资金支出,通常由熟悉业务细节的部门主管负责审批,他们能够基于日常业务经验判断支出的合理性;中等额度资金支出则交由具备深厚的财务专业知识的财务经理核准,从财务规范角度把关;而大额资金流动,往往关乎企业战略布局或重大投资,须由拥有宏观视野的高层领导拍板决策。并且,整

个审批流程需全程留痕，以书面记录或电子文档形式详细保存每一个审批环节的信息，这不仅便于后续追溯责任，更是企业规范管理、合规运营的有力证据。

(二) 严守法规制度红线

现金管理条例作为企业现金收支操作的基本准则，企业必须严格遵循，依据日常运营中的现金使用规律与需求，精准核定库存现金限额。例如，通过对过往数月现金收支数据的分析，结合业务淡旺季波动情况，合理设定库存现金限额。一旦现金持有量接近或超出限额，出纳应立即启动缴存程序，将超额部分及时、足额缴存银行，杜绝违规坐支现金行为的发生，确保现金管理合法合规。

在银行结算业务方面，企业要依据不同业务性质审慎选择结算方式。对于采购大型设备这类资金量大、付款周期相对较长的业务，优先选用银行承兑汇票结算方式。一方面，银行承兑汇票依托银行信用背书，极大地保障了资金支付安全；另一方面，其具有一定期限的特点，企业可在汇票到期前合理安排资金，有效缓解资金周转压力，充分发挥金融工具在企业资金管理中的优势，同时确保结算过程严格符合银行相关规定。

(三) 强化内部牵制机制

钱账分管原则是内部控制的核心要点之一，出纳与会计人员的工作职责必须泾渭分明，严禁出现交叉或混淆。出纳负责登记的现金日记账应按业务发生顺序逐笔翔实记录，每日下班前进行盘点，确保账实一致；会计掌管的总账则从宏观层面汇总反映企业资金全貌。二者定期核对，通过账账核对及时发现并纠正可能存在的记账差错或资金异常，确保财务数据的准确性与可靠性。例如，每月末双方共同参与库存现金盘点工作，对照日记账余额与实际库存现金数量，如有差异，即刻启动差异追查程序，依据原始凭证、业务记录等资料溯源，直至查明原因并妥善处理。

银行印鉴分开保管是防范资金风险的关键举措。企业财务专用章作为企业资金支付的重要凭证之一，由财务经理妥善保管，其凭借专业素养与管理职责确保印章使用的审慎性；法人私章交由专人负责，在支付款项环节，必须双人同时盖章确认，任何一方单独操作都无法完成支付流程，以此有效防止印章被滥用，杜绝不法分子通过伪造印章骗取企业资金的风险。

(四) 精细资金盘点流程

出纳岗位每日的基础工作之一便是按业务发生顺序逐笔登记现金日记账，做到日清月结。每一笔现金收支都应在当日记录完毕，下班前进行全面盘点，核对现金实际库存与日记账余额，确保二者完全相符。这不仅是对当日工作的细致收尾，更是保障资金安全的关键环节。任何细微差异都可能预示着潜在风险，企业需及时排查。

财务部门肩负着更宏观层面的资金监管职责，每月至少组织一次全面现金盘点工作，由主管会计牵头，会同审计人员组成盘点小组，采取突击检查方式，确保盘点结果真实反映资金实际状况。盘点过程详细记录每一张钞票的面额、数量、券别等信息，将盘点结果与现金日记账、总账余额进行交叉核对，深入分析差异产生的原因。无论是记账差错、现金遗失还是其他异常情况，都必须一查到底，确保企业资金安全无虞。同时，每月定期与银行对账，获取银行对账单后，由非出纳人员严格按照规范流程编制银行存款余额调节表，仔细核实每一笔未达账项，防范出纳私自窜改账目或隐匿资金流动信息，确保企业银行存款账目清晰、准确。

二、货币资金收入业务的内部控制

(一) 严密把控银行收款环节

在企业产品销售过程中，当客户选择通过银行转账支付货款时，销售部门与财务部门之间的高效协作至关重要。销售部门一旦完成发货，应立即将销售合同、发货单等关键业务资料传递给财务部门。财务人员凭借专业知识与严谨的态度，依据合同条款仔细核对收款信息，包括付款方名称、金额、付款用途等是否与合同约定一致。企业在确认款项准确无误到账后,严格按照税务规定及时开具发票并入账,确保销售收入及时、准确确认,资金快速、合规入账,保障企业资金流的顺畅与财务数据的真实性。例如,企业与某长期合作的大客户签订了详细的供货合同,每次发货后,销售部门第一时间向财务报备发货详情,财务人员则紧盯银行账户动态,款项一旦到账,迅速启动发票开具与账务处理流程,确保整个收款流程高效、无误。

(二)严格管控现金收入流程

针对企业日常运营中产生的小额现金收入业务,如小额配件销售、废品处理等,为确保资金安全与账务准确,企业应设立专门的收款流程。在企业厂区门口等便于客户交款的位置设立独立收款室,采用统一格式的收款票据,票据设计为一式三联,具备复写功能,确保每一笔收款信息在三联票据上同步记录。在客户付款后,收款员在票据上加盖收款专用章,留存一联作为收款室记账凭证,交给客户一联作为付款凭证,另一联则必须及时、完整地交至财务部门记账。这样,通过票据联次的设计与传递,实现了收款信息在收款室与财务部门之间的同步共享,有效避免了现金收入截留、挪用等风险。

此外,在企业内部车间领用原材料环节,为强化资金管控、避免赊销风险,企业可采用"先款后货"的管理模式。车间人员需填制规范的领料单,并携带足额现金到财务部门交款,财务人员收款并在领料单上加盖收款确认章后,领料单方可交至仓库发货。通过这种资金与物资流动的同步管控机制,确保了原材料领用环节资金的及时回笼,降低了企业资金风险,同时也规范了内部物资领用流程。

三、货币资金支出业务的内部控制

(一)审慎监管采购付款流程

采购部门作为企业物资采购的核心执行部门,在提交付款申请时,必须提供详尽、完备的业务资料。一份完整的付款申请应附详细的采购合同,明确采购物资的规格、数量、价格、交货期限等关键条款;供应商开具的正规发票,作为税务抵扣与财务记账的依据;以及由专业验收人员出具的验收报告,证实采购物资的质量、数量等均符合合同约定,经部门负责人对业务真实性、资料完整性进行初步审核签字后,转至财务部门。财务人员凭借专业财务知识,依次仔细核对合同条款执行情况、发票真伪鉴别、验收情况核实,确认无误后按既定的审批权限逐级上报审批。审批通过后,出纳严格依据审批结果通过银行转账方式支付款项,确保每一笔采购资金支付合理、合规,保障企业采购业务健康有序开展。例如,企业采购一批关键零部件用于生产,采购部门在前期严格审核供应商资质、产品质量,确保采购源头可靠;财务部门在付款环节层层把关,从合同、发票到验收报告逐一核对,最终确保资金安全支付,为企业生产运营提供有力保障。

(二)严谨把控工资发放环节

每月初,人力资源部门依据员工考勤记录、绩效考评结果等关键数据编制工资表。考勤记录反映员工出勤情况,是核算基本工资的重要依据;绩效考评结果则关联员工绩效工资、奖金等浮动薪酬部分。编制完成的工资表经部门负责人、分管领导双重审核,确保工资核算公平、合理、准确无误后,交至财务部门。财务人员从财务专业角度复核工资计算的准确性,包括各项税费、社保代扣款项的合规性计算,确保工资发放数据准确无误。随后,企业可根据自身实际情况选择提取现金发放或委托银行代发工资。代发模式下,财务部门提前与合作银行充分沟通,确保银行系统准确接收工资发放数据,按时、足额将工资发放到员工账户,同时留存详细的工资发放明细以备后续查询、审计之需,保障员工权益与企业财务管理规范。

(三)规范管理借款支出流程

员工因出差、业务拓展等工作需要申请借款时,需填写规范、统一的借款单。借款单应详细注明借款事由,阐述借款必要性与用途详情;明确借款金额,精确到最小货币单位;预估还款日期,以便财务部门合理安排资金。经所在部门负责人同意,从业务合理性角度把关;财务主管审批,从财务风险与资金安排角度考量后,出纳依据审批结果支付现金或通过银行转账方式将借款发放给员工。借款归还时,员工持合规报销凭证,按既定审批流程报销冲账,财务部门根据报销实际情况进行多退少补操作,并及时销账,避免借款长期挂账,确保企业资金往来清晰、规范。

四、货币资金业务内部控制的监督检查制度

(一)强化内部审计监督效能

企业设立独立且具有权威性的审计部门,每季度对货币资金业务开展专项审计工作。审计内容全面覆盖货币资金业务涉及的各个关键领域,包括岗位设置合理性评估,判断岗位分工是否严格遵循不相容职务分离原则,是否存在潜在风险隐患;授权审批执行情况审查,核实各级审批人员是否严格按照既定权限与流程审批资金业务,有无越权审批行为;资金收支合规性检查,依据法律法规、企业财务制度核查每一笔资金收支是否合法合规;票据印章管理审计,确保票据购买、领用、保管手续健全,印章分开保管且使用规范,防范票据印章管理漏洞引发的风险。审计人员通过查阅大量凭证、账簿、合同等原始资料,实地盘点现金库存,深入调查银行账户资金往来等多种专业审计手段,全面排查货币资金业务中的风险隐患,出具详尽的审计报告,并持续跟踪整改落实情况,确保审计发现的问题得到有效解决,不断完善企业货币资金内部控制体系。

(二)落实日常自查自纠机制

财务部门作为货币资金业务的直接管理部门,每日结账后,由主管会计对当日货币资金业务进行全面自查,主要核对现金日记账、银行存款日记账与记账凭证是否一致,确保每一笔资金收支记录准确无误;检查票据使用是否规范,包括票据开具是否合规、背书是否完整、作废票据处理是否得当等;印章保管是否安全,核实印章是否按规定存放、使用是否有严格登记等。一旦发现问题,立即启动整改程序,当场纠正或制订整改计划限期整改,确保账务处理准确、资金管理规范,将风险隐患扼杀在萌芽状态。

(三)激发员工举报监督活力

企业积极营造良好的内部控制文化氛围,设立便捷、保密的举报邮箱与电话,鼓励全体员工对发现的货币资金舞弊、违规行为进行勇敢举报。对举报内容严格保密,安排专人负责受理、调查举报事项,一经查实,给予举报人适当奖励,表彰其维护企业利益的正义之举;对违规人员严肃惩处,依据违规情节轻重给予相应的纪律处分、经济处罚甚至法律追究,绝不姑息迁就,以此营造风清气正的内控环境,让货币资金内部控制体系在全员参与下更加稳固、高效。

【学中做 8-1】 ABC 制造企业货币资金内控:风险、改进与监督协同

ABC 制造企业是一家中等规模的生产型公司,主要生产电子产品零部件,业务涵盖原材料采购、产品加工与销售,与多家供应商及客户建立了长期合作关系。随着企业规模逐渐扩大,管理层意识到货币资金管理的复杂性日益增加,亟须建立完善的内部控制制度以保障资金安全,提升运营效率。

精析学中做

(1)采购付款环节的波折

有一次,采购部门为了赶一批紧急订单,匆忙与一家新供应商签订了采购合同,购买一批关键原材料。在提交付款申请时,由于时间紧迫,采购人员只附上了简单的合同摘要,未携带正规发票

与验收报告,便直接提交给财务部门要求尽快付款。财务主管王会计收到付款申请后,立刻警觉起来。他深知完整的付款流程对于企业资金安全至关重要,于是按照公司既定的内部控制制度,拒绝了这笔付款申请,并告知采购部门需补齐所有资料。采购人员虽有些着急,但也明白制度不可违背,赶忙联系供应商索要发票,并组织内部验收人员对原材料进行检验,出具验收报告。

最终,在完善了所有资料,且经过财务人员仔细核对合同条款执行情况、发票真伪鉴别、验收情况核实,并按层级审批通过后,出纳才通过银行转账支付了款项。这批原材料按时投入生产,产品也顺利交付客户,避免了因付款环节疏忽可能导致的资金损失与生产延误。

(2)现金收入管理的改进

ABC企业厂区内原本有多个零散的现金收款点,用于小额配件销售、废品处理等业务,这导致现金收入管理混乱,时常出现账目不清、现金截留的情况。为解决这一问题,企业管理层决定依据内部控制要求进行整改。他们在厂区门口设立了独立收款室,统一采用规范的三联式收款票据。收款员小李经过专业培训后上岗,严格按照流程操作。一天,一位客户前来购买少量配件,支付现金后,小李迅速在票据上加盖收款专用章,将客户联交给客户,留存记账联,并及时将财务联完整交至财务部门。财务人员根据票据信息及时入账,账目变得清晰明了。同时,在车间领用原材料方面,企业推行"先款后货"模式。车间工人小张有一次急需领用一批原材料,提前填写好领料单,带上足额现金到财务部门交款。在财务人员收款盖章后,小张顺利从仓库领走原材料,资金及时回笼,企业资金风险有效降低。

(3)内部审计与自查自纠显成效

ABC企业设立了内部审计部门,每季度雷打不动地对货币资金业务进行专项审计。在一次审计中,审计人员发现银行存款日记账与对账单存在几处未达账项,且出纳在票据使用上存在一些不规范记录,如背书信息填写不全。审计部门迅速展开深入调查,一方面查阅大量凭证、账簿、合同等原始资料,另一方面实地盘点现金库存,与银行沟通核实资金往来详情。与此同时,财务部门每日结账后的自查自纠工作也发挥了作用。主管会计赵姐在日常自查中也察觉到近期现金日记账与记账凭证偶尔出现不一致的情况。她顺着线索仔细排查,发现是新入职的出纳小王在记录时粗心所致。企业针对这些问题立即采取整改措施。审计部门出具详细的审计报告,提出整改建议,并持续跟踪落实情况;财务部门对小王进行培训,强调严谨记账的重要性,并完善了票据使用规范培训机制。通过内部审计与自查自纠的双重保障,企业货币资金内部控制体系不断完善,资金管理越发稳健。

请问:(1)在采购付款环节,若财务部门未严格遵循内部控制制度,直接支付了款项,则可能会面临哪些风险?(2)ABC企业对现金收入管理进行整改后,独立收款室与"先款后货"模式分别为企业带来了哪些好处?(3)从ABC企业的内部审计与自查自纠实践来看,这两种监督方式是如何协同保障货币资金内部控制有效性的?

第三节 采购业务内部控制制度的设计

一、采购业务内部控制的基本要求

(一)采购业务的环节

采购业务作为企业生产经营循环的起始阶段,围绕购买材料、商品等物资所展开的经济活动,通常可细分为五个关键环节:

(1)请购与审批环节。物资需求部门依据实际生产运营需求,精准识别物资缺口,向拥有特定请购权的部门提交采购申请。拥有请购权的部门结合企业当前的生产计划、既定采购预算,对每一份采购申请进行细致入微的审核。

(2)询价与确定供应商环节。采购部门接到请购指令后,迅速组织专业采购员奔赴市场前沿,展开广泛而深入的询价行动。

(3)签订购货合同或订货单环节。一旦供应商选定,采购部门便肩负起统筹协调的重任,依据各用料部门提交的购货申请,精心制订详细周全的供应计划,并迅速与供货单位建立紧密联系,开启合同签订流程。

(4)验收入库环节。这是采购业务的重要步骤,包括验收和入库两个环节。为确保采购安全,无论是采用提货制还是发货制,所购材料或商品运抵企业后,都必须根据规定的验收制度和经批准的订单、合同等采购文件,由独立的验收部门或指定专人对所购物品的品种、规格、数量、质量和其他相关内容进行验收,并出具检验、计量等验收证明。对验收过程中发现的异常情况,负责验收的部门或人员应当立即向有关部门报告,有关部门应当查明原因,及时处理。

(5)结算支付货款环节。企业财会部门在办理付款业务时应当对采购合同约定的付款条件以及采购发票、结算凭证、检验报告、计量报告等相关凭证的真实性、完整性、合法性及合规性进行严格审核,对于不符合规定要求的采购事项,应推迟或拒绝付款。

(二)采购业务内部控制的核心要求

鉴于采购业务涉及采购部门、仓库以及财会部门等,多部门联动,各部门人员分别肩负着货物购买、验收以及款项结算等关键职责,因此,企业设计采购业务内部控制制度时必须聚焦解决这些部门及其人员之间的协同作战与相互制衡问题,使其满足以下基本要求:

(1)推行分权制衡与机构独立管控模式。企业将采购业务全流程进行精细拆解,把预算、请购、审批、采购、验收、审核、付款、记账等关键工作环节分别交由专业的预算与审批部门、专职采购机构或经验丰富的采购人员、训练有素的专职保管人员以及财会机构的专业人员。他们各司其职、独立完成。

(2)强化审批与稽核双重保障机制,建立一套严苛且规范的审批制度。任何材料或商品的采购行动,都必须事先获得采购部门负责人的审慎批准,采购员只能严格按照批准后的品种、数量及质量要求开展采购工作,绝不容许擅作主张。

(3)落实授权管控与职责明晰机制。企业依据员工的专业能力与岗位特性,为采购员、保管员、记账员和出纳员等关键岗位人员精准划定各自的授权范围。采购员按审批通过的购进计划,准时、保量且保质完成采购任务;保管员则对所购物品的数量、质量等进行严格、细致的验收,确认无误后才办理入库手续;记账员依据真实、可靠的原始凭证精心编制付款凭证,精确计算材料或商品的采购成本,如实记录企业资金与物资的流动轨迹;出纳人员依据财会主管审批后的付款凭证,向供货单位安全、高效地支付货款,确保资金流向清晰、合法。

二、采购业务内部控制的具体方式

基于采购业务的五大环节以及所涉及的多元职能部门和人员架构,企业应当因地制宜、有的放矢地采用以下具体方式,精心雕琢采购业务内部控制制度:

(1)启用"请购单",夯实申请根基。企业内部各部门在物资需求萌生之际,或是仓库敏锐察觉某种货物储备量已逼近最低警戒线,急需补给之时,统一通过填写规范、严谨的"请购单"来启动采购流程。"请购单"承载着关键信息,详细注明需求部门、请购部门、请购材料名称、规格、数量、质量标准、要求到货日期及用途等核心内容,为后续采购行动提供精准指引。"请购单"一般采用两联复写设计,供应部门依据请购单办理订货手续后,会及时将其中一联退回请购部门,既作为答复,又便于请购部门跟踪采购进度。

（2）签订"订货单"，规范采购路径。在企业采购活动中，除少数零星物品采购可依据实际需求灵活安排、随时办理外，对于大宗购买业务，务必通过签订严谨、规范的合同并配套使用订货单制度。订货单通常依据实际场景，采用三联复写形式，其中一联送交供货单位，催促其按时发货；一联转交仓库保管部门，作为核收物品时与发票核对的关键依据，确保入库物资准确无误；一联则作为采购部门留作存根，归档保存，以便后续对订货与到货情况进行深入查对、精细分析。

（3）填制入库单，严守验收关卡。采购部门采购的各类材料物品，必须第一时间送往仓库。验收人员对照销货单位的发货票和购货订单等关键文件，对每一种货物的品名、规格、数量、质量等关键指标进行逐一查验，只有在确保所有信息精准无误、完全相符的基础上才会郑重填制"入库单"（或收料单）。"入库单"一联留存仓库，登记仓库台账，实时更新库存信息；一联退回采购部门，助力其进行业务核算，复盘采购成效；一联留存会计部门，为财务记账提供关键依据。

（4）强化审查体系，筑牢财务防线。对购货业务所涉及的各类凭证进行严格审查，可确保采购业务合法合规。财会部门精心编制付款凭证，由出纳人员依据付款凭证，严格按照货币资金支出业务的内部控制要求与规范流程，安全、高效地结算支付货款，实现采购业务与货币资金支出业务内部控制的无缝对接与协同联动。

值得一提的是，当企业采用赊账方式购入货物时，意味着企业背负了债务，债务结算业务随之应运而生，对此必须强化管控，具体而言：（1）选派专业能力强、责任心重的专人专职负责登记应付账款明细账，充分发挥账簿的精准管控作用。（2）安排经验丰富的稽核人员定期与供货单位（债权人）进行账目核对，及时发现并精准定位可能存在的问题。（3）严格遵循双方事先约定的还款条件，及时、足额清理债务。（4）强化总分类账对应付账款明细账的管控力度，通过定期核对、数据分析等手段，确保账账相符。

三、采购业务内部控制的监督与评价机制

（一）内部审计定期巡检

企业内部审计部门每季度或半年对采购业务内部控制执行情况进行全面审计，审计内容涵盖上述各个关键环节，通过查阅合同文件、采购记录、验收报告、财务凭证等原始资料，实地走访供应商、仓库等业务现场，深入排查内部控制漏洞与风险隐患，出具详细的审计报告并提出整改建议，跟踪整改落实情况，确保内控体系持续有效运行。

（二）部门自查与互评

采购部门定期开展自查自纠工作，回顾总结采购流程执行情况，主动查找问题并及时整改；同时，组织财务、仓储、使用等相关部门对采购部门工作进行互评，从不同视角反馈采购业务存在的问题，促进采购部门持续优化工作流程、提升服务质量，形成内部监督合力。

（三）绩效指标量化考核

采购业务部门应建立科学、合理的采购业务绩效评价指标体系，如采购成本节约率、物资质量合格率、供应商按时交货率、采购订单处理周期等，定期（月度或季度）对采购部门及相关人员进行量化考核，依据考核结果实施奖惩激励，将内部控制执行效果与员工绩效挂钩，激发员工落实内控要求的积极性与主动性，推动采购业务内部控制制度不断完善。

第四节　销售业务内部控制制度的设计

一、销售业务内部控制的目标

（一）保障销售收入的真实性与准确性

确保每一笔销售交易都如实记录，杜绝虚报、瞒报销售额的现象，使财务报表精准反映企业经营成果，为管理层决策、投资者判断提供可靠依据。这就要求从销售合同签订、货物发运到款项收取的全过程，都有清晰、可追溯的账务处理流程，防止因人为操纵或流程漏洞导致收入数据失真。

（二）提升客户满意度与忠诚度

通过优化销售流程，提供优质产品与服务，满足客户多样化需求，及时响应客户反馈，塑造良好的品牌形象，例如，建立客户投诉快速处理机制，对客户提出的问题在规定时间内给予有效解决方案，增强客户对企业的信任与依赖，促进长期合作，为企业带来稳定客源与口碑传播。

（三）强化应收账款管理

合理控制应收账款规模，加速资金回笼，降低坏账风险；依据客户信用状况制定差异化信用政策，对信用良好的客户给予适度赊销期限，对信用不佳的客户严格控制交易方式；定期对应收账款进行账龄分析，及时催收逾期款项，确保企业资金链顺畅、财务状况稳健。

（四）确保销售业务合规合法

严格遵循国家法律法规、行业规范以及企业内部规章制度，在广告宣传、合同签订、价格制定、销售渠道选择等方面杜绝不正当竞争、商业欺诈、违规促销等行为，维护企业的合法经营地位与市场公平秩序。

二、销售业务内部控制的关键节点与管控举措

（一）销售订单处理与合同签订控制

(1)规范销售订单受理流程。销售人员接到客户订单后首先对订单信息进行初步审核，包括产品规格、数量、需求时间等是否明确、合理，客户基本信息是否完整、准确。对于不符合要求的订单，及时与客户沟通澄清或退回修改，确保后续业务处理顺畅。

(2)严谨的合同签订管理。对于重大销售业务或涉及复杂交易条款的订单，必须签订书面销售合同。合同起草由法务、销售、财务等多部门协同完成，确保合同条款涵盖产品描述、价格、交货方式与期限、质量标准与验收方法、付款条件与结算方式、违约责任与争议解决等关键内容，清晰界定双方的权利和义务，防范合同风险。合同签订前，经内部法务部门严格审核，确保合法合规；由销售部门负责人与财务部门依据企业战略、成本利润目标等审核交易可行性与收益性，多重把关后签字盖章生效。

（二）发货与物流配送控制

(1)发货指令精准下达。销售部门依据审核通过的销售订单或合同，及时向仓储部门下达发货指令，发货指令明确发货产品明细、数量、收货地址、联系人等关键信息，仓储部门核对无误后安排发货，避免错发、漏发。

(2)物流合作伙伴选择与管理。建立物流供应商评估体系，从物流成本、配送时效、货物安全性、服务质量等维度定期评估筛选，选定优质物流商，建立长期合作关系；实时跟踪物流配送进度，与物流商保持密切沟通，对出现的延误、破损等问题及时协调解决，确保货物按时、完好送达客户手中。

（三）销售收款控制

（1）严格收款流程管理。财务部门依据销售合同约定的付款条件，提前与客户沟通款项支付事宜，明确收款时间、方式等细节；收到款项后，及时核对款项来源、金额与合同一致性，确保收款准确无误，并在财务系统中规范记账，反映资金流入情况。

（2）应收账款跟踪催收。设立专人负责应收账款管理，定期编制应收账款账龄分析表，对即将到期款项提前预警提醒客户支付；对逾期款项，分析原因，采取电话催收、函证催收、上门催收等递进式催收策略，必要时借助法律手段维护企业权益，降低坏账损失。

（四）客户关系管理控制

（1）客户信息收集与建档。销售部门在业务拓展过程中全面收集客户的基本信息，如企业名称、联系人、联系方式、经营范围、信用状况等，以及交易历史信息，包括购买产品、金额、付款情况等，建立详细的客户档案，并及时更新维护，为客户分类管理、精准营销、信用评估提供数据支撑。

（2）客户反馈处理机制。建立多渠道客户反馈收集平台，如客服热线、在线客服、问卷调查等，对客户反馈的产品质量、服务满意度、改进建议等问题及时分类整理，传递至相关部门处理，并将处理结果及时反馈给客户，形成闭环管理，提升客户体验。

三、销售业务内部控制的监督与评估机制

（一）内部审计定期审查

企业内部审计部门每季度或半年对销售业务内部控制执行情况进行全面审计，审查内容涵盖上述各个关键环节，通过查阅销售合同、订单、发货凭证、收款记录、客户档案等资料，实地走访仓储、物流等部门，与销售人员、财务人员、客户沟通交流，深入排查内部控制漏洞与风险隐患，出具审计报告并提出整改建议，跟踪整改落实情况。

（二）关键绩效指标考核

建立销售业务关键绩效指标（KPI）体系，如销售收入增长率、销售毛利率、应收账款周转率、客户满意度等，定期（月度或季度）对销售部门及相关人员进行量化考核，依据考核结果实施奖惩激励，将内部控制执行效果与员工绩效挂钩，激发员工落实内控要求的积极性与主动性，推动销售业务内部控制制度持续优化。

【做中学8—1】 从危机中汲取教训，构建有效的控制机制

XYZ电子科技公司是一家新兴的电子产品制造与销售企业，凭借几款创新性产品在市场上崭露头角。然而，随着业务快速扩张，销售环节暴露出诸多问题，如销售收入核算不准、客户投诉增多、应收账款回收缓慢等，严重制约了公司进一步发展。管理层意识到，必须建立并强化销售业务内部控制制度，才能在激烈的市场竞争中站稳脚跟。

1. 合同签订与执行的挑战

有一回，销售团队为拿下一笔大额订单，与一家大型零售商展开艰苦谈判，最终达成合作意向，对方要求尽快签订合同发货，以便赶上新品促销季。销售代表小李为抢抓时机，在未与法务、财务充分沟通的情况下匆忙起草了一份简单合同，仅包含产品数量、价格等基本信息，便提交给双方签字盖章。货物发出后，零售商却以产品质量未达预期标准（合同未明确详细的质量验收标准）为由，拒绝支付尾款，并要求高额赔偿。此时，XYZ公司才意识到合同漏洞带来的巨大危机。法务部门紧急介入，审查发现合同不仅质量条款模糊，付款条件与违约责任也不清晰，公司处于极为被动的境地。经多次艰难协商，公司不得不做出让步，给予一定价格折扣并承诺后续服务优化，才勉强解决纠纷，避免了法律诉讼，但此次事件导致公司利润大幅缩水，声誉也受一定影响。此后，XYZ

公司痛定思痛,严格规范合同签订流程,任何合同必须经法务、销售、财务多部门协同起草、严格审核,确保条款完备无虞。

2. 物流配送的波折

在一次电商购物节期间,订单量激增。销售部门忙于处理订单,向仓储部门下达发货指令时,因疏忽未仔细核对收货地址,导致部分货物发往错误地址。同时,合作的物流公司由于运力不足,大量包裹出现延误,客户纷纷投诉收货太慢,甚至有客户因迟迟未收到货而取消订单。客户服务部门被投诉电话淹没,紧急反馈给销售与物流管理部门。公司立即启动应急机制,一方面安排专人与错误地址的收件人及快递公司沟通,追回并重新发货;另一方面,施压物流公司增派人手、优化配送路线,同时向客户及时推送物流进度更新信息,安抚客户情绪。经此一劫,XYZ公司深刻认识到物流配送管控的重要性。建立物流供应商定期评估体系,依据配送时效、货物破损率、服务响应速度等指标考核物流商,淘汰不合格的合作伙伴;加强销售与仓储部间的信息核对,确保发货指令精准无误,避免类似失误再次发生。

3. 应收账款管理的困境与突破

随着业务拓展,XYZ公司为吸引更多客户,放宽了信用政策,导致应收账款规模急剧膨胀,资金回笼压力巨大。其中,有一家长期合作客户因自身经营不善,开始拖欠货款,逾期账款累计高达数十万元。负责应收账款管理的小张起初未给予足够重视,仅偶尔电话催促,未采取有效催收措施。直到发现该客户已出现财务危机迹象,可能面临破产,小张才惊慌失措地向公司汇报。公司财务部门迅速反应,一方面冻结该客户的信用额度,停止继续发货;另一方面,成立专项催收小组,深入分析客户经营状况、财务报表,制定个性化催收方案。催收小组先是通过发函证正式告知欠款事宜及法律后果,随后多次上门沟通协商,在了解到客户尚有一批可变现资产后,协助客户制定还款计划,以资产变现逐步偿还欠款。经过艰苦努力,最终成功收回大部分逾期账款,减少了公司损失。此后,XYZ公司对应收账款管理进行全面优化,依据客户信用状况严格分类,制定差异化信用政策,定期进行账龄分析,及时预警并催收逾期款项。

请问:(1)在合同签订环节,XYZ公司最初的错误操作带来了哪些严重后果?为避免此类问题再次发生,应采取哪些内部控制措施?(2)物流配送出现问题后,XYZ公司采取了哪些补救措施?这些措施反映了内部控制在物流环节应注重哪些方面?(3)从应收账款管理的困境来看,XYZ公司前期在应收账款管理上存在哪些漏洞?后续改进措施如何体现内部控制对应收账款风险的防控作用?

第五节 对外投资业务内部控制制度的设计

一、对外投资业务内部控制的目标

(一)确保投资决策的科学性

企业在面对纷繁复杂的投资项目时需依托翔实的市场调研、精准的财务分析以及专业的行业洞察,综合考量项目的可行性、预期收益、风险水平等关键要素,避免盲目跟风投资,使每一项投资决策都建立在理性、客观的基础之上,契合企业战略发展方向,为企业创造可持续价值。

(二)保障投资资产的安全完整

无论是以货币资金、固定资产,还是以无形资产等形式投入的资产,在投资存续期间,都要通过完善的监管机制、严密的资产保全措施,防范被挪用、侵占、损毁等风险,确保资产始终处于可控状态,实现保值增值。

(三)实现投资收益的最大化

通过优化投资组合、合理配置资源、精准把握投资时机,以及对投资项目的持续跟踪与精细化运营管理,挖掘项目潜力,提升盈利能力,促使投资收益稳定增长,助力企业财务状况改善与竞争力提升。

(四)严格遵循投资法规与政策

时刻关注国家法律法规、产业政策、监管要求在对外投资领域的动态变化,确保企业投资行为合法合规,避免因违规操作引发法律纠纷、行政处罚等不良后果,维护企业的良好声誉与社会形象。

二、对外投资业务内部控制的核心环节与管控策略

(一)投资项目立项与可行性研究控制

(1)投资项目筛选机制。建立多渠道投资项目信息收集网络,涵盖行业研究报告、政府招商平台、商业合作网络、专业投资中介机构等,广泛搜罗潜在投资机会;组建专业投资评审团队,依据企业战略目标、投资预算、风险偏好等初步筛选项目,剔除明显不匹配企业需求的项目,确定重点关注对象。

(2)深入的可行性研究。针对入围项目,投入充足的人力、物力,开展可行性研究,从宏观经济环境、行业发展趋势、市场竞争格局、技术可行性、财务盈利能力、现金流预测、风险评估与应对等多维度进行全面剖析,形成翔实、客观的可行性研究报告。报告需明确阐述项目投资的必要性、可行性、预期收益、风险因素及应对措施,为后续决策提供坚实依据。

(二)投资决策与审批控制

(1)分层级决策体系构建。依据投资金额大小、项目战略重要性、风险程度等因素,划分清晰的决策层级。小额常规投资由投资部门负责人审批;中等额度、具有一定战略意义的投资,经投资委员会审议通过后,由分管领导核准;重大投资项目则需提交董事会甚至股东大会审议决策,确保决策过程审慎、责任明确。

(2)严格的审批流程执行。投资决策过程严格遵循既定流程,从项目发起部门提交投资申请,附上可行性研究报告、风险评估报告等关键资料,到各层级审批部门依次审核项目合规性、战略契合度、财务可行性等核心要点,任何环节发现问题,立即退回整改,杜绝"带病"通过审批,保障决策质量。

(三)投资执行与资产投出控制

(1)投资合同签订规范。经审批通过的投资项目,依据谈判确定的投资条款,由法务、投资、财务等多部门协同起草严谨、规范的投资合同。合同内容涵盖投资金额、投资方式、股权比例、权利义务、业绩承诺、退出机制、违约责任等关键条款,确保双方权益明晰,防范合同漏洞引发的投资纠纷。合同签订前,经内部法务部门严格审核合法性,财务部门核算财务影响,多重把关后签字盖章生效。

(2)资产投出精准管控。按照投资合同约定,有序组织资产投出。若以货币资金投资,财务部门则应严格审核付款申请,确保资金按时、足额、准确投出,跟踪资金流向,防止资金挪用;若以非货币资产投资,则需组织专业评估机构对资产价值进行精准评估,办理合法合规的资产移交手续,保障资产投出安全、有效。

(四)投资跟踪与监控控制

(1)建立动态跟踪机制。设立专门的投资管理岗位或团队,负责对投资项目的全生命周期进行持续跟踪;定期收集项目运营数据,包括财务报表、市场份额、产品研发进展、团队动态等信息,实时掌握项目发展态势,与投资预期对比分析,及时发现潜在问题。

(2)强化风险预警与应对。依据投资项目特点与风险评估结果,设定关键风险预警指标,如业

绩下滑幅度、资金链紧张程度、市场份额流失速率等。一旦指标触及预警红线,立即启动应急预案,组织专业力量深入分析原因,采取调整经营策略、追加投资、寻求战略合作伙伴等针对性措施,化解风险,保障投资安全。

(五)投资收益核算与处置控制

(1)准确的收益核算。财务部门严格按照会计准则与投资合同约定,及时、准确地核算投资收益。对于权益法核算的长期股权投资,定期根据被投资单位净利润调整投资账面价值,确认投资收益;对于成本法核算项目,依据分红情况确认收益,确保财务报表如实反映投资回报。

(2)合理的收益处置。依据企业战略规划、资金需求、投资收益水平等因素,制定科学、合理的收益处置方案。对于持续盈利、前景良好的项目,可考虑留存收益用于再投资,扩大投资规模;对于已达预期收益目标或经营不善的项目,适时启动退出机制,通过股权转让、清算等方式实现投资变现,回笼资金,优化投资结构。

三、对外投资业务内部控制的监督与评价机制

(一)内部审计全程监督

企业内部审计部门对对外投资业务内部控制执行情况进行全流程、周期性审计,从投资项目立项的合理性、可行性研究的深度与真实性,到投资决策的合规性、执行过程的有效性,再到投资收益核算与处置的准确性,逐一深入审查,通过查阅大量文件资料、实地调研投资项目、访谈相关人员等方式,排查风险隐患,出具审计报告并跟踪整改落实,确保内控体系有效运行。

(二)绩效指标量化考核

建立对外投资业务关键绩效指标(KPI)体系,如投资回报率(ROI)、内部收益率(IRR)、资产保值增值率等,定期对投资部门及相关人员进行量化考核。依据考核结果实施奖惩激励,将内控执行效果与员工绩效挂钩,激发员工落实内控要求的积极性与主动性,推动对外投资业务内部控制制度持续优化。

第六节　筹资业务内部控制制度的设计

一、筹资业务内部控制的目标

(一)确保筹资活动合法合规

企业的筹资行为必须在法律法规的框架内进行。无论是通过发行股票、债券,还是向银行等金融机构借款,都要遵循证券法、公司法、金融监管规定等相关法律条文。例如,企业公开发行债券时要严格按照债券发行的法定程序,向监管部门提交真实、准确、完整的申报材料,确保债券发行的各个环节都符合法律要求,避免因违法违规行为而面临巨额罚款、法律诉讼等风险。

(二)保障筹资活动高效有序

合理规划筹资流程,确保资金能够及时、足额筹集到位,满足企业经营发展需求。从提出筹资需求、制定筹资方案,到执行筹资计划以及后续资金的使用管理,都应有明确的流程和时间节点。比如,企业为了扩大生产规模计划筹集资金,通过提前规划好与银行洽谈贷款的时间、准备相关资料的进度,以及预计获得贷款的时间等,能使整个筹资过程有条不紊地进行,避免因流程混乱导致资金延误,影响企业项目的推进。

(三)有效控制筹资风险

对筹集过程中的各种风险进行识别、评估和控制。筹资风险包括利率风险、汇率风险、偿债风

险等。企业在进行境外筹资时要充分考虑汇率波动可能带来的影响。若企业借入外币债务,当本币贬值时,还款压力则会增大。通过合理选择筹资币种、运用金融衍生工具进行套期保值等方式,降低汇率风险,确保企业不会因不可控的风险因素陷入财务困境。

二、筹资业务内部控制制度设计的原则

(一)全面性原则

内部控制制度应覆盖筹资业务的全过程,包括筹资的决策、执行、监督等各个环节。从企业最初对资金需求的预测,到选择合适的筹资渠道和方式,再到资金的使用、偿还以及相关信息的披露,都要有相应的控制措施。例如,在筹资决策环节,要对不同筹资方案进行全面的可行性分析;在执行环节,要对资金的到账情况进行实时监控;在监督环节,要定期对筹资业务进行内部审计。

(二)制衡性原则

企业在筹资业务中要确保不同部门和岗位之间相互制约、相互监督。如财务部门负责资金的核算和管理,业务部门提出筹资需求,而审批权限则由高层管理部门或董事会掌握。当企业计划发行股票筹资时,财务部门负责核算发行股票所需的成本、收益等财务指标,业务部门阐述筹资用于项目情况,董事会对整个发行股票的方案进行审批,各部门之间形成制衡,防止权力过度集中导致决策失误或舞弊行为。

(三)成本效益原则

企业在设计内部控制制度时,要权衡实施控制的成本与预期收益。企业不能为了追求绝对的控制效果而不计成本地投入大量资源。例如,企业在选择筹资渠道时,对于小额短期资金需求,若选择通过银行贷款,则可能需要花费大量时间和精力准备贷款资料、办理烦琐的手续,而采用内部资金调剂或商业信用融资等方式,成本更低且操作简便。因此,企业应根据自身情况,选择既能有效控制风险,又能实现成本效益最大化的内部控制措施。

三、筹资业务内部控制制度的关键控制点

(一)筹资决策控制

1.建立严格的决策程序

企业应制定详细的筹资决策流程,明确各部门在决策过程中的职责和权限。当企业有筹资需求时,相关部门要先进行充分的市场调研和财务分析,提出多个筹资方案。例如,企业计划进行长期资金筹集,可提出发行股票、发行长期债券、向银行申请长期贷款等不同方案,然后,组织专家对这些方案进行论证,从资金成本、风险程度、对企业控制权的影响等多个维度进行评估,最终,由董事会或类似权力机构根据论证结果做出决策。

2.加强可行性研究分析

企业应对筹资方案进行全面、深入的可行性研究,确保方案切实可行。研究内容包括企业的财务状况、偿债能力、市场前景以及筹资项目的预期收益等。比如,企业计划投资一个新的项目而进行筹资,要对该项目的市场需求、技术可行性、投资回报率等进行详细分析。只有当项目预期收益能够覆盖筹资成本且具有一定的盈利空间时,该筹资方案才具有可行性。

(二)筹资执行控制

1.签订合法、有效的合同

在确定筹资方案后,企业要与资金提供方签订合法、有效的合同或协议。合同中要明确筹资的金额、利率、期限、还款方式、违约责任等关键条款。例如,企业向银行借款,借款合同中要详细规定借款金额、年利率、借款期限是按月、按季还是按年还款,以及若企业违约需承担的责任等,以保障

双方的合法权益。

2. 严格资金收付管理

企业应对筹集资金的收付进行严格管理,确保资金收付准确无误。企业在收到所筹资金时要及时进行账务处理,核对资金到账金额与合同约定是否一致;在支付利息、偿还本金时,要按照合同约定的时间和金额进行操作。比如,企业发行债券,在债券付息日,要准确计算并按时支付债券利息,避免因支付错误导致信用受损。

(三)筹资偿付控制

1. 制订合理的还款计划

企业要根据自身的财务状况和资金流量,制订合理的还款计划。还款计划要考虑企业的经营收入、现金储备以及未来的资金需求等因素。例如,企业通过长期贷款购置了大型设备,在制订还款计划时,要结合设备投入使用后产生的收益情况,合理安排还款时间和金额,确保企业在偿还贷款的同时不会因资金短缺影响正常的生产经营。

2. 加强还款的实时监控

企业应对还款情况进行实时监控,及时发现并解决潜在问题。企业要定期对还款计划的执行情况进行检查,关注自身的财务状况变化。若发现可能无法按时足额还款的情况,则要提前采取措施,如与债权人协商展期、调整还款方式或寻求其他资金来源等。例如,企业因市场环境变化导致经营收入下降,可能无法按原计划偿还贷款,此时应及时与银行沟通,说明情况并协商解决方案。

第七节 会计信息系统内部控制制度的设计

一、会计信息系统内部控制的目标

(一)保证会计信息的准确性与可靠性

准确、可靠的会计信息是企业决策的重要依据。在会计信息系统中,要确保录入的数据准确无误,如采购发票上的金额、数量等信息能正确录入系统,避免因数据录入错误导致财务报表数据失真。通过设置数据校验规则,例如,对金额进行合理性检查,防止录入明显不符合逻辑的数值;同时,保证系统生成的财务报表能真实反映企业的财务状况和经营成果,为管理层、投资者等提供可靠的决策信息。

(二)确保会计信息系统的安全性

保护会计信息系统免受各种安全威胁,包括未经授权的访问、数据泄露、恶意软件攻击等,限制只有授权人员才能访问特定的会计模块和数据,如财务主管才能查看和修改敏感的财务报表数据;采用防火墙技术防止外部非法入侵,定期进行数据备份,一旦系统遭受攻击导致数据丢失,能够快速恢复数据,保障企业财务数据的安全与完整。

(三)保障会计信息系统的合规性

会计信息系统的运行需符合相关法律法规和会计准则的要求,例如,系统生成的会计凭证格式和内容要符合会计准则对凭证的规范,财务报表的编制和披露要遵循证券监管机构的规定;确保系统在处理各项会计业务时从账务处理流程到财务报告输出,都严格遵循国家统一的会计制度,避免因违规操作而面临法律风险。

二、会计信息系统内部控制制度设计的原则

(一)适应性原则

内部控制制度要与企业的规模、业务特点、管理模式以及信息技术水平相适应。大型企业业务复杂,会计信息系统可能涉及多个子系统和大量数据,其内部控制制度应更注重全面性和复杂性,如设置多层级的权限管理和严格的数据审批流程。而小型企业业务相对简单,内部控制制度则可侧重于关键环节的控制,如重点关注资金收付的审批和数据录入的准确性。

(二)预防性原则

企业应强调以预防为主,在风险发生前采取措施加以防范。例如,在系统设计阶段,设置用户身份验证机制,防止非法用户登录系统;对重要数据进行加密存储,防止数据在存储和传输过程中被窃取。通过制定严格的操作规范,限制用户在系统中的操作权限,避免因不当操作引发数据错误或系统故障。

(三)动态性原则

随着企业业务的发展、信息技术的更新以及外部环境的变化,会计信息系统内部控制制度要不断进行调整和完善。当企业引入新的会计核算模块或业务流程发生重大变化时,内部控制制度应及时跟进,对新的业务环节和系统功能进行相应的控制设计,如企业开始开展跨境电商业务,涉及外币结算和复杂的税务处理,会计信息系统的内部控制制度就要增加对外币汇率核算准确性和税务合规性的控制措施。

三、会计信息系统内部控制制度的关键控制环节

(一)系统开发与维护控制

1. 系统开发控制

在会计信息系统开发过程中,企业要确保开发团队充分了解企业的会计业务需求。业务部门与开发团队密切沟通,详细阐述各项会计业务流程,如应收账款的核算流程、成本核算方法等;开发过程遵循严格的项目管理规范,对系统的功能设计、代码编写、测试等环节进行质量把控;在系统上线前,进行全面的测试,包括功能测试、性能测试和安全测试,确保系统能够稳定运行且满足企业的会计核算和管理需求。

2. 系统维护控制

企业应建立定期的系统维护计划,对系统进行更新、优化和故障修复,例如,定期更新操作系统和数据库的补丁,防止系统因安全漏洞被攻击;对系统运行过程中出现的故障,及时进行诊断和修复,确保系统的正常运行时间;同时,对系统维护过程进行记录,包括维护时间、维护内容、维护人员等信息,以便追溯和管理。

(二)人员权限管理控制

1. 权限设置

企业应根据员工的岗位职责和工作需求,为其分配合理的系统操作权限,例如,出纳人员只能进行现金和银行存款的收支操作以及相关日记账的登记,不能进行总账的修改;会计人员负责账务处理和报表编制,但不能随意更改系统的基础设置。通过设置不同的用户角色,如系统管理员、财务主管、普通会计等,为每个角色赋予相应的权限,确保权限分配的合理性和安全性。

2. 权限变更与监控

当员工岗位变动或工作内容调整时,企业应及时对其系统权限进行变更,例如,员工从会计岗位晋升为财务主管,要为其增加相应的财务报表审核和系统管理权限;同时,定期对用户权限进行

监控,检查是否存在权限滥用或权限分配不合理的情况,及时发现并纠正潜在的风险。

(三)数据输入与输出控制

1. 数据输入控制

企业应对输入系统的数据进行严格的审核和校验,在输入原始凭证数据时,系统自动进行格式校验,如日期格式是否正确、金额是否为数字等;设置数据合理性检查规则,如采购单价是否在合理的价格区间内,对于重要数据,采用双人录入或复核机制,确保数据的准确性。例如,在录入大额采购发票数据时,由两名财务人员分别录入,系统自动比对,若不一致,则提示重新录入。

2. 数据输出控制

企业应对系统输出的会计信息进行严格管理,确保输出的财务报表、凭证等信息的准确性和完整性。输出的报表要经过授权人员的审核,审核通过后才能正式对外报送或用于企业内部决策,同时,对输出的信息进行加密和访问控制,防止敏感信息泄露。例如,企业的年度财务报表在对外披露前要经过财务主管和企业负责人的审核,且通过加密邮件或专用的财务信息发布平台进行发布,确保只有授权人员能够获取。

应知考核

一、单项选择题

1. 内部控制的萌芽起步期是(　　)。
   A. 20世纪初—1936年　　　　　B. 1936—1988年
   C. 1988年至今　　　　　　　　D. 19世纪末20世纪初

2. 美国注册会计师协会在1936年首次对内部控制予以定义,当时聚焦于(　　)。
   A. 保障企业战略目标实现
   B. 保护公司现金及其他财产安全,核验账簿记录准确性
   C. 提升企业经营效率
   D. 涵盖经营管理全流程控制

3. 小型企业内部控制制度重点应放在(　　)。
   A. 所有经济业务　　　　　　　B. 筹资业务
   C. 货币资金的收付业务　　　　D. 对外投资业务

4. 企业建立与实施内部控制应遵循的原则中强调内部控制贯穿企业决策、执行与监督全过程的是(　　)。
   A. 全面性原则　　B. 重要性原则　　C. 制衡性原则　　D. 适应性原则

5. 内部控制制度要素中,作为企业实施内部控制基础的是(　　)。
   A. 风险评估　　B. 内部环境　　C. 控制活动　　D. 信息与沟通

二、多项选择题

1. 内部控制在成熟完善期,COSO发布的重要框架包括(　　)。
   A.《内部控制——整合框架》　　　　B.《企业风险管理——总体框架》
   C.《审计准则公告第55号》　　　　D.《独立公共会计师对财务报表的审查》

2. 内部控制的作用有(　　)。
   A. 防范企业各种风险,促进持续发展
   B. 保证财务信息质量,铸就企业信誉

C. 保护企业资产安全,维护长治久安
D. 促进有效生产经营,提高经营效率

3. 企业内部控制建设的思路包括（　　）。
　A. 组织规划控制　　　　　　　　B. 授权批准控制
　C. 会计系统控制　　　　　　　　D. 全面预算控制

4. 货币资金业务内部控制的基本要求有（　　）。
　A. 依据业务特性构建内控框架　　B. 严守法规制度红线
　C. 强化内部牵制机制　　　　　　D. 精细资金盘点流程

5. 内部控制制度设计原则中的成本效益原则,实施成本涵盖（　　）。
　A. 人力成本　　B. 物力成本　　C. 时间成本　　D. 机会成本

三、判断题

1. 内部控制是企业管理的重要组成部分,只对防范企业内部风险有作用。（　　）
2. 大中型企业经济业务复杂,内部控制制度范围应扩展到企业的每种经济业务。（　　）
3. 企业内部审计部门对内部控制的监督是实施内部控制的重要保证。（　　）
4. 内部控制五要素之间相辅相成,内部环境决定着内部控制的存在与发展空间。（　　）
5. 小型企业因规模小,不需要建立内部控制制度。（　　）

四、简述题

1. 简述内部控制制度的概念。
2. 阐述内部控制制度的设计步骤。
3. 阐述货币资金收入业务的内部控制要点。
4. 分析采购业务内部控制的核心要求。
5. 简述对外投资业务内部控制中投资决策与审批控制的要点。

应会考核

■ 观念应用

【背景资料】

内部控制观念在新兴科技企业的应用

某新兴人工智能研发企业在技术研发环节深度践行内部控制理念。研发部门依据行业前沿趋势、市场潜在需求以及企业自身技术储备,制订年度研发项目规划,明确各项目优先级与预期成果,此为战略引领下的研发布局。对于核心算法研发项目,采取"双团队并行"模式,两个团队独立攻关,定期交叉验证成果,既激发竞争活力又相互监督,避免单一团队因技术路径依赖陷入僵局,确保研发方向正确、效率提升,契合制衡性与适应性原则;同时,引入外部专家定期评估机制,从技术可行性、创新性高度等维度审视项目进展,保障研发资源精准投入,守护企业核心技术资产安全。

市场部门在推广新产品时严格遵循内部控制流程。每一次大规模的市场推广活动前都需提交详细的策划方案,涵盖目标客户群体定位、营销渠道选择、预算分配明细等内容,经市场总监、财务总监联合审批通过后方可执行,活动执行过程中,实时追踪营销费用支出流向,对比不同渠道引流效果、客户转化率等关键指标与预设目标差异,若发现某线上广告投放渠道成本过高但转化率偏低,则应立即调整投放策略,优化资源配置。推广活动结束后,迅速复盘,总结经验教训,为后续活动提供参考,确保营销投入产出效益最大化,保障财务信息如实反映市场成效,辅助管理层决策。

人力资源部门为契合科技企业人才驱动特性、强化内部控制举措,招聘环节联合技术部门、项目负责人制定精准岗位需求说明书,明确所需技术技能、项目经验等关键要素,通过多轮面试、技术实操考核、背景调查等全方位筛选人才,确保入职人员素质过硬,为企业注入优质智力资产;入职后,依据员工职业发展规划与企业项目需求,制定个性化培训方案,提升员工专业技能的同时强化其对企业内控文化的认同感;定期开展员工绩效评估,考核指标紧密关联项目成果、团队协作、创新贡献等维度,依据评估结果实施奖惩激励,激发员工的积极性与创造力,从人员根基上保障内部控制有效落地,推动企业持续创新发展。

【考核要求】

1. 新兴科技企业在研发环节落实内部控制观念时,除文中提及方式,还可采取哪些措施强化技术保密工作,防止核心技术泄露?

2. 市场部门在执行营销活动过程中如何利用内部控制更好地协调与其他部门(如研发、售后)的合作关系,提升客户整体体验?

3. 从人力资源管理角度怎样通过内部控制进一步优化员工激励机制,留住关键技术人才,减少人才流失风险?

■ 技能应用

内部控制技能之预算控制与监督在企业中的实操运用

某中型制造企业在年度预算编制环节充分展现预算控制技能。首先,销售部门依据市场调研、行业趋势预判及过往销售数据,预估下一年度产品销量、销售额,细分到不同产品系列、销售区域,为生产、采购等后续环节提供精准指引,这是基于市场洞察的销售预算布局。生产部门结合销售预期,详细核算所需原材料数量、人工工时、设备产能,制定生产预算,合理安排生产计划,避免库存积压或缺货风险,确保资源精准投入。财务部门统筹协调,汇总各部门预算草案,依据企业战略重点、资金状况进行平衡调整,最终形成涵盖收入、成本、费用、资金收支等全面预算方案,经公司管理层审议通过后下达执行,为全年经营活动框定清晰蓝图。

在预算监督方面,企业每月开展深度分析。财务人员对比实际财务数据与预算指标,计算成本费用率、资金周转率等关键比率,精准洞察偏差。如发现某季度生产成本超出预算8%,经深入调查,原来是原材料采购价格因市场波动上涨,且生产过程中废品率上升。随即,采购部门紧急寻源,开发新供应商,谈判争取更优价格;生产部门优化工艺流程,加强质量管控,降低废品率。同时,针对预算执行不力部门,在绩效考核中予以扣分警示,促使全员重视预算执行,保障企业经营效益达成。

【技能要求】

1. 当企业面临突发重大市场变化,如主要原材料价格暴跌,原预算中采购成本大幅高于现价,如何运用预算控制与监督技能迅速调整,抓住机遇?

2. 在企业多部门协同项目执行过程中,如何通过预算控制确保各部门资源投入均衡,避免个别部门超支,保障项目整体效益?

3. 若企业预算执行中期,发现某部门为达成业绩目标,刻意隐瞒部分费用支出,未如实反映在预算报表中,怎样借助预算监督手段及时发现并纠正此类问题?

■ 案例分析

【情景与背景】

ABC 软件公司：内控短板诊断与重塑之路

ABC 软件公司是一家专注于企业级软件研发与销售的中型企业，在行业内有一定知名度。随着市场竞争加剧，公司面临诸多挑战：产品研发周期拉长，成本超支；销售部门为冲业绩，放宽客户信用政策，应收账款逾期增多；财务部门核算发现部分费用报销存在虚假票据问题。公司管理层意识到内部控制体系亟待完善。

【分析要求】

请对上述问题进行诊断，并提出改进建议。

本章实训

【实训内容】

内部控制制度的设计

【实训情境】

假设你是一家处于快速发展阶段的新能源科技企业的内控管理顾问，该企业专注于新能源电池研发、生产与销售，业务范围覆盖国内多个地区，并逐步拓展海外市场。随着规模扩张，原有的简单管理模式已无法满足企业需求，管理层意识到建立完善的内部控制制度迫在眉睫，以保障企业资金安全、提升运营效率、强化风险管理，确保在激烈的市场竞争中立于不败之地。

【实训任务】

任务一：依据企业业务特性，设计货币资金业务内部控制制度；绘制货币资金业务流程图，明确货币资金业务内部控制的关键控制点，制定货币资金业务内部控制的相关制度与规范。

任务二：构建采购业务内部控制体系，梳理采购业务流程，针对采购业务关键环节设计控制措施。

任务三：规划销售业务内部控制机制，描绘销售业务流程全景图，为销售业务关键节点设计内部控制策略。

《内部控制制度的设计》实训报告		
实训班级：	实训小组：	实训组成员：
实训时间：　　年　　月　　日	实训地点：	实训成绩：
实训目的：		
实训步骤：		
实训结果：		
实训感言：		

第九章　成本核算制度的设计

● 知识目标

　　理解：成本核算制度设计的意义；成本核算的种类。
　　熟知：成本核算制度设计的主要内容；成本核算制度的设计原则；成本核算制度的设计步骤。
　　掌握：费用要素和成本项目的设计；辅助生产成本计算的设计；产品成本计算的设计。

● 技能目标

　　能够依据不同企业的生产特点、组织方式以及管理需求，精准、合理地选择适宜的成本核算方法，并运用该方法进行成本核算；全面掌握成本核算流程，且准确地归集、分配和结转各项成本费用；具备利用成本核算结果开展成本分析与控制的能力，敏锐洞察成本管理中的潜在问题并提出切实有效的改进措施。

● 素质目标

　　具备严谨、细致的工作作风，秉持高度的责任心，确保成本核算数据的准确性与可靠性；不断锻炼自身的逻辑思维能力，学会抽丝剥茧，分析问题的本质，运用科学方法解决问题，做到有条不紊地处理各类成本核算难题，提升自身专业素养；增强团队协作意识，保持强烈的求知欲，不断提升自主学习能力，勇于创新；时刻牢记保守企业商业秘密的重要性，保护企业的核心利益，维护行业的健康发展秩序。

● 思政目标

　　培养家国情怀和社会责任感，树立正确的价值观与职业观，在成本核算工作中将个人职业发展与企业、国家利益相结合；强化法治意识，时刻保持廉洁奉公，坚决做到依法核算，大力弘扬工匠精神，追求精益求精、卓越不凡，以高度的敬业精神对待工作；注重增强文化自信，认识到中国传统文化在成本管理领域的深厚底蕴，实现古今融合、中西结合，为现代成本核算工作注入新的活力。

● 课程引例

适应市场竞争，ABC 公司的成本核算制度设计

ABC 制造公司是一家生产电子产品的企业，主要产品有智能手机、平板电脑和笔记本电脑等。该公司生产工艺复杂，涉及多个生产车间和部门，原材料采购频繁，生产过程中需要消耗大量的人力、物力和财力。近年来，随着市场竞争的加剧，公司的利润空间逐渐缩小，管理层意识到成本控制的重要性，决定对公司的成本核算制度进行重新设计。在原有的成本核算制度下，公司采用传统的品种法进行成本核算，将直接材料、直接人工和制造费用按照一定的比例分配到产品中。然而，这种方法无法准确反映不同产品的实际成本，导致一些产品的定价不合理，影响了公司的市场竞争力。此外，原有的成本核算制度缺乏对成本控制的有效手段，无法及时发现成本管理中的问题。

针对以上问题，ABC 制造公司聘请了专业的咨询团队，对公司的成本核算制度进行了全面的诊断和分析，并提出了以下改进建议：(1)根据公司的生产特点和管理要求，采用作业成本法进行成本核算，将成本分配到各个作业中心，再根据产品消耗的作业量分配成本，从而更准确地计算产品的实际成本。(2)建立成本预算管理制度，在年初制定成本预算，并将预算指标分解到各个部门和车间，加强对成本的事前控制。(3)完善成本核算的流程和方法，加强对成本费用的归集、分配和结转的管理，确保成本数据的准确性和及时性。(4)建立成本分析和成本控制的长效机制，定期对成本进行分析，找出成本管理中的问题，并采取有效的措施加以解决。

● 引例反思

通过 ABC 制造公司的案例，我们可以看到，成本核算制度对于企业的成本控制和经济效益至关重要。一个合理、有效的成本核算制度能够准确反映企业的成本状况，为企业的定价决策、成本控制和业绩评价提供可靠的依据。在成本核算制度的设计过程中，我们需要充分考虑企业的生产特点、组织方式和管理要求，选择合适的成本核算方法和成本控制手段。不同的企业可能需要采用不同的成本核算方法，不能一概而论。成本核算制度的设计和实施需要企业全体员工的共同参与和配合。只有各个部门和车间都重视成本核算和成本控制，才能确保成本核算制度的有效运行。成本核算制度不是一成不变的，需要根据企业的内外部环境的变化及时进行调整和完善。随着市场竞争的加剧、生产技术的进步和管理水平的提高，企业的成本核算制度也需要不断创新和优化。在成本核算过程中，我们需要充分利用现代信息技术，提高成本核算的效率和准确性。会计软件和其他信息化工具可以帮助我们更好地完成成本核算和成本管理工作，减少人工错误和提高工作效率。

第一节　成本核算制度设计概述

成本核算（Cost Accounting）是指依据会计原理、企业会计准则以及既定成本核算制度，全面且系统地记录企业在产品生产或劳务提供过程中所产生的各项费用，并运用相应方法计算出各类产品、服务或劳务的单位成本与总成本。产品成本（Product Cost）指为制造特定种类和数量的产品所消耗的物化劳动与活劳动的总和。从本质上讲，产品成本是企业为制造产品所付出的能用货币确切计量的价值牺牲。

一、成本核算制度设计的意义

成本核算制度设计，是指根据国家的有关会计法规制度，结合本企业的生产特点和成本管理需

求,制定成本核算方面的有关制度。成本的高低,直接决定着企业利润的高低。设计成本核算制度的意义,可归纳为以下几个方面:

(一)强化精准定价,提升市场竞争能力

合理的成本核算制度能够精准计算产品或服务的成本。企业只有明确自身成本,才能基于成本制定出具有竞争力的价格。在竞争激烈的市场环境中,若定价过高,产品则可能无人问津;若定价过低,则会压缩利润空间,甚至导致亏损。例如,一家手机制造企业,通过精确的成本核算,了解到每部手机的原材料、生产加工、研发分摊等各项成本后,能结合市场需求和竞争对手的价格,制定出既能保证利润,又能吸引消费者的价格,从而在市场中赢得优势。

(二)助力成本控制,实现资源优化配置

完善的成本核算制度有助于企业进行成本控制。它能清晰地展示成本的构成,让企业明确哪些环节成本过高、哪些地方存在资源浪费。比如,通过成本核算发现某生产车间的能源消耗成本占比过大,企业就可以针对性地采取措施,如更换节能设备、优化生产流程、降低能源消耗。同时,依据成本核算结果,企业可以将资源集中投入成本效益高的项目或产品中,避免资源分散在低效益领域,实现资源的优化配置,提高企业的整体运营效率。

(三)提供决策依据,保障企业稳健发展

准确的成本核算数据为企业的各类决策提供了坚实依据。无论是决定是否扩大生产规模、推出新产品,还是选择新的供应商,成本核算结果都至关重要。以企业考虑是否拓展新市场为例,通过成本核算预估进入新市场的生产成本、营销成本、运输成本等,结合预期收益,判断拓展新市场是否可行。若不进行科学的成本核算,仅凭主观臆断做出决策,则可能会给企业带来巨大风险,而完善的成本核算制度能帮助企业做出更明智的决策,保障企业稳健发展。

(四)规范财务核算,满足外部监管要求

统一、规范的成本核算制度是企业财务核算的重要基础。它确保企业成本核算遵循相关会计准则和法规,保证财务报表的准确性和可靠性。在面临税务审计、监管部门检查时,企业能够凭借规范的成本核算制度提供准确的成本数据,避免因财务核算不规范而面临罚款、信誉受损等风险。例如,税务部门在进行企业所得税汇算清缴时会重点审查企业成本列支的合理性,规范的成本核算制度能让企业顺利通过审查,维护企业的合法权益。

(五)促进绩效评估,激励员工的积极性

成本核算制度为企业的绩效评估提供了量化指标。通过对比各部门、各项目的实际成本与预算成本,企业可以评估部门和员工的工作绩效。对于成本控制出色的部门和员工,给予相应奖励,能激发员工的工作积极性和责任感。比如,生产部门通过优化生产工艺降低了产品成本,企业依据成本核算结果对该部门进行表彰和奖励,能促使其他部门也积极探索降低成本的方法,形成良好的企业内部竞争氛围,推动企业整体发展。

二、成本核算的种类

成本核算根据不同的分类标准,可分为多种类型,每种类型都有其独特的特点与适用场景。

(一)成本核算按对象分类,可分为品种法、分批法和分步法

1.品种法

品种法(Product-costing Method by Product Types)是指以产品品种作为成本核算对象,归集和分配生产费用,计算产品成本,适用于大量大批单步骤生产的企业,如发电、采掘等行业。这类企业生产过程相对简单,产品品种单一,生产周期较短,大量重复生产相同的产品。

品种法的核算方式是将生产过程中发生的各项成本,如直接材料、直接人工、制造费用等,按一定方法分配到各种产品中。由于生产过程相对简单,成本计算期与会计报告期一致,一般按月计算产品成本。例如,在一家发电企业,其生产的电力产品单一,可将燃料成本、设备折旧、人工成本等按发电量比例分配到电力产品中,计算出单位电力成本。

2. 分批法

分批法(Job-Order Costing Method)是指以产品的批别作为成本核算对象,归集和分配生产费用,计算产品成本,常用于单件、小批生产的企业,如船舶制造、重型机械制造、定制服装生产等。这些企业往往根据客户订单进行生产,产品生产具有个性化、不重复的特点。

分批法的核算方式是在每批产品生产开始时为其开设成本计算单,记录该批产品生产过程中发生的各项成本。成本计算期与产品生产周期一致,而与会计报告期不一致。当该批产品完工时,计算其总成本和单位成本。例如,一家定制服装企业,根据客户的不同需求定制服装,每一批订单都有独特的设计和工艺要求,企业需针对每一批订单单独核算成本,从面料采购、裁剪、缝制到后期整烫包装等环节的成本都归集到该批订单成本中。

3. 分步法

分步法(Process Costing Method)是指以产品生产步骤作为成本核算对象,归集和分配生产费用,计算产品成本,适用于大量大批多步骤生产的企业,如纺织、冶金、机械制造等行业。这类企业生产过程复杂,产品需经过多个生产步骤才能完成。

分步法的核算方式又可分为逐步结转分步法和平行结转分步法。逐步结转分步法是按照产品加工顺序,逐步计算并结转半成品成本,直到最后加工步骤计算出完工产品成本。平行结转分步法是各生产步骤不计算半成品成本,只归集本步骤发生的生产费用,计算出应计入产成品成本的份额,最后将各步骤应计入产成品成本的份额平行汇总,计算出完工产成品成本。例如,在纺织企业,产品需经过纺纱、织布、印染等多个步骤,逐步结转分步法会依次计算每个步骤的半成品成本,而平行结转分步法则是各步骤分别计算应计入最终布匹产品的成本份额,最后汇总得出布匹成本。

(二)成本核算按成本计算模式分类,可分为完全成本法、变动成本法和作业成本法

1. 完全成本法

完全成本法(Full Costing Method)是指将生产过程中发生的直接材料、直接人工、变动制造费用和固定制造费用全部计入产品成本的一种成本计算方法。

【注意】 在完全成本法下,产品成本包含了生产过程中的所有成本,存货计价也包含固定制造费用。

完全成本法的特点与应用:这种方法符合传统的成本概念,能反映产品生产的全部成本,便于存货计价和确定销售成本,但它不利于成本控制和短期决策,因为固定制造费用与产量无关,将其分摊到产品中,可能导致产量增加时单位产品成本下降,从而误导管理者增加产量。例如,在制造业企业编制财务报表时,完全成本法常用于对外财务报告,以全面反映企业的生产成本和存货价值。

2. 变动成本法

变动成本法(Variable Costing Method)是指只将生产过程中发生的直接材料、直接人工和变动制造费用计入产品成本,而将固定制造费用作为期间费用,全额计入当期损益的一种成本计算方法。

【提示】变动成本法下,产品成本只包含随产量变动而变动的成本。

变动成本法的特点与应用:变动成本法能清晰地反映成本与产量的关系,便于进行本量利分析,为企业短期经营决策提供有用信息,如是否接受特殊订单、是否停产某产品等。同时,它有助于成本控制,因为管理者可以更直观地看到变动成本的变化情况。例如,企业在进行短期定价决策时,若采用变动成本法,则只需考虑变动成本与预期收入的关系,若预期收入大于变动成本,在不考虑其他因素的情况下,接受订单则可能会增加利润。

3. 作业成本法

作业成本法(Activity-Based Costing Method,ABC)是指以作业为基础,将企业消耗的资源按资源动因分配到作业,再将作业成本按作业动因分配到成本对象的一种成本计算方法。

【提示】作业成本法是将企业的生产经营过程划分为不同的作业,根据作业对资源的消耗情况进行成本分配。

作业成本法的特点与应用:作业成本法能更准确地反映产品或服务的实际成本,尤其是在生产过程复杂、间接成本占比较高的企业。它打破了传统成本核算方法中按产量或工时分配间接成本的局限性,使成本分配更加合理。例如,在电子产品制造企业,不同产品的生产工艺差异较大,传统成本核算方法可能导致成本分配不准确,而作业成本法通过分析产品生产过程中的各项作业,如组装作业、测试作业等,将成本更精准地分配到不同产品中,有助于企业进行更科学的定价和成本控制决策。

三、成本核算制度设计的主要内容

成本核算制度设计涵盖多方面关键内容,旨在构建一套完整、科学且实用的成本核算体系,助力企业有效管理成本、提升经济效益。

(一)成本核算对象的确定

1. 依据生产特点明确

企业需依据自身生产特性确定成本核算对象。如前文所述,大量大批单步骤生产企业,像发电、采掘企业,产品品种单一,宜以产品品种作为成本核算对象,运用品种法进行核算。而单件、小批生产的企业,例如船舶制造、定制服装企业,按订单生产,产品具有独特性,应以产品的批别作为成本核算对象,采用分批法。对于大量大批多步骤生产的纺织、机械制造企业,产品生产需历经多个步骤,应以产品生产步骤作为成本核算对象,使用分步法核算。

2. 满足管理需求设定

从管理角度出发,若企业对不同产品线的成本关注程度高,则可将各产品线作为成本核算对象;若企业注重项目成本控制,针对每个项目进行成本核算则更为合适。例如,一家多元化经营的企业,旗下有电子、化工、食品等多个产品线,为清晰了解各产品线的盈利状况,分别以电子、化工、食品产品线作为成本核算对象,以便精准分析各产品线的成本与效益。

(二)成本核算方法的选择

1. 考虑成本计算模式

完全成本法将直接材料、直接人工、变动和固定制造费用都计入产品成本,适用于编制对外财务报表,能全面反映产品成本,但不利于成本控制与短期决策。变动成本法仅将直接材料、直接人工和变动制造费用计入产品成本,固定制造费用作为期间费用,有助于本量利分析和短期决策,利于成本控制。作业成本法以作业为基础分配成本,能精准反映复杂生产过程中产品的实际成本,尤其适用于间接成本占比高的企业。企业应结合自身情况，如生产特点、管理需求以及成本数据用途等来选择合适的成本计算模式。例如，对于一家注重短期盈利决策的企业，变动成本法可清晰展示成本与利润的关系，更符合其需求；而对于一家生产工艺复杂、间接成本分摊难度大的企业，作业成本法能提供更准确的成本信息。

2. 结合行业特性抉择

不同行业适用的成本核算方法有所差异。例如，在汽车制造行业，生产过程涉及多步骤、大量零部件以及复杂的组装流程，采用分步法结合作业成本法较为合适。分步法可核算各生产步骤成本，作业成本法能精准分配间接成本，如模具制造、设备调试等成本。而在服务行业，如咨询公司，主要成本为人工成本，可能采用以项目为对象的分批法，并结合变动成本法进行成本核算与分析，以便准确核算每个咨询项目的成本与收益。

（三）成本项目的设置

1. 直接成本项目

企业应设置直接材料、直接人工等直接成本项目。直接材料项目应明确涵盖构成产品实体的原材料、主要材料以及有助于产品形成的辅助材料等。例如，在家具制造企业，木材、油漆等属于直接材料项目。直接人工项目需清晰界定为直接从事产品生产的工人的人工货币消耗，包括工资、奖金、津贴等，如电子产品组装车间工人的薪酬计入直接人工项目。

2. 间接成本项目

对于制造费用等间接成本项目，要详细划分各项费用明细。制造费用可能包括生产车间管理人员工资、设备折旧、水电费、机物料消耗等。在机械加工企业，生产车间设备的折旧费、车间照明用电费等都归入制造费用项目。通过合理设置间接成本项目，便于准确归集和分配间接成本，提高成本核算的准确性。

（四）成本核算流程设计

1. 数据收集流程

企业应构建完善的数据收集流程，明确成本数据来源，如直接材料成本数据可从采购发票、入库单获取；直接人工成本数据可依据考勤记录、工资结算单收集；制造费用数据可从各部门费用报销凭证、设备折旧计算表等获取；同时，要确定数据收集的频率，如原材料采购数据可能每日收集，而设备折旧数据每月计算一次；此外，需建立数据审核机制，确保收集到的数据真实、准确、完整。例如，采购发票需经过采购部门、仓库部门、财务部门等多部门审核，确保发票信息与实际采购情况相符。

2. 成本归集与分配流程

企业应设计科学的成本归集与分配流程。对于直接成本，直接归集到相应的成本核算对象，如生产 A 产品领用的原材料，直接计入 A 产品的直接材料成本；对于间接成本，需确定合理的分配标准，例如，制造费用可按生产工时、机器工时、直接人工成本等比例分配到各产品。在一家服装生产企业，若采用按生产工时分配制造费用，需统计各产品的生产工时，再将制造费用按工时比例分配到不同款式的服装产品中，最后，计算出各成本核算对象的总成本和单位成本。

3. 成本核算报告流程

企业应建立规范的成本核算报告流程，确定成本核算报告的编制周期，如月度、季度或年度；明确报告的格式与内容，成本核算报告应包含成本核算对象的总成本、单位成本、成本构成分析等信息；同时，要规定报告的报送对象，如管理层、财务部门、相关业务部门等，例如，月度成本核算报告需在每月结束后的一定工作日内编制完成，报送至企业管理层，为管理层决策提供及时的成本信息。

(五)成本核算的内部控制

1. 职责分离控制

企业应实行职责分离,确保成本核算相关岗位相互制约,例如,采购部门负责原材料采购,仓库部门负责材料验收入库,财务部门负责成本核算与账务处理。采购人员不能同时兼任仓库保管和成本核算工作,防止出现舞弊行为。

2. 预算控制

企业应建立成本预算制度,制定合理的成本预算目标,并将其分解到各部门、各产品或各项目;通过对比实际成本与预算成本,及时发现成本偏差,采取相应的控制措施,例如,企业为每个生产车间制定月度原材料消耗预算,若实际消耗超过预算,车间则需分析原因并采取改进措施,如优化生产工艺、加强原材料管理等。

3. 审核与监督机制

企业应设立成本核算审核岗位,对成本核算过程和结果进行审核;定期对成本核算制度的执行情况进行监督检查,如检查成本数据的准确性、成本核算方法的一致性等。对于发现的问题,及时整改,确保成本核算制度有效执行。例如,内部审计部门定期对企业成本核算进行审计,检查成本核算是否符合会计准则和企业内部制度要求,发现问题后提出整改建议并跟踪整改情况。

四、成本核算制度的设计原则

(一)合法性原则

成本核算制度必须严格遵循国家相关的财经法律法规以及会计准则。这意味着在成本项目的设置、费用的归集与分配、成本核算方法的选择等各个环节,都不能与国家规定相违背。例如,依据税法规定,某些费用的扣除有着明确的标准和范围,企业在核算成本时必须按照这些规定进行处理,确保成本核算结果在税务申报等方面的合规性,避免因违法违规而遭受法律制裁和经济损失。

(二)可靠性原则

成本核算所依据的数据必须真实、可靠。这要求企业在成本核算过程中从原始凭证的取得开始,就要保证其真实性、准确性和完整性。企业应当建立健全内部控制制度,确保各项成本费用的发生都有真实的业务支撑,相关的记录和凭证经得起检验。例如,在采购原材料时,发票、入库单等凭证要准确反映采购的数量、价格、供应商等信息,以此为基础进行的成本核算才能真实反映企业的实际成本状况。

(三)相关性原则

成本核算制度要与企业的管理决策相关。所提供的成本信息应当能够满足企业内部管理层进行成本控制、定价决策、绩效评价等多方面的需求。例如,对于一家制造企业,在决定是否扩大某一产品线的生产规模时,精准的成本核算数据能够帮助管理层清晰地了解该产品线的成本结构、边际利润等信息,从而做出科学、合理的决策。

(四)分期核算原则

企业的生产经营活动是持续不断的,但为了及时提供成本信息,需要划分会计期间进行成本核算。通常按照日历年度或月度等会计期间进行核算,这样可以定期编制成本报表,为企业管理层提供阶段性的成本数据,便于及时发现成本管理中存在的问题,并采取相应的措施进行调整。例如,每月末对当月的生产成本进行核算,分析成本的增减变动情况,以便及时优化生产流程或调整采购策略。

(五)权责发生制原则

凡是本期已经实现的收入和已经发生或应当负担的费用,不论款项是否收付,都应作为本期的收入和费用处理；反之，凡是不属于本期的收入和费用，即使款项已经在本期收付，也不应作为本期的收入和费用。在成本核算中，这一原则体现在对于跨期费用的处理上。例如，企业一次性支付了全年的设备租金，按照权责发生制原则，应将该租金在受益期内进行分摊，而不是全部计入支付当期的成本。

（六）按实际成本计价原则

各项财产物资应当按照取得或购建时的实际成本计价。在成本核算过程中，原材料、半成品、产成品等存货以及固定资产等都应按实际成本入账。即使市场价格发生变动，除国家另有规定外，一律不得调整其账面价值。这确保了成本核算的客观性和可验证性，如企业购买的一批钢材，按照购买时实际支付的价款及相关税费作为其成本入账，后续在核算产品成本时以此为基础进行计算。

（七）一致性原则

成本核算方法和程序应当保持前后各期一致，不得随意变更。这使得企业不同时期的成本数据具有可比性，便于管理层进行趋势分析和成本控制。若因特殊情况需要变更，则应当在财务报表附注中予以说明变更的原因、变更的内容以及对成本和利润的影响。例如，企业一直采用先进先出法核算存货成本，若要变更为加权平均法，则必须有充分的理由且向相关利益者披露相关信息。

（八）重要性原则

对于对成本有重大影响的项目，应作为重点进行核算和反映；对于那些次要的、对成本影响较小的项目，可以简化核算。例如，企业生产过程中的一些低值易耗品，由于其价值较低，对产品成本的影响不大，可以采用一次摊销法计入成本；而对于主要原材料的成本核算，则要精确到每一批次的采购价格和使用情况。

五、成本核算制度的设计步骤

（一）明确设计目标与范围

1. 确定目标

（1）企业成本核算制度的设计目标需紧密贴合战略规划。对于追求差异化竞争的企业，成本核算要精准支撑产品独特性的成本考量，助力在高端市场以品质与特色定价。例如，苹果公司通过精确核算研发、工艺、品牌营销等成本，为其产品制定高附加值价格，塑造高端形象。若企业以成本领先为战略，成本核算则要致力于挖掘每一处成本减少空间，为低价竞争提供数据基础，像小米早期通过精细成本核算，推出高性价比手机，迅速占领市场。

（2）从内部管理视角，成本核算可为绩效评估提供量化依据。以项目制造运营企业为例，清晰的成本核算能准确衡量每个项目团队的资源利用效率与成本控制效果，为奖金分配、项目负责人晋升等提供关键参考。

2. 界定范围

（1）在产品或服务维度，不仅要涵盖当前主要的盈利产品，而且需前瞻性地考虑处于研发阶段、即将推向市场的新产品。例如，一家制药企业，除了核算已上市药品的生产成本，对于处于临床试验阶段、未来有望上市的新药，也应同步规划成本核算框架，以便在新药上市时能迅速制定合理的价格与营销策略。

（2）从业务流程层面，除了常规的生产制造、销售环节，还需考虑售后服务、供应链上下游协同成本。如汽车企业，售后服务中零部件更换、维修人工成本，以及与零部件供应商的协同成本（如联合研发、库存管理成本分摊）都应纳入核算范围，以实现全生命周期成本管理。

(二)深入调研企业现状

1.了解生产流程

(1)详细分析生产流程中的每一个作业环节,确定增值与非增值作业。例如,在服装生产中,裁剪、缝制等直接创造产品价值的作业为增值作业,而等待原材料、搬运半成品等耗费时间但不增加产品价值的作业为非增值作业。通过识别非增值作业,企业可针对性地优化流程,降低成本。

(2)研究生产流程中的"瓶颈"环节,即制约整体生产效率的关键步骤。例如,在电子产品组装生产线中,某一零部件的安装工序耗时较长,成为"瓶颈"。通过成本核算,企业可以评估增加设备、培训员工或优化工艺等方式打破"瓶颈"的成本与效益,从而做出合理决策。

2.分析组织架构

(1)明确各部门在成本产生过程中的作用,以及部门间的协作关系。例如,在制造业中采购部门决定原材料采购成本,生产部门控制加工成本,销售部门影响营销与售后成本。了解这些部门间的联动关系,有助于设计出顺畅的成本数据传递与核算流程。

(2)考虑组织架构的层级与管控模式对成本核算的影响。在集权式管理的企业中,成本核算可能更便于统一标准与管控;而在分权式管理的企业中,各业务单元相对独立,成本核算制度需在保证整体一致性的前提下赋予一定的灵活性,以适应各单元的业务特点。

3.审查现有制度

(1)对现有成本核算方法进行深度剖析,评估其是否符合企业当前发展阶段。例如,传统的完全成本法在过去可能满足企业成本核算需求,但随着企业产品多元化、生产自动化程度提高,作业成本法可能更能准确反映成本。若现有方法无法准确反映成本,则将导致定价失误、资源配置不合理等问题。

(2)检查成本数据的质量与传递效率。若发现成本数据存在错误、遗漏或传递延迟的情况,则需深入探究原因,如数据收集渠道不畅通、员工对数据填报要求不清晰等,为新制度设计提供改进方向。

(三)选择合适的成本核算方法

1.考虑生产特点

(1)对于生产工艺复杂、生产步骤多且各步骤相对独立的企业,如化工企业,逐步结转分步法能清晰反映各生产步骤的成本,便于进行成本控制与管理。通过分步核算,企业可以精确掌握每一步骤的成本构成,及时发现成本异常波动的环节。

(2)对于生产过程中存在大量共同成本且产品种类繁多、难以按传统方法准确分配成本的企业,如家具制造企业,作业成本法更具优势。它将成本按照作业动因分配到产品,能够更准确地反映产品实际消耗的资源,避免成本扭曲。

2.结合管理需求

(1)若企业注重短期盈利能力分析,边际成本法则可帮助企业快速判断每增加一单位产量所带来的利润变化,为生产决策提供依据。例如,在季节性产品生产企业中,通过边际成本法分析,企业可以在旺季来临前准确决定是否增加产量以获取最大利润。

(2)对于需要进行长期战略规划的企业,生命周期成本法将产品从研发、生产、销售到报废的全过程成本纳入核算,有助于企业从长远角度考虑成本与收益。例如,大型飞机制造企业,运用生命周期成本法可全面评估飞机在整个服役期内的成本,为定价、售后服务等提供战略指导。

(四)设计成本核算流程

1.规划数据收集

(1)建立多维度的数据收集体系,不仅包括财务数据,还应涵盖业务数据。例如,在电商企业中除了订单金额、支付手续费等财务数据，还需收集用户浏览量、转化率、退货率等业务数据。这些业务数据能帮助企业更深入地分析成本产生的原因，如高退货率可能导致物流成本增加。

（2）利用信息化手段实现数据的自动化收集与传输。例如，通过企业资源计划（ERP）系统，将采购、生产、销售等环节的数据实时采集并整合到成本核算模块，减少人工录入错误，提高数据的及时性与准确性。

2. 构建核算流程

（1）设计成本分摊的逻辑与标准，确保成本分配的合理性。例如，在共享服务中心模式下，企业的行政、人力资源等共享服务成本需合理分摊到各业务部门，可以根据各部门使用共享服务的频率、员工数量等因素制定分摊标准，避免成本分配不公。

（2）引入成本核算的复核机制，对关键成本数据进行二次审核。例如，在建筑工程企业中，对于大额的原材料采购成本、人工成本等，由独立的审核小组进行复核，确保成本核算的准确性，防止因数据错误导致成本失控。

3. 设计报表体系

（1）开发面向不同管理层级的成本报表。高层管理者需要的是简洁、综合的成本分析报表，重点关注总成本、成本结构变化趋势等关键信息，以进行战略决策；中层管理者则需要更详细的部门成本报表，用于监控部门成本执行情况；基层员工可能需要与自身工作直接相关的成本明细报表，如生产线上的物料消耗报表，便于他们进行成本控制。

（2）运用可视化技术提升报表的可读性与易用性。通过图表（如柱状图、折线图、饼图等）直观展示成本数据的变化趋势、构成比例等，让管理层能够快速理解成本信息，做出决策。

（五）制定成本核算制度文档

1. 编写制度内容

（1）详细阐述成本核算的各项政策，包括成本项目的分类、成本核算的期间、成本计量属性等。例如，明确规定原材料成本按实际采购成本计量，对于采用计划成本法的企业，需说明计划成本与实际成本差异的处理方法。

（2）制定成本核算的操作规范，从原始凭证的取得、填写、审核，到成本计算单的编制、审核、归档，每一个环节都要有明确的操作指南。例如，规定采购发票必须附带详细的采购清单、验收报告等原始凭证，且经过采购部门、仓库部门、财务部门等多部门审核后，方可作为成本核算的依据。

2. 明确审批流程

（1）设计多层级的审批流程，确保成本核算结果的准确性与合规性。例如，成本核算初稿需先由基层核算人员提交给部门主管审核，再由财务经理进行二次审核，最终由财务总监审批通过。对于重大成本项目的核算结果，可能还需要提交给企业管理层会议进行审议。

（2）建立审批责任追溯机制，若审批通过的成本核算结果出现问题，则能够追溯到相关审批人员的责任，强化审批人员的责任意识。

3. 发布与培训

（1）采用多种渠道发布成本核算制度，如企业内部网站、公告栏、邮件等，确保全体员工都能及时获取制度信息。同时，组织线上线下相结合的培训活动，线上通过视频教程、在线测试等方式进行普及性培训，线下针对关键岗位人员进行集中授课、案例分析与实操演练。

（2）建立制度答疑与反馈机制，在培训过程中以及制度实施初期，安排专人解答员工对制度的疑问，收集员工的反馈意见，及时解决问题，确保制度顺利实施。

（六）测试与优化制度

1. 模拟运行测试

（1）选取具有代表性的产品或业务场景进行模拟运行，模拟不同的业务量、成本变动情况，全面检验成本核算制度的准确性与适应性。例如，在一家服装连锁企业中，选取不同规模、不同销售业绩的门店进行模拟核算，观察在不同经营状况下成本核算结果的合理性。

（2）对比模拟结果与行业标杆数据，若发现成本核算结果与行业平均水平存在较大差异，深入分析原因，判断是企业自身成本控制问题，还是成本核算制度存在缺陷。

2. 收集反馈意见

（1）建立常态化的反馈渠道，鼓励员工随时提出对成本核算制度的意见与建议。例如，设立专门的成本核算意见邮箱，定期召开成本核算沟通会议，邀请各部门员工代表参与，共同探讨制度运行中存在的问题。

（2）对反馈意见进行分类整理与分析，区分共性问题与个性问题。对于共性问题，如大部分员工反映成本数据收集表格烦琐，需立即进行优化；对于个性问题，如个别部门因特殊业务需求对成本核算方法有异议，需进行针对性的研究与解决。

3. 持续优化完善

（1）根据企业内外部环境变化，定期对成本核算制度进行全面评估与优化。例如，随着税收政策的调整、原材料市场价格波动、企业生产技术革新等情况的发生，企业应及时调整成本核算方法、成本项目设置等。

（2）建立成本核算制度优化的项目管理机制，明确优化目标、责任人、时间节点等，确保优化工作有序推进，不断提升成本核算制度的科学性与有效性。

【学思践悟】 以成本核算制度设计之学，悟国家发展战略之要

党的二十大报告明确指出高质量发展是全面建设社会主义现代化国家的首要任务，二十届二中、三中全会也围绕推动经济社会持续健康发展作出重要部署。在成本核算制度设计时，应注重将其与国家发展需求紧密相连，具有高度的宏观视野和责任感。

成本核算制度设计并非单纯的企业内部事务，其对国家经济高质量发展意义重大。精准的成本核算有助于企业优化资源配置，这与二十届三中全会中提高资源利用效率的要求相契合。不同行业需采用不同的成本核算方法，例如，制造业中多步骤生产的企业运用分步法，能够使企业更高效地利用人力、物力资源，减少浪费，如同在经济发展的大棋局中精准布局，提升整体效能。这让我们树立全局观，学会根据实际情况选择合适的方法。在学习不同学科知识时，要依据学科特点和自身情况，找到适合自己的学习策略，做到具体问题具体分析。此外，成本核算为企业战略决策提供依据，促进企业稳健发展，进而推动行业进步，为国家经济高质量发展贡献力量。这也启示我们，个人的努力与国家发展息息相关，每个人在各自岗位上尽职尽责，做出正确决策，都能汇聚成推动国家发展的强大动力。

【悟有所得】

学习成本核算制度设计，对于学生未来投身社会、服务国家具有重要意义。二十届二中、三中全会强调要激发各类经营主体活力，而合理的成本核算制度正是企业保持活力的关键之一。由此我们可以领悟到，在未来的职业道路上，无论从事何种工作，都应秉持严谨的态度。成本核算从数据收集到报表编制的每一个环节都要求准确无误，这如在学习中对待每一道题、每一个知识点，都需认真严谨，确保学习质量。同时，建立完善的成本核算内部控制体系，防范舞弊风险，保障数据准确，这也要有规则意识和道德底线。在今后的工作中，面对各种诱惑，都要坚守原则，保证工作成果真实可靠，为企业诚信经营贡献力量。从国家发展战略层面来看，成本核算制度能够助力企业提升

竞争力,推动经济高质量发展。不断提升自身能力,在未来工作中以创新思维优化成本核算方法和流程,为企业降本增效,为实现中国式现代化的宏伟目标贡献智慧与力量,在时代的舞台上展现当代学子的担当与价值。

第二节 费用要素和成本项目的设计

费用要素和成本项目是成本核算中必须明确的两个重要概念,厘清二者的内涵和外延,明确二者间的联系和区别是决定成本核算质量的重要工作。因此,在确定了成本计算对象、成本计算期和成本中心后,必须对费用要素和成本项目进行设计。

一、费用要素的设计

(一)费用要素的分类依据

费用要素是对企业生产经营过程中发生的各种耗费按经济内容进行的分类。这样分类有助于清晰地反映企业在一定时期内发生了哪些费用,以及各项费用的金额大小。例如,将企业的耗费分为外购材料、外购燃料、外购动力、职工薪酬、折旧费、利息支出、税金及其他支出等要素。这种分类不考虑费用的用途和发生地点,纯粹从经济性质角度出发。

(二)各费用要素的具体内容与核算要点

最基本的要素费用包括劳动对象方面的费用、劳动手段方面的费用和活劳动方面的费用。前两者为物化劳动耗费,即物质消耗;后者为活劳动耗费即非物质消耗。为了具体反映各种费用的构成和耗费水平,费用要素应在此基础上进一步细分。由于国家要利用要素费用的资料计算国民收入和工业净产值,所以企业在设计要素费用的具体内容时应该与国家对宏观国民经济的管理要求相适应。一般情况下,要素费用包括下列八项内容:

(1)外购材料。这一要素涵盖企业为进行生产经营活动而从外部购入的各种原材料、辅助材料、半成品、包装物、低值易耗品等。企业在核算时要以采购发票、入库单等原始凭证为依据,准确记录材料的采购成本,包括买价、运杂费、运输途中的合理损耗、入库前的挑选整理费用等。例如,一家塑料制品厂购入的塑料粒子,其采购成本需完整核算,确保成本计算准确。

(2)外购燃料。企业为生产经营活动购入的各种固体、液体和气体燃料属于这一要素,核算时,同样要依据相关采购凭证,精确计量燃料的采购金额。对于一些使用大型锅炉的工业企业,煤炭、天然气等燃料的采购成本核算至关重要,其用量大且价格波动可能影响企业成本。

(3)外购动力。如电力、蒸汽、水等从外部购入的动力资源,都归属于此要素。企业需根据水电表读数、动力供应发票等确定外购动力的用量与金额。例如,钢铁厂的电力消耗巨大,准确核算外购电力成本对成本控制意义重大。

(4)职工薪酬。这是企业为获得职工提供的服务而给予的各种形式的报酬以及其他相关支出,包括职工工资、奖金、津贴和补贴、职工福利费、社会保险费、住房公积金、工会经费、职工教育经费等。企业在核算时要严格按照国家相关规定和企业薪酬政策进行计算与计提,例如,每月根据员工考勤、绩效等计算工资,同时按规定比例计提各项福利费用。

(5)折旧费。企业拥有的固定资产在使用过程中因损耗而逐渐转移到成本费用中的那部分价值,需根据固定资产的原值、预计使用年限、预计净残值等因素,选择合适的折旧方法,如直线法、双倍余额递减法等进行计算。例如,企业的生产设备按直线法计提折旧,每月计算折旧金额并计入相应的成本费用。

(6)利息支出。企业为筹集生产经营所需资金等而发生的利息费用。企业核算时要依据借款合同、利息结算单据等,准确记录利息支出金额。例如,企业从银行贷款,需按贷款合同约定的利率和期限计算利息支出,并在财务费用中列支。

(7)税金。企业按照税法规定应缴纳的各种税金,如房产税、车船税、土地使用税、印花税等。这些税金应根据相关税收法规和完税凭证进行核算。例如,企业在缴纳房产税时依据房产原值和当地税率计算应纳税额,并进行账务处理。

(8)其他支出。除上述各项费用要素之外的其他费用支出,如差旅费、业务招待费、租赁费等,企业在核算时要根据实际发生的业务和相关发票、凭证进行记录。例如,员工出差的差旅费,需凭借出差审批单、交通票据、住宿发票等进行报销核算。

【提示】不同行业企业费用要素的具体内容是有很大差异的,各企业应参照国家相关会计制度,并结合自身业务特点进行设计。

二、成本项目的设计

(一)成本项目设计的原则

成本项目是为了计算产品成本而对生产费用进行的分类,应根据企业的生产特点和管理要求进行设计。第一要满足相关性原则,即成本项目要与企业的生产经营活动密切相关,能够准确反映产品成本的构成。第二是重要性原则,对于那些对产品成本影响较大的费用,应单独设置成本项目;而对于金额较小、对成本影响不大的费用,可以合并设置。例如,在电子芯片制造企业,硅片等主要原材料成本占比大,应单独设为直接材料成本项目;而一些辅助性的化学试剂,成本相对较低,可合并在其他直接材料或制造费用中核算。

(二)常见成本项目的设置及内容

1. 直接材料

直接材料是指构成产品实体的原材料以及有助于产品形成的主要材料和辅助材料。在服装生产企业,布料、拉链、纽扣等都属于直接材料。在设计成本项目时,企业要明确直接材料的具体范围,确保所有与产品直接相关的材料成本都能准确归集。

2. 直接人工

直接人工是指直接从事产品生产的工人的职工薪酬。这不仅包括工人的基本工资,还涵盖奖金、津贴、补贴以及按规定计提的福利费等。在汽车制造企业的装配车间,装配工人的薪酬全部计入直接人工成本项目。准确核算直接人工成本,对于分析产品的人工成本占比和成本控制具有重要意义。

3. 制造费用

制造费用是企业为生产产品和提供劳务而发生的各项间接费用,包括生产车间管理人员的工资、职工福利费、生产车间房屋建筑物和机器设备的折旧费、租赁费、修理费、机物料消耗、水电费、办公费、季节性和修理期间的停工损失等。在机械加工企业,生产车间的设备维修费用、车间照明用电费用等都归集到制造费用项目中。制造费用需按照一定的方法分配到产品成本中,常见的分配方法有生产工时比例法、机器工时比例法、直接人工成本比例法等。

4. 其他成本项目

企业根据特殊的生产情况和管理需求,还可能设置一些其他成本项目。例如,在某些高新技术企业,研发成本对产品成本影响较大,可单独设置"研发成本"项目,用于归集产品研发过程中发生的各项费用,包括研发人员薪酬、研发设备折旧、研发材料消耗等。对于一些需要大量运输的企业,可能设置"运输成本"项目,专门核算产品运输过程中发生的费用,如运输车辆的燃料费、司机工资、运输公司运费等。

【学中做9—1】　优化成本核算：阳光家具厂费用要素及成本项目核算要点

阳光家具厂是一家专注于实木家具生产的小型企业。近期，企业为了更精准地控制成本，提升利润空间，决定对成本核算体系进行优化。请分析下列问题：

(1)在核算费用要素时，阳光家具厂从外地采购了一批优质木材，采购发票显示木材买价为50 000元，运输途中发生合理损耗1 000元、运杂费3 000元，入库前挑选整理费用1 000元。请问：在费用要素"外购材料"中，这笔采购应计入的金额是多少？核算的依据是什么？

(2)阳光家具厂本月支付给生产车间工人的工资共计30 000元，奖金5 000元，同时按照规定计提了职工福利费4 000元、社会保险费3 000元、住房公积金2 000元。这些费用在成本项目"直接人工"中应如何核算？

(3)企业生产车间的一台关键设备本月发生了故障，维修费用为8 000元，同时该车间本月水电费支出5 000元。这些费用应归属于哪个成本项目？该成本项目还可能包含哪些费用？常见的分配方法有哪些？

（精析学中做）

第三节　辅助生产成本计算的设计

工业企业的生产车间有基本生产车间和辅助生产车间之分。辅助生产车间主要是为基本生产车间服务而进行产品生产或劳务供应的车间。辅助生产产品和劳务所耗费的各种生产费用之和，构成这些产品和劳务的成本即辅助生产成本。如果辅助生产提供的产品和劳务对外销售，则其成本计算与基本生产相同。在工业企业里，辅助生产产品和劳务一般都是对内供应，所以在计算时可以采用一些简化的方法，还要将其成本在企业内部各受益部门之间进行分配。

一、辅助生产部门的界定与特点

（一）辅助生产部门的范围

辅助生产部门是指为基本生产车间、企业行政管理部门等单位提供产品或劳务的生产车间。例如，企业内部的供水车间、供电车间、机修车间、运输车间等都属于辅助生产部门。这些部门不直接生产对外销售的产品，但其提供的产品或劳务是企业生产经营活动顺利进行的重要保障。以一家机械制造企业为例，供电车间为生产车间的机器设备运转提供电力，机修车间负责设备的日常维修与保养，确保生产设备正常运行。

（二）辅助生产部门的特点

1. 产品或劳务的多样性

不同的辅助生产部门提供的产品或劳务各不相同。供水车间生产并供应生产和生活用水；运输车间提供原材料、半成品及产成品的运输服务；而工具模具车间则生产供基本生产车间使用的工具、模具等。

2. 服务对象的复杂性

辅助生产部门的服务对象既包括基本生产车间，也涵盖企业的行政管理部门、销售部门等。例如，供电车间不仅要为生产车间提供电力，还需满足办公区域的照明用电以及销售展厅的电力需求，这就导致辅助生产费用的分配较为复杂，需要考虑不同部门的受益程度。

3. 成本构成的特殊性

辅助生产部门的成本构成有其独特之处。除了直接材料、直接人工等常见成本外，还可能包含大量的设备折旧、维修费用。例如，机修车间的设备价值较高，折旧费用在其成本中占比较大；同时，为了保证维修服务的及时性，需要储备一定数量的备品备件，这也构成了直接材料成本的重要部分。

二、辅助生产成本的归集

(一)直接成本的归集

1. 直接材料

辅助生产部门在生产产品或提供劳务过程中直接消耗的原材料应直接计入辅助生产成本。例如,供水车间消耗的净化药剂、供电车间使用的电力设备零部件等,都属于直接材料成本。这些成本依据采购发票、领料单等原始凭证,直接归集到相应的辅助生产车间成本中。

2. 直接人工

辅助生产车间工人的职工薪酬,包括工资、奖金、津贴、补贴以及按规定计提的福利费等,构成直接人工成本。例如,运输车间司机的工资、机修车间维修工人的薪酬等,按照考勤记录、工资结算单等进行核算,直接计入辅助生产成本。

(二)间接成本的归集

辅助生产车间发生的各项间接费用,如车间管理人员工资、设备折旧费、水电费、机物料消耗等,先通过"制造费用"科目进行归集。例如,机修车间的设备折旧、车间照明用电费用等,先计入制造费用,期末,再将制造费用按照一定的方法分配到辅助生产成本中。分配方法可参照基本生产车间制造费用的分配方法,如生产工时比例法、机器工时比例法等。以机修车间为例,若采用生产工时比例法分配制造费用,需统计各维修项目的工时,然后按工时比例将制造费用分配到各个维修任务对应的辅助生产成本中。

三、辅助生产成本的分配方法

辅助生产提供的产品或劳务,主要是为基本生产车间和行政管理部门使用和服务的。但是在辅助生产车间之间,也经常存在相互提供产品和劳务的情况。为了正确计算辅助生产产品和劳务的成本,并且将辅助生产费用正确地计入基本生产产品成本,在分配辅助生产费用时,企业还应在各辅助生产车间之间进行费用的交互分配。具体的分配方法如下:

(一)直接分配法

直接分配法是将辅助生产费用直接分配给辅助生产以外的各受益单位,而不考虑辅助生产车间之间相互提供产品或劳务的情况。计算公式为:

辅助生产费用分配率=辅助生产车间归集的费用总额÷(辅助生产车间提供的产品或劳务总量—辅助生产车间之间相互提供的产品或劳务量)

某受益单位应分配的辅助生产费用=该受益单位耗用的产品或劳务量×辅助生产费用分配率

例如,供电车间本月共发生费用 100 000 元,供电总量为 1 000 000 度,其中,机修车间耗用 100 000 度,基本生产车间耗用 800 000 度,行政管理部门耗用 100 000 度,则

供电车间费用分配率=100 000÷(1 000 000—100 000)≈0.111 1(元/度)

基本生产车间应分配的电费= 800 000×0.111 1= 88 880(元)

行政管理部门应分配的电费=100 000×0.111 1=11 110(元)

【提示】直接分配法适用于辅助生产车间之间相互提供产品或劳务较少的情况。其优点是计算简单,工作量小;缺点是分配结果不够准确,因为未考虑辅助生产车间之间的相互服务。在上述例子中,机修车间使用的电力成本未在供电车间成本分配中得到体现,导致基本生产车间和行政管理部门分配的电费不够精确。

(二)交互分配法

交互分配法分两步进行:第一步,根据各辅助生产车间相互提供产品或劳务的数量和交互分配前的单位成本(费用分配率),在各辅助生产车间之间进行一次交互分配;第二步,将各辅助生产车间交互分配后的实际费用(即交互分配前的费用加上交互分配转入的费用,减去交互分配转出的费用),再按对外提供产品或劳务的数量,在辅助生产车间以外的各受益单位之间进行分配。

例如,仍以上述供电车间和机修车间为例,假设机修车间本月发生费用80 000元,提供维修工时2 000小时,其中为供电车间提供200小时维修服务。

供电车间交互分配前的费用分配率=100 000÷1 000 000= 0.1(元/度)
机修车间交互分配前的费用分配率=80 000÷2 000=40(元/小时)
供电车间应分配给机修车间的电费= 100 000×0.1 = 10 000(元)
机修车间应分配给供电车间的维修费用=200×40=8 000(元)
交互分配后,供电车间的实际费用=100 000+8 000−10 000=98 000(元)
机修车间的实际费用=80 000+10 000−8 000=82 000(元)

然后再将供电车间和机修车间交互分配后的实际费用对外分配给基本生产车间和行政管理部门。

【提示】交互分配法适用于辅助生产车间之间相互提供产品或劳务较多的情况。其优点是考虑了辅助生产车间之间的相互服务,分配结果相对准确;缺点是计算过程较为复杂,工作量较大。

(三)计划成本分配法

计划成本分配法是按照计划单位成本计算、分配辅助生产费用的方法。首先,根据各受益单位(包括辅助生产车间内部和外部)耗用的产品或劳务数量和计划单位成本,计算各受益单位应分配的辅助生产费用;其次,计算辅助生产车间实际发生的费用(包括辅助生产内部交互分配转入的费用)与按计划单位成本分配转出的费用之间的差额,即辅助生产费用分配差异,可将其计入管理费用。

例如,假设供电车间计划单位成本为0.12元/度,机修车间计划单位成本为45元/小时。
基本生产车间耗电800 000度,应分配电费= 800 000×0.12 = 96 000(元)
行政管理部门耗电100 000度,应分配电费= 100 000×0.12=12 000(元)
供电车间实际发生费用100 000元,按计划成本分配转出的费用=(800 000+100 000)×0.12=108 000(元)
差异=100 000−108 000=−8 000(元)(节约差异),将其计入管理费用。

【提示】计划成本分配法适用于计划成本资料较为健全且计划成本制定较为准确的企业。其优点是简化了成本计算工作,便于考核和分析各受益单位的成本,有利于分清企业内部各单位的经济责任;缺点是若计划成本制定不准确,则会影响成本分配的准确性。

(四)代数分配法

代数分配法是运用代数中多元一次联立方程的原理,计算辅助生产劳务的单位成本,然后再根据各受益单位(包括辅助生产车间内部和外部)耗用的数量和单位成本分配辅助生产费用。

假设企业有供电和机修两个辅助生产车间,设每度电的单位成本为 x 元,每小时机修服务的单位成本为 y 元。根据两个辅助生产车间相互提供劳务以及对外提供劳务的情况,可以列出如下方程组:

$$\begin{cases} 100\ 000+200y=1\ 000\ 000x \\ 80\ 000+100\ 000x=2\ 000y \end{cases}$$

通过求解上述方程组，得出 x 和 y 的值，即分别为供电和机修的单位成本，然后按照各受益单位实际耗用的数量乘以对应的单位成本，计算出应分配的辅助生产费用。

例如，若解得 $x=0.11$ 元/度，$y=44$ 元/小时，基本生产车间耗电 800 000 度，应分配电费＝800 000×0.11＝88 000 元；机修车间为基本生产车间提供 1 500 小时服务，应分配机修费用＝1 500×44＝66 000(元)。

【提示】代数分配法适用于实现电算化的企业，因为当辅助生产车间较多时，联立方程的计算量较大。其优点是分配结果最为准确，考虑了所有辅助生产车间之间相互提供劳务的关系；缺点是如果企业未实现电算化，则手工计算联立方程的工作量极大，且对会计人员的数学知识和计算能力要求较高。

【做中学 9—1】　　前进机械制造公司辅助生产费用分配方法对比分析

前进机械制造公司拥有供电、供水和机修三个辅助生产车间，以及基本生产车间和行政管理部门。本月，各辅助生产车间发生的费用及提供劳务情况如下：

• 供电车间本月共发生费用 150 000 元，供电总量为 1 500 000 度，其中，供水车间耗用 150 000 度，机修车间耗用 100 000 度，基本生产车间耗用 1 100 000 度，行政管理部门耗用 150 000 度。

• 供水车间本月发生费用 80 000 元，供水总量为 800 000 吨，其中，供电车间耗用 80 000 吨，机修车间耗用 50 000 吨，基本生产车间耗用 600 000 吨，行政管理部门耗用 70 000 吨。

• 机修车间本月发生费用 120 000 元，提供维修工时 3 000 小时，其中，供电车间需要维修 200 小时，供水车间需要维修 300 小时，基本生产车间需要维修 2 300 小时，行政管理部门需要维修 200 小时。

请分析：

(1)若采用直接分配法，计算基本生产车间和行政管理部门应分配的供电、供水和机修费用分别是多少？这种方法在本案例中的优、缺点是什么？

(2)若采用交互分配法，计算各辅助生产车间交互分配后的实际费用，以及基本生产车间和行政管理部门最终分配到的辅助生产费用。分析交互分配法相较于直接分配法的优势。

(3)假设供电车间计划单位成本为 0.13 元/度，供水车间计划单位成本为 0.11 元/吨，机修车间计划单位成本为 42 元/小时。采用计划成本分配法，计算各受益单位应分配的辅助生产费用以及辅助生产费用分配差异，并说明这种方法的适用场景及本案例中的应用效果。

(4)运用代数分配法，设每度电单位成本为 x 元，每吨水单位成本为 y 元，每小时机修服务单位成本为 z 元，列出方程组并求解，计算基本生产车间应分配的供电、供水和机修费用。思考代数分配法在本案例中是否适用，若企业未实现电算化，则可能面临哪些挑战？

第四节　产品成本计算的设计

产品成本计算是对生产过程中发生的各项生产费用，采取一定的程序和方法，按照特定的成本计算对象进行归集和分配，以计算确定各种产品的总成本和单位成本。产品成本计算作为企业成本核算制度的核心枢纽，其精准性直接关联到企业成本信息的质量，进而对企业决策的科学性与有效性起着决定性作用。产品成本计算的设计工作，必须全方位、多层次地考量众多因素，旨在确保成本计算结果能够精准无误地映射出产品生产进程中资源的实际耗费情况。

一、确定产品成本计算方法的依据

(一)生产特点

1. 生产工艺过程特点

生产工艺过程的特性,尤其是其连续性与复杂程度,在成本计算方法的抉择中扮演着举足轻重的角色。单步骤生产具备工艺简洁、产品生产周期较短的显著特征,像发电、采掘这类行业便是典型代表。以发电企业为例,从燃料投入电力产出的整个流程一气呵成,连贯性极强。在成本核算时,可将燃料采购成本、设备折旧费用、操作人员薪酬等各项成本,依据电力产量这一相对简单且直接的分配标准,径直归集到电力产品成本当中。而多步骤生产则截然不同,产品需历经多个生产环节与加工步骤,每个步骤的成本核算方式都可能存在差异。以纺织企业为例,产品依次要经过纺纱、织布、印染等多个步骤,每个步骤都涉及不同的原材料投入、设备使用以及人工操作。在这种情况下,分步法就成为最为适宜的成本计算方法。通过分步法,能够按照生产步骤逐步归集和分配成本,清晰地展现每个步骤的成本构成与成本流转情况。

2. 生产组织特点

大量大批生产企业,诸如汽车制造企业,产品规格相对统一,生产过程具备连续性且产量规模庞大。在这类企业中,可将大量生产的产品视为同一类别,进而采用品种法或分步法进行成本计算。若采用品种法,则可将生产过程中发生的各类成本,按照产品产量、生产工时等合理分配标准,统一分配到各类产品中。若采用分步法,则可以按照汽车生产的冲压、焊接、涂装、总装等不同生产步骤,分别归集和分配成本,从而实现对每个生产环节成本的精细管控。反观单件小批生产企业,例如船舶制造企业,产品通常是依据客户订单进行定制化生产,每个订单的产品在设计、规格、工艺等方面都具有独特性,生产周期往往较长。在这种生产组织模式下,分批法成为不二之选。企业针对每个订单单独开设成本计算单,从原材料采购、零部件加工、设备调试到最终组装等各个环节所产生的成本,都详尽地归集到该订单的成本计算单中,直至订单产品完工,准确计算出其总成本和单位成本。

(二)管理要求

1. 成本控制需求

对于那些对成本控制有着严苛要求的企业而言,分步法展现出无可比拟的优势。通过分步骤核算成本,企业能够清晰洞察各生产步骤的成本构成情况,精准定位成本控制的关键节点。例如,某机械制造企业在采用分步法核算成本时发现某一零部件加工步骤的成本显著高于其他步骤。经深入分析,原来是该步骤所使用的设备老化严重,导致生产效率低下、废品率增加,进而推高了成本。基于这一发现,企业果断决定对该设备进行更新改造,通过引入先进的自动化加工设备,不仅大幅提高了生产效率,降低了废品率,还成功削减了该加工步骤的成本,实现了有效的成本控制。

2. 定价决策需求

对于产品定价高度依赖准确成本信息的企业来说,选择合适的成本计算方法至关重要。以高端定制产品企业为例,由于产品的定制化属性,每个产品的成本构成差异较大。采用分批法能够精准核算每个定制产品的成本,包括原材料的特殊采购成本、个性化设计费用、专属生产工艺成本等。这些精确的成本数据为产品定价提供了坚实可靠的依据,确保企业在定价时既能充分覆盖成本,又能依据市场需求和产品独特价值制定具有竞争力的价格,从而实现企业利润的最大化。

二、产品成本计算的设计程序

产品成本计算的设计程序是指对企业在生产经营过程中发生的各项要素费用,按照成本核算的原则和要求,逐步进行归集与分配,直至最后计算出各种产品成本的整个过程。一般来说,成本核算包括以下程序：

(一)确定成本核算对象

成本核算对象是生产费用的归集对象和生产耗费的承担者,是设置产品成本计算单和计算产品成本的前提。由于企业的生产特点、管理要求、规模大小、管理水平不同,企业成本核算对象也不相同。对于制造企业而言,产品成本核算的对象包括产品品种、产品批别和产品的生产步骤三种。企业应根据自身的生产特点、管理要求、工艺技术与生产组织等相结合形成不同的生产特点,去选择合适的产品成本核算对象。工业企业生产类型如图9-1所示。

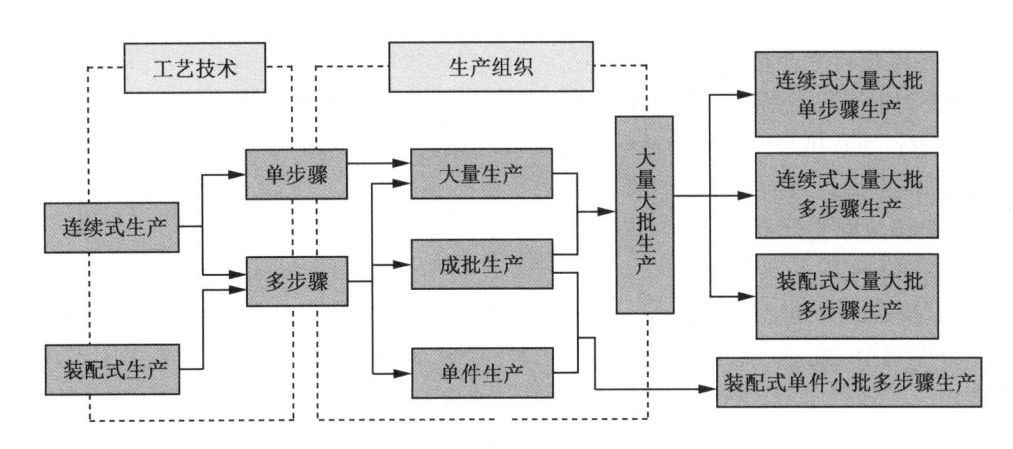

图9-1　工业企业生产类型

注:(1)连续式生产是指产品的生产过程要经过若干个连续的生产步骤。发电、采煤、自来水、化工、炼油、造纸、食品、水泥等是连续式生产的典型。这种类型的生产又可根据其生产过程是否可以间断,分为连续式的简单生产和连续式的复杂生产。

①连续式的简单生产也称单步骤生产,是指在生产工艺技术要求上各个生产步骤之间不可以中断,即自原材料投入生产后,各个生产步骤之间在时间上是不可以中断的,直到最终生产出产成品为止。这种连续式生产一般表现为单步骤生产。

②连续式的复杂生产,是指在生产工艺技术要求上各个生产步骤之间可以中断,即完成了某一个加工步骤后不一定马上转移到下一个生产步骤,在时间上可以是不连续的。这种连续式生产属于多步骤的复杂生产。

(2)装配式生产,是指原材料平行地投入各个生产车间,加工为产品的某一部分,如产品的零部件等,然后再集中到其他生产车间(如总装车间)进行装配,最终制造出产成品。

(3)大量生产是指企业在某一会计期间重复大量地生产某一种或几种特定的产品。例如,自来水厂、面粉厂、化工厂、采掘企业、钢铁制造企业、造纸企业等,都属于这种生产组织类型。

(4)成批生产是指企业在某一会计期间按照不同品种、规格生产一定批量的产品。例如,服装厂服装的生产、机械厂机械产品的生产等,都是属于这种生产组织类型。

(5)单件生产是指企业在某会计期间所生产的数量少、种类多的产品。例如,造船厂船舶的生产、重型机械厂重型机械的生产、飞机制造等,都属于这种生产组织类型。

(二)确定成本项目

如前所述,成本项目是指生产费用要素按照经济用途划分的若干项目。成本项目可以反映成本的经济构成以及在产品生产过程中不同的资金耗费情况。为了满足成本管理的需要,企业可在直接材料、直接人工、燃料和动力、制造费用四个成本项目的基础上进行必要的调整,如将燃料和动力并入直接材料成本项目,或增设废品损失、停工损失等成本项目。

(三)确定成本计算期

成本计算期是指成本计算的间隔期,即多长时间计算一次成本。产品成本计算期的确定主要取决于企业生产组织的特点。在大量、大批生产的情况下,产品成本的计算期间与会计期间相一致;在单件、小批生产的情况下,产品成本的计算期间与产品的生产周期相一致。

(四)设置生产成本明细账

生产成本明细账也称产品成本明细账或产品成本计算单,是根据成本计算对象设置的。由于计算产品成本其实就是将生产费用在各个不同的成本计算对象之间进行分摊,所以企业在一定时期内有几个成本计算对象,就要设几个生产成本明细账。在生产成本明细账中,企业要按成本项目设立专栏(或专行),以反映产品成本的构成。

(五)审核和控制生产费用

审核和控制生产费用是指对企业在生产经营活动中发生的各项费用的合规性和合理性进行审核和控制,分清各项费用与生产经营活动的关系,以确定各项费用是否应该开支,应开支的费用是否应计入产品成本或其金额有无超出预算规定。

(六)归集和分配生产费用

1. 归集本期发生的各项费用

企业在审核各项费用的原始凭证后,根据费用的用途,分别按生产费用与期间费用开支范围的规定,确定各项费用应记入"基本生产成本""辅助生产成本"和"制造费用"等成本类账户,还是应记入"销售费用""管理费用"和"财务费用"等期间费用类账户,然后,根据各原始凭证反映的具体经济业务,编制费用分配表分配或者直接记入上述各有关账户。

2. 分配辅助生产费用

期末,企业应将"辅助生产成本"账户所归集的辅助生产费用,按其服务的对象和提供产品、自制工具或劳务的数量,编制辅助生产费用分配表;分配后,将其转入"基本生产成本""制造费用"等成本类账户和"管理费用""销售费用"等期间费用类账户。

3. 分配制造费用

企业应选用适当的分配标准,编制制造费用分配表,将"制造费用"账户所归集的间接生产费用在各受益产品之间进行分配,并根据分配的结果,将制造费用转入"基本生产成本"账户及其所属的明细分类账户。

4. 计算并结转完工产品成本

企业应将"基本生产成本"账户所属的各明细分类账户所归集的生产费用,采用合适的方法,在完工产品与期末在产品之间进行分配,计算完工产品总成本与单位成本,并将完工产品总成本转入"库存商品"账户。

产品成本核算的主要账务处理基本程序如图9—2所示。

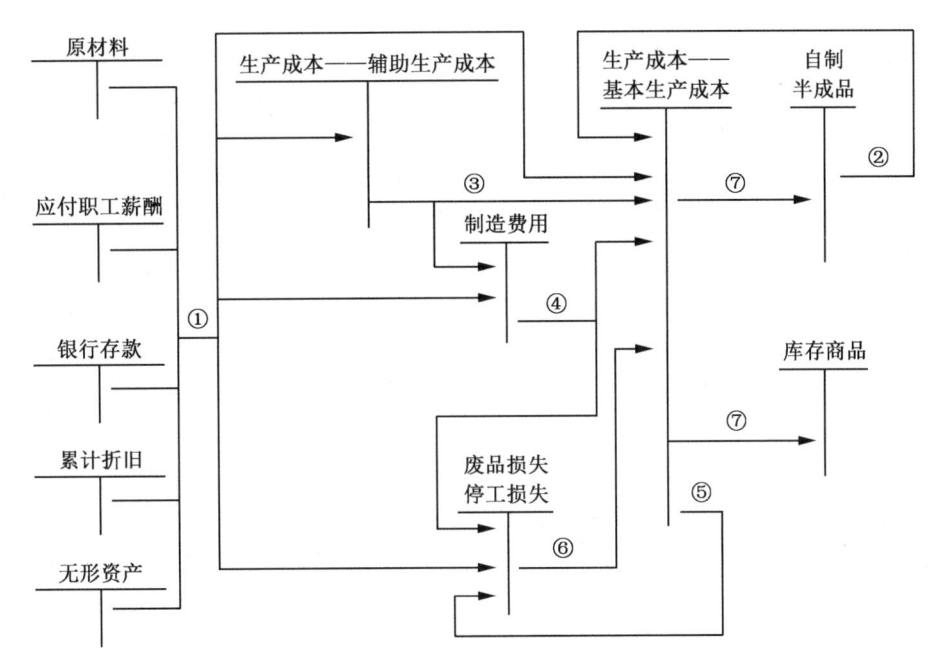

图 9—2　产品成本核算的主要账务处理基本程序*

三、常见的产品成本计算方法

(一)品种法

品种法是以产品品种作为成本核算的核心对象,对生产过程中所发生的直接材料、直接人工、制造费用等各类生产费用进行系统归集与合理分配,进而计算出产品成本的一种方法。在实际操作中,企业首先需要对生产过程中的各项成本进行准确记录和分类。例如,某食品加工厂生产多种口味的饼干,在计算成本时,要将采购不同原材料(如面粉、糖、油脂、各种口味添加剂等)的成本、生产工人的工资及福利、生产设备的折旧费用、车间水电费等制造费用进行详细记录。然后,根据各口味饼干的产量、生产工时或其他经过科学论证的合理分配标准,将这些成本分配到不同口味的饼干产品中。若以产量作为分配标准,假设本月共生产巧克力口味饼干 1 000 箱、草莓口味饼干 800 箱,生产总成本为 50 000 元,按照产量比例分配,

巧克力口味饼干应分配的成本=50 000×1 000÷(1 000+800)≈27 777.78(元)

草莓口味饼干应分配的成本=50 000×800÷(1 000+800)≈22 222.22(元)

品种法广泛适用于大量大批单步骤生产企业,以及在管理上不要求分步骤计算成本的大量大批多步骤生产企业。对于大量大批单步骤生产企业,如前面提及的发电企业,由于生产过程简单,采用品种法可以极大地简化成本计算工作,同时又能满足成本核算的准确性要求。而对于某些大量大批多步骤生产企业,若各步骤之间的生产关联性相对较弱,或者管理上更侧重于对最终产品成本的把控,而无须详细了解每个步骤的成本情况,则也可采用品种法。例如,一些小型塑料制品生产企业,虽然产品生产可能涉及注塑、成型、包装等多个步骤,但由于生产工艺相对简单,各步骤成本差异不大,采用品种法能够快速且有效地计算出产品成本。

---

* 说明:①分配各项要素费用;②生产领用自制半成品;③分配辅助生产成本;④分配制造费用;⑤结转不可修复废品;⑥分配废品损失和停工损失;⑦结转产成品成本和自制半成品成本。

（二）分批法

分批法以产品的批别作为成本核算的特定对象。在每批产品生产启动之初，企业便为其专门开设独立的成本计算单，用于详尽记录该批产品在整个生产过程中所发生的各项成本。从原材料的采购环节开始，包括为该批产品定制的特殊原材料成本、运输费用，到生产加工过程中的直接人工成本，如该批产品专属生产工人的工资、奖金、加班费用，再到制造费用，如生产该批产品所使用设备的折旧、水电费、车间为该批产品调配的物料消耗等，都逐一记录在该批产品的成本计算单中。当该批产品完工时，将成本计算单上归集的所有成本进行汇总，从而计算出该批产品的总成本，再除以该批产品的数量，得出单位成本。例如，某服装定制企业承接了一批高端礼服定制订单，从面料的精挑细选与采购，到专业裁缝的精心裁剪、缝制，再到后期的整烫、包装等环节，每一项成本都精准归集到该批订单的成本计算单中。假设该批订单共定制100件礼服，总成本为500 000元，则单位成本为5 000元/件。

分批法常用于单件、小批生产的企业，以及新产品试制、专项工程等特定场景。在船舶制造、大型机械设备制造等企业中，产品按订单定制的特性决定了生产的不可重复性和独特性。采用分批法能够紧密贴合生产实际，准确核算每个订单的成本，为企业进行成本控制、定价决策以及项目盈利分析提供精确的数据支持。同时，在新产品试制过程中，由于产品尚未进入大规模生产阶段，生产批次通常较小且成本构成复杂，分批法可以清晰地记录每个试制批次的成本，有助于企业评估新产品的研发成本和经济效益，为后续的生产决策提供有力依据。

（三）分步法

分步法以产品生产步骤作为成本核算的基本对象，主要分为逐步结转分步法和平行结转分步法。逐步结转分步法严格按照产品的加工顺序，逐步计算并结转半成品成本，直至最后一个加工步骤得出完工产品成本。以钢铁生产企业为例，从铁矿石投入高炉冶炼成生铁，这一过程中产生的原材料成本、燃料成本、人工成本以及设备折旧等制造费用，都先归集为生铁的成本。接着，生铁进入转炉炼成钢坯，此时不仅要将上一步骤生铁的成本结转过来，还要加上在炼钢过程中新增的成本，如废钢添加成本、合金料成本、炼钢设备的运行成本等，依次类推，直到最终轧制出成品钢材，计算出其总成本。平行结转分步法下，各生产步骤并不计算半成品成本，而是仅归集本步骤发生的生产费用，并计算出应计入产成品成本的份额，最后将各步骤应计入产成品成本的份额进行平行汇总，得出完工产品成本。以家具制造企业为例，假设其生产过程包括木材加工、零部件组装、表面涂装三个主要步骤。木材加工步骤归集本步骤的木材采购成本、切割加工成本等，计算出应计入最终家具产品的成本份额；零部件组装步骤归集组装人工成本、连接件成本等，同样计算出应计入最终产品的成本份额；表面涂装步骤归集涂料成本、涂装人工成本等，并计算相应的份额。最后将这三个步骤计算出的份额相加，得出家具产品的成本。

分步法特别适用于大量大批多步骤生产企业，这类企业生产过程复杂，生产环节众多。纺织、冶金、机械制造等行业广泛采用分步法，通过分步法能够清晰地反映各生产步骤的成本情况，便于企业进行成本管理和成本分析。例如，在纺织企业中，通过分步法可以详细了解纺纱、织布、印染等每个步骤的成本构成，有助于企业针对不同步骤的成本特点制定相应的成本控制策略，如在纺纱步骤，通过优化工艺，降低原材料损耗，在印染步骤通过改进设备提高染料利用率等，从而实现整个生产过程的成本优化。

以上三种方法的区别不在于什么产品，而在于什么时空。成本核算对象的确定与成本核算基本方法的形成如表9-1所示。

表 9—1 成本核算对象的确定与成本核算基本方法的形成

生产组织特点	生产工艺过程	成本管理要求	成本核算对象 空间范围	成本核算对象 计算期	成本核算对象 计算实体	成本核算方法
大量大批	单步骤	全厂核算成本	全厂	某月份	生产的某种产成品	品种法
大量大批	多步骤	不要求按步骤核算成本	全厂	某月份	生产的某种产成品	品种法
大量大批	多步骤	要求按步骤核算成本	各个步骤（车间）	某月份	生产的半成品与产成品	分步法
单件小批	单步骤或多步骤	全厂核算成本	全厂	生产的某一批（从投产到完工）	产成品	分批法

实际工作中,在以上三种成本核算基本方法的基础上,还有两种辅助方法,即分类法和定额法。

(1)分类法。分类法是以产品类别为成本核算对象,将生产费用先按产品的类别进行汇集,计算各类产品成本,然后再按照一定的分配标准在类内各种产品之间分配,以计算各种产品成本的方法。分类法主要是为了解决某些企业产品品种规格繁多,成本核算工作繁重,而在成本核算基本方法基础上设计的一种简化的成本核算方法。此法适用于产品品种、规格繁多,但每类产品的结构、所用原材料、生产工艺过程基本相同的企业。

(2)定额法。定额法是以产品定额成本为基础,加上(或减去)脱离定额差异和定额变动差异,来计算产品成本的一种方法。定额法是定额管理基础较好的工业企业,为了加强生产费用和产品成本的定额管理,加强成本控制而采用的成本核算方法。此法适用于定额管理制度比较健全、定额管理基础工作较好、产品生产定型、消耗定额合理且稳定的企业。

【注意】分类法和定额法均不是一种独立的成本核算方法,必须结合品种法、分步法、分批法等基本方法使用。

四、产品成本计算方法的结合运用

前已述及,各种成本核算方法分别适用于不同类型企业产品生产的特点和成本管理的要求。在实际工作中,一个工业企业单独采用一种成本核算方法组织成本核算工作的情况并不多,往往同一个企业里的各个生产单位,因其生产特点和管理要求不同,常常同时采用几种成本核算方法,或把几种不同的成本核算方法结合起来加以综合应用。

(一)几种成本计算方法同时应用

在工业企业中,一般既有基本生产车间,又有辅助生产车间。基本生产车间主要生产产品,辅助生产车间主要为基本生产车间和其他部门服务。基本生产车间和辅助生产车间的生产特点和管理要求不同,采用的成本核算方法也不同。例如,在纺织企业,其基本生产车间主要产品的生产特点是连续、多步骤,半成品可以对外销售。因此,基本生产车间采用逐步结转分步法进行成本核算。但在辅助生产的机修车间,主要的生产活动是维修机器设备和为生产车间制造某些设备。为了正确计算机器设备的维修成本和设备的制造成本,企业可采用分批法进行成本核算。在辅助生产的供气车间,主要生产活动是为企业供应蒸汽,可采用品种法计算车间提供蒸汽的成本。就这一个企业来说,同时采用了多种成本核算方法进行成本核算。再如,同时生产定型产品与非定型产品的企业,定型产品是大量大批生产,非定型产品是单件或小批生产,这两种类型的产品应采用不同的成本核算方法。对大量大批生产的定型产品,采用分步法或品种法进行成本核算;对非定型产品,采用分批法进行成本核算。

(二)几种成本计算方法结合应用

有些工业企业,除同时应用几种成本核算方法外,还有以一种成本核算方法为主,结合其他成本核算方法的某些特点加以综合应用成本核算方法的情况。例如,在单件小批生产的机械制造企业,其主要产品的生产过程由铸造、机械加工、装配等相互关联的各个生产阶段所组成,其最终产品应采用分批法进行成本核算。但从各个生产阶段看则有所不同,如在铸造阶段,其产品品种较少,并可直接对外销售,可采用品种法进行成本核算;从铸造到机械加工阶段,属于连续式多步骤生产,其成本结转可采用逐步结转分步法进行;从机械加工到装配阶段,属于装配式多步骤生产,其成本结转可采用平行结转分步法进行。就企业来说,成本核算是以分批法为主,结合使用品种法、分步法的某些特点加以综合应用的。

又如,在定额管理基础工作较好、定额管理制度较完善的企业,为了加强成本的定额管理和控制,可在品种法、分批法、分步法的基础上结合定额法进行成本核算,以满足企业成本管理的要求。

综上所述,工业企业的生产情况是复杂的,因而管理要求是多方面的,成本核算的方法也是多种多样的。企业应当根据其生产特点、管理要求、规模大小、管理水平高低等实际情况,将成本核算方法灵活地加以应用。

应知考核

一、单项选择题

1. 下列企业中,最适合采用品种法进行成本核算的是(   )。
   A. 船舶制造企业   B. 服装定制企业
   C. 发电企业   D. 汽车制造企业

2. 在成本核算中,将生产过程中发生的直接材料、直接人工、变动制造费用和固定制造费用全部计入产品成本的方法是(   )。
   A. 完全成本法   B. 变动成本法   C. 作业成本法   D. 分批法

3. 辅助生产车间之间相互提供产品或劳务较少时,适合采用的辅助生产成本分配方法是(   )。
   A. 交互分配法   B. 直接分配法   C. 计划成本分配法   D. 代数分配法

4. 某企业生产过程中,产品需经过多个生产步骤才能完成,且管理上要求分步骤计算成本,该企业应采用的成本计算方法是(   )。
   A. 品种法   B. 分批法   C. 分步法   D. 作业成本法

5. 企业为生产产品和提供劳务而发生的各项间接费用应计入(   )。
   A. 直接材料   B. 直接人工   C. 制造费用   D. 管理费用

二、多项选择题

1. 以下属于成本核算按对象分类的方法有(   )。
   A. 品种法   B. 分批法   C. 分步法   D. 完全成本法

2. 辅助生产部门的特点有(   )。
   A. 产品或劳务的多样性   B. 服务对象的复杂性
   C. 成本构成的特殊性   D. 生产规模的不确定性

3. 品种法适用于(   )。
   A. 大量大批单步骤生产企业

B. 大量大批多步骤生产企业且管理上不要求分步骤计算成本
C. 单件、小批生产企业
D. 大量大批多步骤生产企业且管理上要求分步骤计算成本

4. 成本核算按成本计算模式分类,可分为(　　)。
   A. 完全成本法　　　　　　　　B. 变动成本法
   C. 作业成本法　　　　　　　　D. 分批法

5. 分步法下的逐步结转分步法的特点有(　　)。
   A. 按照产品加工顺序,逐步计算并结转半成品成本
   B. 各生产步骤不计算半成品成本
   C. 直到最后加工步骤计算出完工产品成本
   D. 只归集本步骤发生的生产费用,计算出应计入产成品成本的份额

三、判断题

1. 成本核算制度设计只需要考虑企业内部管理需求,无需遵循国家相关法规。(　　)
2. 分批法的成本计算期与产品生产周期一致,而与会计报告期不一致。(　　)
3. 完全成本法不利于成本控制和短期决策。(　　)
4. 辅助生产车间之间相互提供产品或劳务较多时,采用直接分配法更合适。(　　)
5. 作业成本法适用于生产过程简单、间接成本占比较低的企业。(　　)

四、简述题

1. 简述成本核算制度设计的意义。
2. 简述品种法、分批法和分步法的适用范围。
3. 简述辅助生产成本的归集方法。
4. 简述成本核算制度设计的原则。
5. 简述产品成本计算方法结合运用的原因及常见结合方式。

应会考核

■ 观念应用

【背景资料】

以成本核算为刃,斩断企业竞争困境之锁

在当今竞争激烈且复杂多变的商业环境中,企业面临着来自各方的挑战与机遇。市场竞争日益激烈,消费者对产品和服务的要求不断提高,不仅关注价格,更注重质量、功能和个性化。与此同时,原材料价格波动、劳动力成本上升等因素使得企业成本压力与日俱增。众多企业在成本核算方面存在诸多问题。部分企业仍沿用传统、简单的成本核算方法,无法准确反映产品或服务的真实成本,导致定价不合理,影响市场竞争力。有些企业在成本核算时仅关注生产环节成本,忽视了研发、销售、售后等其他环节的成本,难以从整体上把握产品的全生命周期成本。而且,企业的战略规划与成本核算制度往往相互脱节,无法通过成本核算为战略决策提供有力支持。

在此背景下,企业迫切需要更新成本核算观念,通过合理设计成本核算制度,以实现成本的有效控制、提升经济效益和增强市场竞争力。

【考核要求】

在当前商业环境下,企业为增强市场竞争力,应如何从成本核算角度突破现有困境?

■ 技能应用

运用成本核算技能,助力企业突破发展"瓶颈"

某机械制造企业生产多种规格的机械设备,生产过程涉及零部件加工、组装等多个环节。在零部件加工步骤,设备使用频繁;在组装步骤,人工操作占比较大。本月零部件加工步骤的制造费用总计为50万元,该步骤的机器总工时为1 000小时,其中,某产品在这一步骤消耗的机器工时为100小时。经核算,当月企业总成本为100万元,其中,原材料采购、运输、仓储等相关费用总和为40万元,即原材料成本占比达到40%(计算公式为:$40 \div 100 \times 100\%$)。以往该企业采用较为简单的成本核算方法,致使成本核算结果不准确、产品定价不合理,进而压缩了利润空间。如今,企业期望借助优化成本核算来增强自身的市场竞争力。

【技能要求】

请分析该企业应怎样运用成本核算技能来解决当前面临的问题。

■ 案例分析

【情景与背景】

汽车零部件制造企业成本核算变革与市场逆袭

某汽车零部件制造企业主要生产发动机、变速器等多种汽车零部件。企业生产过程涉及多个生产步骤,包括原材料加工、零部件制造、产品组装等。随着市场竞争的加剧,企业发现原有的成本核算制度无法准确反映产品成本,导致定价不合理、部分产品市场竞争力下降。原成本核算制度采用简单的品种法,将所有成本按照产量平均分配到各产品中,没有考虑到不同产品在生产过程中的差异。例如,发动机生产工艺复杂,需要更多的设备调试和技术人员投入,而变速器生产相对简单,但原成本核算方法没有体现这种差异,导致发动机成本被低估、变速器成本被高估,这使得发动机定价偏低,利润空间小;变速器定价偏高,市场份额受到影响。经核算,由于成本核算不准确,发动机的实际利润空间比预期低了15%,变速器的市场份额因定价过高下降了10%。

【分析要求】

请问:该企业采用的品种法成本核算制度合理吗?如果不合理,则请说明解决方案和实施效果。

▎本章实训

【实训内容】

成本核算制度的设计

【实训情境】

假设你入职了一家中型电子制造企业,该企业主要生产智能手机、平板电脑等电子产品。企业近期业务拓展迅速,产品线不断丰富,同时市场竞争也越发激烈。然而,现有的成本核算制度仍较为粗放,无法准确反映各产品的真实成本,导致产品定价不合理、部分产品利润微薄甚至亏损。此外,由于成本核算不精细,企业在成本控制方面也缺乏有效的依据和方向。在这种情况下,企业管理层决定对成本核算制度进行全面优化和重新设计,你所在的团队负责具体实施这一项目。

【实训任务】

任务一:成本核算现状调研

对企业现有的成本核算流程进行详细梳理,包括成本核算方法、数据收集渠道、成本归集与分配方式等。收集各部门(生产、采购、销售、研发等)与成本相关的数据,分析现有成本核算制度存在的问题和不足,形成一份详细的调研报告。

任务二:成本核算制度设计

根据企业的生产特点(电子产品生产的多步骤、多品种特性)和管理需求(精准定价、成本控制等),选择合适的成本核算方法(如分步法、作业成本法等),设计新的成本核算制度框架。明确新制度下成本核算的各个环节,包括成本核算对象的确定、成本项目的设置、成本归集与分配的标准和方法等,并制定详细的操作手册。

任务三:制度实施与效果评估

协助企业将新设计的成本核算制度在试点车间或产品线进行推广实施,确保相关人员理解并正确执行新制度。在实施过程中,持续收集成本数据,对比新制度实施前后的成本核算结果,评估新制度对成本准确性、产品定价合理性以及成本控制效果的影响。根据评估结果,对新制度进行必要的调整和完善,形成最终的成本核算制度方案,并向企业管理层汇报。

《成本核算制度的设计》实训报告		
实训班级:	实训小组:	实训组成员:
实训时间:　　年　　月　　日	实训地点:	实训成绩:
实训目的:			
实训步骤:		
实训结果:		
实训感言:		

参考文献

[1] 企业会计准则编审委员会.企业会计准则(2025年版)[M].上海:立信会计出版社,2024.
[2] 中华人民共和国财政部.政府会计准则制度(2025年版)[M].上海:立信会计出版社,2024.
[3] 中华人民共和国财政部.小企业会计准则(2025年版)[M].上海:立信会计出版社,2024.
[4] 企业会计准则编审委员会.小企业会计准则解读(2025年版)[M].上海:立信会计出版社,2025.
[5] 小企业会计准则编审委员会.小企业会计准则讲解(2025年版)[M].上海:立信会计出版社,2025.
[6] 董惠良.企业会计制度设计[M].7版.上海:立信会计出版社,2024.
[7] 李贺.财经法规与会计职业道德[M].3版.上海:上海财经大学出版社,2024.
[8] 高翠莲.企业会计制度设计[M].2版.北京:高等教育出版社,2022.
[9] 李贺.基础会计[M].3版.上海:上海财经大学出版社,2023.
[10] 李贺.初级会计实务[M].3版.上海:立信会计出版社,2023.
[11] 李贺.经济法基础[M].3版.上海:立信会计出版社,2023.
[12] 孙光国,陈艳利.会计制度设计[M].8版.大连:东北财经大学出版社,2022.
[13] 徐哲,李贺.基础会计[M].3版.上海:立信会计出版社,2023.
[14] 李贺.中级财务会计[M].上海:上海财经大学出版社,2022.
[15] 李贺.财务会计[M].2版.上海:立信会计出版社,2024.
[16] 李贺.财务报表分析[M].2版.上海:上海财经大学出版社,2023.
[17] 颜青、罗健、蒋淑玲.内部控制与风险管理[M].2版.北京:高等教育出版社,2023.
[18] 高翠莲.企业内部控制[M].北京:高等教育出版社,2019.
[19] 李贺等.成本会计学[M].上海:上海财经大学出版社,2022.
[20] 颜青.会计制度设计[M].北京:高等教育出版社,2024.
[21] 李端生,王玉兰.会计制度设计[M].7版.大连:东北财经大学出版社,2020.